中國學術思想研究輯刊

二五編

林慶彰 主編

第11冊

晚清解《莊》思想的淵源及其流變

陳琪薇 著

花木蘭文化出版社

國家圖書館出版品預行編目資料

晚清解《莊》思想的淵源及其流變／陳琪薇 著 -- 初版 --
新北市：花木蘭文化出版社，2017〔民 106〕
目 4+292 面；19×26 公分
（中國學術思想研究輯刊 二五編；第 11 冊）
ISBN 978-986-404-922-6（精裝）
1. 莊子 2. 研究考訂
030.8　　106000997

中國學術思想研究輯刊
二五編　第十一冊　　ISBN：978-986-404-922-6

晚清解《莊》思想的淵源及其流變

作　　者　陳琪薇
主　　編　林慶彰
總 編 輯　杜潔祥
副總編輯　楊嘉樂
編　　輯　許郁翎、王筑　美術編輯　陳逸婷
出　　版　花木蘭文化出版社
社　　長　高小娟
聯絡地址　235 新北市中和區中安街七二號十三樓
　　　　　電話：02-2923-1455／傳真：02-2923-1452
網　　址　http://www.huamulan.tw 信箱 hml 810518@gmail.com
印　　刷　普羅文化出版廣告事業
封面設計　劉開工作室
初　　版　2017 年 3 月
全書字數　275333 字
定　　價　二五編 20 冊（精裝）新台幣 38,000 元

晚清解《莊》思想的淵源及其流變

陳琪薇 著

作者簡介

陳琪薇，臺灣省彰化縣人，國立臺灣大學中國文學系學士、國立暨南國際大學中國語文學系碩士、世新大學中國文學研究所博士。現任北市內湖高工國文科教師、兼任世新大學中國文學系助理教授。學術專長：清代學術思想、《莊子》學。

提　要

一八四〇年中英鴉片戰爭爆發，清廷敗北，自此門戶洞開，西風大肆襲捲中國。時局遽變，晚清學者展開積極因應，試圖從政治、經濟、社會、文化等層面著手轉型改革。本論文欲藉探討晚清學者評注《莊子》的思想淵源、發展及其流變，以窺中國學術如何由傳統步入近現代；如何繼承傳統注疏而開啟新的詮釋方法。尤為要者，彼時知識份子如何以傳統學術勇敢接納西方知識，以創立自己的近代化。

本論文分采「以儒解《莊》」、「以佛解《莊》」與「以西學解《莊》」三進路作為晚清解《莊》思想發展的開展面向。提出研判準據，以歸類相從，兼及時代背景予以會觀，庶能確切掌握晚清解《莊》思想的學術淵源、流變及其時代意義。要旨有三：

其一、先秦子學研究在晚清以拯救世弊之姿大量興起。注《莊》為子學復興之一支，學者注《莊》乃為傳統學術挹注新泉源，以因應西學之衝擊。采取的詮釋方法有「以儒解《莊》」、「以佛解《莊》」與「以西學解《莊》」三面向。

其二、晚清「以儒解《莊》」，局限甚大，難以突破困境；「以佛解《莊》」與「以西學解《莊》」，援引外來資源，方為《莊》學開出創造性的詮釋;「以西學解《莊》」，更搭起《莊》學通往近現代思維之橋樑，使中國傳統學術得以挺立面迎西學。

其三、清代學者並非終日埋首於考據、名物、訓詁，漠視國計民生，乃藉整理國故，保存文化，以待時機。是以晚清學者注《莊》，從傳統注疏發軔，透過自家學問，竭盡所能，多方援引、窮究，亟力為傳統文化尋覓新出路，為時代開創新契機，以此展現濟世經邦之理想。

謝　辭

本論文蒙　洪師國樑、　王師曉波悉心指導，復承　何師澤恒、　林師啓屏、　陳師志信惠賜卓見，受益良多，謹致謝忱。

目次

謝　辭

第壹章　緒　論……1

第一節　研究動機與目的……1

第二節　研究現況與檢討……4

第三節　研究範疇與方法……6

第四節　章節安排與說明……9

第貳章　清代前「以儒解《莊》」的淵源及其背景……15

第一節　清代前「以儒解《莊》」的淵源……16

一、儒、莊關係的淵源……16

二、「以儒解《莊》」溯源……22

第二節　清代前「以儒解《莊》」背景探索……33

一、魏晉至隋唐……34

二、唐末至有宋……38

三、明代……41

小　結……44

第參章　清中葉（含）前「以儒解《莊》」的特色及其異同……47

第一節　清中葉（含）前「以儒解《莊》」的思想背景……48

第二節　清初「以儒解《莊》」的特色及其異同
——尊崇孔子、融攝理學、弘開《莊》學……54
一、立場尊孔的林雲銘……56
二、以孔、莊同源相承、儒道兼具的吳世尚……57
三、轉化儒學思想、契接《莊》學義理的宣穎……61
四、順文解《莊》、豐富儒學的胡方……68
五、以莊子爲儒門別傳、諸子之冠的屈復……71
第三節　清中葉「以儒解《莊》」的特色及其異同
——理學衰歇、考據大興……81
一、以儒之正補《莊》之偏的方正瑗……83
二、以莊子爲承孔氏末流、不知所以裁之的姚鼐……87
三、以《易》解《莊》，多附會之論的吳峻……91
四、以莊子爲折衷孔學、志在救世的胡文英……92
五、視莊子爲以異說掃異說、功在《六經》的陸樹芝……96
小　結……100
第肆章　晚清重視《莊》學的時代背景……103
第一節　「以子經世」風潮的興起……104
第二節　傳統學術涵攝子學的「多元一體」觀念……108
第三節　《莊子》的寓意與思想特質，可與時代趨勢相應……110
小　結……113
第伍章　晚清「以儒解《莊》」的繼承與轉折……115
第一節　義理闡發衰微中的承繼者……118
一、理學衰頹，混雜儒、釋、道以解《莊》的方潛……118
二、視莊子爲藉荒唐、隱抑之辭，以闡揚孔子微言的郭階……124
第二節　化老、孔空言爲實用，固守儒學本位的王闓運……132

一、視莊子爲溝通老、孔，而通其空言爲實用 …… 132
二、以儒學爲本位，推孔子爲至尊 …… 136
第三節 博采眾說，視莊子著書爲拯世道的馬其昶 …… 141
第四節 由「以儒解《莊》」轉入「以莊解《莊》」 …… 153
一、兼采「以儒解《莊》」諸說，漸入「以莊解《莊》」的劉鳳苞 …… 154
二、一洗「以儒解《莊》」之弊的陳壽昌 …… 162
第五節 學者「以儒解《莊》」的心志轉折與其局限 …… 168
小 結 …… 173
第陸章 晚清「以佛解《莊》」的思想發展 …… 175
第一節 「以佛解《莊》」的歷史溯源及至清代前的發展 …… 176
一、「以佛解《莊》」的歷史溯源 …… 176
二、清代前「以佛解《莊》」發展綜述 …… 179
第二節 清代「以佛解《莊》」的發展脈絡 …… 186
第三節 晚清「以佛解《莊》」背景探索 …… 200
第四節 重建孔子形象，以唯識學接引《莊子》的楊文會 …… 211
第五節 陶鑄唯識、《莊》學，以應用於政治社會的章太炎 …… 219
小 結 …… 237
第柒章 晚清「以西學解《莊》」的新契機 …… 239
第一節 晚清「援西學入子」的時代風氣 …… 239
第二節 會通中西，賦《莊》學以現代意義的嚴復 …… 243
第三節 晚清「以西學解《莊》」的餘波與嗣響 …… 258
小 結 …… 267
第捌章 結 論 …… 269
參考書目 …… 277

第壹章　緒　論

第一節　研究動機與目的

錢穆在《莊子纂箋》〈序目〉說：

> 王念孫有《讀書雜志》，俞樾有《莊子平議》。清儒治古書，所長在訓詁、校勘，所短在義理、文章。王、俞兩家，在清儒治先秦諸子書中，最具成績，其得失亦莫能自外。治《莊》書而不深探其義理之精微，不熟玩其文法之奇變，專從訓詁、校勘求之，則所得皆其粗跡。故清儒於《莊》書殊少創獲，較之魏、晉、宋、明，轉爲不逮，此亦治《莊》者所應知也。〔註1〕

錢氏以爲清代《莊》學研究「專從訓詁、校勘求之，則所得皆其粗跡」。對清儒治《莊》成績的總評，是「殊少創獲」。持此論者，學界不乏其人，然個人以爲這樣的評論實有失公允。學術思想的研究，本有其時空背景，清儒於當時居多沉潛於文字訓詁，自與時代的風氣有關。再者清儒注重考證實學，乃其治學的方法，以今日眼光看來，實具科學考查之精神。況洎晚清，列強入侵，西潮排山倒海而來，面臨時局的遽變，清代學者所展現的態度是積極應變，絕不同於晚明學者的消極寄託，吾人可由晚清評注《莊》學思想者，窺其一斑。晚清學者在「以儒解《莊》」跨不出新局時，亟思應變之道，繼采「以佛解《莊》」、「以西學解《莊》」，期使多元資源的挹注，可爲中國傳統學術別開生面，以因應西學的衝擊。清代學者的努力與用心，乃從傳統

〔註1〕錢穆：《莊子纂箋》〈序目・本書采摭諸書〉「王念孫、俞樾」條下，頁5。

注疏起步以達經世之心志，這是清代學者沉潛的學術性格使然。故若以爲有清學者終日埋首故紙堆中，無濟於世，實不盡然。再者，晚清解《莊》思想的發展，更具過渡與轉折之關鍵，影響近現代思潮，若謂《莊》學得以踏入近現代學術，晚清學者之功絕不容小覷。故錢氏以「殊少創獲」來評騭清儒之治《莊》成績，恐非允論。

晚清學者采「以儒解《莊》」、「以佛解《莊》」、「以西學解《莊》」等方式，均在傳統學術《莊子》裡外尋資源，使中國文化在西力衝擊下，既得以保存傳統，又可開出新局以應變，當得助於晚清學者之堅持。如學貫中西之嚴復所指出的：

> 英人摩利之言曰：「變法之難，在去其舊染矣，而能擇其所善者而存之。」方其洶洶，往往俱去。不知是乃經百世聖哲所創垂，累朝變動所淘汰，設其去之，則其民之特性亡，而所謂新者從以不固，獨別擇之功，非暖姝囿習者之所能任耳。必將闊視遠想，統新故而視其通，苞中外而計其全，而後得之，其爲事之難如此。〔註 2〕

中國傳統經典可歷累朝變動而長存，實乃經百世聖哲所創垂，一個喪失傳統的民族，其前途必可憂。唯有「闊視遠想，統新故而視其通，苞中外而計其全」，方能開闢新局。此乃晚清學者所作的研究工作：立基於傳統學術，外向援引資源，逐漸拓大傳統經典的詮釋空間，挹注近現代思維，引領傳統學術步入近現代的發展。故個人以爲探討晚清解《莊》思想的淵源、發展及其流變，是一個很重要的課題。它顯示中國學術如何由傳統步入近現代；如何繼承傳統的注疏而開啓新的詮釋方法。最重要的是，它同時彰顯中國知識份子如何以傳統學術而勇敢地接納西方知識，以創立自己的近代化。

本論文采「以儒解《莊》」、「以佛解《莊》」與「以西學解《莊》」作爲晚清解《莊》思想發展的開展面向。歷來也有類似的論述方式，但對其意義界定不明，常流於解《莊》中摻有儒家思想，所以就稱「以儒解《莊》」；摻以佛理，即謂「以佛解《莊》」；若援用西學概念來詮釋，則歸之「以西學解《莊》」。然綜觀歷代解《莊》的著作中，常摻有儒、釋、道（含道教）三家思維，相互援引、融通以注解詮釋，此又如何歸類？學者若對此界定不清，則在論述注解《莊》學的發展上，即易滋生淆亂。因此吾人常可見同一本解

〔註 2〕嚴復：〈與《外交報》主人書〉，見王栻主編：《嚴復集》冊 3，頁 560。

《莊》著作，有人將之納入「以儒解《莊》」，下一個學者又將之置於「以佛解《莊》」的脈絡中。〔註 3〕或許「以儒解《莊》」、「以佛解《莊》」與「以西學解《莊》」，異於「以莊解《莊》」，其闡釋觀點或不盡符《莊子》原意，故素為人所忽視。然個人以為，此亦《莊》學史上的重要議題，若欠缺此部分的探討，在《莊》學研究史上則不完整。再者，個人以為，探討「以儒解《莊》」、「以佛解《莊》」與「以西學解《莊》」，當置入時代背景中予以會觀，方可顯現以此思維評解《莊子》的時代意義。〔註 4〕職此之故，若要論述「以儒解《莊》」、「以佛解《莊》」與「以西學解《莊》」，則當有一個準據。當然歸類本身即是相當複雜且棘手的問題，但如果沒有準據，則誠如前述，易出現混淆，且流於泛泛之論。若能理出一個準據，並在寫作時作清楚的界定，或許在論述解《莊》思想的發展時，會有一條比較清楚的脈絡，對解《莊》思想的流變也較能確切掌握。

而本論文如何研判該注本當歸於以儒、以佛、以西學解《莊》之代表作？或僅是摻以儒、佛、西學之觀點？所依據的準據乃采實地檢閱注者解《莊》的旨趣，進而探討注者背後所隱藏的解《莊》意圖。嘗試梳理其援引儒學、佛學、西學等注《莊》所透顯出來的思想，主要在彰顯何種思維？注者援引其他思想注《莊》時，是否有意識、有目的為之？以此判別其乃以儒、以佛或以西學解《莊》。如「以儒解《莊》」者，挹注儒學思想詮釋《莊子》義理，注解文字中多為尊孔之論，不違孔子至尊之例，透過學者的注解，儒學的詮釋空間得以拓展，兼涵道家思維，故「以儒解《莊》」者多視莊子為儒門之傳。即使該注本摻有佛學義理，若僅作提點之用，非有意識的援引，則歸之「以儒解《莊》」，而非「以佛解《莊》」。〔註 5〕多數論者在此分判不明，乃因未能詳析分辨解《莊》思想上，注者援引其他思想後，真正詮釋出來的思想為何，故易生淆亂。又如章太炎的《齊物論釋》，其援引西學，亦僅作提點說明，非為其主意，故歸入「以佛解《莊》」，而非「以西學解《莊》」。〔註 6〕注本若摻以佛理解《莊》，論者分類標準尤為殽雜。即使注者有意識援引佛學解《莊》，

〔註 3〕如簡光明的相關論述與曹礎基的《莊子淺論》。

〔註 4〕本論文於各章皆有思想背景之論述，正是此因。詳本章第四節。

〔註 5〕詳本論文第陸章第二節，舉有許多「以儒解《莊》」者，摻以佛理注解，僅作提點義理之用。

〔註 6〕詳本論文第陸章第五節。

欲藉佛學彰顯義理，然細判其所詮釋出來的義理思維卻存有詮釋焦點是佛或《莊》之主賓轉換的問題，對此若不研判清楚，則難以掌握「以佛解《莊》」的發展流變。故本論文在第陸章第一節特別指出，須論析注者的詮釋，來分判其詮釋焦點是佛？抑或是《莊》？以此來爬梳「以佛解《莊》」的發展，實存有佛、《莊》主客轉移之變化，這是「以佛解《莊》」上的複雜性。〔註7〕

第二節　研究現況與檢討

關於研究評注《莊子》的思想發展，至今尚無系統性的論述。目前僅有《莊》學史的專著出現，如方勇的《莊學史略》、《莊子學史》全三冊、熊鐵基主編的《中國莊學史》全二冊等，較具代表性。這三套著作，皆按朝代先後順序，依次論述該時代《莊》學研究概況，繼而以人繫書，專論該人之注《莊》思想。這類的著作，著重單一時代的專人解《莊》論述，即就某人的注《莊》專著思想，有頗詳盡的闡釋。可惜沒有學術史脈絡的串連。雖按朝代發展撰寫，但朝代與朝代間，甚至同朝代不同時期之間，學術潮流的轉換如何？對評注《莊子》的影響如何？是否有轉折變化等？述及不多。

再者，單就討論某人解《莊》思想者雖多，然能將學者有所串連，以探討解《莊》思想之發展者，則罕覯，僅在《莊學研究》或《中國思想史》等綜論式的專著中作一小段概述，淺嘗即止。若以晚明入清之後作爲研究範疇者，則更少，僅學位論文及期刊論文數見而已。〔註8〕

學位論文部分，如研究晚明者，有李懿純的《晚明注《莊》思想研究——沈一貫、釋德清、釋性通爲核心》（輔大博論），以沈一貫、釋德清與釋性通師徒二組人，分屬「以儒解《莊》」與「以佛解《莊》」之代表，論述其儒與《莊》及佛與《莊》的交融互涉觀點。至於晚明「以儒解《莊》」與「以佛解《莊》」之間的關聯爲何？則未提及。僅置於晚明三教合一的風潮下有「以儒解《莊》」與「以佛解《莊》」的學術現象。另有謝明陽的《明遺民的莊子定位論題》（臺大博論），以覺浪道盛爲中心而開展的討論，有方以智、錢澄之、屈大均、俍亭淨挺、王夫之等人，皆以明朝亡國遺民的心志來注解《莊子》，提出明遺民

〔註7〕相關論點，詳本論文第陸章。

〔註8〕此章所論之學位論文與期刊論文，均見於文末〈參考書目〉。其論點，亦分見本論文各章節的註腳，於此不再重復。

注《莊》乃深付寄託，與莊子之間存有「異代衰世的人格認同」。這是晚明解《莊》思潮的研究，深刻入理。至於研究清代部分，則有鄭柏彰的《嚴復與章太炎之道家思想研究》（中正博論），以嚴復的《侯官嚴氏評點老子》、《侯官嚴氏評點莊子》與章太炎的《齊物論釋》爲研究對象，論述其道家思想的開展，並置於晚清時代背景下，說明嚴、章二人均持「返本開新」（薇按：本者，道家專著；新者，西學與佛學）闡釋道家思想，僅進路不同：嚴氏采「客觀唯物論」，章氏則以「主觀唯心論」詮解老莊。這是晚清道家思想的研究，以嚴、章二家注《莊》思想，代表晚清道家思想研究的各一面向。然以「客觀唯物論」與「主觀唯心論」來區分嚴、章二家，似乎有待商榷。「客觀」與「主觀」是就認識論而言，「唯物」與「唯心」則以本體論立說。況且以「唯物論」與「唯心論」分別概括嚴、章二家之道家思想，恐未必然。〔註 9〕不過綜觀全書，鄭氏持論條理清晰，〔註 10〕亦關注晚清的學術風潮對注解道家思想的影響。只是多采單一面向的討論，最後再比較嚴、章二家注解老莊經典的異同。對晚清注解道家思想何以有此變化及其後的發展爲何？則少著墨。另有拙著碩論《清代學者「以儒解《莊》」之研究》，以吳世尚、胡方、陸樹芝、屈復、王闓運、郭階等六家注《莊》爲研究核心，探討其采「以儒解《莊》」的心志、以儒學觀點評注《莊子》所透顯的思想意涵及其背後所代表的時代意義。指出以儒學爲主流的清代，《莊》學是一支具有重大影響力的潛流，此爲清代學術思潮研究之一重要課題。然較不足的是，列六家作爲清代學者「以儒解《莊》」之代表，其詮釋下的儒、《莊》交會之融攝、激蕩，於清初、中葉至清季，是否有所承繼、開展、甚或轉向等不同的發展變化？則沒有詳盡爬梳。

期刊論文部分，研究解《莊》思想的學術發展相當少，目前僅見「以佛

〔註 9〕如嚴復在評點《莊子》〈德充符〉「仲尼曰：『死生亦大矣』」一段上，曰：「即以下所云：『心未嘗死』，即老子所謂知常，佛所謂妙明，耶教所謂靈魂不死。」又在批「以其心，得其常心」一句上，曰：「審乎無假，不與物遷，知得其心也。命物之化而守其宗，以其心得其常心也。」見氏著：《莊子》評語〈德充符第五〉，王栻主編：《嚴復集》冊 4〈古書評語〉，頁 1115。莊子謂「心未嘗死」，即不隨生死變化的「常心」，「心止於符」的心。不受任何條件限制，不爲現象界而改變，順物自然之化，可主宰萬物之化，即道之化也。嚴復評莊子的「常心」，即老子之「知常」，佛之「妙明」，耶教之「靈魂不死」，由此看來，嚴氏的道家思想豈是「唯物論」可涵蓋呢？此部分，本論文不暇詳論，留待日後另撰文再論。

〔註 10〕然鄭氏之論，個人有不同的看法，詳本論文第陸章與第柒章。

解《莊》」的相關論述。以蘇美文的〈從「以莊解佛」到「以佛解莊」〉與邱敏捷的〈楊仁山、章太炎以「唯識」解莊析論——以眞心派的唯識之詮釋〉二文爲代表。蘇文爬梳從「以《莊》解佛」到「以佛解《莊》」的學術脈絡相當清晰，可作「以佛解《莊》」思潮研究之參考。本論文在寫作第陸章晚清「以佛解《莊》」的思想發展時，即得蘇文之啓發。而邱文，則以眞心派的唯識學貫串楊、章二家解《莊》的思想。以爲「楊仁山的《南華經發隱》以『唯識名相』解《莊》，而章太炎的《齊物論釋》以『唯識理論』解《莊》，兩人合力造就了以『唯識』解《莊》的新模式。」這是對晚清「以佛解《莊》」思潮代表性的論述。只是邱文的論點，似多見其片斷，考慮亦稍欠周全，實多可商榷。〔註 11〕

綜上所述，吾人可發現，論述解《莊》思想的相關研究，都是單一、零星的研究，無關學術思潮的流變。如有專書，亦屬歷史的斷代列次，非學術史綜觀的論述，且多集中闡釋專人的注《莊》專著思想。據個人的蒐檢，目前尚未見有論述晚清解《莊》思想的淵源及其流變的專著，此乃本論文之所以作，庶爲解《莊》思想史補苴罅漏。

第三節　研究範疇與方法

本論文題爲「晚清解《莊》思想的淵源及其流變」。所謂「晚清」，界定在一八四○年（道光二十年）中英鴉片戰爭後，至一九一一年，清王朝結束。所謂「解《莊》思想」，聚焦於《莊子》注本的探討。故研究範圍之時間，限定於一八四○年至一九一一年；研究對象，即這期間《莊子》注本所透顯出來的思想，並以此爲核心，追溯其淵源及往後的發展、影響。再者，晚清解《莊》思想前承其流，後演其變，況且就清季時期而論，其解《莊》思想脈絡已具有承繼、過渡、轉折、開新等變化，故題爲「流變」。全文以問題意識爲主軸，采學術史的方式論述，冀望以此方法可以梳理出晚清解《莊》思想的淵源及其流變。

一八四○年鴉片戰爭爆發，清廷大敗，舉國譁然，門戶自此洞開，西風大肆襲捲中國。朝野內外亟思圖強之道，積極在器物、制度、文化等不同層面力求振作，以挽救風雨飄搖的政局，與傳統文化崩解的危機。可謂中國凡政

〔註 11〕詳本論文第陸章。

治、經濟、社會、文化等均發生強烈的巨變，多始自一八四○年後的鴉片戰爭。外圍時局的變遷，當然對學術風潮的轉變有所影響。故本論文的研究範圍「晚清」，乃起自一八四○年始，即緣此時代意義所作思考。然學術思潮的發展、演變，不定然與政治歷史的起訖一致，由是一九一一年清王朝結束後，注解、評述《莊子》的思想仍繼續昌行，不過民初後的解《莊》思想則進入下一個階段的轉變期，而與晚清有別。職此之故，本論文所探討的解《莊》思想，限定於一八四○年至一九一一年之間。

自《莊子》成書以來，注疏、評注、闡釋者之關注層面多端。若以思想傾向來看，約可歸納為「以道解《莊》」、「以儒解《莊》」、「以佛解《莊》」三面向。其中「以道解《莊》」者，又細分「以老解《莊》」、「以道教解《莊》」、「以莊解《莊》」。這些解《莊》思想在整個《莊子》學史上盛衰狀況並不同步，但發展到清朝，卻出現了百卉含英的盛況，洎於晚清，則又出現一支新秀：「以西學解《莊》」。故晚清學者之解《莊》思想，可謂集歷代之大成，多元紛呈。

本論文探討晚清解《莊》思想的淵源及其流變，其「以道解《莊》」者則不納入。道家與道教的合流不知從何開始，問題相當複雜，迨明代道教開始走向沒落，滿清入關後更顯衰頹景象，僅在民間秘密流傳，成為一種世俗化的宗教，對《莊子》的闡釋，可觀性不高。至於「以老解《莊》」與「以莊解《莊》」，老、莊本屬道家系統，雖二者仍有差別，但同在道家思想脈絡中變化，亦不列入討論。故本論文所研討的晚清解《莊》思想，則從「以儒解《莊》」、「以佛解《莊》」與「以西學解《莊》」等深具辨析性的三面向切入。分章討論，晚清時期這三支解《莊》思想的淵源及其流變、影響，以見清代學者采用不同的解《莊》方式，所要呈顯的思想、心志，及其所代表的時代意義。

對於晚清解《莊》思想的論述，以評注《莊子》的專著為討論依據，故凡成書於一八四○年至一九一一年者，皆列入考查對象。首先采取地毯式搜尋、閱讀、檢索，從眾多的《莊子》注本中選取具有「以儒解《莊》」、「以佛解《莊》」及「以西學解《莊》」的代表性著作，探討其中所蘊含的儒、佛、西學與《莊》學之間，彼此觀點相互滲透、交融、激盪的情況，並就其思想輕重與傾向，作出初步的研判。繼而分別就「以儒解《莊》」、「以佛解《莊》」及「以西學解《莊》」三部分，串連諸家解《莊》思想，分析同中之異、異中之同，與彼此間的相互關連性，從中梳理出其承繼、發展、轉折等流變痕迹。同時追溯各思想的淵源及往後的影響。試圖統理出一條較爲完整的晚清解《莊》思想之學術史發展脈絡。最後在「以儒解《莊》」、「以佛解《莊》」及「以西學解《莊》」三支中，綜合諸家觀點，進一步掘發晚清學者運用不同思維評注《莊子》，其所欲透顯的思想及其心志，以探討所代表的時代意義。

晚清學者注《莊》著作豐贍，而遺憾的是其中亡佚不存者或雖存而不全者亦多，〔註 12〕故注《莊》專著的材料，本論文擬采現存並顯具「以儒解《莊》」、「以佛解《莊》」及「以西學解《莊》」的代表性著作來探究晚清解《莊》思想。「以儒解《莊》」是一股淵源長遠的學術洪流，若欲探討晚清「以儒解《莊》」的發展變化，勢當溯源尋流，細論清初、清中葉、晚清等三期的注《莊》著作。清初，以林雲銘《莊子因》、吳世尚《莊子解》、宣穎《南華經解》、胡方《莊子辯正》、屈復《南華通》等五家爲代表；清中葉，以方正瑗《方齋補莊》、姚鼐《莊子章義》、吳峻《莊子解》、胡文英《莊子獨見》、陸樹芝《莊子雪》等五家爲代表；晚清，則以方潛《南華經解》、郭階《莊子識小》、王闓運《莊子內篇注》、馬其昶《定本莊子故》、劉鳳苞《南華雪心編》、陳壽昌《南華眞經正義》等六家爲代表。晚清「以佛解《莊》」，當起於佛學的振興風潮，引發學者留意采用，其評注完整而具代表者，以楊文會《南華經發隱》與章太炎《齊物論釋》二家爲主要探討對象。「以西學解《莊》」，於《莊》學研究史之發展短暫，當自晚清西風東漸後始有，且評注專著僅嚴復《莊子評點》一家。晚清之後，「以西學解《莊》」仍餘波蕩漾，故第柒章第三節論及劉師培、梁啓超、胡適等人，因無注《莊》專著，故僅就散篇論述。以上諸書，均透過實地的閱讀分析，依其成書年代的次序，依章分節列述，務期精讀原典、明其要義、融會貫通，使論證有據。

熟讀原典外，尙須稽考眾說，廣參博證，期能左右逢源，深化討論議題，拓展學術視野。故將各類相關資料，分別蒐集抄錄，條分縷析，以類相從。進而交通諸說，別其異同，並與原典相互參證，以考鏡源流，梳理晚清解《莊》思想流變之脈絡，庶免閉門造車之失。

凡本論文所提及之前輩學者，爲行文之便，例不加稱「先生」。徵引之書目（含電子版），所據版本均標注於文末〈參考書目〉，正文註腳之書目版本從略，以省篇幅。

〔註 12〕詳拙著碩論：《清代學者「以儒解《莊》」之研究》之〈附錄〉，頁 127～154。

第四節　章節安排與說明

本論文計八章，首尾兩章，各爲「緒論」與「結論」。第壹章「緒論」，分別就「研究動機與目的」、「研究現況與檢討」、「研究範疇與方法」與「章節安排與說明」等作一扼要記述，以明研究的緣由、動機、方法與範疇及目前相關研究的概況與章節架構的安排。第捌章「結論」，將本論文的研究成果作一綜述，並提出作此研究時所發現的後續問題，以督勵自我日後賡續《莊》學思想研究的相關課題。

「以儒解《莊》」，其學術發展淵源長遠，影響所及亦廣，故以三章論說，分屬第貳、參、伍章，窮源竟委，貫串脈絡，以明本末。

第貳章追溯清代前「以儒解《莊》」的淵源及其背景，首探儒、莊關係的淵源及「以儒解《莊》」的開始；次明魏晉南北朝玄學盛行時「以儒釋道」的現象已有之，此後歷唐、宋、明，皆未中止。繼而探索清代前「以儒解《莊》」的背景，爲清後「以儒解《莊》」作鋪陳。

第參章，探討入清之後至清中葉「以儒解《莊》」的特色及其異同。「特色」乃就共相而論，「異同」則就「殊相」來談。此章共分三節，第一節是清初至中葉「以儒解《莊》」的思想背景說明；第二、三節，則分述清初與清中葉，兩個時期「以儒解《莊》」的發展與特色。第二節清初「以儒解《莊》」的「共相」乃「尊崇孔子、融攝理學、弘開《莊》學」，「殊相」則分屬「立場尊孔的林雲銘」、「以孔、莊同源相承、儒道兼具的吳世尙」、「轉化儒學思想、契接《莊》學義理的宣穎」、「順文解《莊》、豐富儒學的胡方」與「以莊子爲儒門別傳、諸子之冠的屈復」等五種面向。第三節清中葉「以儒解《莊》」的「共相」則是「理學衰歇、考據大興」，「殊相」分屬「以儒之正補《莊》之偏的方正瑗」、「以莊子爲承孔氏末流、不知所以裁之的姚鼐」、「以《易》解《莊》，多附會之論的吳峻」、「以莊子爲折衷孔學、志在救世的胡文英」與「視莊子爲以異說掃異說、功在《六經》的陸樹芝」等五種面向。藉此梳理，吾人得見清初至中葉，「以儒解《莊》」在學術風潮的變遷下，由義理轉向考據的「共相」發展，然亦窺得學者在「共相」下，卻有個人「殊相」的思維，迨及清中葉晚期，甚至有莊子「志在救世」、「以異說掃異說、功在《六經》」等經世致用的思想出現。說明大清盛世走向下坡之際，學者已有危機意識，欲藉評注《莊子》表其經世之心志。此章乃入清季前重要的過渡。據此，方可察現第伍章寖至晚清的轉折變化。

第肆章討論「晚清重視《莊》學的時代背景」，此爲晚清解《莊》思想的大背景，內容分三節，依次爲「『以子經世』風潮的興起」、「傳統學術涵攝子學的『多元一體』觀念」與「《莊子》的寓意與思想特質，可與時代趨勢相應」。首揭晚清「以子經世」的風潮興起，諸子學由經學之附庸轉至子學之獨立。繼以學者秉持傳統學術多元一體的觀念，子學進而成爲傳統學術的本體以因應西潮來襲。時勢所致，儒學日迫黃昏，晚清學者直接向諸子學尋求資源，造成子學研究的興盛，《莊》學乃諸子學一支，故晚清評注《莊子》之成果豐碩。此爲宏觀背景，再以微觀切入，就形式而言，《莊子》本是開放的詮釋體，諔詭深閎，汪洋自恣的象徵性比喻，奇變之文法，皆提供後人很大的馳騁空間；就思想本身而論，《莊子》思想有否定人爲制度、反對淪爲教條的束縛等特質，主張回復自然、無所干預，以不齊爲齊的齊物思想，此與近現代的自由、民主、平等思想相應。此皆造成《莊》學在晚清受重視的原因。

第伍至柒章，則進入晚清解《莊》思想的主題。第伍章，探討晚清「以儒解《莊》」的繼承與轉折；第陸章討論晚清「以佛解《莊》」的思想發展，第柒章則論述晚清「以西學解《莊》」的新契機。

第伍章，論述「以儒解《莊》」降及晚清的繼承與轉折。共分五節，前二節爲清初至清中葉「以儒解《莊》」的承繼者，有「理學衰頹，混雜儒、釋、道以解《莊》的方潛」、「視莊子爲藉荒唐、隱抑之辭，以闡揚孔子微言的郭階」與「化老、孔空言爲實用，固守儒學本位的王闓運」，這些學者所持的觀點，多前有所承，新意不足。至第三節，「博采眾說，視莊子著書爲拯世道的馬其昶」，提出「莊子著書爲拯世道」，經世之心顯著，然所論多采前人諸說，少有個人見解。據此，「以儒解《莊》」發展至晚清，實難邁出新局，此就宏觀而論。然若微觀細察，則可發現轉折點，如方潛、王闓運、馬其昶與第四節的劉鳳苞等，在注解《莊子》批評儒、墨爭是非時，與清中葉（含）前「以儒解《莊》」者大異其趣，他們不再對儒學有所迴護，甚且有微辭，此當借古諷今，譏刺彼時貌恭而行穢的晚清儒者。這說明清代學者沉潛的學術性格，藉評註典籍以寄託用世之心。至第四節則爲「以儒解《莊》」的過渡與轉變，以劉鳳苞的《南華雪心編》至陳壽昌的《南華眞經正義》爲代表，闡釋「以儒解《莊》」發展至「以莊解《莊》」的思想脈絡。第五節，綜合諸家之說，並采其相關〈序〉、〈跋〉等資料，試圖掘發晚清「以儒解《莊》」者的心志轉折與其局限，以見其注《莊》專著的時代意義。

邁入晚清之後，中英戰爭，清廷失利，國祚垂危。面臨西學壓境，傳統學術遭受前所未有之衝擊，「以儒解《莊》」這股學術洪流，仍在傳統學術藩籬內尋覓資源，然終難跨出新途。窮則變，變則通，救亡圖存的氛圍迫使知識份子開始思索，須突破傳統學術之封畛，向外搜取資源，故先覓得傳來中土久遠的印度佛學，因與中國文化交融已深，故有「以佛解《莊》」的思潮。然而欲與西學相抗衡，「以佛解《莊》」似嫌不足，況有學者轉趨深沉，援引佛學注《莊》時，不免讓人迷失於細瑣的佛學名相中。故又有「以西學解《莊》」之思潮，直接援引西學觀點評注先秦子學，爲傳統學術注入新血，確實搭起一座中西對話的橋樑。因此在第伍章晚清「以儒解《莊》」的繼承與轉折後，則闢第陸章晚清「以佛解《莊》」的思想發展與第柒章晚清「以西學解《莊》」的新契機。藉以說明晚清學者在強大的外來文化侵襲下，是如何積極地因應！絕不同於晚明學者，「臨危一死報君王」。〔註 13〕

第陸章，論述晚清「以佛解《莊》」的思想發展。此章在論述時，有一顯著的問題意識，須提出說明。鑑於論者在探討「以佛解《莊》」議題時，多沒有詳辨佛、《莊》交會時，當以何者爲主、何者爲賓之問題，故在論述時主從不明，沒有持某一標準以研判，以至於無法確切掌握何者屬「以佛解《莊》」之代表作？何者僅是摻雜佛理解《莊》？多僅就《莊子》評注裡摻有佛學觀點，或佛教術語，即視爲「以佛解《莊》」之作，如此看待「以佛解《莊》」，常流於泛泛之論，難以彰顯「以佛解《莊》」的時代意義。職此之故，本章在研討晚清「以佛解《莊》」的思想發展前，須對此有一釐清，方可在「以佛解《莊》」的學術史上，詳其主賓轉換時所代表的時代意義。本章共分五節，第一節先考其源流，繼述清代前「以佛解《莊》」之發展。第二節，爬梳清代「以佛解《莊》」的發展脈絡，以便對這股學術思潮有整體性的掌握。同時藉此凸顯晚清「以佛解《莊》」的轉折，進而探索晚清「以佛解《莊》」轉變的原因，當與彼時的時代背景攸關，故第三節安排晚清「以佛解《莊》」背景探索。當吾人對晚清「以佛解《莊》」之發展脈絡有一清楚了解後，最後二節則就專人專書論述，見微以知著，以楊文會的《南華經發隱》與章太炎的《齊物論釋》爲代表。之所以將楊書放在前，章書置於後，乃因二書之注《莊》論述，適

〔註 13〕〔清〕顏元曰：「宋、元來儒者卻習成婦女態，甚可羞。無事袖手談心性，臨危一死報君王，即爲上品矣。豈若眞學一復，户有經濟，使乾坤中永享治安之澤乎！」見氏著：《存學編》卷 1〈學辯〉，頁 9。（電子版）

能明晰地闡釋晚清「以佛解《莊》」的思想流變。

第柒章，論述晚清「以西學解《莊》」所帶來的新契機。共分三節，首揭晚清援引西學闡釋子學，蔚爲風尚。其次，在此時風下，《莊子》的評注則出現了學貫中西的嚴復所作的《莊子評點》。詳審該書，發現嚴復秉中西會通的學養，雖注入個人思維，卻也賦《莊》學以現代意義。由是開啓新的詮釋方法，影響時人及後世。最後則談嚴復采西學評注《莊子》的詮釋方法，在晚清之後所造成的餘波與嗣響：餘波以章太炎的《齊物論釋》、劉師培的《中國民約精義》與〈周末學術史序〉、梁啓超的〈老孔墨以後學派概觀〉之「莊子」部分爲討論對象；嗣響則以胡適的《中國古代哲學史》〈莊子時代的生物進化論〉爲代表。

此章節安排，實綱紀晚清解《莊》思想的學術史發展線索，由章節標題的擬定，即說明試圖梳理出一條晚清解《莊》思想的淵源及其流變之脈絡。再者，除第壹章緒論與最後一章結論外，其餘章節必設背景論述說明。若只是單純的了解晚清詮解《莊子》有以儒、以佛、以西學等多元進路，而不知其文化背景、時代因素，則這些進路切入的解《莊》思想就沒有根源，也無法彰顯其意義，更難以了解這些思想在人生中所起的作用。而中國的學問都是實踐的哲學，儒、釋、道皆然，〔註 14〕若能了解文化背景，就能了解中國思想關心的是生命如何順適調暢地實踐，而不是以概念的思考（conceptual thinking）來理解，倘使秉持知識的態度來看待以儒、佛、西學等向度的切入，而批評其不能契合《莊子》的本意，那就無法眞正了解晚清知識份子何以采此進路以解《莊》的心志了。當然以學術研究者的立場，分判、釐清各家思想之異同乃理所固然，故本論文在討論晚清學者采以儒、佛、西學等詮釋觀點解《莊》時，亦秉持知識的態度對各家思想作辨析，如此方能明確把握儒、佛、西學與《莊》學之間是如何相互滲透、融通、激蕩，但這僅是研究歷程之一，非終極目的。透過辨明諸家解《莊》思想後，尚須更進一步探索：晚

〔註 14〕這是牟宗三提出的，分見其著作。如云：「道家式的形而上學、存有論是實踐的，實踐取廣義。平常由道德上講，那是實踐的本義或狹義。儒釋道三教都從修養上講，就是廣義的實踐的。儒家的實踐是 moral，佛教的實踐是解脫，道家很難找個恰當的名詞，大概也是解脫一類的，如灑脫自在無待逍遙這些形容名詞，籠統地就說實踐的。這種形而上學因爲從主觀講，不從存在上講，所以我給它個名詞叫『境界形態的形而上學』；客觀地從存在講就叫『實有形態的形而上學』，這是大分類。」見氏著：《中國哲學十九講》第五講〈道家玄理之性格〉，頁 103。

清學者何以采不同的進路解《莊》？爲何晚清《莊》學有不同的詮釋方式呈現？這代表什麼時代意義？而其采不同觀點解《莊》，所欲透顯的義理思維爲何？這樣的義理思維，在彼時又隱含何種學術價值與意義？這才是吾人研究晚清學術思想眞正關心的核心議題。同時期盼藉此探究，能揭示晚清注《莊》專著對於《莊》學研究的意義與價值。

第貳章　清代前「以儒解《莊》」的淵源及其背景

中國學術自漢武帝獨尊儒術後，士大夫皆以儒學爲宗，即使喜愛諸子百家學，也不敢堂而皇之大肆鼓吹提倡，因而諸子百家學自此退居非主流地位。至魏晉南北朝，由於政治上的動盪紛亂，少有長治久安之局，而學術思潮遂亦突破往日儒學一尊之舊軌，盛行玄學，《老》、《莊》與《易》相結合，成爲士子清談的對象。此時，「以《老》、《莊》解《易》」或「以《易》解《老》、《莊》」，已漸風行，如王弼（226～249）的《周易注》、《老子道德經注》等。此後歷唐、宋、明，「以儒釋道」的現象皆未中止，至有清一代，以儒家思想來闡釋《老》、《莊》，調和《老》、《莊》，甚而附會《老》、《莊》者尤多。然而清初學者即大聲呼籲「回歸經典」、「嚴判儒、釋、道」，〔註 1〕清中葉文網嚴密，學者爲免賈禍，群趨經史考據，造成考據之學大昌，在這樣的時代氛圍裡，何以經典的注解上還有「以儒釋道」？寖至晚清依然風行，這說明什麼現象呢？又代表什麼時代意義呢？

「以儒解《莊》」在學術史上淵源久遠，自魏晉至清代雖有消長，但皆未間斷，可謂一股長流。本論文將「以儒解《莊》」分三章論述，以清代作爲一區分。第貳章追溯清代前「以儒解《莊》」之淵源及探索清代前「以儒解《莊》」之背景，爲清代前「以儒解《莊》」作一歷史的回顧。第參章分述清初至中葉

〔註 1〕清初儒者對於儒學的危機感十分強烈，釋、老之學與儒學之間的界線模糊了，的確引起了當時許多大儒的危機意識，這也是他們要掀起回歸經典的運動的重要背景之一。詳鄭吉雄師：〈乾嘉學者經典詮釋的歷史背景與觀念〉，見《臺大中文學報》第 15 期，頁 241～282。

「以儒解《莊》」之特色及其異同。試圖說明在「回歸經典」、重視考據的清朝，多數士子仍從事「以儒解《莊》」的工作，其所代表的意涵爲何？第伍章論述晚清「以儒解《莊》」的承繼與轉變。此爲本論文的討論核心，由小窺大，掌握晚清「以儒解《莊》」的流變，當可對晚清學術的轉型有更進一步的瞭解。

第一節　清代前「以儒解《莊》」的淵源

以儒解《莊》的可能，其前提必須儒學與莊子（約公元前 369～公元前 286）之間有所關聯，方能進一步從思想上來尋得儒、《莊》二者的會通。此節即就二部分論述：其一、莊子與儒家關係的淵源；其二、「以儒解《莊》」溯源。

一、儒、莊關係的淵源

儒、道之關係，說者咸推自孔子（公元前 551～公元前 479）問禮於老子（約公元前 571～？），見於《史記》〈孔子世家〉、〈老子韓非列傳〉與《禮記・曾子問》等篇之記載；而儒、莊之關係，則有謂莊子之學出於儒家者。關於莊子的思想淵源，歷來的探討大致可分爲三種：淵源於古之道術、老子、孔子等說法。〔註 2〕

最早定位莊子學術者，始自《莊子・天下》的記載，稱莊子之學淵源於古之道術：

> 芴漠无形，變化无常，死與生與，天地並與，神明往與！芒乎何之，忽乎何適，萬物畢羅，莫足以歸，古之道術有在於是者。莊周聞其風而悅之，……。〔註 3〕

以「芴漠无形，變化无常」、「萬物畢羅，莫足以歸」等語來描述莊子的學術，可說相當適切。但這段話說得過於渾淪，對於莊子之學的根源並沒有明確指出，也因此〈天下篇〉這段話留給後世相當寬廣的解釋餘地。

〔註 2〕此三種淵源是歷來最主要的觀點，亦有其他的見解，姑不列入討論。關於莊子思想淵源的探討，可參王叔岷：《先秦道法思想講稿》〈陸、莊子思想之淵源〉，頁 67～89；〔日〕兒島獻吉郎著、陳清泉譯：《諸子百家考》第五編第四章〈莊子的學統〉，頁 239～243；陳品卿：《莊學新探》第一章第四節〈思想淵源考略〉，頁 8～21；謝明陽：《明遺民的莊子定位論題》第一章第四節〈莊子定位論題的提出〉，頁 33～36。

〔註 3〕〔清〕郭慶藩：《莊子集釋》〈天下〉，頁 1098。

後世學者對於莊學淵源最普遍的看法，是認爲源自老子，此說最早爲司馬遷（公元前 145～公元前 86）所提出。《史記・老子韓非列傳》記載：

> 莊子者，蒙人也，名周。周嘗爲漆園吏，與梁惠王、齊宣王同時。其學無所不闚，然其要本歸於老子之言。故其著書十餘萬言，大抵率寓言也。作〈漁父〉、〈盜跖〉、〈胠篋〉以詆訾孔子之徒，以明老子之術。〔註4〕

司馬遷的記載，清楚指出莊子之學本於老子，而老、莊思想又多所相通，是以此說自然廣爲後人接受，甚至成爲古今通說。其後如《漢書・藝文志》列《莊子》於道家，而魏晉時期「老莊」、「莊老」多並稱，其大體的觀點本於史遷。

至唐代，韓愈（768～824）首發創論，將莊子納入儒家之傳承，以爲莊子乃孔子之後學，其〈送王秀才序〉一文說：

> 吾常以爲孔子之道大而能博，門弟子不能徧觀而盡識也，故學焉而皆得其性之所近。其後離散，分處諸侯之國，又各以所能授弟子，原遠而末益分。蓋子夏之學，其後有田子方，子方之後流而爲莊周。故周之書喜稱子方之爲人。〔註5〕

韓愈的論述，是透過師承關係來推斷莊子之學本於儒家，他認爲莊子之學本於田子方，向上推其源於子夏，因此莊子乃爲儒家的分支。此說是基於《史記》〈仲尼弟子列傳〉與〈儒林列傳〉的記載，「子夏之學，其後有田子方。」〔註6〕並以《莊子》中〈田子方〉名篇成文，而據此提出莊子之學淵源於孔門弟子之說。〔註7〕不過據師承的說法，實難以成爲有力的證明：其一、莊子並

〔註 4〕〔西漢〕司馬遷著、〔日〕瀧川龜太郎會注考證：《史記會注考證》卷 63〈老子韓非列傳〉，頁 855。

〔註 5〕見〔唐〕韓愈撰、〔清〕馬通伯（其昶）校注：《韓昌黎文集校注》卷 4，頁 153。韓愈文集有兩篇〈送王秀才序〉，一送「進士王含」，一送「王塤」，此爲送王塤之序。

〔註 6〕《史記》〈仲尼弟子列傳〉中關於子夏的記載：「孔子既沒，子夏居西河教授，爲魏文侯師。」見〔西漢〕司馬遷著、〔日〕瀧川龜太郎會注考證：《史記會注考證》卷 67，頁 884；又〈儒林列傳〉云：「自孔子卒後，七十子之徒散游諸侯，大者爲師傅卿相；小者友教士大夫，或隱而不見。……子夏居西河，子貢終於齊。如田子方、段干木、吳起、禽滑釐之屬，皆受業於子夏之倫，爲王者師。」見〔西漢〕司馬遷著、〔日〕瀧川龜太郎會注考證：《史記會注考證》卷 121，頁 1285～1286。

〔註 7〕韓愈的推論是否正確，姑且不論，然自有其影響。相關考證，可參姜聲調：《蘇

沒有詳確說明自己的師承，此僅是韓愈的推斷。其二、縱然莊子學承田子方，也無法論證其必與儒學有關聯。自古以來，弟子的學問，不盡然會全承其師。如韓非、李斯學承荀子，其學卻與荀子不同，則是一例。然而韓愈之師承說一立，後人沿用者不少，因而使得莊子之學出自儒家的說法，成爲歷來定位莊子學術的一項重要觀點。〔註8〕

宋代蘇軾（1037～1101）、王安石（1021～1086）等人皆持莊子源自儒家之說，以論證莊子身爲儒者的用心。蘇軾在〈莊子祠堂記〉說：

> 謹按《史記》：莊子與梁惠王、齊宣王同時，其學無所不闚，然要本歸於老子之言。故其著書十餘萬言，大抵率寓言也。作〈漁父〉、〈盜蹠〉、〈胠篋〉以詆訾孔子之徒，以明老子之術。此知莊子之粗者。余以爲莊子蓋助孔子者，要不可以爲法耳。楚公子微服出亡，而門者難之。其僕操箠而罵曰：「隸也不力。」門者出之。事固有倒行而逆施者。以僕爲不愛公子則不可，以爲事公子之法，亦不可。故莊子之言，皆實予而文不予，陽擠而陰助之，其正言蓋無幾。至於詆訾孔子，未嘗不微見其意。其論天下道術，自墨翟、禽滑釐、彭蒙、愼到、田駢、關尹、老聃之徒，以至於其身，皆以爲一家，而孔子不與，其尊之也至矣。〔註9〕

蘇軾一反《史記》莊子之學本於老子之說，以〈天下篇〉爲據，認爲〈天下篇〉論及天下道術時不將孔子列入，在蘇軾看來正表示孔子是獨立於這些道術之外的，代表莊子對孔子的推崇。並以楚公子微服出亡爲喻，用意在闡明

軾的莊子學》第二章第一節〈莊子蓋助孔子〉，頁 15～18。

〔註 8〕主張莊子與儒學有所淵源者，除了以爲莊子學本於田子方之外，也有學者主張莊子是子張的再傳弟子，如王夫之：「學者之心，不可有欲祿之意，亦不可有賤天職、天祿之念。況子張者，高明而無實，故終身不仕，而一傳之後，流爲莊周，安得以偶然涉獵於俗學，誣其心之不潔乎？」見氏著：《讀四書大全說》卷 4〈論語‧爲政篇〉，收入《船山全書》冊 6，頁 609；另有主張莊子是顏淵之傳，如章太炎、郭沫若、錢穆等。見章太炎講演、曹聚仁整理：《國學概論》第三章〈國學的派別（二）〉，頁 58；郭沫若：《十批判書》〈莊子的批判〉，頁 148；錢穆：《莊老通辨》中卷之上〈莊老的宇宙論‧論莊周思想之淵源〉，頁 170。近人楊儒賓一反師承說，直接從《莊子》文本探討莊子與儒家的關聯；再由莊子的里籍與孔子對宋國與殷商文化有著特別的情誼，串起孔子－莊子－宋國－殷文化之間的線索，聯繫了孔、莊關聯之管道。可參氏著：《儒門內的莊子》。

〔註 9〕〔北宋〕蘇軾：《東坡全集》（一）卷 12〈莊子祠堂記〉，收入《三蘇全集》冊上，頁 8a～b，總頁 440。

莊子之言「實予而文不予」，乃「陽擠而陰助」孔子，即使《莊子》對孔子有所詆訾，那都是有所寓意的。但《莊子》中〈漁父〉、〈盜跖〉、〈胠篋〉等篇詆訾孔子者，其言辭是相當激烈的。對此，蘇軾則認爲這些篇章乃非莊子的作品，他說：

> 然余嘗疑〈盜蹠〉、〈漁父〉則若眞詆孔子者，至於〈讓王〉、〈說劍〉皆淺陋不入於道。反復觀之，得其〈寓言〉之意終曰：「陽子居西遊於秦，遇老子。老子曰：『而睢睢，而盱盱，而誰與居？〔註10〕太白若辱、盛德若不足。』陽子居蹙然變容。其往也，舍者將迎；〔註11〕其家公執席；妻執巾櫛；舍者避席；煬者避竈。其反也，舍者與之爭席矣。」去其〈讓王〉、〈說劍〉、〈漁父〉、〈盜蹠〉四篇，以合於〈列禦寇〉之篇，曰：「列禦寇之齊，中道而反。曰：『吾驚焉，吾食於十漿，而五漿先饋。』」然後悟而笑曰：「是固一章也」。莊子之言未終，而昧者勦之以入其言，余不可以不辨。凡分章名篇，皆出於世俗，非莊子本意。〔註12〕

據蘇氏所論，宜刪除〈讓王〉、〈說劍〉、〈漁父〉、〈盜跖〉四篇，因爲不是莊子的作品，然後將〈列禦寇〉的篇首上接〈寓言〉的篇末，合爲一篇。〔註13〕如蘇氏之說，則《史記》以〈漁父〉、〈盜跖〉等篇爲據，說莊子「詆訾孔子之徒，以明老子之術」之說即不攻自破了。因此，也剔除會通孔莊的難處。

王安石的〈莊周〉有上下二篇，認爲莊子具有儒者之用心，頗有深入的辨析，他說：

> 昔先王之澤，至莊子之時竭矣。天下之俗，譎詐大作，質樸並散，雖世之學士大夫，未有知貴己賤物之道者也。於是棄絕乎禮義之

〔註10〕〈寓言〉原文，當作「而睢睢盱盱，而誰與居？」見〔清〕郭慶藩：《莊子集釋》，頁963。

〔註11〕蘇軾將《莊子・寓言》中「其往也，舍者『迎將』；其家公執席；……」的「迎將」誤倒爲「將迎」。見〔清〕郭慶藩：《莊子集釋》，頁963。

〔註12〕〔北宋〕蘇軾：《東坡全集》（一）卷12〈莊子祠堂記〉，收入《三蘇全集》冊上，頁8b～9a，總頁440～441。

〔註13〕清代的王夫之也持相同看法，可參其《莊子解》；又〔清〕姚際恒的《古今僞書考・莊子》的按語：「第蘇之疑此四篇是也；其用意誤耳。予之疑與蘇同，而用意不同。莊之訾孔，餘尚蘊藉，此則直斥熳罵，便無義味；而文辭俚淺，令人厭觀，此其所以僞也。」見林慶彰編：《姚際恒著作集》冊5，頁255。姚氏亦持〈盜跖〉等四篇是僞作，但與蘇氏用意不同。關於《莊子》的篇目問題，可參張成秋的《莊子篇目考》。

> 緒，奪攘乎利害之際，趨利而不以爲辱，殞身而不以爲怨，漸漬陷溺，以至乎不可救已。莊子病之，思其說以矯天下之弊而歸之於正也。其心過慮，以爲仁義禮樂皆不足以正之，故同是非、齊彼我、一利害，而以足乎心爲得，此其所以矯天下之弊者也。既以其說矯弊矣，又懼來世之遂實吾說而不見天地之純、古人之大體也，於是又傷其心於卒篇以自解。故其篇曰：「《詩》以道志，《書》以道事，《禮》以道行，《樂》以道和，《易》以道陰陽，《春秋》以道名分。」由此而觀之，莊子豈不知聖人者哉？〔註 14〕

王氏以爲莊子生在「譎詐大作，質樸並散」，而「仁義禮樂皆不足以正之」的亂世，所以思其弊一改救世之法，以「同是非、齊彼我、一利害」之論，欲使天下歸於正。可是又懼怕後世之人將其矯世之說當作正經來瞭解，所以又在〈天下篇〉大倡《六經》之旨。王氏據此認爲莊子並非不知聖人之旨，而是時代紛亂，正言若反。但是莊子之說矯枉過正了，由是讀《莊子》者需識得其著書之心，而不爲其著書之說所惑，方是善讀《莊子》。王氏說：

> 然則莊子豈非有意於天下之弊而存聖人之道乎？伯夷之清，柳下惠之和，皆有矯於天下者也，莊子用其心亦二聖人之徒矣。然而莊子之言不得不爲邪說比者，蓋其矯之過矣。夫矯枉者，欲其直也，矯之過則歸於枉矣。莊子亦曰：「墨子之心則是也，墨子之行則非也。」推莊子之心以求其行，則獨何異於墨子哉？後之讀《莊子》者，善其爲書之心，非其爲書之說，則可謂善讀矣，此亦莊子之所願於後世之讀其書者也。今之讀者，挾莊以謾吾儒曰：「莊子之道大哉，非儒之所能及知也。」不知求其意，而以異於儒者爲貴，悲夫！〔註 15〕

王氏認爲莊子具有儒者之用心濟世，肯定莊子保存聖人之道的用心。然而與蘇軾不同的是，王氏肯定莊子之心，但對其言則持否定態度，以爲其說矯枉過正，不免流於邪說。因此強調善讀《莊子》的重要。在王氏看來，若能眞正瞭解莊子爲書之心，則莊子之學與儒學乃無異。他說：

> 學者詆周非堯、舜、孔子，余觀其書，特有所寓而言耳。孟子曰：「說《詩》者，不以文害辭，不以辭害意，以意逆志，是爲得之。」讀

〔註 14〕〔北宋〕王安石：《王文公文集》卷第 27〈莊周上〉，頁 311～312。（電子資源，以下所用版本同）

〔註 15〕〔北宋〕王安石：《王文公文集》卷第 27〈莊周上〉，頁 312。

其文而不以意原之，此爲周者之所以訟也。〔註16〕

王氏秉孟子解《詩》的見解來看《莊子》，故以爲莊子非詆堯、舜、孔子，乃有所寄託而說。但學者卻執著於表面文字而未能還原莊子正言若反之意，此所以莊子爲學者非詆的主因，正是不善讀《莊子》之故。

蘇、王二家對莊子具聖人之道的用心均采肯定；而以爲莊子非詆儒門，乃有所寓而言。至於過激的非詆，蘇氏以爲非莊子之作，認爲莊子之說乃「陽擠而陰助」孔子。王氏則否定其表面過激之文，強調善讀《莊子》須還原其意。不過這是蘇、王對《莊子》的理解，而非莊子著書之用意，不可不辨。

韓愈、蘇軾、王安石雖沒有評注《莊子》，〔註17〕但他們對莊子的觀點，卻是往後「以儒解《莊》」的學者們之重要依據。影響所及，如明代的楊慎（1488～1559），在其《莊子解》說：

> 《莊子》，憤世嫉邪之論也。人皆謂其非堯舜、罪湯武、毀孔子，不知莊子矣。莊子未嘗非堯舜也，非彼假堯舜之道而流爲之、噲者也；未嘗罪湯武也，罪彼假湯武之道而流爲白公者也；未嘗毀孔子也，毀彼假孔子之道而流爲子夏氏之賤儒、子張氏之賤儒者也，故有絕聖棄智之論。又曰，百世之下必有以詩禮發冢者矣。〔註18〕詩禮發冢談性理，而釣名利者以之，其流莫盛于宋之晚世，今猶未殄。使一世之人吞聲而暗服之，然非心服也。使莊子而復生於今，其憤世嫉邪之論，將不止于此矣。〔註19〕

楊愼認爲：莊子其實是發憤世嫉邪之論，所非詆的是假借孔子之名的賤儒，

〔註16〕〔北宋〕王安石：《王文公文集》卷第27〈莊周下〉，頁312。

〔註17〕據〔南宋〕晁公武《郡齋讀書志》記載，蘇軾有《廣成子解》一卷，是詮釋《莊子》〈在宥〉篇「黃帝問道於廣成子」一段的文字。〔明〕胡應麟《四部正譌》的書錄以爲該書不傳。而姜聲調《蘇軾的莊子學》第三章〈蘇軾注解《莊子》——以《廣成子解》爲中心〉，則以爲《廣成子解》的部分文字可於嘉靖年間王文祿撰述〈廣成子疏略〉窺得，又焦竑《莊子翼》、陳治安《南華眞經本義．附錄》二書也有節錄。詳細論述可參氏著，頁39～42。另《郡齋讀書志》卷第5上〈莊子解四卷〉記載：「王安石所解也。」（電子資源，以下所用版本同）可惜早已亡佚，所以現今只能依〈莊周〉上、下二篇來探討其莊子思想。

〔註18〕《莊子》〈外物〉原文：「儒以詩禮發冢。」見〔清〕郭慶藩：《莊子集釋》，頁927。

〔註19〕見〔明〕楊愼：《莊子解》「莊子憤世」條，頁2～3。收入嚴靈峰編輯：《無求備齋莊子集成續編》冊3。

表面上雖是「非堯舜、罪湯武、毀孔子」，其實莊子眞正詆訾的乃是儒學之末流。明末復社的劉城（1598～1651）〔註 20〕在〈莊周論〉也有類似的看法，他說：「周之觀理也精，其憂世也亟。觀理精，故窮極乎道義之原；憂世亟，故憤極乎汙流之俗。窮極乎道義之原，則知煦煦非仁；孑孑非義；蹩躠不可以爲禮；而閒閒不可以爲智，故欲盡鋤而去之，以爲快憤。」〔註 21〕以爲莊子所詆訾者乃是竊仁義的僞儒，實是憂世之亟。對於「甚訾孔子多在〈外〉、〈雜〉諸篇」，以爲「蓋後人所竄入，文辭淺陋，證據乖牾，不再辨。而見是不可以重周罪也。」〔註 22〕

二、「以儒解《莊》」溯源

諸子百家在先秦大放異彩，進入大漢帝國一統、武帝獨尊儒術後，儒學在官方的衛護下，獨樹一幟，成爲學術的主流，往後學者畢生皓首都在研究儒家的經典，諸子百家之學只能退居末位。兩漢精通老莊之學者有如嚴遵（字君平），〔註 23〕現存的著作，關於道家方面有《老子指歸》，主張「道德」是最高的哲學範疇，是萬物共生的本原，統合天地人物的本體，但不否定儒家推崇的綱常名教，倡導「主明臣忠」、「父慈子孝」等倫理，可謂開啓魏晉會通儒道的先河。〔註 24〕

至魏晉六朝，朝代更迭頻仍，談玄之風大盛，玄學的主要課題，其一便

〔註 20〕劉城，字伯宗，明南隸貴池縣人。生於明萬曆 26 年，卒於清順治 7 年，享年五十又三歲。入清後改字宗存，隱於峽川，完髮以卒。著有《春秋左傳人名錄》6 卷、《春秋左傳地名錄》2 卷、《春秋外傳人名錄》2 卷、《春秋外傳地名錄》1 卷、《古今名賢年譜》20 卷、《池州雜記》8 卷（以上見《通志》，均未見）、《嶧桐集》20 卷（現存）、《古今廟學記》、《古事異同》、《今事異同》、《劉氏家訓》、《劉氏藏書題跋》《後通志略》、《後樂苑》、《選明人韋布詩》（以上見徐傳，均未見）。以上資料詳〔清〕劉世珩輯：《貴池二妙集》冊 4，頁 1861～1892。

〔註 21〕〔明〕劉城：《嶧桐文集》卷 5〈莊周論下〉，收入〔清〕劉世珩輯：《貴池二妙集》冊 3，頁 1029～1030。

〔註 22〕〔明〕劉城：《嶧桐文集》卷 5〈莊周論下〉，收入〔清〕劉世珩輯：《貴池二妙集》冊 3，頁 1030。

〔註 23〕即莊遵，因爲東漢明帝劉莊之避諱，班固的《漢書》將莊姓改爲嚴姓，寫爲嚴遵或嚴君平。

〔註 24〕其餘如班嗣（班固之伯父、班彪之兄）、馬融等也崇尚老莊之學，但沒有專著。參王卞：〈兩漢之際的儒學與老莊學〉，收入陳鼓應主編：《道家文化研究》第八輯，頁 267～276。

是「儒道會通」，〔註25〕因此常有以《易》解《老》、《莊》，或以《老》、《莊》解《易》，如王弼《老子道德經注》，是以儒解道；《周易注》則是以道解儒。〔註26〕此乃本著儒道會通而以《易》、《老》互解的方法來進行詮釋，這是「以儒解《莊》」的醞釀期。

魏晉初期「以儒解《莊》」的現象其實不明顯，嚴格而論只能說是醞釀期。如王弼《老子道德經注》雖引《周易》論述詮解《老子》，但就《老子》內容的詮解上並沒有受《周易》義理的影響。如在《老子》十七章：「太上，下知有之」，王氏注曰：

> 太上，謂大人也。大人在上，故曰「太上」。大人在上，居無爲之事，行不言之教，萬物作焉而不爲始，故下知有之而已。言從上也。〔註27〕

王氏將此處的「太上」等同爲「大人」。這「大人」是《周易》乾卦中最凸出的角色，〈文言〉對乾卦第五爻的注釋，將龍、大人、君子等同爲聖人。〔註28〕王弼因要會通孔、老，所以對於《老子》、《周易》、《論語》等提及的聖人、大人、君子，都將他們放在同一個位置上。

又其《周易注》引老莊注《易》，但細繹內容，實是取老莊的研究方法來探索《易經》義理而已，此如湯用彤所言：

> 王輔嗣以老莊解《易》，於是乃援用《莊子・外物篇》荃蹄之言，作《易略例・明象章》，而爲之進一新解。文略曰：「盡意莫若象，盡象莫若言。」然「言者所以明象，得象而忘言。象者所以存意，得意而忘象。」「是故存言者非得象者也，存象者非得意者也。」然則

〔註25〕會通儒、道是魏晉清談的主題之一，於《世說新語》常可見一斑。如〈文學〉：「王輔嗣弱冠詣裴徽，徽問曰：『夫無者，誠萬物之所資，聖人莫肯致言，而老子申之無已，何邪？』弼曰：『聖人體無，無又不可以訓，故言必及有；老、莊未免於有，恆訓其所不足。』」見余嘉錫：《世說新語箋疏》，頁199。這是王弼試圖融合儒、道；又〈文學〉：「阮宣子有令聞，太尉王夷甫見而問曰：『老、莊與聖教同異？』對曰：『將無同？』太尉善其言，辟之爲掾。」見余嘉錫：《世說新語箋疏》，頁207。阮氏以「將無同」來會通儒、道。

〔註26〕這是以詮釋的方法而論，詳下文。

〔註27〕《老子王弼注》上篇〈十七章〉註1條，見〔魏〕王弼等：《老子四種》，頁14。

〔註28〕此說，參〔德〕瓦格納著、楊立華譯：《王弼《老子注》研究》第一編第四章〈意義的解構與建構〉，頁171～173。

> 「忘象者乃得意者也，忘言者乃得象者也。」因此言爲象之代表，象爲意之代表，二者均爲得意之工具。吾人解《易》要當不滯於名言，忘言忘象，體會其所蘊之義，則聖人之意乃昭然可見。王弼依此方法，乃將漢《易》象數之學一舉而廓清之，漢代經學轉而爲魏晉玄學，其基礎由此而奠定矣。〔註29〕

王弼以《莊子・外物》「荃者所以在魚，得魚而忘荃。蹄者所以在兔，得兔而忘蹄。言者所以在意，得意而忘言」之意來建立其研究《易》學的方法，使解《易》者可不滯於名言，體會其所蘊之義，將漢代象數《易》的繁亂支離，一掃而廓清，轉爲魏晉重玄遠義理之風。這是詮解方法上的啓發，非義理的詮解。

到了郭象（265～311）的《莊子注》才邁入「以儒解《莊》」的開始。其〈莊子序〉已表明注《莊》之旨趣：

> 夫莊子者，可謂知本矣，故未始藏其狂言，言雖無會而獨應者也。夫應而非會，則雖當無用；言非物事，則雖高不行；與夫寂然不動，不得已而後起者，固有間矣，斯可謂知無心者也。夫心無爲，則隨感而應，應隨其時，言唯謹爾。故與化爲體，流萬代而冥物，豈曾設對獨遘而游談乎方外哉！此其所以不經而爲百家之冠也。〔註30〕

此〈序〉，郭象將莊子與達到無心玄冥的儒家聖人作對照，以爲莊子只是知道「玄冥」之理的「知本」者，本身缺乏實踐，故與儒家聖人「心無爲，則隨感而應，應隨其時」有所差距。顯然，郭象將儒家聖人提昇至與道家聖人無心而應世，與物玄冥的至高境界等同，其儒、道會通思想已涵蓋其間了。〔註31〕

在《莊子注》的注解上，吾人亦可尋得郭象「以儒解《莊》」的線索，如〈逍遙遊〉「堯讓天下於許由，曰：『日月出矣，而爝火不息，其於光也不亦難乎』……庖人雖不治庖，尸祝不越樽俎而代之矣」一段，〔註32〕在「許由

〔註29〕湯用彤：《魏晉玄學論稿》〈言意之辨〉，頁24。收入《湯用彤全集》第4卷。

〔註30〕郭象：〈莊子序〉，收入〔清〕郭慶藩：《莊子集釋》，頁27。

〔註31〕詳莊耀郎師：《郭象玄學》第一章第三節〈《莊子注》的撰述旨趣〉，頁19～20。關於郭象的〈莊子序〉已道出儒道會通、自然與名教通而爲一等宗旨，莊師於該文有詳細論述。另莊師亦指出，郭象所涉及「儒道會通」的問題，若依方法論來審視，其會通有不徹底的根本所在，不可不察。詳所著，第二章〈郭象玄學的體系及思維方式〉。

〔註32〕〔清〕郭慶藩：《莊子集釋》〈逍遙遊〉「堯讓天下於許由，曰：『日月出矣而

曰：『子治天下，天下既已治也』」句下曰：

> 夫能令天下治，不治天下者也。故堯以不治治之，非治之而治者也。今許由方明既治，則無所代之，而治實由堯，故有子治之言，宜忘言以尋其所況。而或者遂云：治之而治者，堯也；不治而堯得以治者，許由也。斯失之遠矣。夫治之由乎不治，爲之出乎無爲也，取於堯而足，豈借之許由哉！若謂拱默乎山林之中而後得稱無爲者，此莊老之談所以見棄於當塗，(當塗)〔註33〕者自必於有爲之域而不反者，斯之由也。〔註34〕

莊子此文之意是以許由與堯分別代表「無爲」與「有爲」兩種不同的政治境界。在道家的政治哲學裡，就層次與境界而言，「無爲」當然高於「有爲」；就作用與效果而言，「無爲」亦大於「有爲」。因此莊子借堯之口推崇許由：許由隱於山林，其「無爲」之德化及天下，如「日月」之無不照，「時雨」之無不潤。堯之所以自視缺然，乃因自覺「有爲」之治，僅如「火」之微，「浸潤」之勞，故而欲致天下。但是郭象於此的詮釋，竟認爲堯是了不起的「無爲」而治之聖人，所謂「以不治治之，非治之而治者也」。反而視許由之「拱默乎山林」之「無爲」是一種錯誤的「無爲」，因此必見棄於當塗。〔註35〕郭象刻意推崇儒家代表的堯之地位，其評注顯然悖離《莊子》原意。莊子以許由代表「無爲」，並非意指其隱於山林而無所作爲之「無爲」，既如「日月出矣」、「時雨降矣」，當是「輔萬物之自然，而不敢爲」〔註36〕的「無爲」，因此其作用才能「無不爲」。〔註37〕而郭象的注解，證明「以儒解《莊》」已

爝火不息，其於光也，不亦難乎！時雨降矣而猶浸灌，其於澤也，不亦勞乎！夫子立而天下治，而我猶尸之，吾自視缺然。請致天下。』許由曰：『子治天下，天下既已治也。而我猶代子，吾將爲名乎？名者，實之賓也。吾將爲賓乎？鷦鷯巢於深林，不過一枝；偃鼠飲河，不過滿腹。歸休乎君，予無所用天下爲！庖人雖不治庖，尸祝不越樽俎而代之矣。』」見頁22～24。

〔註33〕俞樾云：「當塗二字，依世德堂本補。」見〔清〕郭慶藩：《莊子集釋》〈逍遙遊〉，頁26。

〔註34〕〔清〕郭慶藩：《莊子集釋》〈逍遙遊〉注1條，頁24。

〔註35〕參王淮：《郭象之莊學——儒釋道之相與訾應》〈郭象莊子注之檢討〉，頁44～46。

〔註36〕《老子》64章：「以輔萬物之自然，而不敢爲。」見〔魏〕王弼等：《老子四種》，頁56。

〔註37〕《老子》37章：「道常無爲而無不爲。」見〔魏〕王弼等：《老子四種》，頁31。

發端。

又〈天運〉「禹之治天下，使民心變，人有心而兵有順，殺盜非殺，人自爲種而天下耳，是以天下大駭，儒墨皆起」注曰：

> 不能大齊萬物而人人自別，斯人自爲種也。承百代之流而會乎當今之變，其弊至於斯者，非禹也，故曰天下耳。言聖知之迹非亂天下，而天下必有斯亂。〔註 38〕

郭象以爲禹之時，民心變，乃是歷史的必然演變，不是禹治天下所造成的，不能將過錯推給禹，也不能歸結於「聖知之迹」。而人的社會本性和自然本性在內的所謂本分，也確實存在著不平等的差別。所以郭象提出一套調和名教與自然，將儒、道會通，加入自己的思想論證，形成「人人自別，斯人自爲種」的「獨化」思維。「獨化既天道之必然，也是人道之應然。天地萬物皆爲一獨立的存在，有其自身的特殊的邏輯，不相統率，不可取代，若按此獨化的軌道運行，則入於玄冥之境，形成宇宙的和諧。人類社會的情況亦復如是。『人人自別』，『人自爲種』，每個獨立的個體都以自我的性分爲軸心而自爲，自足於己，無待於外，互不相與，互不相爲，但就在此卓爾獨化之中，自然而然地產生了一種『自爲而相因』的作用，把人類社會凝聚爲一個和諧的整體。如果統治者濫用權力，把自己的意志強加於此特殊的個體之上，必將破壞社會的和諧。」〔註 39〕

李唐時期，老子被王朝奉爲宗祖，尊《老子》、《莊子》爲《道德經》、《南華眞經》，又「崇玄學，置生徒，令習《老子》、《莊子》、《列子》、《文中子》，每年准明經例考試」，〔註 40〕在朝廷刻意的倡導下，研習老莊已成時尚。此時亦是佛學鼎盛期，三藏法師至西域取經，回國後積極地譯經宣揚佛教，佛教更在唐代進一步地吸取儒、道兩家文化，完成了它的中國化歷程。整個學風所及，佛、道思潮大興，儒學反而退居其次，因此少有「以儒解《莊》」的現象。〔註 41〕韓愈正感於佛、道文化日蒸而脅迫儒家思想的廢退，因而寫了〈原

〔註 38〕〔清〕郭慶藩：《莊子集釋》〈天運〉註 9 條，頁 529。

〔註 39〕關於「獨化」的論述，引自余敦康：〈魏晉玄學與儒道會通〉，收入陳鼓應主編：《道家文化研究》第六輯，頁 245。另余文亦提及許多郭象注《莊》具有濃厚的儒家人文情懷與民本思想的論據，可參。

〔註 40〕詳〔五代〕劉昫：《舊唐書》冊 1，卷 9〈本紀・玄宗下〉開元 29 年春正月丁丑，頁 6b，總頁 130。

〔註 41〕唐代《老》、《莊》注疏中，「援儒釋《老》」相當少見，最顯著者當屬陸希聲

道〉等文章，闢佛老，獨尊儒術，建立「儒學的道統」，以凸顯儒家文化的重要性。〔註 42〕也許是這樣，甚而有「蓋子夏之學，其後有田子方，子方之後流而爲莊周」之說，將莊子也納入儒門弟子，以壯大儒學勢力。〔註 43〕

宋代理學大興，回歸儒家孔孟之旨爲宋儒治學的大方向，這種傾向也表現在《莊子》注疏之中。如呂惠卿（1032～1111）《莊子解》〔註 44〕便立足於儒家思想觀點，而對《莊子》進行詮釋。呂氏本身肯定莊子是尊崇孔子的，如在〈田子方〉「莊子見魯哀公，哀公曰：『魯多儒士，少爲先生方者。』……莊子曰：『以魯國而儒者一人耳，可謂多乎？』」他評注說：

> 莊子數假孔子問學於老聃之徒，以明所謂聖智者非至道之盡也。此言不發，則學者無以知尊孔子之實。〔註 45〕

呂氏以爲「孔子問學於老聃之徒」是莊子的權假之辭，目的是要推尊孔子的。又如對〈漁父〉譏孔子，亦持世儒誤讀《莊子》之論，他說：

> 孔子體性抱神以遊世俗，則豈有漁父之譏哉！所以言此者，蓋世之學孔子者不過其跡，故寓言於〈漁父〉以明孔子之所貴者非世俗所知。子貢之告漁父者，乃世儒所知孔子者也。夫天下雖大，亦物而已，孔子之所以爲孔子者，孰肯以物爲事？故道之眞以治身，餘緒土苴以治國天下，誠如子貢所云，非其任而爲其事，則其分於道也，豈不遠哉！八疵四病，宜其不免也。觀後世得孔子之跡者，而考其所爲，則莊子之言，千載之下猶親見之，得不謂之神人乎！〔註 46〕

呂氏認爲後世儒家因對孔學思想沒有確切的了解與掌握，只溺於孔子之跡，未識得孔子之體性抱神，所以造成流弊的產生。倘若世儒得孔子之跡者可以

（唐昭宗年間短暫拜爲宰相）的《道德眞經傳》，其〈序〉論述儒道、孔老的學術宗旨乃殊途同歸。而許多章節的注疏中更是與儒學相融通來詮釋《老》學。相關論述可參董恩林：《唐代老學：重玄思辨中的理身理國之道》，頁 265～269。然而「以儒解《莊》」的著述，在唐代似乎未見。

〔註 42〕關於李唐的老莊學概況，可參李大華：〈略論隋唐老莊學〉，收入陳鼓應主編：《道家文化研究》第一輯。

〔註 43〕詳本章第一節一、〈儒、莊關係的淵源〉。

〔註 44〕其書散佚，今材料主要見於〔南宋〕褚伯秀《南華眞經義海纂微》。民國 23 年有陳任中輯校排印本，詳嚴靈峰編輯：《無求備齋莊子集成初編》冊 5。

〔註 45〕〔北宋〕呂惠卿：《莊子義》卷 7〈田子方〉，頁 210。見嚴靈峰編輯：《無求備齋莊子集成初編》冊 5。

〔註 46〕〔北宋〕呂惠卿：《莊子義》〈漁父〉之總評，頁 307。見嚴靈峰編輯：《無求備齋莊子集成初編》冊 5。

考其所爲，忘跡而求道之眞，那麼就可以得知孔子體性其實與〈漁父〉所言是相吻合的，從中更可印證莊子是眞正了解孔學的。

又如王雱（？～1076）《南華眞經新傳》常引儒家的思想與文字來詮釋《莊子》，援引最多的是《易傳》〈說卦傳〉「窮理、盡性以至於命」的思想，如在詮釋〈大宗師〉最後一段「子輿與子桑友，……然而至此極者命也夫」：

> 夫莊子作〈大宗師〉之篇而始言其知天，次言其知人，而終言其知命者。蓋明能知天則所謂「窮理」也，能知人則所謂「盡性」也，能委命則所謂「至命」也，「窮理、盡性以至於命」，此所以爲〈大宗師〉也，故終之以命焉。此莊子之爲書，篇之始終皆有次序也，學者宜求其意焉。〔註47〕

王雱以《易傳》〈說卦傳〉「窮理、盡性以至於命」的思想來詮釋《莊子‧大宗師》「安天之命」，進行「以儒解《莊》」。然而兩者義理上顯然不同，《易傳》〈說卦傳〉「窮理、盡性以至於命」立足點是因爲人道與天道是相通的。這裡的「理」是「性命之理」，而性命之理要從天道、地道、人道，即陰陽、柔剛與仁義來印證。人只有在眞誠地盡己之性、盡人之性、盡物之性的道德實踐中，才能體證性命之理的全部義蘊，這樣才能「窮理」。而「至於命」則是人要「殀壽不貳，修身以俟之」來「立命」，要人「盡道而死」來「正命」。所謂立命與正命就是使天命在我這裡有所立，得其正，即使自己的生命能夠彰著天道，與道契合。因此「至於命」的境界上達天道，代表「窮理、盡性」的終極目標，至高成就。〔註48〕而《莊子‧大宗師》「安天之命」是取順應自然之義，並非從道德實踐中體證，這是儒、道義理上很大的差異。王雱以《易傳》詮解《莊子》顯然受時風理學影響，宋儒常據《易傳》來引伸發揮理學思想。〔註49〕最後王雱不忘提醒我們「此莊子之爲書，篇之始終皆有次序也，學者宜求其意焉。」正是承乃父所論，善讀《莊子》必須「求其意」、「以意

〔註47〕〔北宋〕王雱：《南華眞經新傳》卷5〈大宗師〉，頁26。收入《文淵閣四庫全書》子部三六二‧道家類，總頁1056-229a。

〔註48〕此段論「窮理、盡性以至於命」的義理，引自戴璉璋：《易傳之形成及其思想》第三章五、〈說卦傳〉，頁177～180。

〔註49〕牟宗三說：「若必將《中庸》、《易傳》抹而去之，視爲歧途，則宋、明儒必將去一大半，……宋、明儒以六百年之長期，……其所宗者只不過是《論》、《孟》、《中庸》、《易傳》與《大學》而已，分量並不多。」見氏著：《心體與性體》冊1，第一部第一章第三節〈宋、明儒之課題〉，頁38～39。收入《牟宗三先生全集》冊5。

原之」之說。〔註 50〕

又如林希逸（1193～1271）的《莊子鬳齋口義》，詮釋〈齊物論〉的「吾喪我」說：

> 吾即我也，不曰我喪我，而曰吾喪我，言人身中才有一毫私心未化，則吾我之間亦有分別矣。「吾喪我」三字下得極好！洞山曰：「渠今不是我，我今正是渠」，便是此等關竅。〔註 51〕

又釋〈德充符〉的「彼爲己以其知，得其心以其心。得其常心，物何爲最之哉」說：

> 爲己，修身也；以其知，言人有此識知，則能修此身。得其心以其心者，言有此知覺之心，則能得其本然之心。本然之心與知覺之心，非二物也，特如此下語耳。其意蓋謂人皆有知，人皆有心，苟能盡之，則可以爲己，可以得心，亦是常事耳，故曰得其常心。最者，尊之也，不曰尊，而曰最，此莊子之文所以奇也。物，人物也。〔註 52〕

受當時盛行的理學之風影響，林氏以理學的思想觀點來詮釋《莊子》，言「吾」與「我」之間的區別，在於人欲之私的有無。而人因爲有知覺之心，故可透過修養工夫得其本然之心，如果能盡人心與人知，就可以修身，進而能得本然之心。因理學家以爲「私」都是不好的，須將不好的人欲之私去除，便可以廓然大公與天理合。〔註 53〕林氏即以「我」爲具人欲之私的我，尚「有一毫私心未化」，因此與「吾」有別。但是《莊子》的「吾喪我」，「我」當爲主體對象，「吾」爲後設層次，當是反省「我」的我。莊子所要喪的「我」，是要摒棄主觀意志的我，因任萬物之自然，故《莊子》〈大宗師〉言：「墮肢體，黜聰明，離形去知，同於大通，此謂坐忘」，〔註 54〕「坐忘」即「喪我」。

又如褚伯秀的《南華眞經義海纂微》，儒家的義理份量最多，其次是道家

〔註 50〕詳本章第一節一、〈儒、莊關係的淵源〉。

〔註 51〕〔南宋〕林希逸著、周啓成校注：《莊子鬳齋口義校注》〈齊物論〉注，頁 13。

〔註 52〕〔南宋〕林希逸著、周啓成校注：《莊子鬳齋口義校注》〈德充符〉注，頁 13。

〔註 53〕問：「顏子『不改其樂』，是私欲既去，一心之中渾是天理流行，無有止息。……惟是私欲既去，天理流行，動靜語默日用之間無非天理，胷中廓然，豈不可樂！」見〔南宋〕黎靖德編：《朱子語類》卷 31〈論語十三．雍也篇二．賢哉回也章〉，頁 28。（電子資源，以下所用版本同）

〔註 54〕〔清〕郭慶藩：《莊子集釋》〈大宗師〉，頁 284。

與道教的思想，最少的是佛教思想。〔註 55〕在「以儒解《莊》」部分，如詮解〈逍遙遊〉「堯讓天下於許由」一段，他說：

伏讀堯讓章，淳古揖遜之風儼然在目，有以見聖人尊道貴德、後己先人，眞以治身土苴以治天下之意，彼戰爭攘奪於尺寸土地之間，何後世之澆薄邪？堯以爝灌比功，其謙虛至矣！豈以黃屋爲心哉？由以鷦鼠喻量，其素分足矣！豈僥倖富貴者哉？爲有神堯在位，斯有許由在野，氣類感召，理有由然。然堯之憂天下也深，謂四海雖已治，非由莫能繼。由之待天下以忘，謂四海既已治，吾將何與哉？非大任而不疑，無以見堯之眞知卓絕；非高視而不受，無以見由之抱道精純。蓋聖人不以出處分重輕，而以義理爲去就。此有係乎道之卷舒、時之當否耳！〔註 56〕

這裡褚氏相當地推崇堯，以爲堯眞知卓絕，因爲深具憂天下之心，看出四海雖已治理，但非得許由接任無以續，所以才會想將天下禪讓給許由，這是淳古揖遜之風的美德，可見堯謙虛至極。褚氏這樣的評解，顯然與《莊子》之意不同，《莊》文是推崇許由的，對儒家的聖人堯則是非詆的，是以堯見了許由，崇其高義，自慚不如，才會想將天下讓給許由。因而〈逍遙遊〉之後，《莊子》才會以藐姑射之山的神人身上的「塵垢粃穅猶將陶鑄堯舜」爲諷。

又褚氏總評〈逍遙遊〉說：

……故學道之要，先須求聖賢樂處，切身體究方爲得力。《易》云：「樂天知命。」顏氏簞瓢自樂，孟子養浩然而塞天地，原憲行歌而聲出金石，此皆超外物之累，全自己之天，出處動靜，無適非樂，斯可以論逍遙矣。〔註 57〕

這裡褚氏清楚地指出學道要學孔、顏樂處，並身體力行，如顏、孟等儒家人

〔註 55〕〔南宋〕褚伯秀《南華眞經義海纂微》可視爲三教合一的註解，他說：「……故凡物之在外者，聖人以不必必之，然後涉世而無患，所以三教聖人設化雖不同，而其言未嘗相背，不過開人心，資治道，同歸於善而止耳。」可見其主張。詳氏著評注〈外物〉「靜然可以補病」段，卷 90，頁 5。收入《文淵閣四庫全書》子部三六三．道家類，總頁 1057-681b。

〔註 56〕〔南宋〕褚伯秀：《南華眞經義海纂微》卷 1〈逍遙遊〉，頁 17～18。收入《文淵閣四庫全書》子部三六三．道家類，總頁 1057-13a～1057-13b。

〔註 57〕〔南宋〕褚伯秀：《南華眞經義海纂微》卷 1〈逍遙遊〉，頁 34～35。收入《文淵閣四庫全書》子部三六三．道家類，總頁 1057-21b～1057-22a。

物，他們的出處修為都是超外物之累，無適不樂，這樣就是逍遙了。顯然這樣的詮解與莊子的逍遙義大異其趣。

在宋代學者中，即使本身沒有注疏《莊子》，但持《莊子》的某篇章，謂與儒家思想相合，所在不少。如邵雍（1011～1077）說：「庖人雖不治庖，尸祝不越樽俎而代之，此君子思不出其位，素位而行之意也。」〔註 58〕楊龜山（1053～1135）也說：「〈逍遙〉一篇，子思所謂無入而不自得；〈養生主〉一篇，孟子所謂行乎其所無事。」〔註 59〕都是相當具體的觀點。〔註 60〕綜上所論，顯然「以儒解《莊》」的學術觀念，在宋代已較為普及。

至明代，持以儒家觀點來看待《莊子》者漸漸朗現，如楊慎《莊子解》：「……咸可例推莊子言亦孔門家法也。」〔註 61〕沈一貫（1531～1615）《莊子通》說：「莊子本淵源孔氏之門，而洸洋自恣於方外者流」，〔註 62〕其思想「徹上下、合天人，非吾夫子，其誰哉？自群弟子而下，源遠而流益分。子思、孟軻之言，即荀卿已不能喻，而況其他乎？蒙莊之論，乃聖門之秘藏，而發六藝之未發者也。」〔註 63〕認為《莊子》一書為孔門之秘藏，甚而發六藝未發之蘊。徐曉《南華日抄》認為莊子擔負曉諭萬世之重任，〔註 64〕其內七篇為學術精要，對於體用、功效、出世、經世，均備載。〔註 65〕他說：「神人至矣，把神人進至人一層，看莊子此意只為欲覺世迷，立此最上一層議論，故無暇論孔子出世法，即在世

〔註 58〕見〔明〕陳治安：《南華眞經本義・附錄》，頁 652。收入北京師範大學圖書館藏明刻孤本《秘笈叢刊》冊 15。

〔註 59〕見〔明〕陳治安：《南華眞經本義・附錄》，頁 653。該〈附錄〉附有自戰國至明代的時人品評《莊子》，從中可知歷代《莊》學在當時的評價，可參。

〔註 60〕以上關於宋代《莊》學的討論，只就大方向而言，其細部探究，可參簡光明：《宋代莊學研究》（臺北：臺灣師範大學國文研究所博士論文）。

〔註 61〕〔明〕楊慎：《莊子解》「莊子論經不言禮樂」條，頁 6～7。收入嚴靈峰編輯：《無求備齋莊子集成續編》冊 3。

〔註 62〕〔明〕沈一貫：《莊子通》〈莊子通序〉，收入嚴靈峰編輯：《無求備齋莊子集成續編》冊 9，頁 2。

〔註 63〕〔明〕沈一貫：《莊子通》卷第 3〈大宗師〉：「子貢曰：『然則夫子何方之依？』孔子曰：『丘，天之戮民也。雖然，吾與汝共之。』至『故曰：天之小人，人之君子；人之君子，天之小人也」的評注，收入嚴靈峰編輯：《無求備齋莊子集成續編》冊 9，頁 240～241。

〔註 64〕〔明〕徐曉：《南華日抄・序》卷之一〈林鬳齋莊子口義發題〉，收入嚴靈峰編輯：《無求備齋莊子集成續編》冊 23，頁 16～17。

〔註 65〕〔明〕徐曉：《南華日抄・總目》卷之一「內篇」條，收入嚴靈峰編輯：《無求備齋莊子集成續編》冊 23，頁 25。

法中非謂孔子不及神人也。」〔註66〕在徐氏看來，莊子之蘊義有出世法與入世法，因欲覺世人之迷，故直接立神人、至人此最上一層論說，乃無暇提及孔子的出世法，非意指孔子不及神人之謂。焦竑（1540～1620）的《莊子翼》其基本思想亦是在以儒學爲本之下對《莊子》作闡釋。

焦竑在《莊子翼》卷首〈莊子原序〉即明白指出，老莊是助孔孟所未及言者：

> 嗟乎！孔孟非不言無也，無即寓于有。而孔孟也者姑因世之所明者引之，所謂下學而上達者也。彼老莊生其時見夫爲孔孟之學者局於有而達焉者之寡也，以爲必通乎無而後可以用有，于焉取其所略者而詳之，庶幾乎助孔孟之所不及。〔註67〕

焦氏認爲：孔孟常言有，是爲了因應世俗人比較能明白的道理，正所謂須先下學方能上達；但是老莊卻鑑於孔孟的後學只局限於有，不知上達於無，所以才言無，以幫助補充孔孟來不及說的道理。這樣的看法，貫徹於焦氏《莊子翼》中。又如其〈讀莊子〉說的：

> 《莊子》一書以明道也，儒之語道不離仁義禮樂，莊子絕而棄之。疑于不類夫瓦礫糠粃無非道妙，獨仁義禮樂爲其所不載，明乎非蒙莊之意矣。何者？仁義禮樂，道也，而世儒之所謂仁義禮樂者，跡也。執其跡，不知其所以跡，道何由明？故不得已擯而棄焉，使人知道也者。〔註68〕

焦氏以爲仁義禮樂是道，世儒卻執著爲跡，而不了解眞正的道，是以莊子才故意擯棄仁義禮樂，使人了解道。對於史遷以爲莊子非詆儒家之說，焦氏則以蘇軾之說來反駁：

> 史遷言莊子詆訾孔子，世儒率隨聲和之，獨蘇子瞻謂其「實予而文不予」，尊孔子者無如莊子。噫！子瞻之論，蓋得其髓矣。然世儒往往牽于文而莫造其實，亦惡知子瞻之所謂乎！何者？世儒之所執者，孔子之跡也，其糟魄也，而莊子之所論者，其精也。〔註69〕

〔註66〕〔明〕徐曉：《南華日抄》卷之一〈齊物論〉，收入嚴靈峰編輯：《無求備齋莊子集成續編》冊23，頁100～101。

〔註67〕〔明〕焦竑：《莊子翼》〈莊子原序〉，頁1～2。收入《文淵閣四庫全書》子部三六四・道家類，總頁1058-3a～1058-3b。

〔註68〕〔明〕焦竑：《莊子翼》〈讀莊子〉，頁6。收入《文淵閣四庫全書》子部三六四・道家類，總頁1058-6a。

〔註69〕〔明〕焦竑：《莊子翼》〈讀莊子〉，頁7。收入《文淵閣四庫全書》子部三六

這裡焦氏仍秉持世儒執跡之誤的說法，往往陷於文句，而不知其實，故只能得其糟粕，當然也無法了解蘇軾所言了。從中亦可見蘇軾之說的影響。其實宋、明、清「以儒解《莊》」的學者，多受韓愈、蘇軾、王安石等主張的影響甚深，由是在援儒入《莊》的詮解上，大致都會以此三人的論點加以開展擴充或調整轉換。

晚明至明亡時期，注《莊》有所轉變，據謝明陽的研究，晚明注《莊》有其遺民之志，從覺浪道盛（1592～1659，俗姓張）托孤說，謂莊子爲儒宗的「教外別傳」，至其弟子方以智（1611～1671）、錢澄之（1612～1693）發展乃師之托孤說，以《易》、《莊》會通來論證。〔註70〕

由於魏晉儒道會通學風使然，士子要調和名教與自然，開始有「以儒解《莊》」的注《莊》專著，只是數量尚少。至唐代韓愈提出莊子爲田子方之後學，順利將莊子納入孔門之徒。雖韓氏僅有主張，沒有專著，但莊子與儒學的淵源就此聯繫、開展起來。至宋代蘇軾以辨僞的方法，將〈讓王〉、〈說劍〉、〈漁父〉、〈盜跖〉四篇「詆訾孔子之徒，以明老子之術」的作品從《莊子》中剔除，成功地會通孔、莊，提出莊子「陽擠而陰助」孔子之說。王安石則提出須「以意逆志」以原莊子之意，發現莊子與儒學無異。宋代學者對蘇、王二家的說法，基本上是贊同的，也有若干可觀的注《莊》專著作爲支持。明以後援引儒學詮解《莊子》的討論更加顯豁，尤其晚明三教合一盛行，「以儒解《莊》」的注《莊》專著持續增加，至有清一代，將莊子視爲儒家之後或以儒家的思想觀點來評解《莊子》者，就更多、而且集中了。〔註71〕

第二節　清代前「以儒解《莊》」背景探索

「以儒解《莊》」之風從魏晉始，歷經唐、宋、明、清數代而未絕，是一股很大而重要的學術風潮。但若細探其注《莊》的背景原因，歷代並不相同。大背景下主要當然是時代學風使然，歷代主流思潮的轉換自然影響學者注《莊》的見解；此外更值得留意的是在主流下個人潛流的發展，諸如個人的遭遇、動機、心境等差異，造成「以儒解《莊》」之變。此節嘗試探討自魏晉

四．道家類，總頁 1058-6b。

〔註70〕晚明《莊》學是一個重要課題，但涉及較多複雜問題，留待日後研討。相關論述，可參謝明陽：《明遺民的莊子定位論題》第二、三章，頁45～147。

〔註71〕詳本論文第參、伍章。

至唐、宋、明之「以儒解《莊》」的原因背景，以對比其後清代的發展——由初期、中葉而轉變成晚清的面貌。希冀藉此方式可以較清楚地呈現「以儒解《莊》」學術史的演變，以掌握晚清《莊》學的論題。以下從魏晉至有明一代，共分三個階段論述。

一、魏晉至隋唐

東漢末年後，時代動盪、社會紛亂，政局的不穩定，學術上同時使得儒學不再定於一尊。魏晉時期，《易》、《老》、《莊》成為文人士子玄談研究的對象，儒、釋、道三學兩兩相互注解、格義，儒學失去獨尊的地位，郭象「以儒解《莊》」的《莊子注》便在這樣的背景下產生。

到了隋唐時代，儒、釋、道三家中，儒學獨尊的地位並沒有回復。雖隋文帝（541～604）登皇位時，曾積極主張恢復以儒學爲立國的根本，如其下令國子學保薦學生四、五百人，考試經義，並從中選取儒士充任官員。但綜觀隋文帝在位期間，儒學的地位仍屬最低，主要原因是楊堅表面崇儒，內心卻十分信奉佛、道二教。據《隋書・高祖紀》載，楊堅生於馮翊般若寺，由一女尼撫養長大。女尼曾屢謂楊堅將來必得天下，重興佛法。且在楊堅的內心也深信「我興由佛法」，所以他對佛教給予種種的重視與關注，甚至晚年還藉口學校生徒多而不精，下詔幾乎廢盡京師和郡縣的大小學校，卻同時頒舍利於諸州，營造寺塔多達五千餘所。而對道教的重視，起因於楊堅欲奪取北周政權時，曾倚賴道士密告符命，並積極爲其作輿論準備，讓他順利登位。〔註 72〕即使到了隋煬帝（569～618）即位後，所推行的思想文化政策，大致是以乃父的三教並用政策再進一步施行。

〔註 72〕據《隋書》〈高祖下〉載：「（開皇二十年）辛巳詔曰：『佛法深妙，道教虛融，咸降大慈，濟度群品。凡在含識皆蒙覆護，所以雕鑄靈相，圖寫眞形，率土瞻仰，用申誠敬。其五嶽四鎮節宣雲雨江河淮海浸潤區域，並生養萬物，利益兆人，故建廟立祀以時恭敬，敢有毀壞、偷盜佛及天尊像，嶽鎮海瀆神形者，以不道論。沙門壞佛像，道士壞天尊者，以惡逆論。』」見《隋書》卷 2〈帝紀〉第 2〈高祖下〉，頁 15a，總頁 33。又「（仁壽元年）乙丑詔曰：『……朕撫臨天下，思弘德教，延集學徒，崇建庠序，開進仕之路佇賢儁之人。而國學胄子垂將千數，州縣諸生咸亦不少，徒有名錄，空度歲時，未有德爲代範，才任國用良由設學之理多而未精，今宜簡省，明加獎勵。於是國子學唯留學生七十人，太學四門及州縣學並廢，其日頒舍利於諸州。』」見〔唐〕長孫無忌等：《隋書》卷 2〈帝紀〉第 2〈高祖下〉，頁 16a，總頁 33。

隋代後期興起對老、莊的推崇，據《隋書・經籍志》載：「（隋煬帝）大業中，道士以術進者甚眾。其所以講經，由以《老子》爲本，次講《莊子》及《靈寶》、《升玄》之屬。」〔註 73〕在唐高祖李淵（566～635）欲取天下時，爲了提供自己有利的條件，故將老子李耳納爲先祖，即位後雖以儒學爲立國之本，但視其爲與「老教」、「釋教」並列的「孔教」，並在武德八年（625）下詔，重新爲儒、釋、道三教排了序位：「老教、孔教，此土元基；釋教後興，宜崇客禮。今可老先，次孔，末後釋宗。」〔註 74〕隨著老子地位的攀昇，作爲老子的後繼者莊子，當然也受到更多的關注，莊子學從而更向前推展。

唐太宗（598～649）即位後與高祖一樣，所推行的仍是以儒學爲主體的三教共存政策。爲了神化王權的需要，甚至頒布詔令，使道士處於僧尼之上。〔註 75〕又令玄奘（602～664）將《老子》譯成梵文，使之流布域外。兼以統治上的需求，將道家清靜無爲的思想引入政治實踐，基於這種種原因，使得闡釋、研究莊子的學說也漸成風氣，諸如魏徵（580～643）的《莊子治要》、成玄英的《莊子疏》等。繼太宗之後的幾代皇帝，除了繼續奉行三教並存的政策，更將老子的地位向上推進。如高宗於乾封元年（666）追號老子爲「太上玄元皇帝」，〔註 76〕又分別於上元元年（674）「請王公百寮皆習《老子》，每歲明經，一準《孝經》、《論語》例試於有司」，〔註 77〕於儀鳳三年（678）詔曰：「自今已後，《道德經》並爲上經，貢舉人皆須兼通。其餘經及《論語》，任依常式。」〔註 78〕至玄宗（685～762），對老子更是一再加封和極力神化。如開元十年（722）正月「詔兩京及諸州各置玄元皇帝廟一所，並置崇玄學，

〔註 73〕〔唐〕長孫無忌等：《隋書》卷 35〈志〉第 30〈經籍四〉，頁 30b～31a，總頁 535～534。

〔註 74〕〔唐〕釋道宣：《佛道論衡》卷丙〈高祖幸國學當集三教問僧道是佛師事第二〉，頁 31。（電子資源）

〔註 75〕〔清〕董誥輯：《全唐文》卷 6〈令道士在僧前詔〉：「朕之本系出於柱史，……天下之大定，亦賴無爲之功。……自今以後，齋供行立，至於稱謂，其道士、女冠可在僧尼之前，庶敦本之俗暢於九有，尊祖之風貽諸萬葉，告報天下主者施行。」見頁 57。（電子資源，以下所用版本同）

〔註 76〕〔北宋〕歐陽脩：《唐書》冊 1，卷 3〈本紀第三・高宗皇帝〉，頁 11a，總頁 59。又〔五代〕劉昫：《舊唐書》卷 5〈本紀第五・高宗下〉載：「二月己未，次亳州幸老君廟追號曰『太上玄元皇帝』，創造祠堂，其廟置令丞各一員。」見頁 1b～2a，總頁 77。

〔註 77〕〔五代〕劉昫：《舊唐書》卷 5〈本紀第五・高宗下〉，頁 9b，總頁 81。

〔註 78〕〔五代〕劉昫：《舊唐書》卷 24〈志〉第四，頁 459。（電子資源）

其僧徒令習《道德經》、《莊》、《列》、《文子》等」，〔註79〕開元十九年（731）正月詔「五岳各置眞君祠一所」，〔註80〕開元二十年（732）正月「詔兩京及諸州各置玄元皇帝廟一所，并置崇玄學。其生徒令習《道德經》及《莊子》、《列子》、《文子》等，每年準明經例舉送至」，〔註81〕開元二十一年（733）正月「制曰：老子《道德經》宜令士庶家藏一本」，〔註82〕天寶二年（743）正月「追尊玄元皇帝爲大聖祖玄元皇帝」，〔註83〕天寶八年（749）六月「謹上玄元皇帝號曰聖祖大道玄元皇帝」，〔註84〕天寶十三年（754）二月「上聖祖玄元皇帝尊號曰大聖祖高上大道金闕玄元天皇大帝」。〔註85〕正由於對老子的推崇，連帶地作爲老子後繼者莊子、列子、文子等道家人物的地位也隨之不斷上升：如天寶元年（742）三月，追號《莊子》爲《南華眞經》；《列子》爲《沖虛眞經》；《文子》爲《通玄眞經》；《亢桑子》爲《洞靈眞經》。〔註86〕天寶四年（745）七月，詔「其墳籍中有載玄元皇帝、南華等眞人猶稱舊號者，並宜改正。其餘編錄經義等書，亦宜以《道德經》列諸經之首。其《南華經》等，不須編在子書。」〔註87〕到了唐玄宗時期，莊子學已走向與國家政治緊密結合，甚至由子學而上升爲經學，成了王公大臣和一般士人都必須研治的

〔註79〕〔北宋〕王欽若等奉勅編：《冊府元龜》冊1，卷53〈帝王部・尚黃老一〉，頁260。

〔註80〕〔北宋〕王欽若等奉勅編：《冊府元龜》冊1，卷53〈帝王部・尚黃老一〉，頁260。

〔註81〕〔五代〕劉昫：《舊唐書》卷24〈禮儀志〉，頁18a，總頁501。

〔註82〕〔北宋〕王欽若等奉勅編：《冊府元龜》冊1，卷53〈帝王部・尚黃老一〉，頁260。

〔註83〕〔北宋〕王欽若等奉勅編：《冊府元龜》冊1，卷54〈帝王部・尚黃老二〉，頁264。

〔註84〕〔北宋〕王欽若等奉勅編：《冊府元龜》冊1，卷54〈帝王部・尚黃老二〉，頁265。

〔註85〕〔北宋〕王欽若等奉勅編：《冊府元龜》冊1，卷54〈帝王部・尚黃老二〉，頁267。

〔註86〕〔北宋〕歐陽脩：《唐書》冊1卷59〈藝文志〉「王士元《亢倉子》二卷」小注，頁6a，總頁680。《冊府元龜》冊1，卷53〈帝王部・尚黃老一〉載：「追號莊子爲南華眞人，所著書爲《南華眞經》。……宰臣李林甫等奏曰：『莊子既號爲南華眞人，文子請號通玄眞人，列子號沖虛眞人，庚桑號洞虛眞人』。」見頁263。

〔註87〕〔北宋〕王欽若等奉勅編：《冊府元龜》冊1，卷54〈帝王部・尚黃老二〉，頁265。

一門學問。〔註 88〕

玄宗在推崇道家的同時，並沒有忽視儒、佛二教的作用，如他特爲《老子》、《孝經》注疏，也「親注《金剛般若經》，詔頒天下，普令宣講。」〔註 89〕玄宗在注疏中所體現的「三教合一」思想，對當時和中晚唐的思想文化都產生了相當大的影響。綜觀整個唐代，統治者對於儒、佛、道三教，其實一直「採用較爲寬容的態度，任其自由傳播、發展，有時還會出面調解三教的矛盾。如自德宗（742～805）始，遂開三教講論例，帝王時常將儒生、僧人、道士召集在一起，令其闡述各自的理論觀點，進行爭辯論說，求同存異，既促進了三教之間理論上的相互借鑑、滲透，又在一定程度上淡化了三教之間的矛盾。」〔註 90〕雖然儒、道、釋三教和合融通持續地發展著，但在統治者以官方的力量崇道佞佛下，隨之演變而來的各種社會政治問題也日益嚴重，諸如武后（624～705）佞佛、憲宗（778～820）迎佛骨、安史之亂後仍有以「道舉」取士等。〔註 91〕職此之故，知識份子當然會深感憂心，是以呂溫（771～811）、元稹（779～831）等人便相繼提出了重振儒學的主張，韓愈更具體闡述了關於排斥釋老、復興儒學的思想理論。〔註 92〕入其室而操其戈，方能直指問題的核心，進而達到解決的可能。在隋唐長期崇釋尊道的時代風潮下，韓愈想要獨排眾思潮，重振儒學之正統，勢必從斥釋、道入手。而在老莊道家中，韓愈似乎是偏愛莊子的，這應該與玄宗朝《莊子》由子學提升爲經學，成了文人士子與王公大臣等都必須研讀的學問有關。莊子學既是崇高的經學，也是讀書人必讀的典籍，那麼直接將莊子納入儒門，謂其爲田子方之後，傳子夏之學，藉此擴大儒學的內涵，順理成章地達到發揚儒學。但這只是韓愈維護儒學道統的手段，站在儒學正統的立場，莊子之學終非聖人之道。所以在其〈送王秀才序〉又說：

〔註 88〕關於隋唐的歷史背景說明，多引自方勇：《莊子學史》冊 1，第一章第一節〈隋唐莊子學發展的歷史背景〉，頁 459～464。

〔註 89〕〔北宋〕釋贊寧：《宋高僧傳》卷 14〈唐越州法華山寺玄儼傳〉，頁 155。（電子資源）

〔註 90〕熊鐵基、馬良懷、劉韶軍：《中國老學史》第五章〈唐代的老學〉，頁 255。

〔註 91〕《全唐文》卷 483 載有〈道舉策問五道〉，當爲唐憲宗元和間科舉策問時所用。其中第一至四道，所提皆爲《莊子》中的問題，第五道則是《老子》相關問題，見頁 4931～4932。

〔註 92〕對於韓愈排佛、老之說，可參其〈原道〉、〈原人〉、〈原性〉、〈原毀〉、〈原鬼〉、〈答張籍書〉、〈重答張籍書〉、〈上宰相書〉、〈與孟尚書書〉等文。

> 故學者必愼其所道，道於楊、墨、老、莊、佛之學，而欲之聖人之道，猶航斷港絕潢以望至於海也。故求觀聖人之道，必自孟子始。〔註 93〕

儘管韓愈認爲莊子出於儒家，但基於捍衛儒學的道統地位，終究還是將莊子的學說摒除於聖人之道以外，只認可孟子才是傳孔子之道的正統。

二、唐末至有宋

唐代雖有儒者如韓愈等倡導儒學之正統，然而至唐末五代政治的混亂，再次造成儒學的式微。進入宋朝，雖知識份子自覺地排斥佛、老，執政者也推行以儒學爲立國的基本政策，形成儒學表面的復興，但其思想文化上多沿襲唐代儒、釋、道三教並行的政策，是以整個宋代基本上仍呈現儒、釋、道共存的樣貌。職此之故，宋代的《莊》學即順此趨勢發展，受到知識份子的喜愛與重視。不過宋代的知識份子是很有自覺地以復興儒學爲己任的，故在提倡以儒學爲本位的前提下，不免受時風所染，常吸納釋、道的思想觀點來闡釋儒學、補充儒學。 因而此時蘇軾、王安石等人對《莊子》的看法所提出的論點，即以儒學爲核心，將莊子納入儒門來豐富儒學，又因蘇、王二人在政治上與文壇上占有舉足輕重之地位，影響所及甚廣，開始有較多的「以儒解《莊》」專著出現。

蘇軾之所以喜愛莊子，應是自身遭遇使然，如方勇所言：

> 由於蘇軾在仕途上的多災多難，逆境多於順境，這就使他總是處在入世與出世、兼濟與獨善的矛盾之中，因而便十分希望通過儒、道、釋三教思想來化解內心的這一矛盾。如他在〈祭龍井辯才文〉中說：「嗚呼！孔、老異門，儒、釋分宮。又於其間，禪律相攻。我見大海有北南東。江河雖殊，其至則同。」說明在蘇軾看來，儒、道、釋三教雖然「異門」、「分工」，而且各教內部又互相攻擊，但各教各派卻是有共通性的，因而也可以互相和合融通。正是基於這樣的一種認識，他便借撰寫〈莊子祠堂記〉的機會，大膽地闡述了自己關於「莊子助孔子」的見解，並以這一見解爲前提，進而論證了《莊

〔註 93〕〔唐〕韓愈撰、馬通伯（其昶）校注：《韓昌黎文集校注》卷 4〈送王秀才序〉，頁 153。

子》中的〈讓王〉、〈說劍〉、〈漁父〉、〈盜蹠〉四篇爲僞作。由此說明，由於蘇軾把自己對人生的獨特感受和對儒、道、釋三教的審美化理解體現到了莊子學上，這就不免使他在〈莊子祠堂記〉中所提出的一些說法因主觀意識太濃而不一定符合實際了。但儘管如此，蘇軾關於「莊子助孔子」的說法畢竟順應了儒、道、釋三教日益走向融合的大趨勢。〔註 94〕

蘇軾因個人際遇，欲在儒、釋、道尋求解脫，「把自己對人生的獨特感受和對儒、道、釋三教的審美化理解體現到了莊子學上」，這從他的詩文都可看出明顯的融攝三教。〔註 95〕如我們所熟悉的前〈赤壁賦〉:「況吾與子漁樵於江渚之上，侶魚蝦而友麋鹿；駕一葉之扁舟，舉匏尊以相屬；寄蜉蝣於天地，渺滄海之一粟。哀吾生之須臾，羨長江之無窮，挾飛仙以遨遊，抱明月而長終」，藉洞簫客之口道出「求仙崇道」的心情。又「客亦知夫水與月乎？逝者如斯，而未嘗往也。盈虛者如彼，而卒莫消長也。蓋將自其變者而觀之，則天地曾不能以一瞬，自其不變者而觀之，則物與我皆無盡藏也」，以水、月爲喻，從「變」與「不變」的角度來觀看世間萬物。而蘇軾以爲莊子陽擠而陰助孔之說，當然也是與時風盛行三教合流有關。不過，在宋代以儒學爲正統，是絕多數知識份子的共同立場，釋、道之學充其量只能爲其襄助補充，是以蘇軾雖肯定莊子之學，但對其作法則以爲是倒行逆施，以爲「要不可以爲法」。〔註 96〕

而王安石對《莊子》的研究則是從政治現實面立論，這在其〈莊周論〉即可找到線索：

昔先王之澤，至莊子之時竭矣，天下之俗，譎詐大作，質樸並散，雖世之學士大夫，未有知貴己賤物之道者也。於是棄絕乎禮義之緒，奪攘乎利害之際，趨利而不以爲辱，殞身而不以爲怨，漸漬陷溺，以至乎不可救已。莊子病之，思其說以矯天下之弊而歸之於正也。〔註 97〕

〔註 94〕方勇：《莊子學史》冊 2，第二章第二節〈蘇軾的〈莊子祠堂記〉〉，頁 36～37。

〔註 95〕對於蘇軾的詩文融攝儒、釋、道三教的論述，可參姜聲調：《蘇軾的莊子學》第四、五兩章〈蘇軾文藝中的莊子學（上）、（下）〉，頁 67～193。

〔註 96〕〈莊子祠堂記〉云：「余以爲莊子蓋助孔子者，要不可以爲法耳。」見蘇軾：《東坡全集》（一）卷 12，收入《三蘇全集》冊上，頁 8a，總頁 440。

〔註 97〕〔北宋〕王安石：《王文公文集》卷第 27〈莊周上〉，頁 311。

王安石以爲先王之善政至莊子時已枯竭，由是莊子欲以其說來「矯天下之弊，而歸之於正」，這正是王氏的夫子自道。〔註 98〕安石變法改革，何嘗不是「有意於天下之弊，而存聖人之道乎！」〔註 99〕如方勇所言：

> 由於王安石是一位大政治家，他首先需要考慮的是如何利用前人的學說來爲現實服務的問題，而《莊子》中又有那麼多詆毀聖人、攻擊儒家的言論，與趙宋王朝所推行的以儒家思想爲主體的文化政策格格不入，所以他只得倡言讀《莊子》必須「善其爲書之心，非其爲書之說」，希冀以此來化解儒、道之間的矛盾，使《莊子》成爲一部有益於治道的著作。如他在說了「讀其文而不以意原之，此爲周者之所以訟也」之後，即曰：「周曰：『上必無爲而用天下，下必有爲而爲天下用。』又自以爲處昏上亂相之間，故窮而無所見其材。孰爲周之言皆不可措乎君臣父子之間，而遭世遇主終不可使有爲也？」〔註 100〕

王安石對於治國的實踐確實有很深遠的理想，所以他會提倡變法、改革，而對於自己的政策主張向來剛愎自負，甚至講出「天變不足畏，祖宗不足法，人言不足恤。」〔註 101〕因此對於方勇認爲他「需要考慮的是如何利用前人的學說來爲現實服務的問題」似乎不是主要的原因，否則王安石大可挑選儒家的經典立說即可，何苦揀擇了莊子，卻又得大費周章地爲莊子辯護？故個人以爲這應與王石安本身喜愛老莊有關。據晁公武（1105～1180）《郡齋讀書志》謂「介甫平生最喜《老子》，故解釋最所致意」，〔註 102〕又《郡齋讀書志・附志》載，王安石尚著有《莊子解》四卷，〔註 103〕亦當爲其頗得意之作，可惜早已亡佚。

繼蘇軾、王安石之後，呂惠卿、王雱等人注《莊》多從政治現實考量，

〔註 98〕據《宋史・王安石列傳》載：「嘉祐三年也，安石議論高奇，能以辨博濟其說，果於自用，慨然有矯世變俗之志。於是上萬言書，以爲……。」見元・脫脫等：《宋史》卷 327〈列傳〉第 86，頁 1b，總頁 4142。

〔註 99〕〔北宋〕王安石：《王文公文集》卷第 27〈莊周上〉，頁 312。

〔註 100〕方勇：《莊子學史》冊 2，第二章〈北宋中期的莊子學〉第一節〈王安石的〈莊周論〉〉，頁 28。

〔註 101〕元・脫脫等：《宋史》卷 327〈列傳〉第 86〈王安石〉，頁 11a～11b，總頁 4147。

〔註 102〕〔南宋〕晁公武：《郡齋讀書志》卷第 3 上〈王介甫注老子二卷王元澤注二卷呂吉甫注二卷陸佃注二卷劉仲平注二卷〉，頁 53。

〔註 103〕〔南宋〕晁公武：《郡齋讀書志》卷第 5 上〈莊子解四卷〉，頁 155。

可說受王安石的影響甚深。呂氏是王安石政治上得力的助手，王雱則是其子，三人同修《三經新義》，見解也多相一致。宋之後理學盛行，故注《莊》特色也表現在理學與莊子學的整合上，如林希逸本身是理學派之一艾軒學派的重要人物，〔註 104〕他將莊子的道德性命之學與思孟學派的心性道德說作一整合型的思想體系。〔註 105〕爾後的褚伯秀注《莊》則與三教合流有關，當時出現許多道士喜愛莊子之學，故多有注之。〔註 106〕而且就道教與道家的思想內涵上，其基本義理本質是較爲接近的，〔註 107〕因此道士解《莊》也是必然走向的學術潮流。

三、明　代

明初朱元璋（1328～1398）統一中國後，與劉基（1311～1375）議定一套比唐、宋更完整的科舉制度，規定以八股文取士，考試專以《四書》、《五經》命題，《四書》必須以朱熹（1130～1200）的注爲依據。又「開國文臣之首」的宋濂（1310～1381）於順帝至正十八年（1358）著成《諸子辨》，在其〈莊子〉中對莊子思想采取批判與否定的態度，視莊子爲「古之狂者」，以爲其書盛傳才造成「禮義陵遲，彝倫斁敗」，甚而「蹈人之家國」。〔註 108〕永樂年間，胡廣（1369～1418）等人奉成祖（1360～1424）之命，多采宋儒之說，編成《四書大全》、《五經大全》、《性理大全》等書籍，由朝廷頒行天下，作爲科舉取士的標準範本。因此在程朱理學作爲明代官方學術的氛圍下，《莊》

〔註 104〕林希逸在《莊子鬳齋口義》卷首〈發題〉云：「希逸少嘗有聞於樂軒，因樂軒而聞艾軒之說，文字血脈稍知梗概。」見〔南宋〕林希逸著、周啓成校注：《莊子鬳齋口義校注》〈發題〉，頁 2。

〔註 105〕相關論述可參方勇：《莊子學史》冊 2，第五章〈林希逸的《莊子口義》〉，頁 106～140。

〔註 106〕相關論述可參方勇：《莊子學史》冊 2，第六章〈褚伯秀的《南華眞經義海纂微》〉，頁 141～157。

〔註 107〕道教與道家後來合流是一個相當複雜的學術思潮問題，本論文目前暫不處理，留待日後再論。以道教思想解《莊》方面，有開創道教南宗東派之陸長庚的《南華眞經副墨》，其後程以寧的《南華眞經注疏》則以陸本爲基石而加以闡揚之，至於不具姓名之藏雲山房主人的《南華大義解懸參註》，其解《莊》思想亦近於陸、程二家之旨，可統歸於以道教思想解《莊》一脈。不過道教至明代已開始走向衰落，在滿清入關後更顯衰頹景象，大致僅在民間秘密流傳，成爲一種世俗化的宗教，其對《莊子》的闡釋，似無可觀之價值。

〔註 108〕〔明〕宋濂著、顧頡剛標點：《諸子辨．莊子》，頁 21。（電子資源）

學很難有發展的空間。然而到了明中葉後，《莊》學開始有復甦的傾向，正德以降的八股文極盛，「始能以古文爲時文，融液經史，使題之義蘊隱顯曲暢」，〔註 109〕內容上不僅「以古文爲時文」，更能「融液經史」，甚至「奇博日益，而遂以入於楊、墨、老、莊者，蓋時有之」〔註 110〕的狀況已開始出現。雖然在命題上仍以《四書》、《五經》作爲內容，思想上依然以程朱理學作爲解釋標準，然而此時期的科舉與八股文，已漸將諸子學融入加以闡釋經義，於此莊子學因而逐漸受到運用。易言之，明中葉莊子學的興起，剛開始是因爲正德後八股文的內涵廣開—以程朱爲主，不限其他諸子，故莊學有了活絡的空間。到了嘉靖末，八股文日趨僵化，大部分士人對科舉層層的限制深感不滿，而長期蔚爲官學的程朱理學禁錮思想已久，讀書人急欲從禁錮中解放出來，以獲得心性的自得，故王陽明（1472～1529）重自然、個體的心學思想即因運而生，〔註 111〕進而形成後來聲勢浩大的王學。循著王學的興盛，莊學此時逐漸被接受與重視。陽明曾說：「聖人與天地民物同體，儒、佛、老、莊皆吾之用，是之謂大道」，〔註 112〕足見其心學對儒、佛、老、莊是采廣納吸收的態度。〔註 113〕所以當欽定爲官學的程朱理學受到衝擊，王學這股力量，便在理學日漸僵化後，繼而進入了科舉，而莊學也順此力量得以勃興。據顧炎武（1613～1682）《日知錄》〈朱子晚年定論〉記載：

> 蓋自弘治正德之際，天下之士厭常喜新，風氣之變已有所自來。而

〔註 109〕〔清〕方苞：《欽定四書文》〈凡例〉，頁 1。（電子資源）

〔註 110〕〔明〕徐階：《世經堂集》卷 12〈崇雅錄序〉，頁 216。（電子資源）

〔註 111〕王陽明當初即從朱熹之學的「格物」開始思索，不斷地去格竹子，最後卻病倒了，故而創發了心學。詳錢德洪〈年譜一〉「五年壬子，先生二十一歲，在越」條：「是年爲宋儒格物之學。先生始侍龍山公于京師，遍求考亭遺書讀之。一日思先儒謂『眾物必有表裏精粗，一草一木，皆涵至理』，官署中多竹，即取竹格之；沉思其理不得，遂遇疾。先生自委聖賢有分，乃隨世就辭章之學。」見《王陽明全集》冊下，卷 33〈年譜一〉，頁 1223。

〔註 112〕《王陽明全集》冊下，卷 35〈年譜三〉「嘉靖二年十有一月，至蕭山」條，頁 1289。

〔註 113〕陽明本身也長期出入釋、老。如錢德洪〈年譜一〉「孝宗弘治元年戊申，先生十七歲，在越」條：「合巹之日，偶閒行入鐵柱宮，遇道士趺坐一榻，即而叩之，因聞養生之説，遂相與對坐忘歸」；「十一年戊午，先生二十七歲，寓京師」條：「偶聞道士談養生，遂有遺世入山之意」；「十有四年辛酉，先生三十歲，在京師」條：「是時道者蔡蓬頭善談仙，待以客禮請問」等。見《王陽明全集》冊下，卷 33〈年譜一〉，頁 1222、1224、1225。

> 文成以絕世之資，倡其新說，鼓動海內。嘉靖以後，從王氏而詆朱子者，始接踵於人間。〔註 114〕

又〈破題用莊子〉云：

> 隆慶二年會試，爲主司者（薇按：李春芳）厭《五經》而喜《老》、《莊》，黜舊聞而崇新學。〔註 115〕

又〈舉業〉云：

> 嘉靖中姚江之書雖盛行於世，而士子舉業尚謹守程朱無敢以禪竄者。自興化、華亭（薇按：各指李春芳、徐階）兩執政尊王氏學，於是隆慶戊辰（薇按：隆慶二年），《論語》程義，首開宗門。此後浸淫，無所底止。科試文士大半剽竊王氏門人之言，陰詆程朱。〔註 116〕

以上三則，說明弘治、正德之際，士子對長期以來程朱注解的《五經》之學心生厭倦，程朱理學已走向僵化、衰敗。而此時陽明倡導的心學，令人耳目全新，故引起海內的轟動。終於在隆慶二年的會試上，因主司者厭棄程朱理學所注解的《五經》，喜愛老莊而尊崇王學，故以執政的力量讓科考的方向有所轉變，造成之後的文士在應試時敢於引用王學、暗詆程朱。而莊學也乘王學興盛之便，爲科考所用，如顧炎武所言，在「隆慶二年會試」之後「始明以莊子之言入之文字。自此五十年間，舉業所用無非釋、老之書。」〔註 117〕即使「崇禎時始申舊日之禁，而士大夫皆幼讀時文，習染已久，……今之學者明用孟子之良知，暗用莊子之眞知。」〔註 118〕是以當老莊重新引起讀書人的興趣，甚至將《老》、《莊》語引入科舉時文，則之後的評點《莊子》、以儒解《莊》，當然蔚然成風。〔註 119〕而注《莊》的作品更是輝煌，據張洪興的研究：「自朱得之《莊子通義》開始至明清之際，數量竟達到兩百部左右」，〔註 120〕足見明中葉以後，士人對莊子思想產生濃厚的興致與關注，也形成《莊子》注本的大量興起與發展。〔註 121〕

〔註 114〕〔清〕顧炎武：〈朱子晚年定論〉，《原抄本日知錄》卷 20，頁 538。
〔註 115〕〔清〕顧炎武：〈破題用莊子〉，《原抄本日知錄》卷 20，頁 533。
〔註 116〕〔清〕顧炎武：〈舉業〉，《原抄本日知錄》卷 20，頁 532。
〔註 117〕〔清〕顧炎武：〈破題用莊子〉，《原抄本日知錄》卷 20，頁 533。
〔註 118〕〔清〕顧炎武：〈破題用莊子〉，《原抄本日知錄》卷 20，頁 533。
〔註 119〕相關探討，可參劉海濤、謝謙：〈明代《莊子》接受論〉，頁 183～187。
〔註 120〕張洪興：〈論明代中後期莊子學的勃興及其表現特徵〉，頁 169。
〔註 121〕據劉海濤、謝謙的研究：「正、嘉時期，《莊子》雖已被正面接受，但也只是晚明之後《莊》學的研究有了轉變，此時的《莊》學與明季遺民起了「衰世」的心志共鳴。據謝明陽的研究，以覺浪道盛爲中心而開展的討論，有方以智（1611～1671）、錢澄之（1612～1693）、屈大均（1630～1696）、俍亭淨挺（？～？）、王夫之（1619～1692）等諸人皆以亡國遺民的心志來注解《莊子》，與莊子之間存有「異代衰世的人格認同」。相較之前的韓愈、王安石、蘇軾諸人的援莊入儒之論，是以一個較爲純粹的儒者觀點作爲基準，故對莊子的所思所行或多或少有些許的不滿之意，而晚明遺民在解《莊》時是寄託一份孤臣孽子的心跡，因此對於莊子其人其書乃能有較全面性的接受、全面性的改造，以創發出前所未見的奇論。〔註 122〕

小　結

儒、道關係的淵源，最早從孔子問禮於老子開始，至李唐韓愈則首發創論，直接點明莊子之學出於田子方，從此儒、莊就聯結起來，成爲歷來定位莊子學術的重要觀點。爾後宋代蘇軾、王安石等人皆承韓說，並論證莊子身爲儒者的用心。韓、蘇、王諸說影響徧及宋、明、清之「以儒解《莊》」的學者。

儒、莊關係既有淵源可尋，「以儒解《莊》」才有發生之可能。然而在儒學獨樹一幟，成爲學術主流的領導地位時，「以儒解《莊》」就沒有產生之背景，是故，「以儒解《莊》」的現象常出現在儒學開始式微的時候。由是魏晉六朝，時代更迭頻仍，玄風大盛，開始有「儒道會通」思潮後，「以儒解《莊》」便於此醞釀，至郭象注《莊》始正式揭開「以儒解《莊》」的序幕。

唐朝在政府刻意的安排下，研習老莊已成時尚，此時佛學亦鼎盛非常。

爲少數士大夫所關注，注書的數量也有限。而隆慶至崇禎末年，《莊子》則得到了社會的廣泛認同，上至權相重臣、內閣學士，下至縣令、教諭，道士、僧人、居士、隱士、書坊商賈，各色人等，講論、品評，解《莊》注《莊》，一共留下了二百餘種著書，這也形成了明代莊學史上長達數十年的興盛局面。」見〈明代《莊子》接受論〉，頁 185。

〔註 122〕詳謝明陽：《明遺民的莊子定位論題》第一章、第二章，頁 22～96。謝氏的研究主要是探討晚明遺民與《莊子》之間的交涉。但這只是晚明《莊》學的其一面相，並非全貌。亦有其他《莊》學研究的面向，相關研究可參李懿純：《晚明注《莊》思想研究——沈一貫、釋德清、釋性通爲核心》、簡光明：〈明人「以儒解莊」研究〉、方勇：《莊子學史》冊 2，第九～二十章。

學風所及，佛、道思潮大興，儒學卻退居其次，因此少有「以儒解《莊》」的現象。而儒者韓愈正感佛、道日蒸而儒學廢退，欲建立「儒學道統」，凸顯儒家文化之重要，故撰〈原道〉等文，闢佛老，獨尊儒術。進而隨順時風崇尚老莊，竟將莊子納入儒門弟子藉以壯大儒學勢力。

宋代理學大興，回歸儒家孔孟之旨為宋儒治學的大方向，然思想文化上多沿襲唐代三教並行的政策，整個宋代基本上仍呈現儒、釋、道共存的樣貌。宋代的《莊》學即順此趨勢發展，受到知識份子的喜愛與重視。開始有較多的「以儒解《莊》」專著出現。

明代初期程朱理學作為官方學術，《莊》學很難有發展空間。到了明中葉後，才開始有復甦的傾向。嘉靖末，八股文日趨僵化，陽明心學因運而生，《莊》學崇尚自然的本質與王學相契而合，因而逐漸被接受與重視。繼而心學進入科舉內容，《莊》學也順此力量得以勃興。晚明至明亡，《莊》學研究則因明季遺民的寄託，又起了變化。

第參章　清中葉（含）前「以儒解《莊》」的特色及其異同

「以儒解《莊》」這股學術風潮自魏晉開始形成，至李唐而稍歇，迨宋代則轉暗爲明，風潮再興，及有明初葉復衰，中葉後其風又起，晚明乃更有所轉折，到了清代則可謂集大成。

清代「以儒解《莊》」不僅有單篇文章討論，〔註1〕更有許多評注《莊子》的論著，而且其論證方式更爲多元，評注者的心志也有所不同，這可於清代許多《莊》注的著作中之〈序〉、〈跋〉（自序或他序）明顯地看出來。即使有些評注《莊子》的著作，其思想內容並沒有「以儒解之」，但卻於其〈序〉、〈跋〉中道出《莊子》與儒學關聯性之密切，吾人可從中窺得有清一代學者對於「以儒解《莊》」的諸多觀點。可見藉「以儒解《莊》」，使儒、莊之學得以交流，在清代近三百年的學術史上是一個相當特殊而重要的課題。

宏觀來看，有清一代自順治元年至宣統三年（1644～1911）約三百年間，評注、詮解《莊子》的著作甚多，就個人統計，約二百一十九種，當居歷代之冠，只是其中不詳或未見者甚多，殊爲可惜。〔註2〕就目前未見或亡佚者來

〔註1〕如林雲銘《莊子因》附有〈莊子總論〉、〈莊子雜說〉，宣穎《南華經解》附有〈解莊小言〉，陸樹芝《莊子雪》也附有〈讀莊子雜說〉等，所論皆精粹可觀。

〔註2〕詳拙著碩士論文：《清代學者「以儒解《莊》」之研究》〈附錄〉，頁127～154。該〈附錄〉的完成，以嚴靈峰主編《周秦漢魏諸子知見書目》、《無求備齋文庫諸子書目》、《老列莊三子知見書目》、《列子莊子知見書目》等書目爲藍本，若嚴氏《書目》未載入者，則參孫殿起《販書偶記·附續編》、《四庫全書總目》、《中國叢書綜錄》等書，及筆者親自至大陸北京、山東、上海等地翻查清代莊學的相關著作。統計中，「不詳」與「未見」者皆據嚴氏本。嚴氏謂：

看，約占整個清代注《莊》論著五分之三強，現存可見者卻低於五分之二。所幸在未見者的極少部分材料，可於已現存的注《莊》著作中窺得一、二。如凌滄虛《莊子解》、薛正平《莊子解》、陳丹衷《莊子解》、曹心易《莊子解》、吳觀我《莊子正語》、王宣《莊子解》、佚名《莊子弋說》、石谿《莊會》、金堡《莊子解》、蕭士瑋《莊子解》、方孔炤《莊子解》、閒翁《莊子漫衍》、蕭伯升《莊子漫衍較》等諸家對《莊子》的評釋，均可見於方以智《藥地炮莊》所徵引。

在全部二百一十九種注《莊》著作中，其成書年代於順治年間者有六十一種；康熙年間者有二十九種；雍正年間者有十二種；乾隆年間者有三十七種；嘉慶年間者有十四種；道光年間十九種；咸豐年間者有四種；同治年間者有七種；光緒年間者有二十二種；宣統年間有十四種。〔註3〕這些注《莊》數量的增減與當時的學術風潮有何關聯？就「以儒解《莊》」部分，其注解的思想有何轉變？這些變化是否顯現某種時代意義呢？以上皆是研究清代學術者相當關切的議題。

而有清一朝「以儒解《莊》」的思想又可分為清初、中葉、晚清三時期的不同，本論文將清初至中葉歸為一章，晚清則另立一章論述，藉以對比「以儒解《莊》」思想的發展演變。本章分為三部分論述：首先說明清中葉（含）前「以儒解《莊》」的思想背景，之後分別探討清初及至中葉「以儒解《莊》」的特色與轉向。

第一節　清中葉（含）前「以儒解《莊》」的思想背景

在順治年間，即南明時期，注《莊》的著作相當多，有六十一種，幾占全期的四分之一，〔註4〕這是承前朝隆慶至崇禎末年，《莊子》得到社會廣泛認同後大量注解的遺緒。不過畢竟清軍已入關，改朝換代似乎已成定局，故其中「以儒解《莊》」不乏與明遺民的心志寄託有所關聯。順治至康熙間，就方以智《藥地炮莊》所徵引的材料來看，其中凌滄虛《莊子解》、薛正平《莊子解》、陳丹衷（？～1637）《莊子解》、石谿（1612～？，俗姓劉）《莊會》

「不知其存、佚並有其他事項不明者稱『未詳』，……書存而未經眼者則稱『未見』。」見其書卷首〈例言〉。

〔註3〕詳拙著碩士論文：《清代學者「以儒解《莊》」之研究》〈附錄〉，頁127～154。

〔註4〕僅就個人知見，以下論及清代《莊》注專著之統計數字同。

及方以智《藥地炮莊》與其後俍亭淨挺《漆園指通》、王夫之《莊子解》、《莊子通》、錢澄之《莊子詁》等諸家注《莊》著作，其撰作背景與明末清初的遺民心志有著密切的關係。據謝明陽的研究指出，明遺民與莊子之間存在著異代衰世的「認同」關係，〔註5〕故引發明遺民對莊子學說的關注，這時期的《莊》注多存有南明遺民的心志。因見莊子亦是亂世之民，彼等欲救末流，爲儒家之孤臣孽子，於莊子所言自心有戚戚焉，故投入心力注解《莊子》，正是爲自己的精神上提供一個寬慰。〔註6〕是以清初的儒者，即如錢穆所言：「一時魁儒畸士，遺民逸老，抱故國之感，堅長遯之志，心思氣力，無所放洩，乃一注於學問，以寄其守先待後之想。」〔註7〕

至康、雍朝注《莊》驟減，共有四十一種，〔註8〕顯然一六六一年以後清代正式稱帝，成爲統治者，南明確定結束，此後世人的心理也作了轉變，正式接受一個新朝代的來臨。在外緣因素上，朝廷以官方的力量推尊儒學並立程朱理學爲官學。自順治初年，統治者就將理學書籍規定爲學校教育必讀的書籍，明令天下士人誦讀。國子監規定入監生員所學的內容是「兩廂及六堂講《四書》、《性理》、《通鑒》，博士講《五經》」；〔註9〕順治九年（1652），清廷在爲各直省儒學明倫堂頒發的臥碑文中要求「直省學政將《四子書》、《五經》、《性理大全》、《資治通鑒綱目》、《大學衍義》、《歷代名臣奏議》、《文章正宗》等書，責成提調教官，課令生儒誦習講解」；〔註10〕順治十年（1653）頒諭禮部，提出「崇儒重道」，〔註11〕此「道」指的是周、程、張、朱的道學；康熙九年（1670）根據孔教儒學，制定和頒發「聖諭十六條」，〔註12〕爲普天

〔註5〕詳謝明陽：《明遺民的莊子定位論題》第一章〈緒論：明遺民與莊子〉，頁11～29。

〔註6〕晚明遺民解《莊》多是持這種思想與情感的認同，詳謝明陽：《明遺民的莊子定位論題》。

〔註7〕錢穆：《國學概論》第九章〈清代考證學〉，頁246。

〔註8〕南明時期注《莊》專著61種，至康熙期則驟減爲29種，詳上文。

〔註9〕〔清〕清高宗敕撰：《清朝文獻通考》冊3，卷65〈學校考〉三，頁5453。

〔註10〕〔清〕清高宗敕撰：《清朝文獻通考》冊3，卷69〈學校考〉七，頁5486。

〔註11〕《清實錄‧清世祖章皇帝實錄》卷之74：「甲寅諭禮部國家崇儒重道，各地方設立學宮，令士子讀書各治一經，選爲生員，歲試、科試入學肄業，朝廷復其身，有司接以禮，培養教化，貢明經，舉孝廉，成進士，何其重也。」見頁2293。（電子資源，以下所用版本同）

〔註12〕詳《清實錄‧清聖祖仁皇帝實錄》卷之34、300，頁1849～1850、12787～12789。

下之道德規範和行爲準則，並舉行經筵，講習經義，崇尚朱注，褒揚理學。據《清實錄》記載，聖祖曾說：「宋儒朱子註釋群經，闡發道理，凡所著作及編纂之書，皆明白精確，歸於大中至正，經今五百餘年，學者無敢疵議。朕以爲孔孟之後有裨斯文者，朱子之功最弘鉅。」〔註 13〕可見自康熙（1662～1722）以來，程朱理學被置於神聖不可侵犯的地位，於此，《莊》學研究當然受壓抑。況且清政府爲了消除漢人的抵抗，對知識份子采取高壓與籠絡並施的手段。在高壓手段上，順治十七年（1660）八月，張縉彥被彈劾其文有「將明之才」，而被奪去大學士一職後，〔註 14〕「文字獄」就開始了。之後莊廷鑨（？～1660）之明史案、〔註 15〕戴名世（1653～1713）之文集獄〔註 16〕等，相繼而起。於此不難想見知識份子對於義理思想的研究更當戒愼恐懼；在懷柔籠絡上，康熙十八年（1679）開博學鴻詞科，一時全國耆舊宿學，多爲其所網羅。康熙年間編纂《朱子全書》六十六卷、御制勒纂群經典籍，大昌文化，如《易》、《書》、《詩》、《春秋》、《康熙字典》、《皇輿全覽圖》、《佩文韻府》、《淵鑒類函》、《古今圖書集成》、《全唐詩》、《古文淵鑒》等，〔註 17〕博學鴻儒多投注畢生心力於此。

在內緣因素上，學者痛思明朝的滅亡與陽明學後來走向束書不觀的空疏有關，開始厭惡明心見性之說，對空談心性、坐而論道的空疏學風，視爲亡國之論。如顧炎武在《日知錄》所說的：

> 五胡亂華本於清談之流禍，人人知之。孰知今日之清談有甚於前代者！昔之清談談老莊，今之清談談孔孟。未得其精而已遺其粗，未究其本而先辭其末，不習六藝之文，不考百王之典，不綜當代之務，舉夫子論學論政之大端一切不問，而曰一貫，曰無言。以明心見性之空言，代修己治人之實學，股肱惰而萬事荒，爪牙亡而四國亂。神州蕩覆，宗廟丘墟。昔王衍妙善玄言，自比子貢；及爲石勒所殺，將死，顧而言曰，嗚呼！吾曹雖不如古人，向若不祖尚浮虛，戮力

〔註 13〕《清實錄・清聖祖仁皇帝實錄》卷之 249，頁 11064。

〔註 14〕詳《清實錄・清世祖章皇帝實錄》卷之 142，頁 4287～4294。

〔註 15〕詳〔清〕楊鳳苞：《秋室集》卷 5〈記莊廷鑨史案本末〉。

〔註 16〕詳《清實錄・清聖祖仁皇帝實錄》卷之 248、249、253，頁 11019～11020、11057～11058、11218 等。

〔註 17〕《清實錄・清聖祖仁皇帝實錄》卷之 241、249、283，頁 11084～11085、10050、12234～12235 等。

以匡天下，猶可不至今日。今之君子，得不有媿乎其言？〔註18〕

視宋明心性之談，如同魏晉之談老莊，是使神州陸沈的最大原因。而對於孔孟心性清談的空疏鄙夷，連帶的老莊也淪爲批駁的對象。同樣的論調在《日知錄》卷十七：「演說老莊，王（自注：弼）、何（自注：晏）爲開晉之始。以至國亡於上，教淪於下，胡戎互僭，君臣屢易，……。」〔註19〕這樣的見解，普遍流行於當時的博學碩儒之間，如王夫之：「莊生之教，得其氾濫者，則蕩而喪志，何晏、王衍之所以敗也。」〔註20〕洪亮吉（1746～1809）：「《莊子》一書秦漢以來皆不甚稱引，自三國時何晏、阮籍、嵇康出而書始盛，……故吾以爲魏晉風俗之壞始於何晏，成於嵇、阮」、〔註21〕「莊子、列子則下導釋氏，啓魏晉六朝之亂者也。」〔註22〕是以此時爲學的宗旨與學風已有所轉變，文人士子轉而重視治學的內容和方法，使得「經世致用」、「爲學當有實功，有實用」〔註23〕蔚成風尚。

再者，學者也鑑於晚明三教盛行，儒、釋、道相互訓解、交融，使儒學的主體性逐漸消逝，故而嚴判儒、釋、道，有意識地倡導回歸經典的儒學運動。〔註24〕職此之故，康、雍期注《莊》的數量大不如南明，其中「以儒解《莊》」的著作更少。

進入乾、嘉後，注《莊》著作有所增加，共五十一種，占全期近四分之一。〔註25〕由此可見，清代《莊》學的興起乃從乾嘉時期開始。不過，自康

〔註18〕〔清〕顧炎武：《原抄本日知錄》卷9〈夫子之言性與天道〉，頁196。

〔註19〕〔清〕顧炎武：《原抄本日知錄》卷17〈正始〉，頁378。

〔註20〕〔清〕王夫之：《讀通鑑論》卷17〈梁武帝・二十五〉，頁500。（電子資源，以下所用版本同）

〔註21〕〔清〕洪亮吉：《曉讀書齋雜錄》〈初錄卷上〉，頁16。（電子資源，以下所用版本同）

〔註22〕〔清〕洪亮吉：《曉讀書齋雜錄》〈初錄卷上〉，頁19。

〔註23〕〔清〕朱舜水：《朱舜水集》冊上，卷11〈問答四（筆語）〉答小宅生順問六十一條，頁406。

〔註24〕鄭吉雄師以爲清初有儒、釋之辨，如黃宗羲在《明儒學案》以「宗羲按」或不以按語的方式暢論「儒釋之辨」，王船山、顏習齋等從思想上、學理上闢佛老，戴名世則從社會與倫理上強調佛教之害；另亦有儒、道之辨，如黃宗羲《易學象數論》、黃宗炎《圖學辯惑》、毛西河《河圖洛書原舛編》與《太極圖說遺議》、胡渭《易圖明辨》等皆認爲圖書之學源出道教，與《易》學無關。詳所著：《戴東原經典詮釋的思想史探索》〈乾嘉學者經典詮釋的歷史背景與觀念〉，頁233～235。

〔註25〕對比康、雍期41種，乾、嘉期有51種，故數量增加10種。而乾隆國祚60

熙朝以來廣開博學鴻詞科，至乾隆朝大量整理國故，再加上文字獄的迫害，此時的知識份子噤若寒蟬，將畢生精力投入典籍的考證上，爲考據而考據，期使經由文字上的驗證，以辨明古典經書的眞僞，因此乾嘉學術的研究方法走上重考證、尙小學、以字通詞、以詞通道、尊崇古義的方向。如同戴震（1723～1777）等人所提倡：「夫所謂理義，苟可以舍經而空憑胸臆，將人人鑿空得之，奚有于經學之云乎哉？惟空憑胸臆之卒無當于賢人聖人之理義，然後求之古經。求之古經而遺文垂絕，今古縣隔也，然後求之訓故。訓故明則古經明，古經明則賢人聖人之理義明，而我心之所同然者乃因之而明。賢人聖人之理義非它，存乎典章制度者是也。」〔註 26〕從此，經學爲學術主體，形成爲學術而學術之風尙，義理玄虛之思便遁入末流。

大致而言，清初至中葉學風的轉向，漸漸由崇義理走向重訓詁，在注《莊》上也是同樣地表現。此期注《莊》著作與當時盛行的校勘、訓詁之風相隨，以辨形、釋音、解義、辨僞、輯佚等爲多，〔註 27〕諸如：王懋竑《莊子存校》、王太岳《莊子口義考證》、《南華義海纂微考證》、《莊子翼考證》、盧文弨《莊子音義考證》、孫馮翼《司馬彪莊子注》、《莊子注考逸》等。也有作爲韻書之用，如姚文田《莊子古韻》節錄《莊子》文句之有韻者，在協韻之字，加以圓圈，下注篇名，或章名，依韻別類輯之；江有誥《莊子韻讀》〔註 28〕錄《莊子》書中有韻之字，圍以圓圈，下注韻目，使一見瞭然。而輯佚之風至道光年間依然興盛，以茆泮林與黃奭最爲可觀，如茆氏《莊子逸語》、《莊子逸篇》、《莊子逸篇司馬注補遺》，黃氏《司馬彪莊子注》、《逸莊子》等。〔註 29〕文人潛心學問，作爲逃避現實、充實精神的途徑，學風丕變，玄虛義理之思爲多數學者所揚棄，此期「以儒解《莊》」者亦隨之減少。〔註 30〕

年，就有《莊》注 37 種；康熙國祚 61 年，《莊》注 29 種，顯然乾、嘉期，《莊》學研究開始興起。

〔註 26〕〔清〕戴震：〈題惠定宇先生授經圖〉，見《戴氏雜錄》，收入《戴震全書》（六），頁 505。又如〈與方希原書〉：「聖人之道在六經」，見《東原文集》卷 9，收入《戴震全書》（六），頁 375。又如〈與某書〉：「治經先考字義，次通文理。」見《戴東原先生文》，收入《戴震全書》（六），頁 495。

〔註 27〕這是與其他時期相比較而論，乾嘉時期所占的比例略高。

〔註 28〕在《江氏音學十書》〈先秦韻讀〉內。

〔註 29〕例子部分，參嚴靈峰主編：《周秦漢魏諸子知見書目》。

〔註 30〕這是就大方向來分類，實際上我們看注解的內容，注解者所采用的反而很少是某單一類，而是各類互相組合的。如在辨形、釋音、解義、辨僞中也輔有注其思想觀點；以思想觀點爲注中也參評其文章；在輯佚中也有辨形、釋音、綜觀清中葉前「以儒解《莊》」，吾人可以發現在儒學部分絕多數皆摻有理學色彩，而此理學主要是程朱理學，只有極少部分摻以陽明心學來注《莊》（詳本章第二、三節）。這與清朝將程朱理學視爲官方哲學的大背景有極密切關聯。如前章所述，清朝前期，主要是順、康時期，政府以官方力量立程朱理學爲正學，程朱派學者遍及朝野，形成順、康、雍三朝最顯赫的一個學派。康熙曾明白指出理學可作施政治國之標準，他說：

> 每思二帝三王之治本於道，二帝三王之道本於心。辨析心性之理，而羽翼六經，發揮聖道者，莫詳於有宋諸儒。迨明永樂間命儒臣纂集《性理大全》一書，朕嘗加翻閱，見其窮天地陰陽之蘊，明性命仁義之旨，揭主敬存誠之要。微而律數之精意，顯而道統之源流，以致君德聖學，政教紀綱，靡不大小兼該，而表裡咸貫，洵道學之淵藪，致治之準繩也。〔註31〕

以爲理學內有「窮天地陰陽之蘊，明性命仁義之旨，揭主敬存誠之要」，外兼「政教紀綱」、「大小兼該」，具厲行教化之施政理念，當「致治之準繩」。而推崇程朱不遺餘力的陸隴其（1630～1692）也說：

> 孔子集群聖之大成，朱子集諸儒之大成，猶文、武、周公損益二代之制，以成一王之法也。…… 章楓山謂：《朱子語類》一書雖出門人所記，不敢謂其字字句句皆無差誤，而其中所載，大而天地鬼神之奧，小而一事一物之宜，凡所以窮理修身、應事接物與夫治國平天下之道，靡所不備，大有功於後學。信哉！〔註32〕

據此可見，崇信理學的學者認爲程朱理學是治國、平天下之道，於興國安邦之法無所不備。其功用是服務於國家政治，爲治理國家、安定社會提供思想理論的支持。顯然，程朱理學成爲道德的宗教化後，則成爲統治者的工具。

然而清前期理學的復興主要依靠政治力量來推動，不全然是學術現象，所以理學的興衰不免也受到政治環境的變化影響。順、康兩朝，清朝的統治

解義、辨僞。分類的方式本是一件頗爲困難之事，很難達到百分之百的周延與完善，這是清代評注《莊子》的多元樣貌，只是爲了讓主題顯著，個人選取以注疏內容的成份多寡而有主輔之別的分類法。

〔註31〕〔清〕章梫纂、褚家偉、鄭天一校注：《康熙政要》卷16〈論理學第二十八〉，頁306。（電子資源）

〔註32〕〔清〕陸隴其撰、〔清〕楊開基編註：《松陽鈔存》卷下，頁26～27。（電子資源）

地位不穩固，亟需程朱理學所強調的綱常名教來安撫人心、恢復社會秩序，加上康熙本身對理學的造詣深厚，造就程朱理學在此時期大興，甚而升享朱熹於十哲之列。反觀陽明心學，後學末流談玄說虛，學派內部也發生分化，諸徒解說不同，各執一端，不務實際，甚而「墮於狂禪而不返」。〔註 33〕鑑於晚明王學末流的浮濫空虛，清初學界強調「以實濟虛」，出現由王返朱的新動向，即使有蕺山學派如黃宗羲（1610～1695）等佼佼者力圖振興，但終究無可挽回地走向衰敗。〔註 34〕到了雍正朝後，統治者的政治地位已穩固多年，社會秩序早已步入正軌，對於理學的需要自然不如先前之迫切。此外，雍正與乾隆雖對程朱理學表示尊崇，但對理學的學習已遠不如康熙用功、篤實了。況且清朝推尊理學，主要的考量還是將它視爲政治統治的思想工具，目的終究是籠絡士子、禁錮人心。在統治者的利用下，程朱理學自然走向扭曲、衰落之途了。〔註 35〕隨著理學的消長，同樣反映在「以儒解《莊》」的變化上。清初至中葉，程朱理學由盛轉衰，「以儒解《莊》」儒學中的理學成份亦由濃厚走向匱乏。〔註 36〕

第二節　清初「以儒解《莊》」的特色及其異同——尊崇孔子、融攝理學、弘開《莊》學

清初至中葉的學術發展，是由崇尚義理而日漸趨向重訓詁、考證，因此

〔註 33〕全祖望說：「吾觀陽明之學，足以振章句訓詁之支離，不可謂非救弊之良藥也。然而漸遠漸失，遂有墮於狂禪而不返，無乃徒恃其虛空知覺，而寡躬行之定力耶？夫陽明之所重者，行也，而其流弊乃相反，彼其所謂誠意者安在耶？蓋其所頓悟者原非眞知，則一折而蕩然矣。是陽明之救弊，即其門人所以啓弊也。」見氏著、朱鑄禹彙校集注：《全祖望集彙校集注》冊中〈槎湖書院記〉，頁 1058。全氏肯定陽明之學，以爲救弊之良藥。而啓弊之端乃後學所開，「徒恃其虛空知覺，而寡躬行之定力」，才會「漸遠漸失，遂有墮於狂禪而不返」。

〔註 34〕關於王學在清初的興衰發展，可參史革新：〈清初學術思潮轉換芻議〉，收入《清代以來的學術與思想論集》，頁 2～3。

〔註 35〕關於清前期理學的消長，可參史革新：〈略論清前期理學的復興、作用和影响〉、〈略論清順治年間程朱理學的湧動〉、〈清順康間理學的流布及其發展趨勢芻議〉諸篇，收入《清代以來的學術與思想論集》。

〔註 36〕「以儒解《莊》」，其儒學中的理學成份，如何判斷爲程朱理學或陽明心學？其一、就評注者在注解時會提及二程、朱子等論述。其二、就實際評注的核心思想而論。程朱理學強調「性即理」；陽明心學則是「心即理」，心外無理。其三、評注者的用語特色與《朱子語類》近似等。（詳後文）

注《莊》專著亦大致由此方向。清初義理之學依然爲學者所強調，此時的「以儒解《莊》」，多融攝理學來注解《莊子》，此時期的理學成份相當濃厚，影響注《莊》專著頗深。不過在這樣的注解下，《莊學》思想有較以往不同的新視野。

清初時期程朱理學爲官方學術，而陽明心學依然有其影響。理學至清代雖然繼續，然而卻非全然承繼，學者開始有所反省、檢討，甚至批評。清初「以儒解《莊》」正呈現此現象：以融攝、檢討、批判理學來評注《莊子》，這樣開出的詮釋觀點，卻是屬於清朝自己的學術典範。易言之，從清初「以儒解《莊》」已隱約可以看到學術典範轉移〔註37〕的新契機。

目前可見且較具學術價值者，有林雲銘《莊子因》、〔註38〕吳世尚《莊子解》、〔註39〕宣穎《南華經解》、〔註40〕胡方（1654～1727）《莊子辯正》與屈復（1663～？）〔註41〕《南華通》，前三本成書於康熙朝，而胡書只能確定在雍正五年（1727）前完成，〔註42〕屈書也只能確定約在乾隆元年（1736）前

〔註37〕「典範轉移」一詞采自美國科學史及科學哲學家湯瑪斯·孔恩（Thomas Samuel Kuhn）：《科學革命的結構》（The Structure of Scientific Revolutions，1962年）用法。原指在科學範疇裡，一種在基本理論上從根本假設的改變。這種改變，後來也應用於指各種其他學科方面的巨大轉變。

〔註38〕據該書卷首林氏〈增注莊子因序〉，自謂撰於康熙27年（1688）秋季望日，其中有「余注《莊》二十有七年矣」之語，則《莊子因》當始撰於順治18年（1661）。

〔註39〕據《四庫全書總目·莊子解三卷》提要記載，是編即成於康熙癸巳年（康熙52年，1713）。

〔註40〕據《南華經解》宣穎〈序〉，著其時爲康熙60年（1721），其書應即成於是年。

〔註41〕對於《南華通》的作者，有一說是孫嘉淦（1683～1753）。北京圖書館藏乾隆刻本，題「臨泉孫嘉淦著」；刊行於道光15年（1835）李元春所輯《青照堂叢書》劉際清刊本所收者，則題「屈復」著。然二版本都是7卷，且內容文字完全一樣。方勇《莊子學史》以爲應是孫嘉淦（詳氏著冊3，第六章，頁130～131）；熊鐵基主編《中國莊學史》則以爲證據不足，無法確定作者（詳氏著冊下，第八章第七節，頁248～249）。依目前可見資料來看，確實很難判定作者何人。臺灣所見《叢書集成續編》冊38與嚴靈峰主編《無求備齋莊子集成初編》景印本冊21所收者皆是《青照堂叢書》影本。本文引用資料皆據《無求備齋莊子集成初編》冊21所收者，謹暫將作者視爲屈復。

〔註42〕胡方《莊子辯正》卷首有嘉慶甲戌（嘉慶19年，1814）同里戴鶴齡所作〈序〉，不過胡方卒於雍正5年（其生平事蹟可參《清史稿列傳》（六）列傳二百六十七〈儒林一〉，頁13145～13147、《國朝耆獻類徵初編》（五十三），頁793～796、《國朝詩人徵略初編》（一），頁823～825、《文獻徵存錄》（一），頁665～667。楊廷福、楊同甫《清人室名別稱字號索引》冊下，頁1179），據此推

後。〔註 43〕比較這些著作，吳、宣、胡、屈四書皆「以儒解《莊》」之作，其儒學內容多是理學所著重的《易傳》、《中庸》、《論》、《孟》等書。而林書則非以儒學思想評注，卻持「莊子與孔子異而同」之論，故充其量只能說《莊子因》具有尊孔的傾向而已。而吳、宣、胡、屈四書則承繼、總結、批判宋明理學，然風貌亦各自不同。茲就五家之特點予以分述。

一、立場尊孔的林雲銘

林雲銘的《莊子因》全書，是以莊解《莊》之作，如他自己在〈莊子總論〉一文概括《莊子》大意所說的：

> 三十三篇之中反覆十餘萬言，大旨不外明道德、輕仁義，一死生、齊是非，虛靜恬澹、寂寞無爲而已矣。〔註 44〕

然而卻在〈莊子雜說〉說：

> 莊子另是一種學問，與老子同而異，與孔子異而同。今人把莊子與老子看做一樣，與孔子看做二樣，此大過也。〔註 45〕

此處道出林氏的新穎觀點，世人多以爲老莊思想同源，從《淮南子・要略》開始，就已將老子與莊子並提，《史記・老子韓非列傳》更說莊子之學「要本歸於老子之言」，〔註 46〕但林氏卻不以爲然，以爲二者有明顯的區別。〔註 47〕同時也提出莊子之學「與孔子異而同」之說，可見其解《莊》思想上有儒學化的傾向。他說：

> 莊子宗老而黜孔，人莫不以爲然。但其言曰：「《春秋》經世先王之

其成書時間當於雍正 5 年（1727）前。

〔註 43〕屈復《南華通》著作年代不詳，刊行於道光 15 年（1835）李元春所輯《青照堂叢書》中，僅評注《莊子》內七篇，共 7 卷。而屈復生於康熙 2 年，卒年不詳（1663～？）。乾隆元年（1736）舉博學鴻詞，不赴。據此推知，屈氏至少生逾乾隆元年後。屈復生平，詳參《清史列傳》〈文苑傳〉卷 71、《清史稿》〈藝文志〉、《昭代叢書》壬集《鶴徵後錄》、《續詩人徵略》等三種〈弱水詩鈔小傳〉、《國朝耆獻類徵初編》（六十四）卷 480、《清詩紀事初編》卷 8、《碑傳集》卷 139 等。

〔註 44〕〔清〕林雲銘：《莊子因》〈莊子總論〉，頁 5。

〔註 45〕〔清〕林雲銘：《莊子因》〈莊子雜說〉，頁 7。

〔註 46〕〔西漢〕司馬遷著、〔日〕瀧川龜太郎會注考證：《史記會注考證》卷 63〈老子韓非列傳〉，頁 855。

〔註 47〕對於林氏以爲莊、老之學在本質上是有所不同的見解，本論文不暇詳論。相關觀點，可參〔清〕林雲銘：《莊子因》〈莊子雜說〉，頁 7～10。

> 志，聖人議而不辨。」何等推尊孔子！……莊子詆訾孔子，世以爲離經畔道，不知拘儒剽竊，乃離經畔道之尤者也。考書中所載孔子，不過言其問業於老氏，子貢稱夫子無常師，不足爲詆訾者也。若〈盜蹠〉、〈漁父〉乃其徒爲之，所謂「其父殺人報仇，其子必且行劫」，亦已甚矣！〔註 48〕

反對世人對莊子宗老黜孔之說，提出〈齊物論〉「《春秋》經世先王之志，聖人議而不辨」以爲推尊孔子之證。這裡林氏顯然將〈齊物論〉所說的《春秋》視爲孔子作的《春秋》，並將此處的「聖人」轉指孔子而言，以證明莊子是尊崇孔子的。但我們知道《莊子》此處的《春秋》乃泛指一切史書，而「聖人」當然是指道家思想的聖人，如〈逍遙遊〉所說的「聖人無名」〔註 49〕之「聖人」而言。對於莊子詆訾孔子的地方，林氏以爲那是拘儒剽竊，如〈盜跖〉、〈漁父〉等篇，皆是莊子後學所爲。至於《莊子》常有孔子問於老聃之說，林氏則以爲那是因爲聖人無常師，是孔子勤於問學之故，不足據論莊子詆訾孔子。

由此可見林氏解《莊》秉持著以莊解《莊》之客觀立場，唯對世人以爲莊、老同源與莊子崇老黜孔之說則持反對立論。他說：

> 《莊子》爲解不一，或以老解，或以儒解，或以禪解，究竟牽強無當，不如還以莊子解之。〔註 50〕

既然「以老解，或以儒解，或以禪解，究竟牽強無當」，何以堅持「莊子另是一種學問，與孔子異而同」呢？這恐怕是林氏身爲讀書人，長期受孔孟儒學薰染，一時很難擺脫儒者對孔子的尊崇吧。

二、以孔、莊同源相承、儒道兼具的吳世尚

吳世尚的《莊子解》是以道家的觀點作框架，再加入儒學思想作詮釋。其儒學思想是以《易傳》、《中庸》爲主，《論語》、《孟子》爲輔，並摻入宋明理學的觀點。〔註 51〕這可從他對莊子所得聞之「道」的詮釋證明：

〔註 48〕〔清〕林雲銘：《莊子因》〈莊子雜說〉，頁 8～9。

〔註 49〕〔清〕郭慶藩：《莊子集釋》〈逍遙遊〉「若夫乘天地之正，而御六氣之辯，以遊無窮者，彼且惡乎待哉！故曰，至人无己，神人无功，聖人无名。」見頁 17。

〔註 50〕〔清〕林雲銘：《莊子因》〈莊子雜說〉，頁 10。

〔註 51〕關於吳世尚《莊子解》之「以儒解《莊》」部分，可詳拙著碩論：《清代學者

孔子曰：「一陰一陽之謂道」。又曰：「形而上者謂之道」。又曰：「吾道一以貫之」。子思曰：「道也者，不可須臾離也」。又曰：「造端乎夫婦」、「察乎天地」。言道者盡乎此矣。余觀《莊子》十餘萬言，莫不有見乎此，而特不肯作莊語而質言之，蓋深合乎《大易》尚象之旨，而時出沒乎風人比興之辭，所以人不獲其端崖，而秪驚怖其猶河漢也。又其時時稱述孔子諸言論，儒者以其不復槩見他書，遂疑其皆周所託者，不知孔顏終日言無所不說，則當日師弟問必不僅於今問。仁爲邦用，行舍藏諸云云可知矣。則安知周所稱述之非我孔子之實言實事乎？莊子曰：「知道易，勿言難。」周知之而猶不能已於言也，則難焉者之難爲也。於乎！夫孰知周不欲爲其難，今之人并不知不欲爲其難者之果何爲也？無乎不在，皆原於一。〔註52〕

據此引文，可歸結二個重要的觀點：其一、吳氏相信《易傳》是孔子所作的，進而認爲《周易‧繫辭》「一陰一陽之謂道」、「形而上者謂之道」所談論的「道」與《論語》孔子所說的「吾道一以貫之」、《中庸》所說的「道也者，不可須臾離也」、「君子之道，造端乎夫婦；及其至也，察乎天地」所指說的「道」是相同的，再將莊子所論之道納入《周易》中所說的「道」之系統裡，據此認爲儒、莊之道皆是相同的，俱指《周易‧繫辭》所論「一陰一陽之謂道」、「形而上者謂之道」。吳氏融合《易傳》、《論語》、《中庸》與《莊子》對於「道」的觀念，不細辨其中的差異，其目的乃在將莊子納入儒學的思維體系中，以此而論孔、莊乃一脈相承。然而其中孔子之學：「學而時習之，不亦說乎」、〔註53〕「吾十有五而志于學」、〔註54〕「學而不思則罔，思而不學則殆」、〔註55〕「我非生而知之者，好古，敏以求之者也」等，〔註56〕皆強調感官經驗的學習。莊子卻不然，在〈大宗師〉借顏回之口，談「墮肢體，黜聰明，離形去知，同於大通，此謂坐忘。」〔註57〕「墮肢體」意指停止感官活動，「黜聰明」

「以儒解《莊》」之研究》第二章第三節，頁27～41。本論文僅扼要說明其「以儒解《莊》」詮解的方式與其思想內涵。

〔註52〕〔清〕吳世尚《莊子解》〈序一〉，見嚴靈峰編輯：《無求備齋莊子集成初編》冊22，頁5～6。

〔註53〕《論語集注》卷1〈學而〉，見〔南宋〕朱熹：《四書章句集注》，頁61。

〔註54〕《論語集注》卷1〈爲政〉，見〔南宋〕朱熹：《四書章句集注》，頁70。

〔註55〕《論語集注》卷1〈爲政〉，見〔南宋〕朱熹：《四書章句集注》，頁75。

〔註56〕《論語集注》卷4〈述而〉，見〔南宋〕朱熹：《四書章句集注》，頁131。

〔註57〕〔清〕郭慶藩：《莊子集釋》〈大宗師〉，頁284。

則指心知的活動停止，這樣方能與大道相通。又〈人間世〉借孔子之口告訴顏回：「若一志，无聽之以耳而聽之以心，无聽之以心而聽之以氣！聽止於耳，心止於符。氣也者，虛而待物者也。唯道集虛。虛者，心齋也。」〔註58〕莊子以為道本身就是虛，以虛來待物。停止一切感官的活動，不將物當成外在對象，心與物遊，去除主客對立。虛柔任物，像氣一樣，接受外物，不用認知活動去分別，也不以感官去分辨。即如〈應帝王〉所言：「至人之用心若鏡，不將不迎，應而不藏，故能勝物而不傷。」〔註59〕鏡只是照物，本身寂然不動，不去主動照物，任外物自然顯現，來則照，去則無，虛而待物。其「心齋」、「坐忘」，否定一切感覺經驗之學，如此迥異的思維模式，如何能援《莊》入儒呢？其二、吳氏相信《莊子》一書諸多稱述孔子的言論，他所依據的觀點是孔子與其弟子顏淵等人是終日無所不說的，因此當時所談論的話必不止於現在所留傳下來的，不可因為莊子所稱述的孔子這些言論不曾見於其他經典，就懷疑這些話都是莊子所假托的。而《莊子》一書常借重孔子之言以說道家之學，對此吳氏卻是持肯定的態度。由此可見，在吳氏的觀點裡，對於孔、莊皆兼具儒、道的思想色彩是抱持高度的肯定。

再者吳氏評解莊子所謂的「眞宰」，亦是以《中庸》所說的「天命之謂性」來詮釋。據吳氏的觀點，以為莊子所謂的「眞宰」即是天之所以賦予我，而我之所以成為我這一身之主者。吳氏進一步說：

> 今夫天之生人，氣以成形，即有理以成性，而在此形中以為之主。時時發見，有感即通，但其端甚微，人特氣拘欲蔽，而不得其朕兆之所在耳。此端一萌，即可推而行之，以至乎其極，充乎其量，夫乃至實之理，而特非如物之有形者之予人可見耳。是則天之生人，正使人全盡性眞，發揮妙道，此所以以天地之性，惟人為貴也。向使有天地而無人，則大造無色，而天地或幾乎息矣。蓋理氣不相離，形性非二物，有情而無形，亦與有形而無情者等耳。未生之前，既死之後，果有別焉否邪？……蓋必有眞君存焉，而後用目而目明，用耳則耳聰，推之百體莫不皆然，此則大造生人，而其所為使之之意也。人莫不有是形也，則莫不有是眞宰也。與生俱生，原非後起。反己而在，不待外求，即牿亡反覆之餘，一

〔註58〕〔清〕郭慶藩：《莊子集釋》〈人間世〉，頁147。
〔註59〕〔清〕郭慶藩：《莊子集釋》〈應帝王〉，頁307。

念提醒，全體畢露，所謂已乎已乎旦暮得此，其所由以生者，正以此眞君之不終亡耳。〔註60〕

這段引文裡，吳氏對莊子「眞宰」的詮釋，顯然采用儒家觀點來解《莊》，其中也摻有理學的思想。他將儒家「理」、「性」的觀點與莊子的「眞君」、「眞宰」歸爲同一詞義。吳氏認爲天之生人，氣以成形，人一旦成形，則理與生俱有。稟天所賦予之理而彰顯在人身上則爲性，此性便是形之主。這「性」返身而存，不假外求，在我們身上時時可發現，有感即通。但性之端甚微，人常受其氣之拘於欲蔽，不易察覺其朕兆所在。而性之端一旦萌發，即可推而行之，就如孟子所說的「四端」，我們只要不斷地擴充之，〔註61〕就可達到至極，充乎其量。因爲人有眞君存在，方能全力盡性之眞，而發揮道之妙，此爲人之所以貴爲萬物至尊之由。即使眞宰牿亡反覆之餘，只要一念提醒，即可朗照全體。吳氏明顯地以儒家的「理」、「性」的觀點來詮釋莊子的「眞君」、「眞宰」。然而儒家強調道德，偏重人文主義；道家則否定主體（道德屬於主體），故言「無爲」，強調客體世界，崇尚「道法自然」、〔註62〕「莫之爲而常自然」、〔註63〕「常因自然而不益生」〔註64〕的自然主義。職此之故，儒、《莊》是無法相通的。吳氏卻捐棄道家的自然主義，引進儒家的人文思維，造就其「以儒解《莊》」。

吳氏解《莊》時摻有理學的觀點，但並非代表他對理學全部認同。例如他在評解〈逍遙遊〉「瞽者無以與乎文章之觀，聾者無以與乎鐘鼓之聲。豈唯形骸有聾盲哉？夫知亦有之」時說：「司馬溫公、二程屢將義理發他，而亦盲於知矣！餘尚何說乎！此知道者所以少也。」〔註65〕這是清儒在「以儒解《莊》」

〔註60〕吳氏在〈齊物論〉「非彼無我，非我無所取。是亦近矣，而不知其所爲使。若有眞宰，而特不得其朕。可行已信，而不見其形，有情而無形。百骸、九竅、六藏，賅而存焉，吾誰與爲親？汝皆說之乎？其有私焉？如是皆有爲臣妾乎？其臣妾不足以相治乎？其遞相爲君臣乎？其有眞君存焉」的註語，見嚴靈峰編輯：《無求備齋莊子集成初編》冊22，頁47。

〔註61〕《孟子集注》卷3〈公孫丑上〉：「凡有四端於我者，知皆擴而充之矣，若火之始然，泉之始達。苟能充之，足以保四海；苟不充之，不足以事父母。」見〔南宋〕朱熹：《四書章句集注》，頁329。

〔註62〕《老子》25章：「人法地，地法天，天法道，道法自然。」見〔魏〕王弼等：《老子四種》，頁21。

〔註63〕〔清〕郭慶藩：《莊子集釋》〈繕性〉，頁550～551。

〔註64〕〔清〕郭慶藩：《莊子集釋》〈德充符〉，頁221。

〔註65〕〔清〕吳世尚：《莊子解》，見嚴靈峰編輯：《無求備齋莊子集成初編》冊22，

上與前代很大的差異處：以理學爲儒學的代表來詮解《莊》學，但又不滿理學的義理，故而持著反省、檢討、批判理學的態度來闡釋《莊》學。吳世尙的《莊子解》，正透露理學進入清代，學術典範發生了轉移——對宋明理學的繼承與總結，眞正進入屬於有清的新學術思潮。〔註66〕

三、轉化儒學思想、契接《莊》學義理的宣穎

宣穎的《南華經解》，有更顯著地以宋明理學注《莊》的色彩。宣穎在〈自序〉中即開宗明義曰：「予謂莊子之書與《中庸》相表裡」，〔註67〕在往後的注解中多以《中庸》義理來貫串《莊》學，正如〈知北遊〉注解：「寫『道』只是一『無』，若莊語之，便是《中庸》」。〔註68〕如同〈田子方〉題解：

> 第一段引出一「眞」字，以後逐段都發此意。……「眞」字便是孔門「誠」字。誠者，一也，如神也。物之終始也，無息也，無倚也，無聲，無臭也。了此數句，便盡此篇之義。可惜學者先不識「誠」

頁36。

〔註66〕有清雖是新的政權，但宋明理學已根深柢固地薰陶影響士子文人甚鉅，如錢穆云：「又況夫宋、明以來，相傳六百年理學之空氣，既已日釀日厚，使人呼吸沈浸於其中，而莫能解脱。」詳氏著：《國學概論》第九章〈清代考證學〉，頁246。不過也隨著國家的滅亡，引起知識份子深刻的反省，故進入清代新的統一政權後，知識份子繼承、總結、檢討理學，最終開出新的學術典範。這樣的學術過渡、轉移，馮友蘭説對了一部分：「宋明人所講之理學與心學，在清代俱有繼續的傳述者。……蓋此時代之漢學家，若講及所謂義理之學，其所討論之問題，如理、氣、性、命等，仍是宋明道學家所提出之問題。其所依據之經典，如《論語》、《孟子》、《大學》、《中庸》等，仍是宋明道學家所提出之四書也。就此方面言，則所謂漢學家，若講及所謂義理之學，仍是宋明道學家之繼續者。漢學家之貢獻，在於對於宋明道學家之問題，能予以較不同的解答；對於宋明道學家所依經典，能予以較不同的解釋。……漢學家之義理之學，表面上雖爲反道學，而實則係一部分道學之繼續發展也。」詳氏著：《中國哲學史》冊下，第十五章〈清代道學之繼續〉（一）〈漢學與宋學〉，頁974～975。不過若要談清代的學術典範，理學部分只是其一。相關問題，學術界曾熱烈討論過，於此不贅述。可參鄭吉雄師《戴東原經典詮釋的思想史探索》、張麗珠《清代義理學新貌》、《清代新義理學：傳統與現代的交會》、《清代的義理學轉型》等。

〔註67〕〔清〕宣穎：《南華經解・自序》，見嚴靈峰編輯：《無求備齋莊子集成續編》冊32，頁14。

〔註68〕〔清〕宣穎：《南華經解》〈知北遊〉「光曜問乎無有」段之總評，見嚴靈峰編輯：《無求備齋莊子集成續編》冊32，頁397。

字，無怪其以《南華》爲彼家言矣。〔註 69〕

這裡顯然以《中庸》第二十五章「誠者，物之終始；不誠，無物」〔註 70〕與第二十六章「至誠無息」〔註 71〕訓解莊子的「眞」。因此內心「存誠」就可以合天道，而使天下大和，他說：「欲愛民而爲義偃兵，是有心成美也。有心成美，必致多事而爭勝，無鬼止勸他勿動心兵，存誠順應，舉世大和，惡用偃兵哉，眞天德王道之言也。」〔註 72〕所以宣穎將莊子所體悟的「道」與《中庸》「天命」、「費而隱」的「無」，連結而成相同的道體，彼此互爲表裡，如他注解〈知北游〉「天地有大美而不言，……可以觀於天矣」一段：「極寫道之用，至費體至隱，無非自然。」〔註 73〕又如注〈天地〉「泰初有無無，有無名」〔註 74〕段之總評：

從造化之始，層層數下來，精微融徹，如玻璃中映絲映髮。《中庸》言：「天命之謂性」，此自泰初說到命，有許多層數；自命說到性，又有許多層數，便是一句書之，分肌擘理，極細註疏也。性修二句，從工夫上又復轉到泰初，則造化之根在我，所謂一也，無名也，無無也，何處著得一毫夾雜耶。〔註 75〕

顯然以《中庸》的「天命」詮釋莊子的「泰初」。道家以「無」爲本體，宣穎則加入《中庸》「率性之謂道」與「修道之謂教」作爲工夫論而強化之，層層分解闡釋。

《中庸》與《易傳》是宋明理學談論道體、心性很重要的主體根源，所

〔註 69〕〔清〕宣穎：《南華經解》〈田子方〉釋題，見嚴靈峰編輯：《無求備齋莊子集成續編》冊 32，頁 367。

〔註 70〕《中庸章句》第 25 章：「誠者，物之終始；不誠，無物。是故，君子誠之爲貴。」見〔南宋〕朱熹：《四書章句集注》，頁 44。

〔註 71〕《中庸章句》第 26 章：「故至誠無息。不息則久，久則徵，徵則悠遠，悠遠則博厚，博厚則高明。博厚，所以載物也；高明，所以覆物也；悠久，所以成物也。博厚配地，高明配天，悠久無疆。如此者，不見而章，不動而變，無爲而成。」見〔南宋〕朱熹：《四書章句集注》，頁 45。

〔註 72〕〔清〕宣穎：《南華經解》〈徐無鬼〉「徐無鬼見武侯……君將惡乎用夫偃兵哉」一段之總評，見嚴靈峰編輯：《無求備齋莊子集成續編》冊 32，頁 427。

〔註 73〕〔清〕宣穎：《南華經解》〈知北遊〉「天地有大美而不言」一段之總評，見嚴靈峰編輯：《無求備齋莊子集成續編》冊 32，頁 387。

〔註 74〕宣穎此處的斷句與多數註家不同，一般以爲是「泰初有無，無有無名」。參司馬彪、郭象、成玄英等注。

〔註 75〕〔清〕宣穎：《南華經解》〈天地〉，見嚴靈峰編輯：《無求備齋莊子集成續編》冊 32，頁 241。

以在宣穎的《南華經解》上也可見一斑，從其注〈大宗師〉可得證：

> 人之生也，聚族而居必有所自來，宗是也。人之學也，同堂而處，必有所從受，師是也。夫宗有繼禰之統支，猶其小者也；至於繼別則大矣。夫師有一事之取資，猶其小者也；至於聖門則大矣。雖然，皆猶其小者也。夫游氣紛擾，化成萬物，而來者不測所自，於穆不已，各正性命，而受者忘其所從，是何爲者耶？張子曰：「乾稱父，坤稱母，民吾同胞，物吾與也」，可以知大宗矣；老子曰：「人法地，地法天，天法道，道法自然」，可以知大師矣。……嗚呼，屈伸往來，盛衰消長，是道之體，而乾坤之所以爲乾坤者也。……六合之外，太一之上，有是伸而不屈，來而不往，盛而不衰，長而不消之宗師乎哉！則是巧者之多知與眾愚之相去，其間不能以寸也。眞知者，知宗師之不可逆，故與道爲體，而與乾坤者遊，吾固無所用吾知也。無所用吾知，斯爲大宗師之肖子順弟也已。〔註 76〕

宣穎以「大宗師」爲道之名，以闡釋莊子的「道體」，卻鎔鑄了張載（1020～1077）〔註 77〕的〈西銘〉與老子之說。而張載的〈西銘〉是以《中庸》與《易傳》爲闡發的主體，因此宣穎認爲莊子的「道體」與老子的「自然」、《易傳》的「乾坤」都是一樣。這樣還不夠，又把孔孟之學闌入，以壯大《莊》學，故注〈逍遙遊〉說：

> 故竊謂孔子之絕四也，顏子之樂也，孟子之浩然也，莊子之逍遙遊也，皆心學也。〔註 78〕

在宣氏的觀點裡，認爲孔子所杜絕的四種弊病：「毋意、毋必、毋固、毋我」，〔註 79〕與顏回一簞食，一瓢飲，居陋巷，不改其樂的安貧樂道，〔註 80〕及孟

〔註 76〕〔清〕宣穎：《南華經解》〈大宗師〉釋題，見嚴靈峰編輯：《無求備齋莊子集成續編》冊 32，頁 137～139。

〔註 77〕張載的思想，與程朱、陸王之學都不同，是理氣之爭的主氣派，傾向自然主義。雖在論理學時，張載是北宋五子之一，與餘四子相提並論，但其思想有別，不可不辨。

〔註 78〕〔清〕宣穎：《南華經解》〈逍遙遊〉釋題，見嚴靈峰編輯：《無求備齋莊子集成續編》冊 32，頁 25。

〔註 79〕《論語集注》卷 5〈子罕〉：「子絕四：毋意，毋必，毋固，毋我。」見〔南宋〕朱熹：《四書章句集注》，頁 148。

〔註 80〕《論語集注》卷 3〈雍也〉：「子曰：『賢哉回也！一簞食，一瓢飲，在陋巷。人不堪其憂，回也不改其樂。賢哉回也！』」見〔南宋〕朱熹：《四書章句集注》，頁 117。

子「善養吾浩然之氣」，「是集義所生者，非義襲而取之也」，〔註 81〕都與莊子的無待逍遙遊義相同，皆是談論心性之學。宣氏何以有此見解？我們對比《論語集注》相關的章節，朱子是如何說的？〈子罕篇上・子絕四章〉朱子說：

> 「絕四」是徹上徹下。〔註 82〕
>
> 「絕四」。先生曰：「此四者亦是相因底。始於有私意，有私意，定是有期必；既期必，又生固滯，卻結裏做箇有我出來。」〔註 83〕
>
> ……曰：「意、必、固、我既亡，便是天理流行，鳶飛魚躍，何必更任私意也！」〔註 84〕

朱子認爲「意、必、固、我」皆是相因循環，有我之私，所以當絕棄摒除，這樣天理才能彰顯流行。又〈雍也篇二・賢哉回也章〉朱子說：

> 問：「顏子『不改其樂』，是私欲既去，一心之中渾是天理流行，無有止息。此乃至富至貴之理，舉天下之物無以尚之，豈不大有可樂！」曰：「周子所謂至富至貴，乃是對貧賤而言。今引此說，恐淺。只是私欲未去，如口之於味，耳之於聲，皆是欲。得其欲，即是私欲，反爲所累，何足樂！若不得其欲，只管求之，於心亦不樂。惟是私欲既去，天理流行，動靜語默日用之間無非天理，胷中廓然，豈不可樂！此與貧窶自不相干，故不以此而害其樂。」直卿云：「與浩然之氣如何？」曰：「也是此意。但浩然之氣說得較麄。」〔註 85〕

朱子以爲顏回「不改其樂」是因爲「私欲既去，天理流行，動靜語默日用之間無非天理，胸中廓然，豈不可樂」。而孟子的浩然之氣也與「天理流行，動靜語默日用之間無非天理」是同樣意義的，只是說得較不精細而已。以上兩者的比對後，我們不難察覺宣穎的說法幾乎與朱子同出一轍，其深受理學影響可見一斑。

〔註 81〕《孟子集注》卷 3〈公孫丑上〉，見〔南宋〕朱熹：《四書章句集注》，頁 318～319。

〔註 82〕〔南宋〕黎靖德編：《朱子語類》卷 36〈論語十八・子罕篇上・子絕四章〉，頁 5。

〔註 83〕〔南宋〕黎靖德編：《朱子語類》卷 36〈論語十八・子罕篇上・子絕四章〉，頁 9。

〔註 84〕〔南宋〕黎靖德編：《朱子語類》卷 36〈論語十八・子罕篇上・子絕四章〉，頁 11～12。

〔註 85〕〔南宋〕黎靖德編：《朱子語類》卷 31〈論語十三・雍也篇二・賢哉回也章〉，頁 28。

〈逍遙遊〉與儒家的心學分別是兩支截然不同的思想體系，但宣穎就直接將其等同來「以儒解《莊》」，一點都不勉強。對孔顏心學的說法，更見受宋明理學影響，如〈大宗師〉釋顏回達到坐忘一段，他說：

> 從忘仁義而忘禮樂，從忘禮樂而坐忘，愈進精微。解「坐忘」處，讀上三句是一切淨盡，人易知之。讀第四句「同於大通」，非見到（薇按：疑是「道」字之誤）者不能知也。試思：坐忘何以能大通？大通何故是坐忘？這全不是寂滅邊事。〔註 86〕

宣穎對莊子的「坐忘」，以爲是「一切淨盡」，這是理學家常說的「私欲淨盡，天理流行，便是仁。」〔註 87〕當天理朗現流行，自然達到萬物一體，所以宣穎以爲莊子的坐忘便是如此，故能同於大通，與佛教的寂滅性空絕然不同。從這裡我們可以很清楚地看到宣穎的說法儼然是宋明理學家的化身。他又接著說：

> 仲尼贊顏子云：「同則無好也，化則無常也。」「無」一字是顏子口中語，妙妙。「同」字、「化」字，乃所云「大通也」。「同」字是橫說「大通」，「化」字是豎說「大通」，此聖賢心地密印處也。讀此可見孔顏心學，可見莊子傾服聖門。〔註 88〕

〔註 86〕〔清〕宣穎：《南華經解》〈大宗師〉「顏回曰：『回益矣。』仲尼曰：『何謂也？』曰：『回忘仁義矣。』曰：『可矣，猶未也。』他日復見，曰：『回益矣。』曰：『何謂也？』曰：『回忘禮樂矣。』曰：『可矣，猶未也。』他日復見，曰：『回益矣。』曰：『何謂也？』曰：『回坐忘矣。』仲尼蹴然曰：『何謂坐忘？』顏回曰：『墮肢體，黜聰明，離形去知，同於大通，此謂坐忘。』仲尼曰：『同則無好也，化則無常也。而果其賢乎！丘也請從而後也。』」一段之總評，見嚴靈峰編輯：《無求備齋莊子集成續編》冊 32，頁 169。

〔註 87〕《論語集注》卷 6〈先進〉孔子問弟子的心志，曾點答曰：「莫春者，春服既成。冠者五六人，童子六七人，浴乎沂，風乎舞雩，詠而歸。」朱熹注曰：「曾點之學，蓋有以見夫人欲盡處，天理流行，隨處充滿，無少欠闕。」見〔南宋〕朱熹：《四書章句集注》，頁 179。又朱熹曰：「做到私欲淨盡，天理流行，便是仁。」見〔南宋〕黎靖德編：《朱子語類》卷 6〈性理三‧仁義禮智等名義〉，頁 30。

〔註 88〕〔清〕宣穎：《南華經解》〈大宗師〉「顏回曰：『回益矣。』仲尼曰：『何謂也？』曰：『回忘仁義矣。』曰：『可矣，猶未也。』他日復見，曰：『回益矣。』曰：『何謂也？』曰：『回忘禮樂矣。』曰：『可矣，猶未也。』他日復見，曰：『回益矣。』曰：『何謂也？』曰：『回坐忘矣。』仲尼蹴然曰：『何謂坐忘？』顏回曰：『墮肢體，黜聰明，離形去知，同於大通，此謂坐忘。』仲尼曰：『同則無好也，化則無常也。而果其賢乎！丘也請從而後也。』」一段之總評，見嚴靈峰編輯：《無求備齋莊子集成續編》冊 32，頁 169。

在莊子原文「仲尼曰：『同則無好也』」下，宣注曰：「無私心」，這也是宋明理學以爲「私心」即是「人欲」；「化則無常也」下，宣注曰：「無滯理」，由是無私欲、無滯理，故能同於大通，〔註 89〕也就是顏回坐忘之義。據此，宣穎認爲這一段正是莊子介紹孔顏心學的精要處，所以更可證明莊子是傾服孔門的。由此可見《南華經解》是清初注《莊》著述中承繼、總結宋明理學的代表作。但宣穎以爲莊子更勝宋儒，他說：

莊子作文爲千古學人解粘釋縛，豈宋儒能測其涯涘耶！〔註 90〕

所以對莊子相當推尊，〈自序〉說：

向使以莊子之才而得親炙孔子，其領悟當不在顏子下。而磨礲浸潤以渾融，其筆鋒舌巧，又惡知其不出違如愚之下哉？不幸而聖人沒，微言絕，百家並噪，無異禽鳥鬬鳴。莊子於是不能自禁，而發爲高論綺言以刪葉尋本，披枝見心，此又莊子之不得已也。〔註 91〕

在他的認知中，莊子之才不在顏淵下。同樣的，宣穎承歷代「以儒解《莊》」之說，認爲莊子生於亂世，「聖人沒，微言絕，百家並噪」，不得已只好發高論來闡釋聖人之學。在宣穎的認知裡，「《六經》是以道治世之書，《莊子》是直揭道體之書。」〔註 92〕不過此處宣氏所以爲的「道體」，實非莊子原意，而是老子、孔孟、《易傳》、《中庸》等之合體。簡單地說，宣穎注《莊》言道體，主要是繼承宋明理學所論的道（融攝孔孟、《易傳》、《中庸》），並加入道家的

〔註 89〕 不過在「同於大通」下，宣注：「大通，則一切放下矣」，此注則顯得粗拙了，且近似佛家的觀點。雖然宣穎表面上鄙夷佛學，但他的思想觀點亦時受佛學影響，所以在解《莊》上偶用佛學名相、觀點等評注之。如他在〈人間世〉「回曰：『敢問心齋。』仲尼曰：『若一志，无聽之以耳而聽之以心，无聽之以心而聽之以氣。聽止於耳，心止於符。氣也者，虛而待物者也。唯道集虛。虛者，心齋也。』」下注曰：「六根惟聲塵最徹，故此獨以聽言之。」整段總評，宣注曰：「將『虛』字點破『心齋』，五蘊俱空。」見嚴靈峰編輯：《無求備齋莊子集成續編》冊 32，頁 101。關於宣氏偶用佛學思想注解《莊子》部分，詳本論文第陸章第二節。

〔註 90〕 〔清〕宣穎：《南華經解》〈逍遙遊〉釋題，見嚴靈峰編輯：《無求備齋莊子集成續編》冊 32，頁 25。

〔註 91〕 〔清〕宣穎：《南華經解・自序》，見嚴靈峰編輯：《無求備齋莊子集成續編》冊 32，頁 12。

〔註 92〕 〔清〕宣穎：《南華經解》〈大宗師〉「意而子曰：『雖然，吾願遊其藩』……長於上古而不爲老，覆載天地刻彫眾形而不爲巧，此所遊已」段之總評，見嚴靈峰編輯：《無求備齋莊子集成續編》冊 32，頁 168。（薇按：宣文脱一「於」字，應作「雖然，吾願遊於其藩」。）

自然、無己概念。易言之，既吸納了理學的精髓，亦注入道家自然、無己觀，以此詮解來弘開《莊》學的義理。因此宣注說：「仁義乃道之支流，順乎天則不必踐仁義之跡、立仁義之名矣。莊子教學道人止是直探其源。」〔註 93〕這顯然已非向來強調仁義道德的儒家所能接受的。在宣穎「以儒解《莊》」下，其儒學思想是經過轉化的，以此契接《莊》學義理。〔註 94〕

另外，宣注尚有一點值得留意的地方。其「以儒解《莊》」自非一味偏袒儒學，雖其尊孔是確定的，但其餘提到堯舜或儒家強調的仁義、禮樂則一并掃卻，他說：

> 從虛空畫出一大宗師，不爲義、不爲仁，將堯的仁、義兩字打落，其是、非兩字更不必言。……仁義禮樂豈非聖教所必須，要之皆聖人爲中人說法耳，不可皆語之以性道，則勢不得舍仁義禮樂矣。莊子著書，卻是要學道人親見道體，稍一支離便與道體不似，故特特盡與捐之。〔註 95〕

宣氏以爲仁、義、禮、樂是聖人專爲中等人設說的，而「大道不在仁義」，〔註 96〕其本末一定要清楚分辨。莊子著書重在揭示道體，仁、義、禮、樂皆是末，

〔註 93〕〔清〕宣穎：《南華經解》〈大宗師〉「意而子見許由，許由曰：『堯何以資汝？』意而子曰：『堯謂我：『汝必躬服仁義，而明言是非。』』許由曰：『而奚爲來軹？夫堯既已黥汝以仁義，而劓汝以是非矣，汝將何以遊夫遙蕩、恣睢、轉徙之途乎？』」一段注解，見嚴靈峰編輯：《無求備齋莊子集成續編》冊 32，頁 166～167。

〔註 94〕據錢奕華研究，宣穎《南華經解》「將莊子與宋明理學鎔鑄，把宋明理學家對孔顏心學之討論，提出不同之見解，使其成爲既具宋明特色，又兼有儒家積極意義的莊學風格。……於是莊子以無爲本，《中庸》爲表，心學爲法，成爲宣穎解莊時，重要的哲學系統，是其取乎宋儒而超越宋儒之處。」見氏著：《宣穎南華經解之研究》第三章第二節〈清初莊學之內緣因素〉，頁 56 與第七章第三節〈《南華經解》思想之評價〉，頁 296。不過經由宣穎評注後的《南華經解》其儒學內涵已然有所轉化不同，並非全然符合宋明理學家所討論的儒學思想了。

〔註 95〕〔清〕宣穎：《南華經解》〈大宗師〉「意而子曰：『雖然，吾願遊於其藩。』許由曰：『不然。夫盲者無以與乎眉目顏色之好，瞽者無以與乎青黃黼黻之觀。』意而子曰：『夫無莊之失其美，據梁之失其力，黃帝之亡其知，皆在鑪捶之間耳。庸詎知夫造物者之不息我黥而補我劓，使我乘成以隨先生邪？』許由曰：『噫！未可知也。我爲汝言其大略。吾師乎！吾師乎！齏萬物而不爲義，澤及萬世而不爲仁，長於上古而不爲老，覆載天地、刻彫眾形而不爲巧。此所遊已。』」一段注解，見嚴靈峰編輯：《無求備齋莊子集成續編》冊 32，頁 167～168。

〔註 96〕〔清〕宣穎：《南華經解》〈大宗師〉「意而子曰」一段之注語，見嚴靈峰編輯：《無求備齋莊子集成續編》冊 32，頁 168。

必得打落，「稍一支離便與道體不似」。這樣的闡釋，乃轉化儒學思想的本質而浸染於道家義理了，這是《南華經解》與以往「以儒解《莊》」者全面偏護儒學之最大不同處。

四、順文解《莊》、豐富儒學的胡方

胡方的《莊子辯正》，〔註97〕多順承《莊子》之意而注解，以儒家觀點詮釋的地方不多，且評注的觀點多是零散的。不過因胡方接理學之傳，粵人比之江門陳獻章（1428～1500），因此他的「以儒解《莊》」，亦多摻以理學觀點而作詮釋，如詮釋莊子的「道」，他說：

> 道者，天地閒自然之理。〔註98〕

> 道者，天地萬物自然之理也，所謂無爲。〔註99〕

胡方認爲莊子的「道」是指天地萬物間自然之理，而此自然之理乃是無爲。在萬物的身上都有其自然之理，我們因其自然之理，〔註100〕不加以人力的干預，〔註101〕順萬物所本有，不再加諸萬物所本無，〔註102〕這就是無爲。而無爲，故無不能爲，他說：

> 言道唯無爲，故無不能爲。譬如金石，唯其寂然如道之無爲而後能鳴也。〔註103〕

〔註97〕關於胡方《莊子辯正》之「以儒解《莊》」部分，可詳拙著碩論：《清代學者「以儒解《莊》」之研究》第二章第三節，頁49～55。本論文僅扼要說明其「以儒解《莊》」詮解的方式與其思想內涵。

〔註98〕〔清〕胡方：《莊子辯正》〈大宗師〉「是之謂不以天捐道，不以人助天」下的評注，見嚴靈峰編輯：《無求備齋莊子集成續編》冊33，頁116。

〔註99〕〔清〕胡方：《莊子辯正》〈天地〉「以道觀言」中的「以道」下的評注，見嚴靈峰編輯：《無求備齋莊子集成續編》冊33，頁198。

〔註100〕〔清〕胡方：《莊子辯正》〈天道〉「……則天地固有常矣，日月固有明矣，星辰固有列矣，禽獸固有群矣，樹木固有立矣」下的評注曰：「言萬物皆有自然之理可因。」見嚴靈峰編輯：《無求備齋莊子集成續編》冊33，頁239～240。

〔註101〕〔清〕胡方：《莊子辯正》〈秋水〉「天在內，人在外」下的評注曰：「無爲總是因自然而不用人力。」見嚴靈峰編輯：《無求備齋莊子集成續編》冊33，頁296。

〔註102〕〔清〕胡方：《莊子辯正》〈秋水〉「何謂天？何謂人？北海若曰：牛馬四足，是謂天；落馬首，穿牛鼻，是謂人」下的評注曰：「物之所本有者，爲天；加物以所本無，爲人。」見嚴靈峰編輯：《無求備齋莊子集成續編》冊33，頁298。

〔註103〕〔清〕胡方：《莊子辯正》〈天地〉「金石不得無以鳴」下的注語，見嚴靈峰編

道在無為，則其作用便能無所不為。而要如何才能得道呢？胡氏說：

虛則能因物而不以己與。……因物而不以己與，則得物之理。……得物之理是得道。總言虛乃能得道。〔註 104〕

胡氏認為唯有虛方能得道，若如此詮釋，則符合《莊子》「唯道集虛」〔註 105〕之意，意指去除主觀意志的自然主義。但胡氏所謂的虛是因任萬物之自然，不添加個人的私意、私欲，〔註 106〕而非摒棄個人所有的主觀意志。如此，可得萬物自然之理。這「無欲而虛靜」之說，與北宋理學家周敦頤（1017～1073）《通書》所提出的觀點很相近，周敦頤說：

聖可學乎？曰：「可。」曰：「有要乎？」曰：「有。」請問焉。曰：「一為要。一者，無欲也。無欲則靜虛動直。靜虛則明，明則通。動直則公，公則溥。明通公溥，庶矣乎。」〔註 107〕

若據馮友蘭對這段文字的解釋：所謂無欲，就是無私心雜念。而欲的主要特點就是私，私的對立面就是公。無欲就是沒有私心雜念，這就叫「靜虛」。個人若沒有私心雜念，他的所作所為就是公。因為沒有自私自利的考慮，沒有患得患失的私心，他就能做起事來一往直前，這就叫「動直」。沒有私心雜念，他們看事情就沒有偏見，這就叫「靜虛則明」。因為「明」，所以對是非就看得清楚，這就叫「明則通」。人如果沒有私心雜念，對於是非看得清楚，他們就能一往直前地照著「是」的方向走，這就叫「直則公」。既然是公，則他的行為必定對社會的廣大群眾有利，這就叫「公則溥」。〔註 108〕承王曉波師賜告，或可將「公」、「無欲」視為無主觀意志和欲望，「私」則反之，這樣涵意較廣。在周敦頤等道學家的觀念裡，都是主張個人的私心雜念是要去除的，周氏〈太極圖說〉也說：「萬物生生，而變化無窮焉。惟人也得其秀而最靈。形既生矣，神發知矣，五性感動而善惡分，萬事出矣。聖人

輯：《無求備齋莊子集成續編》冊 33，頁 201～202。

〔註 104〕〔清〕胡方：《莊子辯正》〈庚桑楚〉「出怒不怒，則怒出於不怒矣；出為無為，則為出於無為矣。欲靜則平氣，欲神則順心，有為也。欲當則緣於不得已，不得已之類，聖人之道」的注語，見嚴靈峰編輯：《無求備齋莊子集成續編》冊 33，頁 437。

〔註 105〕〔清〕郭慶藩：《莊子集釋》〈人間世〉，頁 147。

〔註 106〕〔清〕胡方：《莊子辯正》〈徐無鬼〉篇目下注曰：「此篇總力邀人去其私欲、私意。」見嚴靈峰編輯：《無求備齋莊子集成續編》冊 33，頁 439。

〔註 107〕〔北宋〕周敦頤：《通書》〈聖學第二十〉，頁 38。

〔註 108〕馮友蘭：《中國哲學史新編》冊 5，頁 65～66。

定之以中正仁義，而主靜，立人極焉。」〔註 109〕周氏認爲人類中最靈秀的人就是聖人，聖人給人類定出了一個人的標準，這就是「人極」，其內容就是「中正仁義而主靜」。〔註 110〕而對於「靜」，周氏自注：「無欲故靜」，強調「無欲」的重要性。同樣地，胡方也以「無欲而虛靜」〔註 111〕來詮解《莊子》的「眞人」，謂之眞正得道之人。然而《莊子》的「眞人」之意呢？〈大宗師〉提及：

> 何謂眞人？古之眞人，不逆寡，不雄成，不謨士。……古之眞人，其寢不夢，其覺无憂，其食不甘，其息深深。……古之眞人，不知說生，不知惡死；其出不訢，其入不距；翛然而往，翛然而來而已矣。不忘其所始，不求其所終；受而喜之，忘而復之。是之謂不以心捐道，不以人助天。是之謂眞人。〔註 112〕

「不逆寡，不雄成，不謨士」、「其寢不夢，其覺无憂，其食不甘」、「不知說生，不知惡死；其出不訢，其入不距；翛然而往，翛然而來」、「不以心捐道，不以人助天」等句子，皆意指去除一切主觀意志，「依乎天理」、「因其固然」；〔註 113〕然理學的「無欲」卻強調主觀的道德修養，二者有別，不可不辨。

胡方對《莊子》之「道」的詮釋，雖摻入理學「無欲」的觀點，但這種思想成份並不強烈，主要用意重在詮釋《莊子》因任萬物之自然，不以人爲干預，順其萬物所本有之意——最終還是回歸至道家的詮釋。但胡方畢竟是儒者，對孔子是絕對尊崇的，因此對於莊子譏詆孔子之處，他必得作維護辯正。不過羅列分析胡方評注《莊子》原文裡批評孔子的地方，我們發現一個有趣的現象：胡氏僅在《莊子》第一次出現譏評孔子的地方予以迴護，說明《莊子》書中所謗詆的孔子並非眞正的孔子，並以一句「大抵書中如此類者，皆傳訛者所招」來概括，〔註 114〕之後再遇到莊子批駁孔子時，胡方則不再辯

〔註 109〕〔北宋〕周敦頤：〈太極圖說〉，見《通書》之附錄，頁 48。

〔註 110〕據馮友蘭：《中國哲學史新編》冊 5，頁 62。

〔註 111〕〔清〕胡方：《莊子辯正》〈大宗師〉「何謂眞人？」注曰：「以下承明眞人不外無欲而虛靜。」見嚴靈峰編輯：《無求備齋莊子集成續編》冊 33，頁 114。

〔註 112〕《莊子》〈大宗師〉，見〔清〕郭慶藩：《莊子集釋》，頁 226～229。

〔註 113〕《莊子》〈養生主〉「依乎天理，批大郤，導大窾，因其固然。」見〔清〕郭慶藩：《莊子集釋》，頁 119。

〔註 114〕〈齊物論〉對於「瞿鵲子問乎長梧子曰：『吾聞諸夫子，聖人不從事於務，不就利，不違害，不喜求，不緣道；无謂有謂，有謂无謂，而遊乎塵垢之外。夫子以爲孟浪之言，而我以爲妙道之行也。吾子以爲奚若？』」這一段話，胡

正，直接順文注評莊子之意。〔註 115〕這樣的評解方式很值得注意，對於胡方只在首次迴護孔子，之後則順著《莊子》的原文隨文解釋，不再格外強調「此非眞正孔子」，這當然因爲胡方之前已作了說明，凡「謗其所受謗者，非眞孔子也」。不過以首次的評注來概括全書的方式，是與其他「以儒解《莊》」者大異其趣。因爲其他「以儒解《莊》」者在護持孔子時，只要有莊子譏詆孔子處，幾乎每次都會加以評注，絕不嫌多。但胡方僅在首次出現時注解，之後即逐文夾註，沒有再特別強調，反而將注解的重心放在《莊子》思想上。這似乎顯示胡方注《莊》的立場，表面以儒家爲依歸解《莊》，實際卻有更大的抱負：希冀透過評解，讓世人了解眞正的《莊子》思想。這樣就可以解釋爲什麼胡方以儒家的觀點來解《莊》時多是零散的，在這些片斷的觀點裡，很難理出一個具體而有系統的思想，反而在他順著《莊子》之文直解其意時，卻大致可以窺得莊子思想的樣貌。這樣的注《莊》現象，也許可以作這樣的解釋：胡方是肯定《莊》學的思想觀點，想借此來補充儒學，只是堅守儒家本位的立場沒有改變，是以解《莊》時，依然秉持莊子亦以孔子爲尊的原則，在不譏毀儒家的前提下，順《莊》文作評注，眞正目的乃在評解《莊子》，希冀藉由莊子的思想觀點來豐富儒學。

五、以莊子爲儒門別傳、諸子之冠的屈復

屈復的《南華通》〔註 116〕僅注〈內七篇〉，共七卷，原因是他以爲外、雜篇是後人詆孔的贗作。他說：

方評解：「……此謗孔子，然謗其所受謗者，非眞孔子也。大抵書中如此類者，皆傳訛者所招。」《莊子辯正》，見嚴靈峰編輯：《無求備齋莊子集成續編》冊 33，頁 51。

〔註 115〕同樣在〈齊物論〉「夢飲酒者，旦而哭泣；夢哭泣者，旦而田獵。方其夢也，不知其夢也。夢之中又占其夢焉，覺而後知其夢也。且有大覺而後知此其大夢也，而愚者自以爲覺，竊竊然知之。君乎，牧乎，固哉！丘也與女，皆夢也；予謂女夢，亦夢也。……」胡方評解：「……總結言孔子與汝與予，皆未能知聖人之道是如彼。以不知成心之失則不知聖人之必去之也。」見《莊子辯正》，收入嚴靈峰編輯：《無求備齋莊子集成續編》冊 33，頁 54。胡方並沒有格外再強調此處所說的孔子不是眞正的孔子，而是順著《莊子》的原文隨文解釋。

〔註 116〕關於屈復《南華通》之「以儒解《莊》」部分，可詳拙著碩論：《清代學者「以儒解《莊》」之研究》第五章第三節，頁 78～84。本論文僅扼要說明其「以儒解《莊》」詮解的方式與其思想內涵。

> 世傳莊子爲子夏之徒，觀此等語，似亦有所授受。……孔子成《春秋》而亂臣賊子懼，所謂「春秋經世，先王之志」也。朱子曰，《春秋》不過直書其事，而義自見。又曰，當時大亂，聖人據實書之，其是非得失，付諸後世公論。〔註117〕有言外之意，所謂「聖人議而不辨」也。尊經仰聖，其言粹然，凡其肆無忌憚，詆訾孔子者，皆外篇、雜篇所載，乃後人贋作，內篇初無是也。〔註118〕

又說：

> 若外篇、雜篇中猖狂詆訾之言，皆後人之贋作，所謂小人而無忌憚者，莊生寧有此哉！〔註119〕

由以上兩條引文來看，顯然地，屈復之所以只評注〈內七篇〉，是因爲屈氏認爲只有〈內七篇〉才是莊子所作的，其餘外、雜篇全屬贋品。之所以認爲外、雜篇爲後人僞作，則是因爲外、雜篇對孔子多是肆無忌憚的詆訾之詞，而〈內七篇〉則沒有批詆孔子，據此，屈復認爲〈內七篇〉才是莊子親作，外、雜篇則爲後人竄入。從這裡，我們可以清楚看到屈復對莊子的認知：莊子不可能批駁孔子。所以詆訾孔子者一定不是莊子所爲。那麼在屈復觀念中，莊子的定位如何呢？

對於舊傳莊子爲子夏之徒，在屈復的觀點裡，他相信子夏對於莊子之學應有所影響，其根據是《莊子》〈齊物論〉所談到的「六合之外，聖人存而不論；六合之內，聖人論而不議。春秋經世先王之志，聖人議而不辨」諸語。

〔註117〕〔南宋〕黎靖德編：《朱子語類》卷55〈孟子五・公都子問好辯章〉：「問：『孔子作《春秋》，空言無補，亂臣賊子何緣便懼？且何足爲《春秋》之一治？』曰：『非説當時便一治，只是存得箇治法，使這道理光明燦爛，有能舉而行之，爲治不難。當時史書掌於史官，想人不得見，及孔子取而筆削之，而其義大明。孔子亦何嘗有意説用某字，使人知勸；用某字，使人知懼；用某字，有甚微詞奧義，使人曉不得，足以褒貶榮辱人來？不過如今之史書直書其事，善者惡者了然在目，觀之者知所懲勸，故亂臣賊子有所畏懼而不犯耳。』」又卷83〈春秋・綱領〉：「《春秋》所書，如某人爲某事，本據魯史舊文筆削而成。今人看《春秋》，必要謂某字譏某人。如此，則是孔子專任私意，妄爲褒貶！孔子但據事直書而善惡自著。」又卷83〈春秋・綱領〉：「要之，聖人只是直筆據見在而書，豈有許多忉怛！」見頁19b～20a、4b、20a。

〔註118〕〔清〕屈復：《南華通》〈齊物論〉，見嚴靈峰編輯：《無求備齋莊子集成初編》冊21，頁75～76。

〔註119〕〔清〕屈復：《南華通》〈德充符〉，見嚴靈峰編輯：《無求備齋莊子集成初編》冊21，頁159。

屈復以為孔子作《春秋》而亂臣賊子懼，就是莊子所說的「春秋經世，先王之志」；〔註 120〕朱熹也說《春秋》只是直書歷史的事實，而內在的微言大義自然朗現。孔子當時正逢大亂，作《春秋》是據實書之，其是非得失，則留待後世公論。這也就是莊子所說的「聖人議而不辨」之意。顯然屈復也與林雲銘一樣將《莊子》泛指史書的「春秋」與孔子整理的《春秋》混同為一。〔註 121〕雖然《莊子》的本意，非如屈復所評解的，但從中可以看出屈復秉持詆毀孔子與否來判斷《莊子》篇目的真偽，以這樣的觀點來評注《莊子》，因此《南華通》只評注《莊子》〈內七篇〉。據此可知屈復解《莊》的觀點，是站在儒家立場來評注《莊子》。易言之，他評注《莊子》亦頗類似胡方的藉莊子之學來豐富儒學。

雖然屈復相信子夏之學對莊子有所影響，但他認為莊子並非儒門之嫡派，他說：

> 知，意也。人識意而不識心，故謂心有生死，此即佛氏所謂認賊作子者也。夫意誠而後心正，是心與意有別也。但意之所發，誠之而心自正，絕而去之則偏枯矣。此莊生所以為二氏之鼻祖，而非吾儒之嫡派也。〔註 122〕

又說：

> 有無，無也；未始有無，無無也。未始有夫未始有無，則無無亦無矣。凡佛老之精意微言，俱不出此，此所以不經而為百家之冠。〔註 123〕

由以上兩條引文看來，因為屈復站在儒家的角度來思考問題時，莊子之學總是失於一偏，就像此處在詮釋知、意、心的關係。屈氏舉《大學》「意誠而後心正」，〔註 124〕可見心與意是不同的，意念一發，真誠的實踐，則心自然端正。

〔註 120〕就屈復的理解，則應斷句為「春秋經世，先王之志」；但就莊子的原意，則應斷句為「春秋經世先王之志」，「經世」作動詞，歷經世代之意。

〔註 121〕詳本節，論「林雲銘」部分。

〔註 122〕此段，屈復評解〈養生主〉「以有涯隨無涯，殆已。已而為知者，殆而已矣。」《南華通》，見嚴靈峰編輯：《無求備齋莊子集成初編》冊 21，頁 94～95。

〔註 123〕此段，屈復評解〈齊物論〉「有有也者，有無也者。有未始有無也者，有未始有夫未始有無也者。」《南華通》，見嚴靈峰編輯：《無求備齋莊子集成初編》冊 21，頁 70。

〔註 124〕《大學》：「古之欲明明德於天下者，先治其國；欲治其國者，先齊其家；欲然而莊子卻絕去知，那也就等於絕去意了，因爲知就是意念之所在，既然絕去了意念，那麼心要如何端正呢？這就是莊學之失，由是屈氏認爲莊子不是儒家嫡派了。然而莊學與儒家《大學》本是兩套不同思想系統，屈氏站在儒家爲確解的立場注《莊》，當然會以爲莊子「絕聖棄知」走偏了。又特舉《大學》「意誠而後心正」的詮釋來說明，亦顯現屈復「以儒解《莊》」所秉持的「儒學」依據是涵攝宋明理學。知、意、心的關係向來是宋明理學相當關心的課題，程頤（1033～1107）說：「知至者，吾心之所知無不盡也。知既盡，則意可得而實矣，意既實，則心可得而正矣」，〔註 125〕陽明則說：「心者，身之主也，而心之虛靈明覺，即所謂本然之良知也。其虛靈明覺之良知應感而動者，謂之意。有知而後有意，無知則無意矣。知非意之體乎？意之所用，必有其物，物即事也。如意用於事親，即事親爲一物；意用於治民，即治民爲一物；意用於讀書，即讀書爲一物；意用於聽訟，即聽訟爲一物。凡意之所用，無有無物者。有是意即有是物，無是意即無是物矣，物非意之用乎？」〔註 126〕不過，對這個問題，宋明理學家講得很清楚，屈復只是點到而已。

即使屈復秉持莊子非儒門嫡傳，但還是推崇莊子的，視爲諸子百家之冠。如莊子所談的宇宙觀：宇宙的最初型態有它的「有」，有它的「無」，更有未曾有「無」的「無」，更有未曾有那「未曾有無」的「無」。屈復認爲未曾有那「未曾有無」的「無」也是「無」。據此，以爲莊子這樣的言論雖是不經之談，卻是佛、老〔註 127〕二氏的鼻祖，二氏所論的微言精意都不出此範圍。由

齊其家者，先修其身；欲修其身者，先正其心；欲正其心者，先誠其意；欲誠其意者，先致其知；致知在格物。物格而後知至，知至而後意誠，意誠而後心正，心正而後身修，身修而後家齊，家齊而後國治，國治而後天下平。」見〔南宋〕朱熹：《四書章句集注．大學章句》，頁 4。

〔註 125〕〔南宋〕朱熹：《四書章句集注．大學章句》，頁 5。

〔註 126〕〔明〕王陽明：《傳習錄》卷中〈答顧東橋書〉，頁 116～117。「心」與「意」的問題，在陽明去世後更有其他發展，其問題十分複雜。例如劉宗周提出「意」是「心之所存」，非「心之所發」，故稱之爲「意根」。可參黃宗羲：《明儒學案》「蕺山學案」。

〔註 127〕此處的「老」是指道教仙術之流。如其注〈德充符〉「仲尼曰：『夫子，聖人也。丘也，直後而未往耳。丘將以爲師，而況不如丘者乎！奚假魯國！丘將引天下而與從之。』常季曰：『彼兀者也，而王先生，其與庸亦遠矣。若然者，其用心也，獨若之何？』仲尼曰：『死生亦大矣，而不得與之變，雖天地覆墜，亦將不與之遺。審乎無假，而不與物遷，命物之化，而守其宗也。』」一段，總評曰：「……吾儒之與仙、釋，其死生不變，同。……其命物之化，同。若是則皆同乎？曰：『相似而實絕不同也。』蓋吾儒能知

此可見在屈復的觀念裡，莊子曾受學於子夏之後，與儒學有淵源，但其學有所偏失，雖非儒學之嫡傳，卻足以冠稱諸子百家，爲佛、老二氏之鼻祖。

屈復認爲莊子雖不是儒門嫡派，因其學受子夏影響，所以並非異端，他評論〈人間世〉「仲尼曰：『天下有大戒二：其一，命也；其一，義也。子之愛親，命也，不可解於心；臣之事君，義也，無適而非君也，無所逃於天地之間。是謂大戒」數句說：

> 此數句于性、命、仁、義、忠、孝之理體認眞切，此孔孟之心傳，不惟不同于楊、墨、佛、老無父無君之教，而并非沮溺、荷蕢之流所得望其項背也。誰謂莊生可槩以異端目之哉！〔註 128〕

由此段引文，可以看出屈復認爲莊子之學是孔孟的心傳，對於儒家重要思想的性、命、仁、義、忠、孝之理，體認非常眞切，絕對不同於楊、墨、佛、老之學，也不是沮溺、荷蕢等隱者之輩，莊子是更勝於他們的儒學別傳。關於這一點，屈復說：

> ……莊子親炙孔子之門人，得聖道之一端而偏至焉，遂能冠百家而祖二氏，内典丹經皆《南華》之牙後慧也，而世遂神奇其說，太陽不耀，爝火詡光，悲夫！〔註 129〕

這段引文點出屈復注解《莊子》的主要心志，他認爲莊子確實親炙過孔子的門人，但是得到聖道之一端而有所偏頗。但其微言妙意已足爲佛、老二氏之祖，冠冕諸子百家了。世人以莊子之說爲神奇，殊不知莊子乃親炙於儒門者。因此屈復注解《莊子》，是要破解世人對《莊子》的迷誤，將莊子納入儒門，進而以《莊》學來開闊儒學。

至於《南華通》如何「以儒解《莊》」？以下舉二例說明：將《莊子》「逍

性之理，仙、佛止識心之靈。心之靈則虛，性之理則實。虛則有待而後存，實則無爲而常在此身。雖死，此理不變；天地有壞，此理不移；未生之前，此理已具；品物流行，此理不遷。千變萬化，皆由此出，守化之宗，乃與天通。子思云：『至誠無息。』朱子云：『這箇何嘗動。』是也，二氏不知天命之性，而止據心之虛靈知覺以爲宗，欲於死生之際常留此不昧之精魂，則是私意而非理之自然也。」見〔清〕屈復：《南華通》，收入嚴靈峰編輯：《無求備齋莊子集成初編》冊 21，頁 148～149。可見屈復所批評的佛、老二氏，乃指佛、仙二氏。

〔註 128〕〔清〕屈復：《南華通》〈人間世〉，見嚴靈峰編輯：《無求備齋莊子集成初編》冊 21，頁 127～128。

〔註 129〕〔清〕屈復：《南華通》〈德充符〉，見嚴靈峰編輯：《無求備齋莊子集成初編》冊 21，頁 147～148。

遙無待」與儒家「君子無入而不自得」相互詮釋；將《莊子》〈齊物論〉思想的「喪我」、「莫若以明」與理學家「仁者以天地萬物爲一體」相通。屈復說：

> 以爲天地並生，萬物爲一，而徒以有我之故，遂有功名，是生利害，故必無己，然後心大，而能自得矣。〔註130〕

人生世間，大都因己而生功名，如果存有「我」，就會有功名，有功名就會生利害，所以必得「無我」，然後心就會宏大，心宏大了，自然就能怡然自得而逍遙自在了。屈復又說：

> 人生世間，大都因己生功，因功生名，眼界既小，心胸自隘，種種糾纏困苦不息，故欲逍遙必須心大。……小者困苦，大者逍遙，小大之辨，昭昭然矣。物既有之，人亦如此，一切砥節礪行，得君行道，名一時而傳後世者，皆是以己圖功，以功得名，局於小而不見其大。〔註131〕

因此要達到逍遙自得，必得無己，因爲一切的功名、困苦皆由己而生，無己之後自然能心大，大之至則可達到逍遙無所依恃了，此即「明大而後能逍遙」。〔註132〕屈氏認爲這是莊子全書的綱領，也以此來貫通〈內七篇〉的思想要旨。

據以上的評解，屈復將《莊子》思想的「逍遙無待」，與儒家的「自得」作相互詮釋。這個「自得」是出自《中庸》：

> 君子素其位而行，不願乎其外。素富貴，行乎富貴；素貧賤，行乎貧賤；素夷狄，行乎夷狄；素患難，行乎患難。君子無入而不自得焉！〔註133〕

這是說君子能無論處在什麼地方，都能悠然自得，正是因爲君子只在自己的地位上去行事，不願去貪慕分外的事。處在富貴的地位，就做富貴人應做的事；處在貧賤的地位，就做貧賤人應做的事；處在夷狄的環境，就做夷狄所應做的事；處在患難的境遇，就做患難中所應做的事。而屈復在注解《莊子》的「逍遙」之意，采莊子的「無而大之至」、「明大而後能逍遙」之義，兼采

〔註130〕〔清〕屈復：《南華通》〈逍遙遊〉，見嚴靈峰編輯：《無求備齋莊子集成初編》冊21，頁3。

〔註131〕〔清〕屈復：《南華通》〈逍遙遊〉，見嚴靈峰編輯：《無求備齋莊子集成初編》冊21，頁26～28。

〔註132〕〔清〕屈復：《南華通》〈逍遙遊〉篇後總結之語，見嚴靈峰編輯：《無求備齋莊子集成初編》冊21，頁29。

〔註133〕《中庸》第14章，見〔南宋〕朱熹：《四書章句集注》，頁31。

儒家的「自得」觀念來作詮釋，以為「自得」即是《莊子》的「逍遙」之意。經由屈復這樣的詮釋，儒學的「自得」觀念擴大了，除了是《中庸》之義外，更是《莊子》的「逍遙」之義。顯然屈復擷取莊子的觀點來擴大儒學的詮釋系統，使儒學得以更豐富，詮釋的空間更寬廣。

又莊子在〈齊物論〉說：「物無非彼，物無非是，自彼則不見，自知則知之。故曰彼出於是，是亦因彼。彼是方生之說也。雖然方生方死，方死方生，方可方不可，方不可方可，因是因非，因非因是。是以聖人不由，而照之於天，亦因是也。是亦彼也，彼亦是也。彼亦一是非，此亦一是非。果且有彼是乎哉！果且無彼是乎哉！彼是莫得其偶，謂之道樞。樞始得其環中，以應無窮，是亦一無窮，非亦一無窮也，故曰莫若以明。」因此莊子認為要泯滅是非，停止是非無窮的爭辯，就得喪其耦對，彼是不成對待，這就是「道」的樞紐。因此聖人是觀照事物的本然，因任自然的道理，以天道的自明去觀照事物的實況，來順應無窮的流變。屈復在評解這一段是這樣說的：

> 此段言其下手入道之要，可知〈齊物論〉亦是隨處體驗，眞積力久而後一以貫之。不止如禪家機鋒只作一場話說也。是亦彼，彼亦是，互觀而皆相同也。各一是，各一非，相反而特未定也，此隨處體驗之實也。體驗久而后知彼是不可相耦。〔註134〕

屈復認為此處莊子所談的〈齊物論〉與儒家一樣，須要「眞積力久」〔註135〕的工夫，最後「一以貫之」〔註136〕，因為「彼是不可相耦」在我們生活周遭可以隨處體驗：世間的事物都是相對，有此就有彼，有彼就有此，互相觀看，其實是同一事物，若各持一此或一彼，則以為相反而不同。屈復認為這種對世間萬物的體認絕不同於禪家只是參參話頭，不須下任何工夫的。此處屈復已將莊子與儒家思想作了結合，他說：

> 喪我近乎仁，以明近乎恕。仁者以天地萬物為一體，立達之念不煩

〔註134〕〔清〕屈復：《南華通》，見嚴靈峰編輯：《無求備齋莊子集成初編》冊21，頁57。

〔註135〕《荀子》〈勸學篇〉：「學惡乎始？惡乎終？曰：其數則始乎誦經，終乎讀禮；其義則始乎為士，終乎為聖人。眞積力久則入，學至乎沒而後止也。」王先謙注解「眞積力久」：眞，誠也；力，力行也。可見「眞積力久」是儒家強調的眞誠累積力行久遠的紮實工夫。見王先謙：《荀子集解》，頁7。

〔註136〕「一以貫之」是孔子的為學之方，《論語》〈衛靈公〉說：「子曰：『賜也，女以予為多學而識之者與？』……曰：『非也，予一以貫之。』」見〔南宋〕朱熹：《四書章句集注》，頁225～226。

推準，一時並到。其次不能無人我，故必取譬，推度於人己之間，而得其同然之矩。於是乎可終身行，可平天下，所謂忠恕一以貫之也。喪我者，內不見己，外不見人，渾然無間，仁之體也。以明者，互觀於人己之間，而知是亦彼，彼亦是。各一是非，取譬之方也。通于大同而不耦，得其環中以肆應，則所謂一以貫之也。其言最為近道，特其因無彼我而并無是非，則未免于一偏，蓋無彼我者，仁之體；有是非者，智之用。聖人規其大全而立於無弊，諸子百家皆即所明而偏焉，其流弊遂有不可勝言者矣，學術可不慎哉！〔註 137〕

屈復將儒、莊的觀念作相互的詮釋，以為莊子所說的「喪我」與儒家的「仁」是相近，可互為融通。《論語》〈雍也篇〉說：「夫仁者，己欲立而立人，己欲達而達人。能近取譬，可謂仁之方也已。」所謂「仁」是自己想要成功，也使他人成功；自己想要通達，也使他人能通達。就近處著手，一步一步地去作，而且必須推己及人，由我往外推度於人，而達到人我之同然。屈復此處的「同然」概念，是從孟子的「口之於味也，有同耆焉。耳之於聲也，有同聽焉。目之於色也，有同美焉。至於心，獨無所同然乎？心之所同然者，何也？謂理也，義也。聖人先得我心之所同然耳。故理義之悅我心，猶芻豢之悅我口」〔註 138〕一段話而來。由於人人之心所同然者是理也、義也，所以借由推己及人的工夫，即可達到人我之同然。由是推得孟子的「同然」觀念與莊子所說的「喪我」其實是近似的。再者屈復詮解莊子的「喪我」，以為：內不見己，外不見人，則內外渾然，這就是仁之體。這是從程明道（1032～1085）與王陽明所說的「仁者以天地萬物為一體」的概念來解釋。在宋代道學家中，程明道是第一個明確提出「仁者以天地萬物為一體」的說法，他說：「醫學言手足痿痺為不仁，此言最善名狀。仁者以天地萬物為一體，莫非己也，認得為己何所不至，若不有諸己，自不與己相干。如手足不仁，氣已不貫，皆不屬己。故博施濟眾，乃聖人之功用。仁至難言，故止。曰：『己欲立而立人，己欲達而達人，能近取譬，可謂仁之方也。』己欲令如是觀仁，可以得仁之體。」〔註 139〕這段話非常生動地說明「仁」與「萬物一體」之間的密切關係。

〔註 137〕〔清〕屈復：《南華通》〈齊物論〉，見嚴靈峰編輯：《無求備齋莊子集成初編》冊 21，頁 59～60。

〔註 138〕《孟子集注》卷 11〈告子上〉，見〔南宋〕朱熹：《四書章句集注》，頁 462。

〔註 139〕〔北宋〕程顥、程頤：《二程遺書》卷第二上〈二先生語二上・元豐己未呂與叔東見二先生語〉，頁 65。

凡保有「仁」之天性者，皆能與天地萬物密切相合為一體，故能愛人愛物，如同愛己，即「仁者，渾然與物同體」之謂。〔註140〕之後陽明也有相同說法：「『明德』是此心之德，即是仁。『仁者以天地萬物為一體』，使有一物失所，便是吾仁有未盡處。」〔註141〕不過陽明是承明道的話繼續說，集先前儒家思想精華，〔註142〕而自成一體大思精的思想體系。屈復此處的注解顯然化引自明道之語，不過僅點到為止，沒有成系統的論述。而且屈復以儒家的思想角度來詮釋莊子的「喪我」觀念，所以強調儒家的「人我」之別，他認為人我的觀念很重要，因為有「人」、「我」才可以推度，經由推己及人的方式而得其同然之心。但莊子的「喪我」卻摒棄人我之別，屈復以為這是《莊》學之偏，不如儒家之全。同樣地，屈復也以此觀念來詮釋莊子所說的「以明」。他認為莊子所說的「以明」與儒家的「恕」是相近的，我們可以藉著人、己之間的相互觀照，而明白「是」與「彼」是一體的兩面，因此「是」也是「彼」，「彼」也是「是」。

易言之，屈復認為仁者以天地萬物為一體，由己而向外推度於人，達到

〔註140〕〔北宋〕程顥、程頤：《二程遺書》卷第二上〈二先生語二上・元豐己未呂與叔東見二先生語〉，頁 66。據張世英研究：程明道關於「仁」源於「萬物一體」之說，顯然是對孟子「萬物皆備於我」和張載所謂「天地之塞，吾其體」的更具體而生動的申述和發揮。他的「仁者以天地萬物為一體」的命題足以代表宋明道學關於「仁」的本體論根源的觀點。張載〈西銘〉中提到：「乾稱父，坤稱母，予茲藐焉，乃渾然中處。故天地之塞，吾其體；天地之帥，吾其性。民吾同胞，物吾與也。」（《正蒙・乾稱》）這實際說的就是人與天地萬物為一體。張載還說：「大其心則能體天下之物。物有未體，則心為有外……聖人盡性，不能聞見梏其心，其視天下無一物非我。孟子謂盡心則知性知天以此。」（《正蒙・大心》）所謂「能體天下之物」之「大心」，也就是一種能破除人與人、人與物之間的隔閡而能體悟人與天地萬物為一體的境界。詳張世英：〈中國古代的「天人合一」思想〉，頁 36～37。

〔註141〕〔明〕王陽明：《傳習錄》卷上〈陸澄問〉，頁 67，頁 104。

〔註142〕儒家對「萬物一體」之說，可從孔子「一日克己復禮，天下歸仁焉」（《論語・顏淵》）、孟子「萬物皆備於我，反身而誠，樂莫大焉」（《孟子・盡心篇》），至《中庸》「唯天下之至誠，為能盡其性。能盡其性，則能盡人之性。能盡人之性，則能盡物之性。能盡物之性，則可以贊天地之化育。可以贊天地之化育，則可以與天地參矣」（第 22 章）、《易傳》「夫大人者，與天地合其德，與日月合其明，與四時合其序，與鬼神合其吉凶」（乾・文言），再到張載「民，吾同胞；物，吾與也」（《正蒙・乾稱篇上》）、程顥「仁者以天地萬物為一體」、「仁者，渾然與物同體」、象山「萬物森然於方寸之間，滿心而發，充塞宇宙，無非此理」（《象山全集》卷 34〈語錄上〉）等，陽明學對此是有所繼承與創發的。

人我之同然，正如孔子所說的將忠恕之道一以貫之，〔註 143〕內可終身實踐，外可治平天下。而莊子所說的「通于大同而不耦，得其環中以肆應」也是相同的道理。但是屈復並沒有完全認同莊子的觀點，他認爲莊子之學仍然有所偏頗，莊子所說的「喪我」是要泯除彼我之相對，因爲沒有彼我之對待則同時也不會有是非了。但屈復認爲「無是非」正是莊學失於一偏之所在，他以爲無彼我的對待，內外渾然無間，是仁之體；而有是非者，則是智之用。由此可知屈復解《莊》的方式，他將儒、莊的觀點作相互的詮釋、補充，擷取《莊》學之長來補充儒學，而對儒學所重視的仁義、是非等觀點，他還是堅守的。因此屈復解《莊》是吸收《莊》學的某些觀點來詮釋儒學，基本上以儒學爲主體，再以《莊》學來豐富儒學，擴大詮釋的空間。透過以上的引文與說明，我們清楚看到屈復將儒學與《莊》學之間的矛盾作融合統一的理解與詮釋，如莊子的「喪我」是要泯除彼我之相對與儒家重「人我」才能推己及人，這兩個觀念根本是矛盾不合的，而透過屈復的詮釋，所開出的思想既非儒學也非《莊》學，而是屬於新的屈氏《莊子》學了。

《南華通》卷前〈屈註莊子引〉說：「以孔孟、程朱之理通之」，〔註 144〕綜觀全書大抵如是，但詮釋的內容亦時涉陽明心學，廣義而言應是宋明理學。只是屈復「以儒解《莊》」引儒家觀點來作詮釋時多點到而已，並未詳論開展，對莊子不合儒學部分則視其偏頗之失。

總論清初「以儒解《莊》」的五本注《莊》專著來看，除林雲銘的《莊子因》外，其餘四書皆深受宋明理學影響甚深，義理上鎔鑄理學觀點解《莊》，亦多有檢討與批判，並注入道家自然無爲思想，以此弘開莊學義理，透過「以儒解《莊》」的詮釋方法，莊子以兼具儒、道色彩的面貌見世，展現更豐裕的內涵。再者，宣穎的評注，其思想自成一個完整的脈絡系統，相較吳、胡二書完整。胡方《莊子辯正》不能斷定年代，不過注解的觀點相當零星片斷，很可能成書於嚴峻的雍正朝。宣穎《南華經解》成書較晚，因此義理思想上相較於吳世尚《莊子解》成熟許多。而屈復《南華通》則著意於特有的思想觀念，以屈氏所認知的以儒解《莊》來融通詮釋說明。從這些注《莊》專注

〔註 143〕《論語》〈里仁篇〉：「子曰：『參乎！吾道一以貫之。』……曾子曰：『夫子之道，忠恕而已矣。』」見〔南宋〕朱熹：《四書章句集注》，頁 96。

〔註 144〕〔清〕屈復：《南華通》〈屈註莊子引〉，見嚴靈峰編輯：《無求備齋莊子集成初編》冊 21，頁 1。

中亦顯露學術典範轉移的新契機——屬於清朝的學術典範正現端倪。

第三節　清中葉「以儒解《莊》」的特色及其異同——理學衰歇、考據大興

清初學界，理學依然表現活躍、影響廣泛，只是它的發展趨勢顯示「由王返朱」的特點，程朱理學被視爲救治王學弊病的重要選擇。不僅部分士人提倡，更得到清朝統治者的支持，這是它得以復興的重要社會政治條件。〔註 145〕然而也正因爲充當了朝廷實行政治統治的官方哲學，致使它發展受限，無法更寬闊地創發，到了清中葉必然漸入衰竭、僵化。再者據張麗珠的研究，因理學的內部之爭，學者互相攻詰對方所據的經典爲僞、非聖人之作，促使學者求諸經典考證，以印證終日所論「朱王之爭」的孰是孰非。因此清初辨僞、考據之風漸起，與此不無關連。而就在發現「理學所奉爲圭臬的經典——《易》圖、《大學》、《古文尚書》等都紛紛被證立其僞，理學因失去經典的權威性而被撼動根基，且造成一蹶不振的學術危機」，〔註 146〕學說的憑據一受到動搖，權威難復。〔註 147〕當然政治上文字獄的迫害，亦逼使文人轉向辨僞、校勘、補注、訓詁、音韻的經典考據。況且「乾嘉正當清之盛世，始有人力、物力進行大規模的考證工作」，〔註 148〕由是理學的學術主流地位才被考據學所取代。至中葉，理學已無法取得信任，而考證學大興，學術典範又有轉移，主流學風亦隨之更異了。因此清中葉注《莊》之作，義理創發少，多致力於文句的訓詁，辨形、釋音、解義、辨僞、輯佚等，成爲此期注《莊》的主流。

至清中葉理學漸趨衰竭，訓詁、考證篤實的治學方法大盛，漢學研究爲學術研究中心，此時「以儒解《莊》」的專著可觀者不多，不過陸樹芝的《莊子雪》而已；此書乃陸氏於乾隆六十年（1795）至嘉慶元年（1796）所著，則扮演著學術轉向的關鍵角色。此時期的大清正由盛轉衰：《莊子雪》代表清王朝邁入頹敗之象時，知識份子開始由經學的研治轉向諸子學以尋求新的出路。

〔註 145〕詳史革新：《清代以來的學術與思想論集》〈明末清初陸王心學變化趨向探究〉，頁 63。

〔註 146〕張麗珠：《中國哲學史三十講》〈清代新義理學的開展〉，頁 466。

〔註 147〕相關論述，詳張麗珠：《中國哲學史三十講》〈清代新義理學的開展〉，頁 464～466。

〔註 148〕汪榮祖：〈錢穆論清學史述評〉，頁 106。

清中葉之「以儒解《莊》」者，成書於乾隆間有方正瑗《方齋補莊》、〔註149〕胡文英《莊子獨見》、〔註150〕吳峻《莊子解》；於嘉慶間則有陸樹芝《莊子雪》〔註151〕與姚鼐《莊子章義》。〔註152〕而吳峻《莊子解》，據嚴靈峰《無求備齋莊子集成初編》冊二十二所收者爲藝文印書館據道光二十四年世楷堂刊《昭代叢書》本影印，又卷首無序文、題署，卷末僅一篇吳江沈楙貞〈跋〉，題署辛丑冬日，依此判讀吳書當於道光二十一年前成書，〔註153〕不過據嚴靈峰《列子莊子知見書目》則記載著書年代是乾隆四十六年（1781），〔註154〕故將吳書列入乾隆時期。

方正瑗的《方齋補莊》，撰寫目的不在補充《莊子》義理，而是藉論《莊》之偏，以揚儒學之正，可謂視《莊子》爲儒學的反面教材，基本上背離莊子思想本意。姚鼐的《莊子章義》，雖持莊子與儒學有承繼淵源，但在注解上僅就少部分文句附注。而吳峻的《莊子解》，只解〈逍遙遊〉與〈齊物論〉兩篇而已，通篇皆以《易》解之，多有附會之論。在義理上較有建樹者，僅胡文英《莊子獨見》與陸樹芝《莊子雪》而已。

〔註149〕《方齋補莊》卷首有方正瑗的〈自序〉，文末署云：「乾隆丁巳夏五月，方齋氏識於關西講堂」。見《四庫全書存目叢書》冊95子部・雜家類，總頁691。據此，其書應完成於乾隆2年（1737）。

〔註150〕《莊子獨見》卷首有武啓圖的〈序〉，署云：「乾隆歲次辛未」；其後有胡文英的〈自序〉，署云：「乾隆歲次壬申」。據此，其書應完成於乾隆16～17年（1751～1752）之間。

〔註151〕《莊子雪》的〈自序〉在嘉慶元年（1796）完成，另有陳大文的〈序〉撰於嘉慶4年（1799）。又《莊子雪》中，陸樹芝撰有一篇〈讀莊子雜說〉，說自己從乾隆60年（1795）7月10日始著手評注《莊子》。可見陸氏的《莊子雪》一書在乾隆60年7月10日開始評注，在嘉慶元年完成，後於嘉慶4年刊刻出版。

〔註152〕《莊子章義》卷首〈莊子章義序目〉之末，徐宗亮記：「……右姚先生《莊子章義》，凡五卷，嘉慶辛未新城陳氏刊於漢上，體例糅雜，又妄以意爲去取，甚失先生本旨。先生嘗以書譬曉之，而追成，不可改。……今六十有餘年矣，先生之學益大顯於世，單辭賸義，世率奉爲奇寶，遭寇既定，一二巨公悉舉所著書翻雕，獨是書初爲陳氏所亂，概未盛行。學者往往以不獲傳眞爲憾，宗亮故從張氏校錄，出自先生彌甥，較有依據，乃以付刊。……光緒己卯春正月邑後學徐宗亮記。」所以姚鼐《莊子章義》於嘉慶辛未（1811）已刊行，但由於「體例糅雜，又妄以意爲去取」，甚失姚鼐本旨，故徐宗亮又在光緒己卯（1879）春正月「從張氏校錄」「乃以付刊」。

〔註153〕道光21年爲辛丑年，此「辛丑」當是此年。

〔註154〕嚴靈峰：《列子莊子知見書目》，頁200。

一、以儒之正補《莊》之偏的方正瑗

方正瑗著《方齋補莊》緣由，可從卷首上官德輿〔註 155〕撰〈西華經緣起〉〔註 156〕得知：

> 孔子述其道，如日中天，照臨下土，包括無遺畧也。當時諸子並出，各成一家言。惟蒙莊有激於時，怒而大放厥詞，語稍不檢。承訛踵謬者，遂至有棄絕聖智之流弊焉，殆與吾孔子所述周道反矣。近者關中多愛讀《南華》一書，先生憂之。講堂諸弟子朝夕請益，是乃有七篇之補，補其未及論者，蓋欲明孔之全以正莊之偏，反莊之肆以歸學莊者於醇也。……先生因莊補莊，所以正莊，所以述孔，以翼吾西土之人，不欲其惑於莊而反乎孔也。〔註 157〕

此〈緣起〉清楚道出方正瑗之所以注〈內七篇〉，是想以正統儒家思想補救莊子思想之偏，讓後世學者明白孔學之醇。易言之，方氏憂心學者讀《莊》而惑於訛謬，產生絕聖棄智之弊，至與孔子之學背道而馳，因此方氏以爲必須導正，故有《補莊》之作。

方氏《補莊》之作明顯以儒家學說爲補注內容，實偏離莊子思想要旨。如對〈大宗師〉的論述，以大匠與拙匠構巨室爲喻，以爲二者的差別就在「心」的運用，他說：

> 大匠不言能，拙匠矜能，其器同也，其心則異。……人之修身亦然，以心爲匠而運用於四體，不以情傷吾性，不以人累吾天，耳目口鼻各有其能，能其所能而心若無所能。治國者亦然，以心爲匠而運用於四海，揆時勢之緩急，審利害之重輕，別其賢愚，辨其善惡，工虞水火分其官，禮樂兵農效其職，愛養教化循其序，虛以應事，順以喜民，陰陽寒燠，既均且和，君子行其道，小人渙其群。垂衣端拱，庶績咸熙，天子不言能，然其所能者蕩蕩無名也。……君子於此可以知大道貴法自然，而至人之心爲而不爭也。萬物之數藏於

〔註 155〕上官氏爲方正瑗門人。

〔註 156〕《西華經》者，即《莊子》，方正瑗改稱《南華經》爲《西華經》，因其以爲莊子背馳正道，故「欲明孔之全正莊之偏，反莊之肆以歸學莊者於醇也」，至乎「反《南華經》之名而別名《西華經》」。詳《四庫全書存目叢書》冊 95 之《方齋補莊》附《四庫全書總目・方齋補莊無卷數》提要，總頁 700。

〔註 157〕〔清〕上官德輿：〈西華經緣起〉，見〔清〕方正瑗：《方齋補莊》，頁 1a～1b。收入《四庫全書存目叢書》冊 95 子部・雜家類，總頁 692。

> 一。一，統乎萬也。古之聖人，參天兩地，用一以貞。一者，何也？曰：「誠也，仁也」。草木果實，誠爲之也，其心皆抱仁。仁者，生生不已之幾。無仁，則生之幾息矣。是故天下一，幾也，利害不驟至，驟至者小，而漸至者大。往往動於機之先，……君子知幾，觀象審變，通神摻之於密，有其要也。天地之氣，一闔一闢；聖人之道，一顯一藏；國家之權，一創一守，得其要者，化於無心，妙於無用，爲萬世經。〔註 158〕

這裡所闡發的道理，是結合儒家與道家思想而開出新的義理，但基本核心思想是儒家，而此儒家又摻雜理學與心學。方氏認爲修身、治國皆存乎一心之運用，若「以心爲匠」必可達到「能其所能」的功效，類似道家的「無不爲」。但是老子所謂「無爲而無不爲」，〔註 159〕其「無爲」是不加入人的主觀意志去操作，而「輔萬物之自然」。〔註 160〕方氏卻認爲必須「以心爲匠」，其「心」的內涵，即是儒家的誠、仁。以「仁」爲根本，方能生生不息。猶如《中庸》所言：「自誠明，謂之性；自明誠，謂之教。誠則明矣，明則誠矣」、〔註 161〕「唯天下至誠，爲能盡其性」。〔註 162〕朱子在解釋《中庸》也說過：「誠是天理之實然，更無纖毫作爲。聖人之生，其稟受渾然，氣質清明純粹，全是此理，更不待修爲，而自然與天爲一。」〔註 163〕《中庸》又說：「誠者自成也，而道自道也。誠者物之終始，不誠無物。是故君子誠之爲貴。誠者非自成己而已也，所以成物也。成己，仁也；成物，知也。性之德也，合外內之道也，故時措之宜也。故至誠無息。不息則久，久則徵，徵則悠遠，悠遠則博厚，博厚則高明。」〔註 164〕強調成己、成物都須以「誠」爲核心，方能修己待物，

〔註 158〕〔清〕方正瑗：《方齋補莊》〈大宗師〉，頁 12a～13b。收入《四庫全書存目叢書》冊 95 子部．雜家類，總頁 698。

〔註 159〕《老子》37 章：「道常無爲而無不爲」、48 章：「爲學日益，爲道日損。損之又損，以至於無爲。無爲而無不爲。取天下常以無事，及其有事，不足以取天下。」見〔魏〕王弼等：《老子四種》，頁 31、41。

〔註 160〕《老子》64 章：「爲者敗之，執者失之。是以聖人無爲，故無敗；無執，故無失。民之從事，常於幾成而敗之。愼終如始，則無敗事。是以聖人欲不欲，不貴難得之貨；學不學，復眾人之所過。以輔萬物之自然，而不敢爲。」見〔魏〕王弼等：《老子四種》，頁 56。

〔註 161〕《中庸》第 21 章，見〔南宋〕朱熹：《四書章句集注》，頁 42。

〔註 162〕《中庸》第 22 章，見〔南宋〕朱熹：《四書章句集注》，頁 43。

〔註 163〕〔南宋〕黎靖德編：《朱子語類》卷 64〈中庸三〉第 20 章「問『誠者天之道，誠之者人之道』」，朱子的回答。見頁 8。

〔註 164〕《中庸》第 26 章，見〔南宋〕朱熹：《四書章句集注》，頁 45。

時措合宜。所以至誠的人，無論獨善其身或是兼善天下，都沒有止息的時候。因爲永遠不休不息行至誠之道，自然就會長久永存。這也是張載所說的「性與天道合一存乎誠，天所以長久不已之道，乃所謂誠」，王夫之注曰：「在天爲道，命于人爲性，知其合之謂明，體其合之謂誠。」〔註 165〕張載認爲天道的「誠」就是天德，「儒者則因明致誠，因誠致明，故天人合一。」〔註 166〕即儒者需要通過「明」來達到對「誠」之天德的把握，以實現天人合一。所以才說「至誠，天性也；不息，天命也。」〔註 167〕同時亦是程明道的「仁」，〔註 168〕與陽明的「心具眾理」之謂。〔註 169〕方氏的詮解內容，與陽明所說「仁是造化生生不息之理，雖彌漫周遍，無處不是，然其流行發生，亦只有箇漸，所以生生不息」〔註 170〕相差無幾。再者方氏強調「幾」的重要性，君子知幾，才能「觀象審變，通神摻之於密」，此從《周易・繫辭傳》「知幾其神乎」〔註 171〕而來。可見方氏的「大宗師」，意指儒家爲體，道家爲用：

〔註 165〕〔宋〕張載撰、〔清〕王夫之注：《張子正蒙》卷 3〈誠明篇〉，頁 131。

〔註 166〕〔宋〕張載撰、〔清〕王夫之注：《張子正蒙》卷 9〈乾稱篇下〉，頁 239。

〔註 167〕〔宋〕張載撰、〔清〕王夫之注：《張子正蒙》卷 9〈乾稱篇下〉，頁 234。

〔註 168〕程明道云：「醫家以不認痛癢謂之不仁，人以不知覺不認義理爲不仁，譬最近。……『萬物皆備於我』，不獨人爾，物皆然。都自這裡出去，只是物不能推，人則能推之。」見《二程遺書》卷第二上〈二先生語二上・元豐己未呂與叔東見二先生語〉，頁 84。又云：「仁者，渾然與物同體，義禮知信，皆仁也。識得此理，以誠敬存之而已。」見《二程遺書》卷第二上〈二先生語二上・元豐己未呂與叔東見二先生語〉，頁 66。所以我們常說的「痲木不仁」，即明道所謂的心靈的痲痺。

〔註 169〕王陽明云：「『專求本心，遂遺物理』，此蓋失其本心者也。夫物理不外於吾心，外吾心而求物理，無物理矣；遺物理而求吾心，吾心又何物邪？心之體，性也；性即理也。」又云：「故有孝親之心，即有孝之理，無孝親之心，即無孝之理矣。有忠君之心，即有忠之理，無忠君之心，即無忠之理矣。理豈外於吾心邪？晦庵謂：『人之所以爲學者，心與理而已。』心雖主乎一身，而實管乎天下之理，理雖散在萬事，而實不外乎一人之心。是其一分一合之間，而未免已啓學者心理爲二之弊。此後世所以有專求本心，遂遺物理之患，正由不知心即理耳。夫外心以求物理，是以有暗而不達之處；此告子『義外』之說，孟子所以謂之不知義也。心，一而已。以其全體惻怛而言謂之仁，以其得宜而言謂之義，以其條理而言謂之理；不可外心以求仁，不可外心以求義，獨可外心以求理乎？外心以求理，此知行之所以二也。求理於吾心，此聖門知行合一之教，吾子又何疑乎？」見氏著：《傳習錄》卷中〈答顧東橋書〉，頁 108。以上皆是陽明學強調「心即理」，不可於心外求理，否則流於告子「義外」之說。

〔註 170〕〔明〕王陽明：《傳習錄》卷上〈陸澄問〉，頁 68。

〔註 171〕「知幾其神」，此語初見於《周易本義・繫辭下傳》第 5 章，用以解釋《易經》

以儒家的誠、仁來修身、治國、平天下，自然可達到道家「垂衣端拱，庶績咸熙」的無不能效用。這顯然已脫離莊子所謂作爲天地萬物本源、法自然的「大道」。

方氏解《莊》摻有理學與心學思想，自然與他所學有關，史稱自正瑗高祖方學漸（1540～1615）以下世傳理學。〔註 172〕其《補莊》之作，除了爲關西書院弟子講授學業之需要，也是要闡發其祖方以智《藥地炮莊》的餘意。〔註 173〕由是欲以儒之醇正以救《莊》之偏失，當是進一步闡發其祖之用意。然而方氏所處時空背景與其祖已異，方以智身處明末清初，國祚鼎革，其異代衰世之感與方氏自不可同日而語，是以方氏的《補莊》僅是純立於儒學立場，來規範、補充《莊》學而已。其目的不在彰顯《莊》意，因爲在方氏的觀念裡，莊子走偏了，須要導入儒家正途，是故其《補莊》不同於以往「以儒解《莊》」之作：不推尊莊子，也不納莊子入儒門，而是就方氏自以爲莊子不合儒學的地方加以糾正、補充。如他解釋莊子逍遙遊義時，就以「有父子之仁」、「有君臣之義」、「有夫婦之別」、「有兄弟之序」、「有朋友之情」等爲其內容之一；〔註 174〕對於莊子的「至人」，以爲「至人心與天遊，適然於物遇耳。用富貴以立功名，用貧賤以明澹泊，用患難以正性命，用生死以順寂感」，〔註 175〕……「神之運於無方者，乃不息之誠也」，〔註 176〕將《中庸》「誠者，天之道也」，朱子釋爲：「誠者，眞實無妄之謂，天理之本然也」，

〈豫卦〉第 2 爻。其言爲：「子曰：知幾其神乎！君子上交不諂，下交不瀆，其知幾乎！幾者，動之微，吉之先見者也。君子見幾而作，不俟終日。《易》曰：『介于石，不終日，貞吉。』介如石焉，寧用終日？斷可識矣。君子知微知彰，知柔知剛，萬夫之望。」見《周易二種》，頁 257。

〔註 172〕方學漸早年師事耿定向，就學譜論是屬於王門左派，故黃宗羲在《明儒學案》中將他列入〈泰州學案〉，其生平可參《明儒學案》卷 35〈泰州學案四・明經方本菴先生學漸〉，頁 365～366。

〔註 173〕《方齋補莊》卷首有方正瑗〈自序〉云：「《炮莊》者，歸莊於有用，海內諸儒，皆受其書。今小子瑗，倦遊西土，洗心退藏，芻蕘一得之見，《莊》所未及論者，口授弟子，遂成七篇，號曰《補莊》，亦猶是先人之餘唾也。」見《四庫全書存目叢書》冊 95 子部・雜家類，總頁 691。

〔註 174〕〔清〕方正瑗：《方齋補莊》〈逍遙遊〉，頁 1a。收入《四庫全書存目叢書》冊 95 子部・雜家類，總頁 692。

〔註 175〕〔清〕方正瑗：《方齋補莊》〈逍遙遊〉，頁 2a～2b。收入《四庫全書存目叢書》冊 95 子部・雜家類，總頁 693。

〔註 176〕〔清〕方正瑗：《方齋補莊》〈逍遙遊〉，頁 3a。收入《四庫全書存目叢書》冊 95 子部・雜家類，總頁 693。

融入注解；〔註 177〕詮解〈德充符〉，則以爲「聖人修德，使物各得，亦若是而已。道之集於虛也，未始有封，取之無盡藏也」，〔註 178〕如「堯舜治天下，剛健效天，柔順法地，庶績熙，四時序，風不鳴條，雨不破塊，端拱於上，百寶告登，此無煩頂踵而自能澤被於群生，無他，其德大，中腴而外膏也。魚遊於水，不知水也。人遊於塵，不知塵也。天地萬物遊於聖人之德，而不見夫德。德無形，因物以貞而已。」〔註 179〕顯然就儒家思想再發揮，雖「道之集於虛也，取之無盡藏也」、「天地萬物遊於聖人之德，而不見夫德」，似揉合莊子之道無所不在、流行於天地萬物間的思想，但最終仍回歸儒家以德化民的至善境界。方氏此處所闡釋的「聖人之德」是屬於儒家的，並非莊子所謂自然德性充實於內、萬物就會應驗於外、內外玄合無間、猶如符契一般的「德充符」。

二、以莊子爲承孔氏末流、不知所以裁之的姚鼐

姚鼐《莊子章義》肯定莊子之學出自儒家，但在實際評解《莊子》時，很少刻意在字句上作評解。我們只能從卷首的〈序目〉、〈莊子翼題語五則〉等，了解姚氏解《莊》的立場。

首先在卷首的〈序目〉，姚氏認同韓愈「莊子之學出於子夏」之說：

> 昔孔子以詩書六藝教弟子，而性與天道不可得聞。其得聞者必弟子之尤賢也，然而道術之分蓋自是始。夫子游之徒述夫子語，子游謂人爲天地之心、五行之端，聖人制禮以達天道、順人情，其意善矣，然而遂以三代之治爲大道既隱之事也。子夏之徒述夫子語，子夏者以君子必達於禮樂之原，禮樂原於中之不容已，而志氣塞乎天地，

〔註 177〕《中庸》第 20 章：「誠者，天之道也；誠之者，人之道也。誠者不勉而中，不思而得，從容中道，聖人也。誠之者，擇善而固執之者也。」朱子注曰：「誠者，眞實無妄之謂，天理之本然也。誠之者，未能眞實無妄，而欲其眞實無妄之謂，人事之當然也。聖人之德，渾然天理，眞實無妄，不待思勉而從容中道，則亦天之道也。未至於聖，則不能無人欲之私，而其爲德不能皆實。故未能不思而得，則必擇善，然後可以明善；未能不勉而中，則必固執，然後可以誠身，此則所謂人之道也。」見〔南宋〕朱熹：《四書章句集注》，頁 41。

〔註 178〕〔清〕方正瑗：《方齋補莊》〈德充符〉，頁 11b～12a。收入《四庫全書存目叢書》冊 95 子部・雜家類，總頁 697～698。

〔註 179〕〔清〕方正瑗：《方齋補莊》〈德充符〉，頁 10a～10b。收入《四庫全書存目叢書》冊 95 子部・雜家類，總頁 697。

其言禮樂之本亦至矣。然林放問禮之本，夫子告以寧儉寧戚而已，聖人非不欲以禮之出於自然者示人，而懼其知和而不以禮節也。由是言之，子游、子夏之徒所述者未嘗無聖人之道存焉，而附益之不勝其弊也。夫言之弊其始固存乎七十子，而其末遂極乎莊周之倫也。《莊子》之書，言明於本數及知禮意者，固即所謂達禮樂之原而配神明，醕天地與造化爲人，亦志氣塞乎天地之旨。韓退之謂莊周之學出於子夏，殆其然與？周承孔氏之末流乃有所窺見於道，而不聞《中庸》之義，不知所以裁之，遂恣其猖狂而無所極，豈非知者過之之爲害乎。〔註 180〕

莊子〈天下〉論及「古之人其備乎！配神明，醇天地，育萬物，和天下 ，澤及百姓，明於本數，係於末度，六通四辟，小大精粗，其運無乎不在。其明而在數度者，舊法世傳之史尚多有之。……《詩》以道志，《書》以道事，《禮》以道行，《樂》以道和，《易》以道陰陽，《春秋》以道名分。其數散於天下而設於中國者，百家之學時或稱而道之。」據此，姚氏以爲莊子明於本數，且知禮義，這與姚氏所認知的「子夏之徒述夫子語。子夏者，以君子必達於禮樂之原，禮樂原於中之不容已，而志氣塞乎天地，其言禮樂之本亦至矣」相關聯，是以姚氏贊同莊子之學出於子夏。不過姚氏肯定莊子之學出於子夏的原因與韓愈並不相同，所以他在卷首〈莊子翼題語五則〉說：「子夏之後有田子方，昌黎之說本《史記》〈儒林列傳〉，但未知田子方的是莊生之師不耳？然莊生的是從儒家來，故於儒者之教無不通曉。」〔註 181〕最終確立莊子之學是從儒家而來，只是不認同韓愈本自《史記》〈儒林列傳〉之說，以爲莊子之師爲田子方。然而姚氏對《莊子》各篇章詆孔之處鮮少格外加注，即使是讚揚孔子的地方，全書僅一、二處有注解，如注〈寓言〉「莊子謂惠子曰：『孔子行年六十而六十化，始時所是，卒而非之，未知今之所謂是之非五十九年非也。』惠子曰：『孔子勤志服知也？』莊子曰：『孔子謝之矣，而其未之嘗言。孔子云：『夫受才乎大本，復靈以生。』鳴而當律，言而當法，利義陳乎前，而好惡是非直服人之口而已矣。使人乃以心服而不敢蘁立，定天下之定。已乎已乎！吾且不得及彼乎』」一段說：

〔註 180〕〔清〕姚鼐：《莊子章義》〈莊子章義序目〉，見嚴靈峰：《無求備齋莊子集成續編》冊 35，頁 5～7。

〔註 181〕〔清〕姚鼐：《莊子章義》〈莊子章義附錄‧莊子翼題語五則〉，見嚴靈峰：《無求備齋莊子集成續編》冊 35，頁 12。

「勤志服知」，孔子所言以教弟子者，然非孔子所以爲孔子，故曰：「謝之」。若所未嘗言者，乃所爲孔子云也，何也？蓋有大本存焉。受才於大本，復善以反其生，孔子所以爲孔子也，還其天而已矣。若夫當律、當法而明是非，此德之小者，此德之小者，豈孔子之謂哉？〔註 182〕

姚氏認爲莊子既說孔子未曾有所言，那麼何以會有所說辭？正因爲孔子受才於大本，欲復返天性，而非以當律、當法而明是非，這樣的小德，絕非孔子之謂。在姚氏這樣的詮解下，孔子儼然染有道家色彩了。此外，在篇章釋題時也會偶爾提及，如〈天地〉釋題：「此篇與〈山木〉篇皆稱孔子爲夫子，然則莊子之學殆眞出於子夏也。」〔註 183〕不過《莊子》外、雜諸篇詆孔處最多，姚氏基本上所持的觀點是「大約外篇、雜篇多非莊生所爲」，〔註 184〕以此來論莊子不是眞正的詆孔。再者姚氏對莊子「恣其猖狂而無所極」並不以爲然，以爲他「承孔氏之末流」，對於道的了解不知裁剪，所以評莊子是「知者過之之爲害」。

《莊子》〈天下〉篇，歷來以儒解《莊》者多視其推尊孔子之極，對此姚氏卻持反對意見，他說：

其末〈天下〉一篇爲其後序，所云「其在《詩》、《書》、《禮》、《樂》者，鄒、魯之士、縉紳先生多能明之」，〔註 185〕意謂是道之末焉爾。若道之本，則有「不離於宗，謂之天人」者。周蓋以天人自處，故曰：「上與造物者遊」，而序之居至人、聖人之上，其辭若是之不遜也。而蘇子瞻、王介甫乃謂其推尊聖人，自居於不該不遍、一曲之

〔註 182〕〔清〕姚鼐：《莊子章義》〈寓言〉，見嚴靈峰：《無求備齋莊子集成續編》冊 35，頁 304～305。

〔註 183〕〔清〕姚鼐：《莊子章義》〈天地〉釋題，見嚴靈峰：《無求備齋莊子集成續編》冊 35，頁 131。

〔註 184〕〔清〕姚鼐：《莊子章義》〈胠篋〉「昔者齊國鄰邑相望，雞狗之音相聞，罔罟之所布，耒耨之所刺，方二千餘里。闔四竟之內，所以立宗廟社稷，治邑、屋、州、閭、鄉曲者，曷嘗不法聖人哉！然而田成子一旦殺齊君而盜其國。所盜者豈獨其國邪？並與其聖知之法而盜之。故田成子有乎盜賊之名，而身處堯、舜之安，小國不敢非，大國不敢誅，十二世有齊國。則是不乃竊齊國，並與其聖知之法，以守其盜賊之身乎？」下的注語，見嚴靈峰編輯：《無求備齋莊子集成續編》冊 35，頁 114。

〔註 185〕《莊子》〈天下〉作「其在於……」，姚氏脫「於」字。

士。其於莊生抑何遠哉！〔註 186〕

姚氏認爲〈天下〉所說「《詩》、《書》、《禮》、《樂》者，鄒、魯之士、縉紳先生多能明之」，是莊子視爲道之末，而以爲道之本是「不離於宗」的天人，莊子顯然以天人自處。又說「上與造物者遊，而下與外死生、無終始者爲友」，由是看來，莊子不遜至極，怎麼會推尊孔子呢？同樣的，在〈天下〉末姚氏評注：

> ……蓋篇首所云聖人、君子者，儒者之所奉教是也。不離於眞，則關尹、老聃古之博大眞人是已，然猶未至極。若莊生之獨與天地精神往來，不敖睨於萬物，則獨所謂不離於宗，謂之天人者爾。其辭義之不孫〔註 187〕如是，而宋賢反謂莊子是篇推尊儒者甚至，則於其文義有未審矣。〔註 188〕

就〈天下〉的論述，姚氏以爲莊子獨樹一幟，自別於儒家「以天爲宗，以德爲本，以道爲門，兆於變化，謂之聖人。以仁爲恩，以義爲理，以禮爲行，以樂爲和，薰然慈仁，謂之君子」、道家「不離於眞，謂之至人」，而以「不離於宗，謂之天人」自居，所以「獨與天地精神往來，而不敖倪於萬物，不譴是非，以與世俗處」。據此，莊子顯然自以爲高於儒、道二家，這是姚氏不以爲然之處。不過這是姚氏自己所解讀的〈天下〉。〈天下〉乃莊子後學所作，推尊莊子理所固然，而莊子本身並沒有如此抬高自己。如王叔岷所說：「此篇非莊子作，不當視爲莊子自序或後序，蓋莊子學派所述，故於莊周道術章，推尊莊子至極。莊子固未嘗自是者也。」〔註 189〕但我們可從中了解一點，姚氏雖認同莊子與儒家有淵源，但絕不允許其高出儒家，這一點應是肯定的。所以在《莊子章義》卷首〈莊子翼題語五則〉，其一曰：「莊子眞是禪學，其詆孔子之徒如以訶佛罵祖爲報佛恩，其意正儼然以教外別傳自居也」，〔註 190〕以爲莊子詆孔子之徒正如禪宗訶佛罵祖，以教外別傳的獨特方

〔註 186〕〔清〕姚鼐：《莊子章義》〈莊子章義序目〉，見嚴靈峰編輯：《無求備齋莊子集成續編》冊 35，頁 7。

〔註 187〕相較前引文〈莊子章義序目〉曰「其辭若是之不『遜』也」，遜、孫二字通。惟同一版本，不應用字歧異，或刊本二字之一有誤。

〔註 188〕〔清〕姚鼐：《莊子章義》〈天下〉注語，見嚴靈峰編輯：《無求備齋莊子集成續編》冊 35，頁 371～372。

〔註 189〕王叔岷：《莊子》〈天下〉釋題，見氏著：《莊子校詮》冊下，頁 1293。

〔註 190〕〔清〕姚鼐：《莊子章義》〈莊子章義附錄・莊子翼題語五則〉，見嚴靈峰編輯：《無求備齋莊子集成續編》冊 35，頁 11。

式傳承儒學，眞正用意是爲了維護儒學，如同禪宗之報佛恩。〔註191〕

姚氏《莊子章義》雖以爲莊子出於子夏之學，與儒學有淵源，但對莊子的學術卻不十分推崇，這是以儒解《莊》中較少見的觀點。

三、以《易》解《莊》，多附會之論的吳峻

吳峻的《莊子解》，通書皆以《易》解之，卻多穿鑿之說。如〈逍遙遊〉釋題：

> 莊子齊小大，而篇中獨貴大，以是知其釋《易》也。作《易》者有憂患，惟有憂患而後求占筮，故曰：人之生也與憂俱生，然思有以矯之，以爲文章之變化，故作〈逍遙遊〉。〔註192〕

以爲莊子作〈逍遙遊〉是有感於人生與憂俱生，思以「逍遙遊」矯之。又如「北冥有魚」至「不知其幾千里也」注曰：

> 鯤，坤也，《歸藏》之《易》首坤，故先言坤，即老陰也。北冥，陰位，《易》所言大，不專指陽。故曰：「鯤之大，不知其幾千里」，喻揲蓍時所得數。〔註193〕

釋莊子的比喻「鯤」爲《周易》的「坤」，即老陰之意，又以爲「北冥」的方位是陰位，《周易》所說的「大」並不專指陽而論，以此解莊子「鯤之大，不知其幾千里」之謂，還說是「揲蓍時所得數」，不知其依據爲何？附會之說顯見。這樣的注解方式俯拾皆是，如注「堯讓天下于許由」至「而代之矣」則說：「此段伸說『聖人無名』，所謂『乾天無形也』。天下統乾坤，言日月時雨云云。有坎離以治乾坤，則必有他卦。若震電之光，兌澤之浸灌是也。立當位，尸空位，致天下者欲讓。冬陰于坤，夏陽于乾，不知乾坤，不因此名也。」〔註194〕

再者，吳峻將莊子與儒家孔子接連上關係，則見其注「莊子曰」至「安所困苦哉」：

〔註191〕所以姚鼐的《莊子章義》亦有以佛學來詮釋《莊子》，詳本論文第陸章第二節。

〔註192〕〔清〕吳峻：《莊子解》〈逍遙遊〉，見嚴靈峰編輯：《無求備齋莊子集成初編》冊22，頁1。

〔註193〕〔清〕吳峻：《莊子解》〈逍遙遊〉，見嚴靈峰編輯：《無求備齋莊子集成初編》冊22，頁1～2。

〔註194〕〔清〕吳峻：《莊子解》〈逍遙遊〉，見嚴靈峰編輯：《無求備齋莊子集成初編》冊22，頁11。

所謂保合太和乃利貞也，「安所困苦」是通篇主意。孔子曰：「樂天知命，故不憂。」莊子生平之志如此。〔註195〕

以爲莊子〈逍遙遊〉通篇主旨就在闡發「安所困苦」之旨，也就是《周易·繫辭傳》所說的「樂天知命，故不憂」〔註196〕之意。〔註197〕

另一篇〈齊物論〉釋題：

篇中細詳風感之聲，以是知其釋《詩》也。其曰：「遞相爲君臣」，非樂律，無以釋之矣。人聲爲言曰：論即言也，篇中先詳齊物，後詳齊論。齊者，和之以是非也，樂以導和，和以天倪，而賦比興之理盡于此矣。〔註198〕

以爲〈齊物論〉是在釋《詩》、釋樂。之後在釋〈齊物論〉內容則統《詩經》十五國風言之，而認爲〈齊物論〉所描述的風聲、「樂出虛」，皆表各種音律。這樣的解釋與《莊子》的義理著實大相徑庭。在考據鼎盛的乾嘉時期，卻出現沒有論據的附會之著，確實少見。

四、以莊子爲折衷孔學、志在救世的胡文英

胡文英的《莊子獨見》，其解《莊》的立場，基本上是維護孔子，不過在實際評注《莊子》時仍客觀地以莊解《莊》，可從其評注〈齊物論〉「《春秋》經世先王之志，聖人議而不辯」得知：

通篇大旨，俱在「論而不議」、「議而不辯」兩句。此是莊叟折衷至聖之微意，昧者徒贊其尊孔，全夫〔註199〕解其引用之故。〔註200〕

據此，胡氏認爲莊子此處所說的「聖人」是指孔子，而闡釋「六合之外，聖人存而不論。六合之內，聖人論而不議；《春秋》經世先王之志，聖人議而不辯」，更以爲莊子是折衷孔子的微言大義而暢述，不僅是尊孔而已。這在卷首〈莊子論略〉第一條已有說明：

〔註195〕〔清〕吳峻：《莊子解》〈逍遙遊〉，見嚴靈峰編輯：《無求備齋莊子集成初編》冊22，頁17。

〔註196〕〔南宋〕朱熹：《周易本義》卷之3〈繫辭上傳〉第4章，見《周易二種》，頁237。

〔註197〕這裡吳峻將《周易·繫辭傳》視爲孔子的話以解之。

〔註198〕〔清〕吳峻：《莊子解》〈齊物論〉，見嚴靈峰編輯：《無求備齋莊子集成初編》冊22，頁17～18。

〔註199〕李花雷點校：「夫」字疑爲「未」字之訛。

〔註200〕〔清〕胡文英：《莊子獨見》〈齊物論〉，頁13。

> 莊子人品、德性、學問、見識，另有一種出人頭地處，另有一種折衷至當處。後人只在語言文字上推求，何從窺其寄託？〔註 201〕

此處似乎道出讀《莊》必須了解莊子所論是對至聖孔子的一種折衷而至當論述。據此可知胡氏以爲莊子思想是折衷孔子而來，所以與關、老、列思想無關，更在諸子之上。如〈莊子論略〉第二條說：

> 莊子是全副才情。老子只有一副傢伙，鉤著他沒有的傢伙，他便不動手。……若遇莊子動手，自然在諸子之上。〔註 202〕

又第九條說：

> 莊子非但不是關、列根源，並不是沮、溺光景。「時命大謬」是其不能立德立功處，「充實不可已」是其所以立言處。〔註 203〕

由是推得《莊子》是救世之書，乃對世俗之亂憤嫉，故而以極熱之心腸著書，卻以極冷之眼立說，見〈莊子論略〉第六條：

> 莊子眼極冷，心腸極熱。眼冷故是非不管，心腸熱故感慨無端。雖知無用而未能忘情，到底是熱腸掛住。雖不能忘情而終不下手，到底是冷眼看穿。〔註 204〕

這樣的說法，顯然承王安石所說「天下之俗，譎詐大作，質樸並散；……莊子病之，思其說以矯天下之弊，而歸之於正也」〔註 205〕而來。如注解〈人間世〉最後的結語說：

> 〈人間世〉是言入世之難。……苟如櫟社之樹，商丘之木，尚何累哉！倘以人不能爲草木之無知，則何不支離其德，有材而作無材之狀，所謂「大隱在朝市」，攘臂其間，又何患焉？不然，縱聖如孔子，亦難免矣。顏淵是未知人間世之難者，故以發端。孔子是備歷人間世之難者，故以作結。想莊叟落筆時，胸次有無限悲感，借此以爲發洩之具，而人且比於曠達，眞「瞋目而不〔註 206〕丘山」者。〔註 207〕

〔註 201〕〔清〕胡文英：《莊子獨見》〈莊子論略〉，頁 5。
〔註 202〕〔清〕胡文英：《莊子獨見》〈莊子論略〉，頁 5。
〔註 203〕〔清〕胡文英：《莊子獨見》〈莊子論略〉，頁 6。
〔註 204〕〔清〕胡文英：《莊子獨見》〈莊子論略〉，頁 6。
〔註 205〕〔北宋〕王安石：《王文公文集》卷第 27〈莊周上〉，頁 311。
〔註 206〕李花雷點校：「不」字下當有「見」字，此用〈秋水篇〉語。
〔註 207〕〔清〕胡文英：《莊子獨見》〈人間世〉，頁 32。

這裡摻以儒家觀點來看待入世之難處，「有材而作無材之狀，所謂『大隱在朝市』」，唯有像「孔子是備歷人間世之難者」方能有此體會，又以爲莊子且借此以抒其「胸次有無限悲感」，故在胡氏看來莊子一點也不曠達，而是有深情的寄託。

此外，胡氏亦繼晚明遺民之見，將屈原、莊子合觀，如〈莊子論略〉第十條：

> 莊子最是深情。人第知三閭之哀怨，而不知漆園之哀怨有甚於三閭也。蓋三閭之哀怨在一國，而漆園之哀怨在天下；三閭之哀怨在一時，而漆園之哀怨在萬世。〔註208〕

因此，胡氏認爲莊子是極深情之人，其哀怨在天下、在萬世，遠甚過屈原。這是胡氏以爲莊子所以著書的用意。

不過在評注《莊子》篇章時，胡氏仍多客觀地就道家立場解《莊》，如評注〈齊物論〉「道昭而不道」云：「道昭而不道，言既昭則不道也」，如同《老子》：「道可道，非常道」之意。即使遇到諸如孔子向老聃請教問題，在評注時也不會爲孔子申述立說，依然如實地注解字句，如〈德充符〉「魯有兀者叔山無趾，踵見仲尼」一段，「無趾語老聃曰：『孔丘之於至人，其未？』」則注：「猶言尚早也」，接著又說「彼且蘄以諔詭幻怪之名聞，不知至人之以是爲己桎梏邪！」則注：「言孔子之所蘄者，乃至人之苦以爲桎梏者也。」〔註209〕據胡氏之注，以爲孔子離至人的境界尚遠，所期望者反而是至人覺得是桎梏之苦的。又如〈天運〉「孔子謂老聃曰：『丘治《詩》、《書》、《禮》、《樂》、《易》、《春秋》六經，自以爲久矣，孰知其故矣，以奸者七十二君，論先王之道而明周、召之迹，一君無所鉤用。甚矣夫，人之難說也！道之難明邪？』……老子曰：『可，丘得之矣』」一段，〔註210〕亦是就莊解《莊》。

胡氏偶有以儒解《莊》者，如〈知北遊〉「仁，可爲也；義，可虧也；禮，相僞也」，則注：「此亦似『仁內義外』、『君子質而已矣』之意」，但之後即回到以莊解《莊》，如之後「故曰：『失道而後德，失德而後仁，失仁而後義，失義而後禮。』禮者，道之華而亂之首也」，則注：「上『禮相僞』句」。〔註211〕〈知

〔註208〕〔清〕胡文英：《莊子獨見》〈莊子論略〉，頁6～7。
〔註209〕〔清〕胡文英：《莊子獨見》〈德充符〉，頁36。
〔註210〕〔清〕胡文英：《莊子獨見》〈天運〉，頁106～107。
〔註211〕〔清〕胡文英：《莊子獨見》〈知北遊〉，頁161。

北遊〉之後篇章的評注，皆以莊解《莊》，如「故曰：『爲道者日損，損之又損之，以至於無爲。無爲而無不爲也。』……是其所美者爲神奇，其所惡者爲臭腐。臭腐復化爲神奇，神奇復化爲臭腐。故曰：『通天下一氣耳。』聖人故貴一。」〔註 212〕等皆如是。對「聖人故貴一」則注：「聖人處臭腐神奇如一，故任道而無所作爲也。」〔註 213〕

在以儒解《莊》部分，偶會摻入孟子、理學之觀點解之。摻入孟子觀點部分較少，僅作觀點的比較，如〈德充符〉「魯哀公問於仲尼曰：『衛有惡人焉』」，則注曰：「惡人，與《孟子》『雖有惡人』同義。」〔註 214〕又如〈人間世〉顏回往衛前去見孔子一段，「夫子曰：『盡矣！吾語若：若能入遊其樊而無感其名，入則鳴，不入則止，無門無毒，一宅而寓於不得已』」下注曰：「與《孟子》『披髮纓冠而救』同意。」〔註 215〕不過，這裡莊子的意思顯然不是孟子「披髮纓冠而救」之意，前面明言「入則鳴，不入則止」可知。又如〈庚桑楚〉：「南榮趎曰：『然則是至人之德已乎？』曰：『非也。是乃所謂冰解凍釋者。』」下注曰：「孟子所謂『大人不失其赤子之心』，意亦仿佛。」〔註 216〕這是闡釋莊子「冰解凍釋者」意同孟子「大人不失赤子之心」一樣純然乾淨。

摻入理學方面，如〈知北遊〉「孔子問於老聃曰：『今日晏閒，敢問至道』」一段中，老聃敘說「道」的崖略：「夫昭昭生於冥冥」，胡氏注曰：「由無極而至於太極。」〔註 217〕這觀念即從周敦頤〈太極圖說〉「無極而太極」〔註 218〕而來。之後對莊子所論「道」與萬物的關係，皆以〈太極圖說〉中周子論太極至萬物的生成來論述。〔註 219〕如「有倫生於無形」，注曰：「由太極

〔註 212〕〔清〕胡文英：《莊子獨見》〈知北遊〉，頁 161～162。
〔註 213〕〔清〕胡文英：《莊子獨見》〈知北遊〉，頁 162。
〔註 214〕〔清〕胡文英：《莊子獨見》〈德充符〉，頁 36。
〔註 215〕〔清〕胡文英：《莊子獨見》〈人間世〉，頁 26。
〔註 216〕〔清〕胡文英：《莊子獨見》〈庚桑楚〉，頁 177。
〔註 217〕〔清〕胡文英：《莊子獨見》〈知北遊〉，頁 164。
〔註 218〕對周敦頤〈太極圖說〉的闡釋，可參《朱子語類》卷 94、《宋元學案》卷 12〈濂溪學案〉（下）。
〔註 219〕周敦頤〈太極圖說〉云：「無極而太極。太極動而生陽，動極而靜；靜而生陰，靜極復動。一動一靜，互爲其根。分陰分陽，兩儀立焉。陽變陰合，而生水火木金土。五氣順布，四時行焉。五行，一陰陽也；陰陽，一太極也；太極，本無極也。五行之生也，各一其性。無極之眞，二五之精，妙合而凝。『乾道成男，坤道成女』，二氣交感，化生萬物。萬物生生，而變化無窮焉。惟人也

而分陰陽五行」;「精神生於道」,注曰:「精神,即二五之精也」;「形本生於精」,注曰:「妙合而凝,理與氣俱而成形」;「而萬物以形相生」,注曰:「再足一句,見徒具夫形,則不離於物也。」〔註220〕又「東郭子問於莊子曰:『所謂道,惡乎在?』莊子曰:『無所不在。』……曰:『在屎溺』」,注曰:「……。所謂盈天地皆物,而盈物皆道也。」〔註221〕這觀念與劉蕺山所說:「盈天地間皆物也,自其分者而觀之,天地萬物各一物也,自其合者而觀之,天地萬物一物也」、〔註222〕「盈天地間,皆萬物也。人,其生而最靈者也」,〔註223〕義理雖不盡相同,但概念應受其影響。

胡文英《莊子獨見》雖居於儒家護孔的立場,而在實際的評注上,此立場卻不明顯,其間偶摻有理學成份的儒學觀點,但多數仍就莊解《莊》。

五、視莊子爲以異說掃異說、功在《六經》的陸樹芝

陸樹芝評注《莊子》,抱有相當重要的寄託:將整部《莊子》視爲以異說掃異說,有功《六經》之作。他說:

> 《南華》者,以異說掃異說,而功在《六經》者也。奚以見其然耶?今夫異說之至精者,莫如聃、尹,而乖僻自是、最足以動人之悅慕者,莫如楊、墨、秉(薇按:公孫龍)、施(薇按:惠施)。莊子將述孔子之旨以闢之,則《六經》具在,毋庸贅也。……向使莊子而不爲放言高論,無以箝異說之口而大饜好奇者之心,則以辯求勝者方日出而日新,後世愛博之士且將目不暇給,孰肯返而求之《六經》耶?此所以自列於方術之內,似詆孔而宗老,實欲駕老以衛孔也。〔註224〕

得其秀而最靈。形既生矣,神發知矣,五性感動而善惡分,萬事出矣。聖人定之以中正仁義,而主靜(自註云:無欲故靜),立人極焉。故聖人與天地合其德,日月合其明,四時合其序,鬼神合其吉凶。君子修之吉,小人悖之凶。故曰:『立天之道,曰陰與陽。立地之道,曰柔與剛。立人之道,曰仁與義。』又曰:『原始反終,故知死生之說。』大哉《易》也,斯其至矣!」見氏著:《周子通書・附錄》,頁48。

〔註220〕〔清〕胡文英:《莊子獨見》〈知北遊〉,頁164。

〔註221〕〔清〕胡文英:《莊子獨見》〈知北遊〉,頁166。

〔註222〕〔明〕劉宗周:《劉子全書及遺編》冊下,卷38〈大學古記約義・格致〉,頁849。

〔註223〕〔清〕黃宗羲:《明儒學案》卷62〈蕺山學案・三原〉,頁699。

〔註224〕〔清〕陸樹芝:《莊子雪》〈讀莊子雜說〉「乾隆60年7月10日記」條,見嚴

這裡陸氏顯然重新賦予《莊子》一書的功用：幫助紛亂的後世之人得以重返研讀《六經》。《六經》平實，《莊子》放言高論；《六經》適用於太平盛世，《莊子》則因應異說之眩人眼目，采宏大不經之高論，以引起世人關注，藉此異說以掃異說，使後世可返於《六經》之平實。因此在陸氏的觀點裡，《莊子》是有助於《六經》的。陸氏認爲莊子之學荒誕不經，乃爲因應異說紛起的時代，《六經》的平實已不能滿足世人，因而「述孔子之旨以闢之」。但是世人不明白，反而誤以爲他「詆孔而宗老」，之所以「自列於方術之內，實欲駕老以衛孔」。這正是陸氏解《莊》很重要的因素，儒學至乾嘉時期，經學研究達到極盛，但整個社會衰象也漸呈露，〔註 225〕士子經世之心更見急切，長期投入儒家經學的研究卻無法拯救持續步入敗微的社會，故而轉向諸子百家之學尋求新的資源。〔註 226〕陸氏的《莊子雪》，始著於乾隆六十年七月十日，〔註 227〕乾隆六十年，大清盛世正逐漸走向下坡，陸氏身處其間，眼見衰頹之象，所以他努力評注《莊子雪》，期從《莊子》學中找到新的資源來補救儒學的不足、豐富儒學的內涵，進而達到經世致用的理想。由是《莊子雪》或可作爲清王朝邁向衰敗之象時，以研治經學爲主流的士子，冀望從諸子學中尋求解救之道的代表之一。

在陸氏的觀點裡，《莊》學內涵博廣，無所不窺，其評註《史記》〈莊子列傳〉時說：

> 莊子固於聖賢心學及諸子百家，無所不窺者也。〔註 228〕

指出莊子本身「固於聖賢心學」，還旁及「諸子百家」。易言之，莊子之學有二源：一是儒學，而此處的儒學是包含程朱理學；〔註 229〕二是諸子百家。陸氏以此作爲解《莊》的立場，展開評注的觀點。

靈峰編輯：《無求備齋莊子集成續編》冊 34，頁 20～21。

〔註 225〕相關論述，可參鄭吉雄師：〈乾嘉治經方法中的思想史線索——從治經方法到治先秦諸子〉，頁 33。

〔註 226〕相關論述，可參拙著碩論：《清代學者「以儒解《莊》」之研究》第八章第三節〈時代的意義〉，頁 116～121。

〔註 227〕《莊子雪》中有陸氏〈讀莊子雜說〉文，說他從乾隆 60 年（1795）7 月 10 日開始已著手評注《莊子》了。見嚴靈峰編輯：《無求備齋莊子集成續編》冊 34，頁 24。

〔註 228〕評注「莊周者，蒙人也。……其學無所不窺」一段，見嚴靈峰編輯：《無求備齋莊子集成續編》冊 34，頁 13。

〔註 229〕關於陸樹芝以理學解《莊》的論述，詳下文。

首先陸氏別有用心的將《史記》〈莊子列傳〉與蘇軾〈莊子祠堂記〉放在卷首並加以評注，以顯示他對莊子的看法：其一他反對司馬遷所說的莊子是宗老子之術、黜孔子之徒的說法，以爲莊子之學是駕乎老子之上；其二贊成蘇軾的論點，以爲莊子實是陰助孔子之學。這在他評注《史記》〈莊子列傳〉與蘇軾的〈莊子祠堂記〉時皆有詳細說明，且順承蘇軾之意更加發明自己獨到的見解。在注解《史記》〈莊子列傳〉「莊周者，……其學無所不窺，然其要歸於老子之言」說：

> 此句卻未細觀莊旨，《南華》不過以老氏之言爲端耳，其要歸則有不獨在老子者。〔註 230〕

陸氏認爲：莊子整個學術的歸結並不止於老子而已，其學無所不窺，老子之學只是其中一端。史遷以爲莊子之學歸本於老子，在陸氏的觀點裡，那是史遷沒有詳細瞭解莊子之學的要旨。陸氏認爲莊子的言論汪洋自恣，並不受拘於老子，這也就是莊子之學能夠壓倒諸子百家的原因。〔註 231〕史遷只見《莊子》之文辭，不知其意，正如蘇軾所說的「此知莊子之粗者」。〔註 232〕

再者，陸氏自少殫心程朱理學，所以《莊子雪》〔註 233〕摻入程朱理學的觀點來詮釋，〔註 234〕他說：

> 《六經》解，可以程、朱正之；《莊子》則須自提起心精、放開眼慧始得。〔註 235〕

陸氏認爲：《莊子》與《六經》的特質不同，《六經》是正典，其語平實；《莊子》爲因應異說，因而其語高妙，「須自提起心精、放開眼慧」始能解得《莊

〔註 230〕〈史記·莊子列傳〉，見嚴靈峰編輯：《無求備齋莊子集成續編》冊 34，頁 13。

〔註 231〕〈史記·莊子列傳〉「……其言洸洋自恣以適己」句，陸氏註云：「……『自恣以適己』則並未嘗爲老子束縛，所以不拘於墟，而能壓倒百家。」見嚴靈峰編輯：《無求備齋莊子集成續編》冊 34，頁 14。

〔註 232〕語見蘇軾〈莊子祠堂記〉，《東坡全集》（一）卷 12，收入《三蘇全集》冊上，頁 8a，總頁 440。

〔註 233〕關於陸樹芝《莊子雪》之「以儒解《莊》」部分，可詳拙著碩論：《清代學者「以儒解《莊》」之研究》第四章第三節，頁 63～72。本論文僅扼要說明其「以儒解《莊》」詮解的方式與其思想內涵。

〔註 234〕尹廷鐸在《莊子雪》卷首〈序〉云：「吾友陸次山（薇按：即陸樹芝）自少即殫心理學，於儒先微言能融會而貫通之，於以抉經之心而提其要，如脫桶底也。」見嚴靈峰編輯：《無求備齋莊子集成續編》冊 34，頁 5～6。

〔註 235〕〔清〕陸樹芝：《莊子雪》〈讀莊子雜說〉「凡讀書必先分章分句而解之」條，見嚴靈峰編輯：《無求備齋莊子集成續編》冊 34，頁 30。

子》。不過「自提起心精、放開眼慧」的前提，須以陸氏自少用功的程朱理學來注解，這可在〈讀莊子雜說〉得其驗證：

> 莊子固是要作荒誕之冠，其實只以先天太極作把柲，所以雖極荒誕，卻有至理，與當時之以辨求勝而適有必窮者，又自不同。前人謂周子太極圖出於方外人，今觀《南華》，其於無極之理講之精矣，但宋儒由太極順說到人，莊子則由人收歸太極，又不肯如周濂溪直下註語曰「太極本無極」，只說「遊於天地之一氣」，故爲眇芒之辭，以此爲荒誕云爾。〔註 236〕

陸氏以爲莊子之高渺議論、汪洋自恣之言，其形容至奇、奇特變幻、色色絕頂之荒誕語，都只是將先天太極作把柲，而以此由人收歸至太極，方可將無極之理講得如此精湛。這裡顯然摻入理學的觀點來解《莊》，但在陸氏看來，莊學比理學家更高明，所論更加深入，他說：

> 先儒謂太極以上不容說，其實難說也。莊子偏向芴寞無形上滾滾說來，鏤造化而繪虛空，極精微，極廣大，又極透亮。具此心眼，用以體認性學，自無復有理障矣。故得力蒙莊者，必能達難顯之理，而不病於膚庸。〔註 237〕

陸氏認爲：理學家說太極以上，不容分說，其實是因爲不好說；而莊子卻能將難顯之理透達顯現，以高渺議論、汪洋自恣之言，將太極以上說得極精微廣大，若以此來體認性學，自然不會再有理障了。因此陸氏認爲若能透徹的瞭解莊子，則必能通達難以顯現的大道，所以陸氏評注《莊子》，正是幫助世人破除瞭解大道的理障。

莊子與理學是兩套完全不同的思維模式，但陸氏卻作了綰合，簡單的以「宋儒由太極順說到人，莊子則由人收歸太極」帶過，其意重在表示莊學是高於宋儒的。在陸氏的觀點，莊子比起宋儒來，對太極以上說得更明白、透徹，這正顯示陸氏對理學有所不滿意，故其解《莊》，乃欲以《莊》學補充儒學。

陸氏自少殫心理學，對理學有深厚的研究，而後來竟認爲莊子對大道的

〔註 236〕〔清〕陸樹芝：《莊子雪》〈讀莊子雜說〉「莊子固是要作荒誕之冠」條，見嚴靈峰編輯：《無求備齋莊子集成續編》冊 34，頁 32～33。

〔註 237〕〔清〕陸樹芝：《莊子雪》〈讀莊子雜說〉「先儒謂太極以上不容說」條，見嚴靈峰編輯：《無求備齋莊子集成續編》冊 34，頁 33。

闡釋比宋儒來得透徹，這是什麼原因呢？在康、雍、乾三朝，皆以「朱子之學倡天下」，〔註 238〕程朱理學成爲正學，而愈尊程朱，愈使「理學之言，竭而無餘華」，〔註 239〕正學流行既久，流弊頻生，這便促使陸氏後來轉向治《莊》。陸氏應是發覺理學的不足或弊端，因而轉向理學以外的學術思想，希冀從中吸取營養以補充理學的缺憾。而他之所以取向《莊子》，正因莊子「其學無所不窺」，適可作爲儒學的補充。以爲莊子入其室以操其戈，以荒誕之辭掃異說，方能使世人重返《六經》之平實。

陸氏《莊子雪》已顯露所處的乾隆至嘉慶時代，傳統儒學漸呈不足應世之危機，而理學成爲正學，卻流弊頻生，故促使陸氏轉治《莊子》，希冀作爲儒學的補充、豐富儒學。見微可以知著，這代表整個學術思潮已在轉型。乾嘉之後考據學大興，《莊》學自此亦淪爲經學訓詁之附庸，遂甚少創見。大背景如此，但陸氏的《莊子雪》顯然透露了在以子注經的背景下轉型的初機：援子助經的學術氛圍益漸轉向晚清以子學爲主、經學爲輔的學風了。

小　結

宋明理學進入清朝，有所承繼、發展及轉變，影響所及，依然相當深廣。由是清初「以儒解《莊》」專著，多摻以理學義理詮釋。不過，與以往不同的是，這些注《莊》者，不再全面吸納理學思想，而是經過融攝、檢討、轉化、甚至是批判理學 —— 逐漸開出有清的新學術典範。藉「以儒解《莊》」，開闊注《莊》的詮釋空間、豐富儒學的內涵。

清初「以儒解《莊》」者，有林雲銘《莊子因》、吳世尚《莊子解》、宣穎《南華經解》、胡方《莊子辯正》與屈復《南華通》五本，僅林書以尊孔之姿展開評注，持孔、莊異而同之立場，以爲莊、老之學在本質上相異之見解，而實際注解時則多以莊解《莊》。餘者如吳、宣、胡、屈四書，多以理學觀點與《莊子》義理作契接、融鑄，同時亦對理學作檢討、反思。欲將儒、《莊》兩套思想系統作綰合，對彼此的概念詮釋必然也得進行轉化，方能接軌。儘管在消融彼此概念時，或純熟度不足，或零星呈現、不成系統，但經由其「以

〔註 238〕楊家駱主編：（楊校標點本）《清史稿附索引》冊 13，卷 290〈列傳七十七〉「論曰」，頁 10282。

〔註 239〕參章炳麟：《訄書》重訂本〈清儒〉，頁 158。

儒解《莊》」，吾人見到儒、道兼具的莊子風貌，更見弘開的《莊》學。雖然透過這樣的詮釋，已非先秦時的《莊子》，但如此的注解方式，也間接啓迪晚清「以西學解《莊》」的途徑。這是清初「以儒解《莊》」者的貢獻。

迨清中葉，訓詁、考據學爲主流，相對上義理之學潛入末流，由是「以儒解《莊》」者，雖有方正瑗《方齋補莊》、胡文英《莊子獨見》、陸樹芝《莊子雪》、姚鼐《莊子章義》、吳峻《莊子解》五本，然而細究內容，僅胡文英《莊子獨見》與陸樹芝《莊子雪》二書稍有可觀，其中則以陸書評注最具代表。胡書只是在立場上護儒，以爲莊子是折衷孔子之論，而眞正注解《莊子》時乃多客觀地以道家思想評注，偶摻孔、孟、理學思想。不過胡書對莊子的理解，已道出莊子的「哀怨在天下」、「在萬世」，是最深情之人，〔註240〕以此評價《莊子》是救世之書。到了陸樹芝《莊子雪》，對此有了更深層的發揮，以爲莊子處亂世，故以異說掃異說，其功在《六經》，「實欲駕老以衛孔」；〔註241〕這其實正是陸樹芝夫子自道之論，因爲陸氏身處清王朝由盛轉衰之端，頽弊之象紛呈，身爲知識份子，欲救儒學之心更切，當有此憂心之感。從《莊子雪》的評注，不難發現學術轉型之跡：由考證返回義理，由主流經學邁入子學研究。

〔註240〕〔清〕胡文英：《莊子獨見》〈莊子論略〉，頁6～7。

〔註241〕〔清〕陸樹芝：《莊子雪》〈讀莊子雜説〉「乾隆60年7月10日記」條，見嚴靈峰編輯：《無求備齋莊子集成續編》冊34，頁20～21。

第肆章　晚清重視《莊》學的時代背景

晚清自道、咸以降至宣統王朝結束，注《莊》的專著竟達六十六種之多，是全清時期最豐碩的。〔註1〕在清廷倡行以儒學爲主流的思潮下，卻有如此大量的注《莊》之作，這說明什麼現象呢？而這些注《莊》專著又是以何種觀點詮解呢？所詮解的觀點是否一致？抑或不同？若一致，代表什麼？倘非一致，又代表什麼？這中間的歷程是否有變化、轉折？如有所變化、轉折，其學術意義又爲何呢？對以上這些問題，吾人若能有所梳理、釐清、掌握，除可董理出一條晚清解《莊》思想的脈絡外，亦當有助於了解晚清學術思潮的蛻變與轉折。

本章先考查晚清注《莊》專著大量興起之因，往後數章即展開論述，詳審注《莊》思想，擘肌分理，細辨其中的演變發展，繼而置於整個時代思潮的變遷中，探討其學術意義與價值。

晚清《莊》學受重視，自有其背景及時代意義，以下分三節論述：首先從晚清子學興起的背景起論，「以子經世」的風潮，及學者秉持傳統學術「多元一體」的觀念，促成子學地位提升，傳統學術本體，漸由儒學獨尊之主流，轉至涵攝先秦子學。再者，就《莊》學的外在形式與內部思想特質，論其受重視的原因，亦凸顯《莊子》本具的特性有別先秦其他諸子。

〔註1〕詳拙著碩論：《清代學者「以儒解《莊》」之研究》〈附錄〉，頁127～154。清初康雍期41種（南明期61種），中葉乾嘉期51種，晚清道咸以降66種。詳本論文第參章第一節。

第一節　「以子經世」風潮的興起

清代學術思潮發展至晚清，已有所轉折，義理之風再起。程朱理學流行至晚清，幾已枯竭僵化，而學術思潮本身內緣的衰歇亦與外緣的國力式微息息攸關。道光以降，社會危機紛至沓來，盡顯衰敗之象：朝廷內外官吏貪贓，賄賂公行；白銀外流，國庫虧空。從白蓮教之亂到鴉片戰爭爆發，內憂外患接踵而至，在這種情況下，知識份子不再埋首故紙堆的考據，極力呼籲經世致用，尋求救世之策：理學家開始將社會現實納入學術研究，主張兼采漢宋、關注社會。考據學者則宣揚今文經學，主張以經術補益時務，尋繹古書中的微大義以救亡圖存。在多種因素的推動下，晚清學術開始蛻變，經世致用之學漸成士人衡量學術價值的標準。

然而，當儒學內部資源最終難以挽救頹弊的時世，傳統學術中的先秦子學，蘊涵繽紛富足的義理思想，自然成爲學者優先尋思的對象。因此諸子學之所以在晚清大放異彩，正爲其中的一個重要原因，〔註2〕而評注《莊子》即諸子學復興的一支。

不過，子學的復興，其發端應從乾嘉開始。乾嘉考據學興盛，知識份子投入畢生的心力窮究研治經典，此時子學仍爲附庸之學，乃爲論證經典而用。學者博考群經，必得廣采旁證，不可能只是以經證經，局限儒典；而經、子年代相當，其文字、內容上互見的現象十分普遍，故以子證經，成爲當時考據學上常用的方法。在長期以子證經的風氣下，也促使學者發現子學的內在價值，進而擴大考證範圍，兼治子書。況且當經學考證達到鼎盛的高峰，其後的學者若欲超越前人的成果而別有發明，勢必較爲艱難，自然會轉向史、子、集的整理。是以此時子書的考證日漸興盛，如乾隆年間，汪中（1745～1794）對《荀子》與《墨子》的考證、〔註3〕盧文弨（1717～1795）的《群書拾補》對《韓非子》的校勘；嘉道年間，洪頤煊（1765～1833）的《讀書叢錄》、王念孫（1744～1832）的《讀書雜志》等已廣及諸子的考證。〔註4〕學者旁涉子學日久，亦發覺子學內涵的豐贍多元，是以在晚清變動的時局下，

〔註2〕劉仲華：《清代諸子學研究》第七章〈諸子學與晚清學術〉，對晚清諸子學興起的背景有頗詳盡的爬梳，可參。

〔註3〕汪中沒有《荀子》注本傳世，其研究成果已融入盧文弨、謝墉合校本《荀子》；其《墨子》校本亦不傳，成果融入畢沅的《墨子注》。

〔註4〕關於乾嘉諸子學的考證之興起與發展，可參羅檢秋：《近代諸子學與文化思潮》第一章二、〈乾嘉諸子學〉，頁21～41。

經學不足以應世之際，而理學又邁入僵化，則轉向子學尋求新資源即成必由之途。

故寖至晚清，先秦子學逐漸從「以子證經」、「經學附庸」之邊緣地位走向了「以子經世」的學術研究主流。彼時子學研究，開始關注拯救世弊，學者「以子經世」、「通子致用」的心志相當顯著，最具代表性者有路德（1784～1851）、魏源（1794～1856）等人。路德力主學以致用，明確肯定墨學，他說：

> ……墨子則不然，不累於俗，不苟於人，不忮於眾，沐風櫛雨，日夜不休。其說行於衰周之末，一時若苦獲、已齒、鄧陵子之屬俱誦《墨經》，厥後宋鈃、尹文聞其風而悅之。彼時人心風俗猶未若後世之薄也，是以墨子之說得行乎其間。〔註5〕

又說：

> 孟子所言，儒道也。儒道愛人，墨子則兼愛；儒道利天下，墨子則摩頂放踵而爲之。愛人，仁也，兼則過矣。利天下，仁也，摩頂放踵則過矣。墨子蓋以儒道爲未足而思有以勝之。所謂賢者之過也，其道非儒，其意則不背於儒。……雖人人服儒服、誦儒書，而生理固已滅矣，尚何人心風俗之有哉？吾之用墨，非敢叛孟子者也，誠欲力矯夫楊子之徒之所爲也。客曰：「子之用心，眞儒者也。不自居於儒，而假道於墨，獨不慮儒者譏乎？且儒墨竝舉，兩相比較，謂非援儒入墨，其誰信之？」余曰：「子何過譽我哉！儒者寡過，吾之過多矣。……吾何敢自居哉！若楊子所爲，則吾斷斷不忍。……謂吾援儒入墨，不猶愈於冒儒之名，以取楊子之實乎！今之士大夫，何人非儒？問眞儒有幾人哉？吾閱人多矣，未嘗見一墨者也，楊子之徒徧天下矣。〔註6〕

據此引文，有二點須留意：其一、路德以爲墨子之學倡行於周末之衰，意在救澆薄之世俗，補儒學之不足。其二、路德大昌墨學，乃欲力矯楊子之徒之所爲。而何謂「楊子之徒」？路德說：「自私自利，人情類然，末俗尤甚，不必歸楊，而所爲動與楊合，是即楊子之徒也。」〔註7〕由是，路德彰顯墨學，

〔註5〕〔清〕路德：《檉華館文集》卷1〈論說・墨子論〉。（電子資源，以下所用版本同）

〔註6〕〔清〕路德：《檉華館文集》卷1〈論說・墨子論〉。

〔註7〕〔清〕路德：《檉華館文集》卷1〈論說・墨子論〉。

即欲矯自私自利之弊，「使自私自利者愧於前日之所爲，而翻然有志於民物。」〔註 8〕其譏諷晚清時風，隱然可見：「今之士大夫，何人非儒？問眞儒有幾人哉？吾閱人多矣，未嘗見一墨者也，楊子之徒徧天下矣。」江河日下，晚清士大夫之行亦現端倪。路德宣揚墨學之用意，表露無遺。察微得以知著，晚清有志之士援子經世、爲儒學尋求出路的危機意識顯然易見。

魏源著有《老子本義》、《墨子注》、《孫子集注》等書。其《老子本義》重在闡發《老子》的社會價值，發揮以子經世的主張，提出「聖人經世之書，而《老子》救世書也」、〔註 9〕「老氏書賅古今，通上下，上焉者羲皇關尹治之以明道，中焉者良參文景治之以濟世，下焉者明太祖誦『民不畏死』而心減，宋太祖聞『佳兵不祥』之戒而動色」、〔註 10〕「老子著書，明道救時」〔註 11〕等論點。將老學納入經世致用的範疇，正是針對現實時弊有感而發，深覺儒學之不足。〔註 12〕

此時注《莊》專著，同樣亦著重揭其「微言大義」以救世、用世。有些學者雖未有評注《莊子》的專著，但對老莊之學的理解與期望亦然，如道、同年間學宗朱熹的宗稷辰（1788～1867），以爲老莊可以補儒學之不足，他說：

> 聖道由老莊而極其變，然則老莊果爲天下害乎？是又不然。老氏之學，以恬漠靜天下，西漢已明驗矣。莊氏亦尚恬漠，而其審勢度情，每曲中乎人人胸臆之所欲伸，而皆爲之善處，視老氏之渾渾焉徒與物相忘者，其用心殊不同。有聖人者節而取之，天下即至不齊，猶得用其意以濟王道之窮。故得力於老者，可以理已平之天下，使之息爭；得力於莊者，可以理將亂之天下，使之弭釁。……後世有救時之責者，其愼毋局局於王道之畦畛，而薄老莊爲無用也，則庶乎其可矣！〔註 13〕

宗氏認爲儒學聖道雖至老莊而大變，但老莊之學是可以治天下的，由西漢倡

〔註 8〕〔清〕路德：《檉華館文集》卷 1〈論說．墨子論〉。
〔註 9〕〔清〕魏源：《老子本義》卷上〈論老子二〉，頁 4。
〔註 10〕〔清〕魏源：《老子本義》卷上〈論老子二〉，頁 4～5。
〔註 11〕〔清〕魏源：《老子本義》下篇第五十八章，頁 138。
〔註 12〕關於魏源著《老子本義》之用意及其思想，可參賀廣如：《魏默深思想探究：以傳統經典的詮說爲討論中心》第三章，頁 47～96。
〔註 13〕〔清〕宗稷辰：〈再書莊子後〉，見徐世昌等編纂：《清儒學案》（八）卷 230〈諸儒學案九．宗先生稷辰．文鈔〉，頁 7902～7903。

黃老之學，即可得其驗證。〔註 14〕莊子更能審勢度情，其說往往切中人心之所欲伸，而提出善處之道。可見老莊是能補濟王道之窮，使天下之爭息、弭平禍兆，故有救世之功。世俗以爲老莊無用、甚至爲害天下，乃局限於儒家聖道之框架。宗氏欲掃卻俗見視老莊無益世道之說，顯然可表。據此，吾人亦可窺得學術思潮至晚清的另一轉變之象：宋元以降，多數理學家共同的觀點，視佛、老、莊、列爲異端，多有所批評。而周敦頤、二程、朱熹等對莊子雖有批評，但也肯定某些論點。〔註 15〕邵雍則是喜愛老、莊的。〔註 16〕迨清代許多深具理學根柢者「以儒解《莊》」，將莊子納入儒門，則有別於之前視莊子爲異端的說法，應是繼承北宋蘇、王、明末遺民托孤說等，對「儒門內的莊子」當有所迴護。〔註 17〕然而，老莊有用於世、可濟王道之窮，「得力於老者，可以理已平之天下，使之息爭；得力於莊者，可以理將亂之天下，使之弭釁」等論調，卻是晚清才出現的。可見傳統儒學發展至此，確實已進入困乏之境，學者亟欲「援子經世」之心確然可覩。

而《莊》學的研究，亦在當時「以子經世」的學術風潮下發展，故有「以儒解《莊》」、「以道解《莊》」的學術會通。〔註 18〕但爾後在西學的衝擊下，傳統文化面臨崩解之際，則亟力向外搜索，尋求資源，繼有「以佛解《莊》」、

〔註 14〕不過老莊非黃老，宗氏此處顯然二者混談，其論述焦點在老莊有治世之功。

〔註 15〕如朱子曰：「……因言莊子，不知他何所傳授，卻自見得道體。蓋自孟子之後，荀卿諸公皆不能及。」見〔南宋〕黎靖德編：《朱子語類》卷 16，頁 88～89；又曰：「明道亦稱莊子，云：『有大底意思。』又云：『莊生形容道體，儘有好處。』邵康節晚年意思正如此，把造物世事都做雜劇看。曾點見得大意，然裏面工夫卻踈略。明道亦云：『莊子無禮，無本。』」見〔南宋〕黎靖德編：《朱子語類》卷 40，頁 6～7；又曰：「程先生謂：『莊生形容道體之語，儘有好處。老氏『谷神不死』一章最佳。莊子云：『嗜欲深者，天機淺』此言最善。……』然則莊、老之學，未可以爲異端而不講之耶？曰：『君子不以人廢言』，言有可取，安得而不取之？」見〔南宋〕黎靖德編：《朱子語類》卷 97，頁 32。

〔註 16〕如朱子曰：「《太玄》之說，只是老、莊。康節深取之者，以其書亦挨傍陰陽消長來說道理。」見〔南宋〕黎靖德編：《朱子語類》卷 67，頁 47。又曰：「康節云：『莊子得《易》之體，孟子得《易》之用。』康節之學，意思微似莊、老。」見〔南宋〕黎靖德編：《朱子語類》卷 87，頁 53。

〔註 17〕詳本論文第貳章。

〔註 18〕此處的「以道解《莊》」，乃分指兩部分：其一是以《老》解《莊》、其二是以道教解《莊》。以《老》解《莊》的數量不多，以道教解《莊》則涉及的問題相當複雜，興起的原因不僅是子學的復興，此議題留待日後再論。

〔註 19〕「以西學解《莊》」〔註 20〕等多元的詮注，試圖突破困境，為傳統學術尋求新的出路。正如葉德輝（1864～1937）所說：「有漢學之攘宋，必有西漢之攘東漢，吾恐異日必更有以戰國諸子之學攘西漢者矣。」〔註 21〕學術風潮更迭如此，循葉氏的話再發展，則是以西學攘諸子學了。

綜上所論，晚清整個學術氛圍就是要救亡圖存，知識份子面臨國家社會的危機，傳統文化的崩解，無法再坐以待斃。試圖從傳統儒學中尋求解決之道，不足以因應世變時，則直接向先秦子學尋求資源，由是中國傳統學術本體也由儒學轉至子學了。

第二節　傳統學術涵攝子學的「多元一體」觀念

劉仲華在論述乾嘉子學回到「子為六經之羽翼」的階段具有三種表現，就其一而言：

> 諸子「實有先王政教之遺」。班固在《漢書・藝文志》中不僅提出了諸子為「六經之支與流裔」的觀念，而且強調諸子「出於王官」。這種諸子起源論多為後世的學者所認同，它不僅是中國傳統學術多元一體觀念的理論基礎，也是認可諸子學說價值的合理依據。因此，不管諸子出於王官的觀點是否正確，強調這種觀念就意味著承認了諸子學說的價值。〔註 22〕

這一段話，雖是論及乾嘉子學的表現，卻提示了晚清注《莊》專著大量興起的一個重要因素：後世學者認同班固所提出的「諸子出於王官」之說，「不僅是中國傳統學術多元一體觀念的理論基礎，也是認可諸子學說價值的合理依據」。當然班固的說法，引起後人諸多討論，或贊同或反對，紛紜不一。姑且不論其觀點是否正確，然確實激起不小的回響。〔註 23〕在清代申述諸子出於

〔註 19〕詳本論文第陸章。

〔註 20〕詳本論文第柒章。

〔註 21〕蘇輿編、楊菁點校、蔣秋華、蔡長林校訂：《翼教叢編》卷 6〈葉吏部與戴宣翹校官書〉，頁 362。

〔註 22〕劉仲華：《清代諸子學研究》第六章〈乾嘉子學與學術重建的局限〉，頁 270。

〔註 23〕關於諸子「出於王官」之說，牟宗三依據古代官府的專家才握有知識，故以為班固所提出的「諸子出於王官」，乃就諸子的歷史根源而論。他說：「古代的知識都是集中在官府的專家手中，並不是普遍於民間的，照古代的說法就是藏之於王官。……這個『諸子出於王官』的『出』是指歷史的『出』，是表示諸子的歷史根源（historical origin），而不是邏輯的出，不是邏輯根

王官者的學者，以章學誠（1738～1801）最有名，〔註 24〕之後繼承其說者亦多。寖至晚清，學者除了秉持「中國傳統學術多元一體的觀念」，進而以爲先秦子學可涵攝在整個中國傳統學術中。采這樣的論點者，爲數不少，如劉師培（1884～1919），在其〈周末學術史序・總序〉說：

> 及證之中邦典籍，則有周一代，學權操於史官。迨周室東遷，王綱不振，民間才智之士，各本其性之所近以自成一家言，雖純駁不同，要皆各是其所是，則學興於下之效也（自注：當此之時，由官學變爲私學）。〔註 25〕

提出中國學術皆源自官學一源，先秦子學自古即爲同一文化的分流。劉氏秉此思維，故痛責秦漢以降，儒學獨尊，致使諸子之書湮沒不彰。他說：

> 而秦漢以降，學術出於一途（自注：此由秦皇漢武之過）。學士大夫，逞拘墟之見，類斥諸子爲支離，致哲理之書，年湮代遠寖失其傳。此豈周末諸子之罪哉，殆亦後儒之過矣（自注：宋儒之罪尤甚）！〔註 26〕

源（logical origin）。所以，說諸子出於何官何官，大都是聯想，並不是很嚴格的。歷史根源和邏輯根源這兩者是不同的，你不能把他們混而爲一。」見氏著：《中國哲學十九講》第三講〈中國哲學之重點以及先秦諸子之起源問題〉，頁 53～55。牟氏之說近理。所謂「出」者，指學術要旨、學術精神之所出，而非官守之所出。誠如張舜徽之說：「〈諸子略〉中，每家皆云：某家出於某官。其說未可徵信。」其又引曹耀湘之說：「班志〈藝文〉，本取劉歆之《七略》。其於諸子，區分九流。……劉歆之敍諸子，必推本於古之官守，則迂疏而鮮通。其曰道家出於史官，不過因老子爲柱下史，及太史公自敘之文，而傅會爲此說耳。若云歷記成敗興亡，然後知秉要執本，未免以蠡測海之見。至其謂墨家出於清廟之守，則尤爲無稽之肊說，無可采取。唯是焚書以後，遺文間出，是賴此時校輯之勤，以得存世而傳於後耳。」並按語曰：「自劉班論列諸子，謂皆出於王官。後之辨章學術者，率奉此以爲定論。獨清末學者長沙曹氏以爲不然，載其說於《墨子箋》中。要言不煩，其說是也。余平生論及斯事，守《淮南・要略篇》之論，以爲諸子之興，皆因時勢之需要，應運而起，不必有其淵源所自也。使徒牽於某家出於某官之說，則不足以明學術自身發展之因，而莫由推原其興替，故其說必不可通。」見張舜徽：《漢書藝文志通釋》〈三　諸子略〉，收入《張舜徽集》第一輯，頁 280、346～347。

〔註 24〕章學誠《文史通義》卷 1〈易教上〉、〈易教下〉、〈書教上〉、〈書教中〉、〈詩教上〉、〈詩教下〉與《校讐通義》卷 1〈原道〉等諸篇均有提及。

〔註 25〕劉師培：〈周末學術史序・總序〉，頁 1a。見氏著：《劉申叔先生遺書》（一），總頁 603。

〔註 26〕劉師培：〈周末學術史序・哲理學史序〉，頁 29a。見氏著：《劉申叔先生遺書》

劉氏批駁學士大夫之流見識狹隘，「奉孔、孟爲依歸，斥諸家爲曲說」，〔註 27〕致使子學的地位自此步入從屬的位置。

然迨及晚清，傳統學術多元而一體的觀念，讓學者對子學的認知發生了轉折。眾多學者認爲，傳統學術既同源而分流，那麼先秦子學當然可以撐起代表中國文化的學術大旗，迎接西方強大的文化勢力。是以諸子學寖至晚清，學者對子學的定位發生了根本變化，子學便由配角晉升爲主角了。以儒家爲中國傳統獨尊的主流文化，在受到西學衝擊而面臨崩解之際，晚清學者在中國傳統學術多元一體的系統中找到了解決困境的契機，故將研究的主力轉向諸子學。不過須說明的是，學者秉持傳統學術多元一體的觀念，並非將儒學摒除在外，而是回復到先秦百家齊放的狀態。晚清學者認爲，周末諸子百家爭鳴，造就璀燦繽紛的中國學術文化，這才是中國傳統學術的本體。有此觀念的突破後，晚清學者方可放手地從諸子學中吸納眾流，或在傳統學術內部的援引、采擷、醞造，或立足傳統學術，向外汲取資源，開創屬於自己絢麗而壯闊的文化新局。因小喻大，晚清注《莊》思想，即在這樣的背景下，多元並呈，綻放異彩。

第三節　《莊子》的寓意與思想特質，可與時代趨勢相應

《莊子》的散文特色，一如〈天下〉所述：「以謬悠之說，荒唐之言，无端崖之辭，時恣縱而不儻，不以觭見之也」，〔註 28〕《史記》〈老子韓非列傳〉亦評曰：「其言洸洋自恣以適己」，〔註 29〕均道出《莊子》的文辭閎大奔放。而陸德明說：「莊生宏才命世，辭趣華深，正言若反，故莫能暢其弘致」，〔註 30〕指出《莊子》的文義妙遠不測，具有語意的不確定性，可謂一「開放的詮

（一），總頁 617。

〔註 27〕劉師培：〈周末學術史序．倫理學史序〉，頁 4b～5a。見氏著：《劉申叔先生遺書》（一），總頁 604～605。

〔註 28〕〔清〕郭慶藩：《莊子集釋》〈天下〉，頁 1098。

〔註 29〕〔西漢〕司馬遷著、〔日〕瀧川龜太郎會注考證：《史記會注考證》卷 63〈老子韓非列傳〉，頁 855。

〔註 30〕〔唐〕陸德明：《經典釋文》卷 1〈序錄．莊子〉，頁 55。收入《叢書集成新編》冊 38，頁 703。

釋體」，〔註31〕故容有寬廣的詮釋空間。

其次，《莊子》一書「寓言十九」，浩博深廣的象徵性比喻、奇特詭變之文法，相較其他諸子，恢宏包容的特質更加顯著，自可輕易取代經學的局限性，故晚清解《莊》之學者乃藉其開放遼闊的詮解天地，援引儒、佛與西學等多元泉源，期使源遠流長的傳統文化大河，在波流浸灌下，汪洋肆大，奔流不息。

再者，《莊子》思想的特質，有助於突破傳統畛域，因革損益，以適應時代變化。基本上，道家以否定的態度來看待社會規範，如《老子》以「無」爲論述核心；《莊子》強調「自然」的回歸。此乃舊制度出現弊端時，最好的對應方法，讓既定的「有」（形式規範）可以返回「無」（自然秩序）的狀態。故晚清當儒學喪失道德的內在價值意義，淪爲形式的束縛後，《莊子》反虛僞造作的思維，自然成爲知識份子汲取資源的對象。繼以西方文化衝擊，若墨守一隅的視野，著實難以面迎時代遽變的挑戰。嚴復（1853～1921）當時即指出這樣的危機，他說：

> 蓋學道者，以拘虛、篤時、束教、囿物爲厲禁，有一於此，未有能通者也。〔註32〕

明示「拘虛、篤時、束教、囿物爲厲禁」，提醒知識份子若執其一，則學道必窒塞不通。而學道爲何？窮則獨善其身，達則兼善天下。鑑於晚明，學者終日空談心性，以致國家最終拱手讓人。由是清代學風轉向實學，強調經世致用。洎清季，革故鼎新之際，嚴氏所指的「拘虛、篤時、束教」當別有意含。吾人可從其評點《莊子》，得其線索，他說：

> 拘虛者，所處之地不同也；篤時者，所處之時不同也；束教者，所受範之外緣異也。〔註33〕

清楚道出時局的地、時、外緣等因素改變時，唯有「大其心，擴其目，以觀化」，〔註34〕秉持融通包容的態度，寬遠的眼光審情度勢，方能因應遽變的晚

〔註31〕「開放之詮釋體」一詞，見蘇美文：《章太炎《齊物論釋》之研究》第三章第一節〈莊書爲開放之詮釋體〉，頁77～79。

〔註32〕嚴復：《莊子》評語〈內篇總評〉，見王栻主編：《嚴復集》冊4〈古書評語〉，頁1104。

〔註33〕嚴復：《莊子》評語〈秋水第十七〉批在「井蛙不可以語於海者」一段上，見王栻主編：《嚴復集》冊4〈古書評語〉，頁1130。

〔註34〕嚴復：《老子》評語〈《老子道德經》上篇〉二章，見王栻主編：《嚴復集》冊4〈古書評語〉，頁1076。

清時代。而「變化」正是《莊子》思想很重要的論述核心，〔註35〕嚴氏有此自覺，「適變」的《莊子》給予很大的啓發。他曾說：

吾嘗謂中國學者，不必遠求哲學於西人，但求〈齊物〉、〈養生〉諸論，熟讀深思，其人已斷無頑固之理，而於時措之宜，思過半矣。〔註36〕

《莊子》蘊有開放的思維，〈齊物〉重不齊而齊，任萬物各呈本色；〈養生主〉強調依乎天理，順應自然，若熟讀這些思想，自然不會墨守苑囿、冥頑不靈，又能掌握時勢的脈動，措置得宜。這是《莊子》思想的特質，故擇《莊》評注，可以發揮的詮釋空間自然寬廣許多，猶能因應時代思潮而並馳。晚清多數知識份子對變動的局勢是有深刻的體認，故評注《莊子》以掘發救國之道則屬常情之理了。

不過最重要的，仍是《莊子》思想的內涵與時代趨勢相應，符合新時代來臨的未來取向。如近現代西方的自由、民主 、平等等思想傳入，吸引眾多學者暢談的風潮，同時也造成傳統文化崩解之危，而晚清學者益發在《莊子》思想尋得互通之處。〔註37〕如嚴復說：

且格致之事，以道眼觀一切物，物物平等，本無大小、久暫、貴賤、善惡之殊。莊生知之，故曰「道在屎溺，每下愈況」。〔註38〕

以科學的角度，客觀對待萬物，即如莊子所言「以道觀之，物無貴賤」，當爲客觀之義，純任自然，不摻價值判斷，乃平等之謂。又如劉師培亦說：

是《莊子》首篇爲〈逍遙游〉，言無入而不自得，即自由之義。次篇爲〈齊物論〉，言物無彼此之差，即平等之義。〔註39〕

拈出〈逍遙遊〉即西方的自由之義；〈齊物論〉即平等之義。

簡而言之，《莊子》在形式上具有開放的詮釋空間；思想特質上，與近現代思維相符契，故晚清學者藉以抒注多方的思想元素，開拓了另一傳統學術的文化新局，以與近現代思維接軌。

〔註35〕如〈逍遙遊〉鯤鵬的變化、〈寓言〉「萬物皆種也，以不同形相禪」等，對萬物形體的變化有相當多的描述。

〔註36〕嚴復：《政治講義》第二會，見王栻主編：《嚴復集》冊5，頁1254。

〔註37〕相關論述，詳本論文第陸章與第柒章。

〔註38〕嚴復：〈救亡決論〉，見王栻主編：《嚴復集》冊1，頁46。

〔註39〕師培：〈周末學術史序・政法學史序〉在論「道家立說，又與儒墨迥殊。欲以在宥治天下，而悉廢上下之等差」下的自注，見氏著：《劉申叔先生遺書》（一），頁13a，總頁609。

小　結

晚清注《莊》大量興起，受到學者的青睞，主要背景是諸子學復興；其次則是《莊》學本身的特質。

諸子學在晚清復興有許多因素，本章聚焦於二：一是儒學疲弊，內在道德價值喪失，淪爲形式的約束，無法發揮經世濟民之效，故學者轉向諸子學尋求新的資源。二是西方文化衝擊，中國傳統文化面臨巔覆之危，學者秉持傳統學術多元一體的觀念，立基諸子學，由內而外，采擷多方資源，庶廣援眾端，拓展傳統學術內涵，締造中國的文化新局，挺立面迎西學。

再者，晚清注《莊》學者，采多元思想解《莊》，乃因《莊》學本身的特質使然。形式上，《莊子》爲開放的詮釋體，有彈性寬廣的詮釋空間。內容上，《莊子》「適變」的思維，啓發學者認識時局的變動，展開新的學術取向。又《莊子》的思想，諸如唾棄虛僞的人爲造作，強調返歸「自然」；著重「不齊而齊」的「齊物觀」等，與近現代西方的自由、民主、平等思維有相契處。故晚清注《莊》學者以此進路，取其相通處，交互闡發，以因應時代的趨勢。

第伍章　晚清「以儒解《莊》」的繼承與轉折

如前所述，清初注《莊》尚殘留晚明遺民的心志，因與莊子有異代衰世之認同，欲藉注《莊》來寄託個人亡國的心志，《莊》學成爲安慰心靈的解藥。進入乾嘉時期，由於文字獄的迫害，士人開始鑽入故紙堆中埋首考據，是故清中葉的注《莊》專著隨考據風盛行，以辨形、釋音、解義、辨僞、輯佚爲主，涉及義理思想論述較少，「以儒解《莊》」者亦不多。迨晚清，「以儒解《莊》」的義理觀點闡釋與詮釋方法的運用等，多承襲舊軌，創發性較不足。就宏觀面論之，固大體如此，若就微觀論之，則可發現：部分守成中偶見轉折不同處，除了少數注解觀點有所更變外，最大的差異是學者面臨晚清國家社稷的危殆、傳統價值的崩解，其解《莊》的動機不再僅是清中葉（含）前欲彰揚儒學、補充儒學而已，而是視《莊子》爲拯救世道之書，因此有強烈積極的經世心志。這些轉變雖是細微的，卻是晚清「以儒解《莊》」的殊彩，亦具其時代意義。

清初至中葉，「以儒解《莊》」中摻以大量程朱理學觀點訓解的部分已銳減，義理哲思的創發亦無甚可觀。洎晚清，理學僵化，乏善可陳，亦影響晚清「以儒解《莊》」的義理闡釋。據史新革的研究：

> 正如賀瑞麟所說：「竊謂千古學術，孔孟程朱已立定鐵案，吾輩只隨他腳下盤旋。方不錯走了路。」「只隨他腳下盤旋」一語，典型地表達出晚清理學在思想理論上的保守、僵化。這與乾嘉漢學「凡漢必信，凡古必眞」的守舊訓條如出一轍，都是傳統儒學保守性的反映，

對近代新文化事業的成長起著阻礙作用。〔註 1〕

由賀瑞麟之說，道出理學至晚清已步入黃昏。即使有一些理學家試圖與經世思潮結合，欲挖掘傳統儒學內部的「經世致用」因子，以修正僵化之弊，形成「義理、經濟」合一的新思路。〔註 2〕但這些理學家實際上所重視的是「實政」，故而積極參與實際的政務活動，鮮少在學術思想上有所創發，理學至晚清確實已走向末途了。〔註 3〕

這時期的「以儒解《莊》」，吾人鮮少看到學者以理學觀點詮釋《莊子》，

〔註 1〕史革新：《清代以來的學術與思想論集》〈理學與晚清社會〉，頁 126～127。

〔註 2〕詳史革新：《清代以來的學術與思想論集》〈理學與晚清社會〉，頁 126～127。如其研究：「晚清時，理學復興與經世思潮同時並起，相互滲透、相互影響，啓迪了一些理學家挖掘傳統儒學內部『經世致用』的思想因素，以糾正理學末流的空疏弊病，從而形成了『義理經濟』合一的新思路，增雖了理學的應變性和務實精神，並爲理學經世派的政治活動提供了思想保證，顯示了封建意識形態的頑強生命力。……，從理學發展史的角度講，『義理經濟』的合一，給晚清理學帶上鮮明的『務實』色彩，使晚清理學不僅區別於元、明理學，而不同於清初理學。以清初理學而論，當時的一些理學家大都受過明末清初『實學』思潮的洗禮，也曾把『務實』的治學宗旨注入程朱理學之中。但他們強調的『務實』主要不是指『治世』，而是指『治學』，即主張在治理學時，既要潛心誦讀程朱之書，又要付諸道德修養的踐履，以免重陷晚明的空疏之弊。晚清理學的『務實』與此不同，不僅講『實學』，而且還講『實政』。曾國藩、羅澤南、胡林翼之輩不僅以『義理經濟』之學相標榜，而且率先從軍從政，積極參與鎮壓太平天國和興辦洋務等實際政務活動。」不過曾國藩、羅澤南、胡林翼等晚清的理學家是由「實學」進入「實政」，其重心乃在重實務，故而從事軍、政等實際活動，在學術思想上則少創發，是以理學至晚清實質上已近末路了。

〔註 3〕晚清理學曾有一時的振興，如史革新所言：「鴉片戰爭以後，清朝統治出現了重重危機。爲了擺脫統治危機，清政府採取了一系列應付危機的措施，其中就包括振興理學。因此，理學在晚清出現『中興』，不僅是一種學術現象，毋寧說它首先是清朝統治階級的一種政治行爲的結果，與當時的政治變遷有著十分密切的關係。……然而，鴉片戰爭以後，中國的歷史發展已經出現了新的轉機，傳統的封建政治統治和社會制度在近代潮流的衝擊下已經難以爲繼，呈現衰亡之勢。這種歷史發展趨勢絕不是程朱理學所能挽回和改變的。到了清末，隨著科舉制的廢除和中國封建制度的解體，曾經走過一段鴻運的程朱理學終於抵擋不住新思潮的衝擊，失去了官方哲學的尊崇地位，走上了衰敗的道路，理學固然影響著政治，但政治上的變化也不斷地改變著理學的命運。」見氏著：《清代以來的學術與思想論集》〈理學與晚清社會〉，頁 126。即使晚清理學有所振興，但在義理上並無甚創新，仍墨守程朱、陸王已討論過的議題結論，所謂的「中興」多是意指如曾國藩等理學家在實政上確實有政績表現，而在學理上的經世致用已走向末路了。不過無以厚非，確實在近代思潮轉變的洪流中，若僅單守儒學思想，已不足以挽救、改變呈現衰亡之勢的清王朝了。

即使偶有零星片羽，也僅是殘留而已。雖然理學不能代表全部的儒學，但爲理學家所宗的《中庸》、《易傳》乃儒學中最有哲思的義理之作，以此來詮釋、融通《莊》學，益可彰顯《莊》學極精微之妙，若將此抽離，義理玄思不存，僅在實踐面比附，難有深刻的抉發，這也是晚清「以儒解《莊》」的局限。

晚清「以儒解《莊》」者，在咸豐年間有方潛（1809～1868）《南華經解》〔註4〕與郭階（1842～？）《莊子識小》。《莊子識小》著成年代當在咸豐十一年（1861）左右，然因郭氏所著之書分別在同治元年（1862）與光緒十五年（1889）毀壞，是以郭氏便在光緒十五年夏「就其本而雕易之」，成爲今日所見的版本；〔註5〕同治年間有劉鴻典《莊子約解》〔註6〕與王闓運（1833～1911）《莊子內篇注》；〔註7〕光緒年間有劉鳳苞（1826～1905）《南華雪心編》與馬其昶（1855～1930）《莊子故》。《南華雪心編》於光緒三年（1877）完成初稿，定名爲《南華贅解》，後經修訂，更爲今名，刊刻於光緒二十三

〔註4〕《南華經解》卷首〈文通先生書郭象註莊子後〉末署題「咸豐戊午孟秋碩存子識於膠西」，戊午年即咸豐8年（1858），以此推得。見嚴靈峰編輯：《無求備齋莊子集成續編》冊36，頁8。

〔註5〕郭階在《春暉雜稿》第1冊《大學古本釋》卷首〈自序〉說：「階自弱冠以來喜編輯，曾爲《六書分類略釋》4卷、《重文釋》1卷、《易注音疏》64卷、《兩江使者政書》5卷、四部《識小》及駢散文、古近體詩，未定卷者頗多。或同治元年武家墩毀於寇，或光緒15年五河燬於火，所及存者，惟光緒丁丑周霞仙大令昂駿所刊《大學釋》1卷、《中庸釋》1卷、《學庸識小》1卷，今夏無事，略有更易，就其本而雕易之，又存有《周易漢讀考》3卷，並尋出詩文舊稿及尚記憶者，均付手民，名之曰《春暉雜稿》。」這篇〈自序〉在光緒15年寫成。據〈自序〉，郭氏自己說自弱冠以來就曾作過四部《識小》，而郭氏生於道光22年，以此推得。

〔註6〕《莊子約解》卷首有劉鴻典的〈莊子約解序〉，末署云：「大清同治三年，歲次甲子，十月初九日，眉山後學劉鴻典謹識」，以此推得。轉引自方勇：《莊子學史》冊3第十一章〈劉鴻典、王闓運、陳壽昌的《莊子》研究〉，頁166。今北京大學圖書館藏有《莊子約解》，其版本是同治五年丙寅重鐫，板存威邑呂仙岩玉成堂。另中國國家圖書館與內蒙古大學圖書館皆有館藏。筆者之前撰寫碩論時，曾於北大調閱過，該書除了「以儒解《莊》」外，亦摻有「以佛解《莊》」。惜臺灣未見此書，此部分留待日後再論。

〔註7〕卷首有王氏的〈自序〉作於同治8年（1869），因此推其著作時間應約當於此時。《莊子內篇注》目前可見的刊行本有清同治8年長沙思賢講舍刊本，而嚴靈峰主編的《無求備齋莊子集成續編》景印本冊36所收入者則是其影本、民國22年刊《王湘綺全集》本（據嚴靈峰主編：《周秦漢魏諸子知見書目》）。本論文所采的是《無求備齋莊子集成續編》景印本冊36所收入的《莊子內篇注》。

年（1897）。〔註8〕《莊子故》則成書於光緒二十年（1894），〔註9〕不過一九二七年，馬氏取北宋本、南宋本之《莊子》，校對一過，並采楊文會（1837～1911）、章炳麟（1869～1936）、馬敘倫（1885～1970）等十餘家之說，融以己見，錄於書眉，歷二年而後成，以此爲定本。故本論文所引，即據此本，名爲《定本莊子故》。

「以儒解《莊》」雖淵源流長，畢竟不完全契合《莊》學義理，是以晚清的陳壽昌《南華眞經正義》始提出「一洗援《莊》入儒之弊」，〔註10〕欲從源流已久的以儒學詮解《莊子》之風氣中解脫出來。故本章擬以方潛《南華經解》、郭階《莊子識小》、王闓運《莊子內篇注》、劉鳳苞《南華雪心編》與馬其昶《莊子故》五本「以儒解《莊》」之作與陳壽昌《南華眞經正義》一併討論，以見晚清「以儒解《莊》」的繼承發展及其轉折演變。

第一節　義理闡發衰微中的承繼者

晚清學者之「以儒解《莊》」，隨著理學的沒落、枯竭，其義理闡發亦多舊說，詮釋的方法與理論的調和、融攝，大都前有所承。細究之，在義理闡發趨向衰微而襲承前說中，實具隱翳不顯的轉折意義。以下舉方潛的《南華經解》與郭階的《莊子識小》，分別可見其在義理闡發衰微中的承繼面向。

一、理學衰頹，混雜儒、釋、道以解《莊》的方潛

方潛《南華經解》以爲郭象不知《莊子》之本，故持儒、道合一以解《莊》，又時摻佛學思想注之。卷首〈文通先生書郭象註莊子後〉即開宗明義說：

> ……然郭象惡知《莊子》之本哉！《莊子》〈外〉、〈雜〉篇皆宗《老子》之旨，發揮〈內七篇〉。而〈內七篇〉之要，括於〈逍遙遊〉一篇，〈逍遙遊〉篇形容大體、大用，而括於「至人無己」一句，是非莊子之本與？象曾不解此旨，第以「小大自適，各一逍遙」耳，……

〔註8〕〔清〕劉鳳苞撰、方勇點校：《南華雪心編》〈前言〉，頁8～9。該〈前言〉爲方勇整理《南華雪心編》所作的導言，其中記載點校《南華雪心編》所據的版本等問題。據方勇考察，《南華贅解》與《南華雪心編》二者最大的差異，在於後者增加大量郭象註語與陸樹芝等人的註評文字，但其中的段評文字變化不大，連〈自序〉也大致相同。

〔註9〕卷首有馬氏的〈序目〉撰於光緒二十年冬十一月，以此推得。

〔註10〕〔清〕陳壽昌：《南華眞經正義》〈凡例〉，頁5。

而象皆含胡言之，象豈知莊子之本哉！〔註11〕

方潛批駁郭象不瞭解《莊子》，以爲《莊子》〈外〉、〈雜〉諸篇皆宗《老子》之旨，發揮〈內七篇〉要義。據此可知，方潛視《莊子》爲宗《老子》之作。但詳審其書內容，可見方潛是雜揉儒、道、佛思想以註《莊》。這可從卷首〈總評〉五則窺得一二：

《南華》，《老子》之後勁，而佛氏之先聲，大抵痛人鑿性逌天，桎梏名利，拘墟見聞而爲解其縛者也。〔註12〕

又：

老子是狷之至，莊子是狂之至，佛則掃蕩殆盡矣。雖然，其如天理不可磨滅何！〔註13〕

又：

孟子「爲我」二字，斷盡老莊；「兼愛」二字，斷盡佛，……眞亞聖曠世才也。〔註14〕

由以上三則，可以略見方潛對儒、釋、道都是喜愛而有涉獵的，這在之後註《莊》的內容中可更詳細的檢閱到。

在儒家中，除了孔子外，方潛對孟子亦相當推崇。其〈內篇〉釋題，即如此說：

〈逍遙遊〉即是孟子立大體意；「培風」、「御氣」即是孟子養氣意，但莊子作用自別。〈齊物論〉亦即是知言意，第彼直欲一概掃去耳，蓋莊子宗老而界於儒、釋之閒，其大旨盡於〈内七篇〉，而七篇之旨又括於首篇云。〔註15〕

方潛認爲《莊子》全書的大旨盡在〈內七篇〉，而〈內七篇〉之旨又以首篇〈逍遙遊〉蓋括之。易言之，〈逍遙遊〉是《莊子》一書最主要的核心，且居全書

〔註11〕〔清〕方潛：《南華經解》〈文通先生書郭象註莊子後〉，見嚴靈峰編輯：《無求備齋莊子集成續編》冊36，頁3。

〔註12〕〔清〕方潛：《南華經解》〈總評〉五則，見嚴靈峰編輯：《無求備齋莊子集成續編》冊36，頁6。

〔註13〕〔清〕方潛：《南華經解》〈總評〉五則，見嚴靈峰編輯：《無求備齋莊子集成續編》冊36，頁7。

〔註14〕〔清〕方潛：《南華經解》〈總評〉五則，見嚴靈峰編輯：《無求備齋莊子集成續編》冊36，頁7。

〔註15〕〔清〕方潛：《南華經解》〈內篇〉，見嚴靈峰編輯：《無求備齋莊子集成續編》冊36，頁13。

第一篇，此正如孟子所說的「先立乎其大者，則其小者弗能奪也」〔註 16〕之意。再者莊子謂大鵬鳥高飛須培風、御氣，方氏以爲即是孟子「善養吾浩然正氣」之謂。而〈齊物論〉莊子將大小、夭壽、美醜等齊，掃徹一切相對概念，方氏以爲這正是孟子對「詖辭知其所蔽」、「淫辭知其所陷」、「邪辭知其所離」、「遁辭知其所窮」等，一概掃去的知言之謂。〔註 17〕以《孟子》與《莊子》的某觀點作互相調和、融通，在清初吳世尚、宣穎、屈復等已有提出，〔註 18〕知方氏此方法實前有所承。

方潛又提出「蓋莊子宗老而界於儒、釋之閒」，秉此前提來解《莊》，因此在評注時多摻儒、釋、道思想。

摻儒、道方面，如評注〈齊物論〉「六合之外，聖人存而不論」，在「聖人」下注曰：

> 更歸重聖人。莊子何嘗不尊聖人！此段層層歸結聖人，可知其意矣。未可因其放論而議之，以意逆志可也。〔註 19〕

在方潛看來，莊子是很尊崇儒家聖人的。所以莊子放言詆訾孔子之徒，只是表面議論，當「以意逆志」去尋求莊子的眞意。這種說法，顯然承北宋的王

〔註 16〕「公都子問曰：『鈞是人也，或爲大人，或爲小人，何也？』孟子曰：『從其大體爲大人，從其小體爲小人。』曰：『鈞是人也，或從其大體，或從其小體，何也？』曰：『耳目之官不思，而蔽於物，物交物，則引之而已矣。心之官則思，思則得之，不思則不得也，此天之所與我者。先立乎其大者，則其小者弗能奪也。此爲大人而已矣。』」《孟子集注》卷 11〈告子上〉，見〔南宋〕朱熹：《四書章句集注》，頁 469。

〔註 17〕（孟子）曰：「我知言，我善養吾浩然之氣。」（〈公孫丑上〉）「敢問何謂浩然之氣？」曰：「難言也。其爲氣也，至大至剛，以直養而無害，則塞于天地之閒。其爲氣也，配義與道；無是，餒也。是集義所生者，非義襲而取之也。行有不慊於心，則餒矣。我故曰，告子未嘗知義，以其外之也。必有事焉而勿正，心勿忘，勿助長也。無若宋人然：宋人有閔其苗之不長而揠之者，芒芒然歸。謂其人曰：『今日病矣，予助苗長矣。』其子趨而往視之，苗則槁矣。天下之不助苗長者寡矣。以爲無益而舍之者，不耘苗者也；助之長者，揠苗者也。非徒無益，而又害之。」「何謂知言？」曰：「詖辭知其所蔽，淫辭知其所陷，邪辭知其所離，遁辭知其所窮。生於其心，害於其政；發於其政，害於其事。聖人復起，必從吾言矣。」《孟子集注》卷 3〈公孫丑上〉，見〔南宋〕朱熹：《四書章句集注》，頁 318～319。

〔註 18〕詳本論文第參章第二節。

〔註 19〕〔清〕方潛：《南華經解》〈齊物論〉，見嚴靈峰編輯：《無求備齋莊子集成續編》冊 36，頁 32。

安石而來。〔註 20〕

又評注〈人間世〉「仲尼曰：『天下有大戒：其一，命也；其一，義也。子之愛親，命也，不可解於心；臣之事君，義也，無適而非君也，無所逃於天地之間。是之謂大戒。是以夫事其親者，不擇地而安之，孝之至也；夫事其君者，不擇事而安之，至忠之盛也。……』」在「仲尼曰」下評注：

此下勉其守義安命也。守義安命則虛矣。〔註 21〕

其後「『天下有大戒』至『至忠之盛也』」，則評注：

莊子何嘗畔名教，不以忠孝爲貴乎？特哀世人之不可與莊語，而恢恑言之耳，故曰：「是不是，然不然」，而嘆其解者之無人也。〔註 22〕

在〈人間世〉這一段，莊子藉孔子之口道出何謂「命」與「義」二大戒，方潛的評注則視爲孔子所言，是勉勵葉公子高守義安命之意。而此處的守義安命卻是含涉儒、道思想，既是儒家忠孝名教意，亦是道家至虛最高意。由是指出莊子並非叛逃名教、不崇尚忠孝，乃「哀世人之不可與莊語」，才以「是不是，然不然」如此恢恑譎怪之言來論說，故讀《莊》當知曉隱藏在表面下的眞正用意，這是方潛注《莊》的基本態度。

不過檢視莊子批駁儒家處，方潛並不會過予迴護。如〈逍遙遊〉「堯讓天下於許由」一段，僅在「歸休乎君！予無所用天下爲」注曰：

我無所用於世，世無所用於我。兩無所用而大用，以神矣。〔註 23〕

可見方潛對「堯讓天下於許由」一事是認同的。又「藐姑射之山，有神人居焉」一段，對「是其塵垢粃糠，將猶陶鑄堯舜者也，孰肯以物爲事」亦沒有評注，當持肯定態度。

又〈齊物論〉談到「道惡乎隱而有眞僞？言惡乎隱而有是非？道惡乎往而不存？言惡乎存而不可？道隱於小成，言隱於榮華。故有儒、墨之是非」則注曰：

〔註 20〕〔北宋〕王安石：《王文公文集》卷第 27〈莊周下〉，頁 312。詳本論文第貳章第一節。

〔註 21〕〔清〕方潛：《南華經解》〈人間世〉，見嚴靈峰編輯：《無求備齋莊子集成續編》冊 36，頁 50。

〔註 22〕〔清〕方潛：《南華經解》〈人間世〉，見嚴靈峰編輯：《無求備齋莊子集成續編》冊 36，頁 50。

〔註 23〕〔清〕方潛：《南華經解》〈逍遙遊〉，見嚴靈峰編輯：《無求備齋莊子集成續編》冊 36，頁 17～18。

首段揭是非，此段更揭儒墨之是非。物論不齊，儒墨尤甚，今古同之。〔註24〕

顯然方濳同意莊子詆訾儒墨爭是非相當嚴重，甚至還說「今古同之」。完全不替儒家辯解，這樣的評注與清中葉前「以儒解《莊》」者會刻意維護相當不同，這是晚清「以儒解《莊》」的轉折處。

摻儒、佛方面，如在〈齊物論〉「形」字下注語，則曰：「假借四大以爲身」；〔註25〕注「百骸，九竅，六藏」則曰：「四大假借」。〔註26〕這是用佛教思想，以爲人之身是由地、水、火、風四大元素所形成的假合。又「大知閑閑，……。『已乎，已乎』！」下注曰：「止於至善。歇即菩提」，〔註27〕此處將「已乎，已乎」以儒、佛思想雜揉解之。又「……，則莫若以明」則注：「點『明』字。明者，眞之用，亦即《中庸》所謂：『明也，明則誠，誠則明。』〔註28〕慧生定，定生慧。以上言齊之『莫若以明』。」〔註29〕莊子此處「莫若以明」的「明」就是「道」，所以莊子認爲若欲泯是非之爭，則以「道」觀之即是。而方濳卻將莊子的「明」與《中庸》「明則誠，誠則明」、佛教的「慧生定，定生慧」〔註30〕等同解釋。混同儒、佛之意，與莊子所謂最高的「道」相差甚遠。又〈人間世〉從「瞻彼闋者……舜禹之所紐也，伏

〔註24〕〔清〕方濳：《南華經解》〈齊物論〉，見嚴靈峰編輯：《無求備齋莊子集成續編》冊36，頁26。

〔註25〕〈齊物論〉「顏成子游立侍乎前，曰：『何居乎？形固可使如槁木』……」，方氏「形」字下的註語。見方濳：《南華經解》，嚴靈峰編輯：《無求備齋莊子集成續編》冊36，頁21。

〔註26〕〔清〕方濳：《南華經解》〈齊物論〉「非彼無我，非我無所取。……百骸，九竅，六藏，賅而存焉，吾誰與爲親？」見嚴靈峰編輯：《無求備齋莊子集成續編》冊36，頁24。

〔註27〕〔清〕方濳：《南華經解》〈齊物論〉，見嚴靈峰編輯：《無求備齋莊子集成續編》冊36，頁24。

〔註28〕《中庸》第21章：「自誠明，謂之性；自明誠，謂之教。誠則明矣，明則誠矣。」見〔南宋〕朱熹：《四書章句集注・中庸章句》，頁42。

〔註29〕〔清〕方濳：《南華經解》〈齊物論〉，見嚴靈峰編輯：《無求備齋莊子集成續編》冊36，頁27。

〔註30〕精準的說，應區分大、小乘對定、慧有不同的層次說明。據釋惟覺的解釋：「小乘的教理和大乘頓悟自心的教理有深淺的不同，有層次的差別。小乘的教理，認爲戒、定、慧次第相生，所謂戒、定、慧三無漏學，先持戒清淨，由於持戒清淨產生定，有定才能啓發智慧，由智慧起觀照，進而斷煩惱，才能超凡入聖。《六祖壇經》〈定慧品〉所講的定慧，則是不假次第——即戒、即定、即慧，慧中有定，定中有慧，定慧不二。」詳 http：//www.ctworld.org.tw/urn/sutra/016.htm

羲几蘧之所行終，而況散焉者乎」一段，各文句的注釋多摻佛教的思想評解，如注「瞻彼闋者」則曰：「觀自在菩薩，行深般若波羅密多時」；注「虛室生白」則曰：「照見五蘊皆空」；注「吉祥」則曰：「度一切苦厄」；注「止止」，於前一「止」注曰：「應如是住」，後一「止」則注曰：「應如是降伏其心」；注「夫且不止」則曰：「應無所住而生其心」；注「是之謂坐馳」則曰：「坐微塵裏轉大法輪，此二句多作反筆解。然上文一路推到極微極妙，不應作反語，與上下文語氣俱隔，但此種語非實證者不能言，亦必不解其言也」；注「夫狥耳目內通」則曰：「無眼耳鼻舌身意」；注「而外於心知」則曰：「無智亦無得。張子《正蒙》云：耳目雖為性累，然合內外之德，知其為啓之之要，與此二句可合參」；注「鬼神將來舍，而況人乎」則曰：「當知此處一切世間天人、阿修羅皆當恭敬作禮圍繞」；注「是萬物之化也」則曰：「我皆令人無餘涅槃而滅度之」；注「舜禹之所紐也，伏羲几蘧之所行終，而況散焉者乎」則曰：「一切聖賢皆以無為法而有差別，自『絕跡易』至此，所謂致虛極也。文義深玄，以內典證之自明，故曰：莊子，佛之先聲也。」〔註 31〕這段的注解摻入佛教的〈心經〉、〈金剛經〉的經文評解，又加入張載的《正蒙》，儒、佛相雜注解，強作比附，與莊子的原意霄壤迥隔。而以為莊子是佛教的先聲更是承因南宋朱熹以來的說法。〔註 32〕

方潛《南華經解》以儒、釋、道摻雜註評，在卷末附有其子方敦吉的跋語亦談及：

> 先大夫諱潛，……咸同間以布衣歷主膠西培文書院，與同時倭艮峰相國、吳竹如侍郎締交，講求性理之學，所著《毋不敬齋全書》三十一卷內有論《莊》大旨，並刊行世。茲就不肖少時趨庭授讀本，益以同邑馬君通伯，暨伯兄心齋手錄批本互勘而裒述之，顏曰：《南華經解》。……玄奧難解處，間援聖經佛典詮釋之，都期便於玩誦也。〔註 33〕

由此引文可知方潛的學思背景與其時的倭仁（？～1871）、吳廷棟（1793～1873）結交往來，倭、〔註 34〕吳〔註 35〕二人皆精通程朱理學，故方潛當然受

〔註 31〕〔清〕方潛：《南華經解》〈人間世〉，見嚴靈峰編輯：《無求備齋莊子集成續編》冊 36，頁 48～49。

〔註 32〕詳本論文第陸章。

〔註 33〕〔清〕方潛：《南華經解》〈卷尾〉，見嚴靈峰編輯：《無求備齋莊子集成續編》冊 36，頁 287。

〔註 34〕倭仁，字艮峰。曾與曾國藩、吳廷棟等一起拜唐鑒為師，學習程朱理學。倭

其影響，也講求性理之學，所以解《莊》上也會加入理學成份。再者援佛典詮釋，在卷首〈總評〉五則中亦提及他曾「出入二氏二十年矣」，〔註36〕因而在解《莊》時多以摻注。

方潛的《南華經解》摻雜儒、釋、道思想評注，雖不滿郭象注《莊》，但自己的評注與《莊子》本意亦不相符。其「以儒解《莊》」尊崇儒家聖人，提出讀《莊》當「以意逆志」，仍因承王安石；「以佛解《莊》」，提出莊子是佛之先聲，亦襲自朱熹之說。《南華經解》在義理評注上無大發明，觀念上混同儒、釋、道，無中心主旨，「以儒解《莊》」至此可說趨向衰頹。

二、視莊子爲藉荒唐、隱抑之辭，以闡揚孔子微言的郭階

郭階《莊子識小》〔註37〕共一卷，收入《春暉雜稿》〔註38〕內。僅注〈內

仁當上大學士，掌管了翰林院後，立即著手制定新的《翰林院學規》，把《四書》、《朱子語類》、《朱子大全》等理學讀本，定爲翰林院學士的必修讀物。又成爲同治皇帝的老師後，輯古帝王事跡及古今名臣奏議，編成《啓心金鑒》一書，用這部滲透著理學「君明臣良」思想讀本來教授同治帝。詳楊家駱主編：(楊校標點本)《清史稿附索引》冊15，卷391〈列傳一百七十八‧倭仁〉，頁11735～11738。

〔註35〕「吳廷棟，字竹如，安徽霍山人。……廷棟少好宋儒之學，入官益植節厲行，蹇蹇自靖。咸豐二年，京察一等。時侍郎書元兼崇文門副監督，獲販私釀者三十六人，承審者以漏稅擬滿杖。已而覆訊得書元家人詐贓狀，部臣據以入奏。文宗疑書元孤立，降旨切責，會廷棟召對，上詢是獄。廷棟從容敷奏，且詳陳治道之要，言利之害，君子小人之辨，上首肯，獄竟得解。因詢廷棟讀何書，廷棟以程、朱對。上曰：『學程、朱者每多迂拘。』對曰：『此不善學之過。程、朱以明德爲體，新民爲用，天下未有有體而無用者。皇上讀書窮理，以裕知人之識；清心寡欲，以養坐照之明。寤寐求賢，内外得人，天下何憂不治？』上韙之。」見楊家駱主編：(楊校標點本)《清史稿附索引》冊15，卷391〈列傳一百七十八‧吳廷棟〉，頁11740～11741。

〔註36〕〔清〕方潛：《南華經解》〈總評〉五則云：「自來解《莊》者無善本，文義尚不能粗通，遑論精蘊乎！予出入二氏二十年矣，始知聖人之道。曾批《莊子》〈内七篇〉，又記外、雜篇大意，……。」見嚴靈峰編輯：《無求備齋莊子集成續編》冊36，頁7。

〔註37〕目前可見的刊行本有清光緒15年的刊行本，收入《春暉雜稿》内，藏於北京大學圖書館。本文所引用者即據此本。另嚴靈峰主編《無求備齋莊子集成續編》景印本冊37所收入者則其影本。關於郭階《莊子識小》之「以儒解《莊》」部分，可詳拙著碩論：《清代學者「以儒解《莊》」之研究》第七章。本論文僅扼要說明其「以儒解《莊》」詮解的方式與其思想内涵。

〔註38〕《春暉雜稿》見於北京大學圖書館，共有15冊：第1冊《大學古本釋》、第

七篇〉，不逐《莊子》原文之字句作解，僅就其段落略作評解，其評注方式以案語呈現。而郭氏其實寫過四部《識小》，即《大學》、《中庸》、《老子》與《莊子》，分別是儒家與道家的典籍。據《老子識小》的〈自序〉，即可瞭解郭氏對儒、道二家的看法，他說：

> 黃帝以前，無所謂儒，道而已矣。寄於虛無，民安於渾噩。孔子集九流天地人之大成，一貫以儒，於是儒貳地參天，建億萬世，無窮無弊之極，是讀孔子書者，宜廢百氏不窺，然不窺百氏何由知大成之所以然？《老子》，百氏之首也，故階少壯首致力於《老子》，曾爲《識小》，惜燬潔河，長夏無事，爰補爲之。

由這條引文可以得知三件事：其一、郭氏認爲在黃帝以前，只有道學，無所謂儒學。其二、郭氏將儒學的地位推到至尊，以爲孔子所建立的儒學是集九流天地人之大成，無窮無弊之至極。其三、在郭氏的觀點裡，孔子是至尊的，因此除了孔子書外，其餘諸子百家皆可廢讀。但若不讀諸子百家之書，就無從得知孔子至極大成之所以然，因此郭氏認爲讀諸子百家書的必要性，其實是爲了要作爲瞭解儒學的至極大成。而《老子》是諸子百家之首，所以郭氏最先致力於《老子》，並加以評注，藉以作爲瞭解儒學的註腳。

那郭氏又是如何定位《莊子》呢？他說：

> ……莊子所見，較粗於孔子、子思子，且有流弊，然實出儒家，惜當世不遇孟子，無從見正。〔註 39〕

據這段引文，郭氏納莊子入孔門，以爲莊子之學粗於孔子與子思，雖然有流弊，但確實出自儒家。只可惜當時未能與孟子相遇，所以無從得其見正。因此郭氏將莊子歸於儒家，而非道家。在郭氏的看法裡，只有儒家的典籍才有評注的必要性與價值，而諸子百家中，郭氏選挑《老子》加以評注，是因爲《老子》是諸子百家之首，其評注的原因是爲了由小知大，藉以瞭解儒家集九流天地人之大成的所以然。而莊子是儒家的一支，其書乃屬於儒家的典籍，

2 冊《中庸釋》、第 3 冊《學庸識小》、第 4 冊《？》、第 5 冊《周易漢讀攷》卷上、第 6 冊《周易漢讀攷》卷中、第 7 冊《周易漢讀攷》卷下、第 8 冊《讀史提要錄評》、第 9 冊《天鈞卮言》、第 10 冊《老子識小》、第 11 冊《莊子識小》、第 12 冊《芹曝錄》、第 13 冊《集選詩》、第 14 冊《詩稿》卷 1、卷 2、卷 3、卷 4、第 15 冊《文稿》卷 1、卷 2、第 16 冊《文稿》卷 3、卷 4、卷 5。

〔註 39〕〔清〕郭階：《莊子識小》〈養生主〉郭氏評解「爲善无近名，爲惡无近刑」的案語。

所以當然有評解的必要性，郭氏說：

> 今年偶覆讀《南華經》，頓悟沅浦先生〔註40〕所爲，取其純而棄其駁，由蒙叟而上溯尼父者，又犖究數過，然後知莊子出於儒家，不得已而隱抑其辭，以求免於當世。深服孟子頌《詩》讀書，論世尚友之說焉。〔註41〕

郭氏認爲莊子是出於儒家，而非其餘的諸子百家，只是因爲時代紛亂，不得已才隱抑其辭。他說：

> 而數千年列於道家，特爲〈天下篇〉所愚耳。莊子生於戰國人倫道盡之時，儒術足以賈死，慮言之有罪，不言則微言絕。故以荒唐之辭隱抑，惟恐不深，雖無取乎隱抑者，亦必從而隱抑。噫！其心良苦。〔註42〕

郭氏將莊子納入儒家，反對將之列於道家。以爲數千年來莊子被列爲道家，都是受〈天下篇〉所愚弄。從司馬遷在《史記》爲莊子作本傳以來，〔註43〕世人對莊子皆認爲「以詆訾孔子之徒，以明老子之術」的道家之徒。郭氏承蘇軾的〈莊子祠堂記〉之說，以爲莊子被列爲道家，只是因爲莊子在〈天下篇〉中說明老子之學後，緊接著述說莊子的學術，才會引起世人的誤解，以爲是承老子之學。莊子生在戰國人倫道德盡喪的時代，儒學的道德倫理之說已不足爲世人所遵從，在這個紛亂的時代，如果正襟高論，則耽心有殺身之禍；倘若默然無言，則孔子的微言大義恐怕就此滅絕了。在郭氏的觀點裡，莊子是憂恐「微言絕」，故而采以荒唐之辭來隱抑孔子，眞正目的乃藉此彰揚孔學。因此郭氏認爲，莊子以荒唐之辭立說，其實是用心良苦的。他之所以評注《莊子》，正是要將莊子所存的孔子微言給予彰顯，使大白於世。

郭氏認爲莊子因爲時代紛亂使然，采荒唐之辭乃不得已而有所隱抑，因此對《莊子》譏詆儒學之處，郭氏皆以此作解釋。例如〈逍遙遊〉中提到「堯讓天下於許由」、「肩吾問於連叔」、「堯往見四子」各段，〔註44〕他評注說：

〔註40〕宮太保曾沅浦。

〔註41〕〔清〕郭階：《莊子識小》〈自序〉。

〔註42〕〔清〕郭階：《莊子識小》〈逍遙遊〉「注謂小大雖殊云云」郭氏的案語。

〔註43〕〔西漢〕司馬遷著、〔日〕瀧川龜太郎會注考證：《史記會注考證》〈老子韓非列傳〉，頁855～856。詳本論文第貳章第一節。

〔註44〕《莊子》〈逍遙遊〉：「堯讓天下於許由，曰：『日月出矣，而爝火不息，其於光也，不亦難乎！時雨降矣，而猶浸灌，其於澤也，不亦勞乎！夫子立，而天下治，而我猶尸之，吾自視缺然，請致天下。』許由曰：『子治天下，天下

「將猶陶鑄堯舜者也」，階案：莊子所言，古聖賢名與其捏造之名作一例觀，或抑或揚，以助波瀾恣肆，故上文譏堯有心治天下，此有陶鑄堯舜，下文忽譽堯窅然喪其天下也。至「陶鑄堯舜」之說，乃莊子自謂賢於堯舜遠矣，莊子豈不自量若此？故為妄誕之辭，以隱其道，不使人窺涯涘耳，後放此。

《莊子》這三段都是在譏詆堯舜：堯讓天下於許由，許由都不屑；肩吾問於連叔，談到藐姑射之山上的神人，吸風飲露，遨遊於四海之外，他的塵垢糠粃都可以作成堯舜，怎肯紛紛擾擾以俗物為務！這是莊子認為堯舜治天下都是以俗務為物，莊子是不屑為之的。所以後來堯會窅然若喪天下，也是因為見了藐姑射山上四子的原故。但是郭氏在評解這三段時，卻認為莊子在這三段描述堯舜時，是將古聖賢的名字與其捏造之名作一例觀，或抑或揚，以助文章波瀾恣肆。前一段是譏詆堯有心治天下，後一段又說神人的塵垢糠粃都可以作成堯舜。但最後一段，郭氏故意略過堯是見了藐姑射山上四子的前提，而以為莊子此時忽然稱譽堯窅然喪其天下，使文章有高低起伏，抑揚褒貶。而《莊子》一書，對「陶鑄堯舜」，尤其是極大譏詆，郭氏卻秉持他一貫的見解，以為莊子身處紛亂時代，使用荒唐之辭乃不得已而有所隱抑，對「陶鑄堯舜」一說，並非莊子如此地自不量力，以為高於聖賢；實是莊子為了隱抑儒道，使人無法窺其涯涘，才會作此妄誕之辭。由是《莊子》譏詆儒學之處，郭氏皆藉此詮釋而得以順利評解，是以隱抑之法來闡釋儒學。

郭氏評注《莊子》只取〈內七篇〉，他說：

既已治也，而我猶代子，吾將為名乎？名者，實之賓也。吾將為賓乎？鷦鷯巢於深林，不過一枝；偃鼠飲河，不過滿腹。歸休乎君，予无所用天下為！庖人雖不治庖，尸祝不越樽俎而代之矣。』肩吾問於連叔曰：『吾聞言於接輿，大而無當，往而不返。吾驚怖其言，猶河漢而無極也；大有逕庭，不近人情焉。』連叔曰：『其言謂何哉？』曰：『藐姑射之山，有神人居焉，肌膚若冰雪，綽約若處子；不食五穀，吸風飲露；乘雲氣，御飛龍，而遊乎四海之外。其神凝，使物不疵癘而年穀熟。吾以是狂而不信也。』連叔曰：『然！瞽者无以與乎文章之觀，聾者无以與乎鐘鼓之聲。豈唯形骸有聾盲哉？夫知亦有之。是其言也，猶時女也。之人也，之德也，將旁礴萬物以為一，世蘄乎亂，孰弊弊焉以天下為事！之人也，物莫之傷，大浸稽天而不溺，大旱金石流，土山焦而不熱。是其塵垢粃糠，將猶陶鑄堯、舜者也，孰肯以物為事！』宋人資章甫而適諸越，越人斷髮文身，无所用之。堯治天下之民，平海內之政，往見四子藐姑射之山，汾水之陽，窅然喪其天下焉。」見〔清〕郭慶藩：《莊子集釋》，頁 22～31。

惟取〈內篇〉，蓋以其誠、正、修、齊、治、平盡於是矣。外篇以下，反覆申明內篇之意，與夫故為妄誕之言，隱儒術流於過當，及群弟子之追述，後人之附會雜揉其中，姑置之。〔註 45〕

郭氏只取〈內七篇〉來評注，也是持著儒家的立場來看待。郭氏以為，〈內七篇〉已盡闡明儒家的誠、正、修、齊、治、平之理；而外、雜篇雖然也有反覆申明內篇之旨意，但也有故意作為妄誕之說，將儒學隱抑地太過了。其中又有莊子的弟子追述之作，也有後學附會之說等，這些全部都雜揉在外、雜篇中，是以郭氏的《莊子識小》只評注〈內七篇〉。由此看來，郭氏注《莊》，是想藉由評解《莊子》來顯揚被莊子所隱抑的儒學。這是郭氏對《莊子》的看法，以為《莊子》中隱抑儒學實欲揚之的觀點，是後人所不知的。然而郭氏所謂的《莊子》中被「隱抑的儒學」，乃是經由他以儒、莊的觀點作相互詮釋後的新論點，因此郭氏所要彰顯的便是儒、莊相互摻雜、交融的觀點，由是可知，郭氏欲以《莊》學來補充儒學的心志了。

至於郭氏如何將儒、莊摻雜，相互交融呢？《莊子識小》認為莊子的重心思想主要見於〈逍遙遊〉，〈齊物論〉等以下諸篇章都是承〈逍遙遊〉引申推展開來的。以下舉例說明：

郭氏認為莊子所說的「逍遙遊」，正是孟子所謂的「養氣」之說，他說：

此篇重其大，大者何？道也。道者何？氣也。逍遙遊，養氣也，樂道也。如何養？如何樂？無己也，即《論語》毋我之意，儒家也。〔註 46〕

郭氏將莊子對氣的觀點與孟子的「善養吾浩然之氣」〔註 47〕說作了縮合，他認為莊子在〈逍遙遊〉裡所提到的無待逍遙，就是孟子的養氣之論。所以他說〈逍遙遊〉通篇就是一個「大」字，這個「大」就是「道」，而這個「道」也就是孟子的「浩然正氣」內涵。因此莊子的「逍遙遊」就是儒家的「養氣」、「樂道」之意。在〈逍遙遊〉裡莊子提到小大之辯，描述大鵬鳥體積龐大，

〔註 45〕〔清〕郭階：《莊子識小》〈自序〉。

〔註 46〕〔清〕郭階：《莊子識小》〈逍遙遊〉「注謂小大雖殊云云」郭階案語。

〔註 47〕《孟子集注》卷 3〈公孫丑上〉：「曰『我知言，我善養吾浩然之氣。』『敢問何謂浩然之氣？』曰：『難言也。其為氣也，至大至剛，以直養而無害，則塞于天地之閒。其為氣也，配義與道；無是，餒也。是集義所生，非襲義而取之也。行有不慊於心，則餒矣。』」見〔南宋〕朱熹：《四書章句集注》，頁 318～319。孟子的浩然正氣是集義所生，所以至大至剛，配夫道與義以養氣。

當牠要展翅高飛時，風的強度如果不夠大，那麼承負鵬的巨大翅膀就沒有力量，由是鵬飛至九萬里高空，則強大的巨風就在其下，爾後鵬乘藉風力，背負青天而毫無阻礙地飛往南海。此處，郭氏以爲大鵬須憑藉累積的強風方能飛往南海，便是孟子的善養浩然正氣之謂，〔註 48〕這與前述方潛《南華經解》的論點是一致。〔註 49〕由此，郭氏以爲大鵬得以逍遙無待，正是善養正氣的結果。而這「氣」要如何養？「道」要如何樂？依郭氏的注解，即莊子所說的要如何才能逍遙？答案就是「無己」。若據徐復觀的闡釋，莊子的「無己」是去掉形骸之己，讓自己的精神從形骸中突破出來，而上昇到自己與萬物相通的根源之地。易言之，莊子的「無己」，是無墜爲形器所拘限的己，而提昇到與道相通的德與性，使心不隨物牽引，能保持其靈臺的本質，以觀照宇宙人生的境界。〔註 50〕唯有無己，才能去除是非、泯滅彼此、齊一萬物，而達到逍遙無待。但郭氏卻認爲莊子的「無己」，其實就是儒家的「毋我」。〔註 51〕《論語》裡「毋我」的「毋」，《史記》作「無」。因此「毋我」就是「無我」，「我」是私己之意，〔註 52〕「毋我」就是去除私己，將自己的私欲摒棄。顯然，莊子的「無己」與儒家的「毋我」是不同層次的意義。但郭氏將莊子的「無己」與儒家的「無我」作相互的融通，以爲二者是相同內涵，此明顯之「以儒解《莊》」，悖離莊子原意，強作牽合，此即援莊子以入儒。〔註 53〕

如上所述，郭氏認爲莊子對氣的觀點，即是孟子的「養吾浩然之氣」，除了以「無己」來養氣外，最重要的是在養氣的過程中要合乎中庸之道，他說：

> 主者何？中也。冥其知，順中以養氣，薪盡猶火傳。不及者，濫用其知以傷生；過者，吐納、導引、服食、採補之類，養之適所以傷之。亦用知之過也。惟任自然，順中以爲常，則常得所主。此莊子非道家之證。〔註 54〕

〔註 48〕〔清〕郭階：《莊子識小》〈逍遙遊〉「風之積也不厚節」，案云：「培風，孟子養氣之說也。」

〔註 49〕詳本章第一節論「方潛」部分。

〔註 50〕徐復觀：《中國人性論史》，頁 395～396。

〔註 51〕《論語集注》卷 5〈子罕〉：「子絕四：毋意，毋必，毋固，毋我。」見〔南宋〕朱熹：《四書章句集注》，頁 148。

〔註 52〕據《四書章句集注・論語集注》朱熹注語，頁 148。

〔註 53〕「以儒解《莊》」者援引儒學觀點注解《莊子》，欲將莊子收編於儒門之傳，藉以拓大儒學體系，故云援莊子以入儒。

〔註 54〕〔清〕郭階：《莊子識小》〈養生主〉篇名下，郭階的案語。

郭氏以爲莊子〈養生主〉所宗主者，就是「中」，這個「中」就是《中庸》所說的不偏不倚、無過與不及之名。以「中」爲主來養氣，冥其知，順中以養氣，這樣就像薪材雖會燒盡，但燭火卻可永續，沒有窮盡。〔註 55〕過與不及都不得其要，結果反而傷生。惟有因任自然，依順著無過與不及的中庸之道，以此爲常度，這就是養氣的鎖鑰了。這是郭氏摻入儒學的觀點來詮釋莊子「養生主」之意。經此詮釋，莊子的「養生主」儼然具有儒學色彩，而這個觀點就是郭氏所謂的莊子以隱抑之辭來闡明儒學的微言之理。因此郭氏以《莊》學來豐富儒學是很明顯的。

其次，《莊子》〈大宗師〉乃以大道爲師，郭氏卻持莊子所謂的「大宗師」即是儒家的「天命」，他說：

> 命者，大宗師也。《論語》曰：「不知命，無以爲君子也。」〔註 56〕

又於〈大宗師〉篇名下案語云：

> 曷爲大主、大師？天命也，數也，性也，道也，教也，即「天命之謂性，率性之謂道，修道之謂教」也。曷爲後乎？德充符，由德而入道也。曷爲道？合天人爲一，必由之路。〔註 57〕

《中庸》開宗明義說「天命之謂性，率性之謂道，修道之謂教」，郭氏直接以此來詮解莊子的「大宗師」。而《中庸》這幾句話是有工夫層次的。據朱熹注解的《中庸章句》：「命，猶令也。性，即理也。天以陰陽五行化生萬物，氣以成形，理亦賦焉，猶命令也。於是人物之生，因各得其所賦之理，以爲健順五常之德，所謂性也。率，循也。道，猶路也。人物各循其性之自然，則其日用事物之間，莫不各有當行之路，是則所謂道也。修，品節之也。性道雖同，而氣稟或異，所以不能無過與不及之差，聖人因人物之所當行者而品節之，以爲法於天下，則謂之教，若禮、樂、刑、政之屬是也。蓋人之所以爲人，道之所以爲道，聖人之所以爲教，原其所自，無一不本於天而備於我。」〔註 58〕朱熹論「天命」、「率性」、「修道」，層次進程分明，而郭氏的注解，吾人未見工夫層次的論述，僅泛指「天命」即是「數」、「性」、「道」、「教」，以

〔註 55〕〔清〕郭慶藩：《莊子集釋》〈養生主〉「指窮於爲薪，火傳也，不知其盡也。」見頁 129。

〔註 56〕〔清〕郭階：《莊子識小》〈大宗師〉「然而至此極者」，郭階的案語。

〔註 57〕〔清〕郭階：《莊子識小》〈大宗師〉篇名下，郭階的案語。

〔註 58〕〔南宋〕朱熹：《四書章句集注・中庸章句》，頁 23。

這本於天而備於我的天命爲大宗師，合人己內外，由內而外，內任天，外任人，〔註59〕所得充於我而符於彼，以此作爲天人合一必由之途。〔註60〕

再者，莊子所謂的大道顯然與儒家不同，莊子在〈大宗師〉說：

> 夫道，有情有信，无爲无形；可傳而不可受，可得而不可見；自本自根，未有天地，自古以固存；神鬼神帝，生天生地；在太極之先而不爲高，在六極之下而不爲深，先天地生而不爲久，長於上古而不爲老。〔註61〕

這大道是眞實有信驗的，沒有作爲也沒有形跡，可心傳卻不可以口授，可心得卻無法看見。自爲本自爲根，不是他物所派生的，自古以來就已經存在了，是天地萬物的起源。它在太極之上卻不算高，在六合之下卻不算深，先天地存在卻不算久，長於上古卻不算老。而且這大道更是無所不在的。〔註62〕由此可歸結莊子的道有四點特性：其一、絕對性——道是「自本自根」無需任何條件而獨存的絕對實體，道不依存於任何事物而存在，但一切事物卻都依存於道；其二、永恒性——道是「未有天地，自古以固存」、「在太極之先而不爲高，在六極之下而不爲深，先天地生而不爲久，長於上古而不爲老」，道是永恒長存的，沒有始終、沒有衰老變化；其三、先驗性（a priori）〔註63〕——道是「可傳而不可受，可得而不可見」，「不可受」、「不可見」就是感官無法覺知的，但並不因爲感官無法覺知就不存在；其四、普遍性——道是無所不在，即使在卑賤之物中也是有道的。〔註64〕莊子教人以大道爲師，而這大道就是宇宙的整體，也就是宇宙大生命所散發的萬物之生命。莊子由此展開「天人合一」的自然觀、「死生一如」的人生觀、「安時處順」的人生態度。莊子認爲「天與人不相勝」，人

〔註59〕《莊子識小》〈德充符〉篇名下，郭階的案語：「繼〈養生主〉而有〈人間世〉，由內而外也。〈齊物論〉之引申也。人間世何？非天上之世，內任天，外不可不任人。」

〔註60〕《莊子識小》〈德充符〉篇名下，郭階的案語：「合人己內外而言也。德者，得也，所得充於我而符於彼，故繼〈人間世〉而有〈德充符〉。」

〔註61〕〔清〕郭慶藩：《莊子集釋》〈大宗師〉，頁246～247。

〔註62〕〈知北遊〉：「東郭子問於莊子曰：『所謂道，惡乎在？』莊子曰：『无所不在。』」見〔清〕郭慶藩：《莊子集釋》，頁749～750。東郭子請莊子說得具體點，莊子則說在螻蟻、在稊稗、在瓦甓、在屎溺。

〔註63〕劉笑敢是使用「超驗」一詞，乃借用西方哲學中的超驗（transcendent）觀念，即超出人類感官經驗之外。承王曉波師賜告，用「先驗」（a priori）更妥，意謂在經驗之先。謹此誌謝。

〔註64〕參劉笑敢：《莊子哲學及其演變》，頁102～108。

與自然為不可分割的整體，不可以人為來破壞天然。〔註65〕世界的根本是道，道生天生地，而天地萬物都是由氣構成的，〔註66〕天地萬物的生成變化全由一氣轉化，生時則氣聚，死時則氣散。〔註67〕因此有生就有死，生死變化是自然而然的，只是氣的流轉而已，所以安時而處順，哀樂自然不能入。

然而郭氏卻以儒家「天命」闡釋莊子的「大道」，顯然強作綰合，悖離莊子原意。

郭階的《莊子識小》納莊子入儒門，秉持莊子生於紛亂的戰國，道德倫理盡喪，儒學不足為世人遵行，不得已只好隱抑孔學，以此隱抑之法來闡揚儒學。這是郭氏以儒家本位立場來詮釋莊子的思想觀點，故摻入儒學的思維以與《莊子》交互闡釋，得到兼具儒、道色彩的義理，視此為莊子隱抑儒學之處，此基本上是承繼清中葉前「以儒解《莊》」的相近觀點。

第二節　化老、孔空言為實用，固守儒學本位的王闓運

清代之「以儒解《莊》」者，王闓運的儒學本位立場最為堅定，然而也相當保守，其「以儒解《莊》」觀點，承繼前人之說，亦有所轉折（詳下）。王氏以孔子為最尊，然所崇仰之孔子，卻是儒、道兼具的形象。而地位僅次於孔子者，竟是莊子，以為莊子背負溝通老子與孔子思想的重責大任：將老子以來所談的空言化為實用。這是王闓運注解《莊子》的最大用意，藉此昭告世人，應世的重要。以下分二點論述：

一、視莊子為溝通老、孔，而通其空言為實用

王闓運的《莊子內篇注》視儒、道同源，以莊子為其溝通橋樑。〔註68〕

〔註65〕《莊子》〈大宗師〉：「……不以心捐道，不以人助天，是之謂眞人。」見〔清〕郭慶藩：《莊子集釋》，頁229。

〔註66〕《莊子》〈大宗師〉：「彼方且與造物者為人，而遊乎天地之一氣。」見〔清〕郭慶藩：《莊子集釋》，頁268。

〔註67〕《莊子》〈知北遊〉：「人之生，氣之聚也，聚則為生，散則為死。若生死為徒，吾又何患？故萬物為一也。其所美者為神奇，其所惡者為臭腐，臭腐化為神奇，神奇復化為臭腐。故曰通天下一氣耳。」見〔清〕郭慶藩：《莊子集釋》，頁733。

〔註68〕關於王闓運《莊子內篇注》之「以儒解《莊》」部分，可詳拙著碩論：《清代學者「以儒解《莊》」之研究》第六章第二、三節，頁87～95。本論文僅扼要

在卷首〈自序〉中，已道出全書注解的宗旨：

> 敘曰：莊子之書古今以爲道家之言，〈雜篇〉有敘論其意，列老子之後，蓋其徒傳之。云「寓言」者，周之自敘也，其所稱孔子、老子、曾子、揚子，又多稱顏回。或曰：莊子受學於田子方，田子方爲子夏之門人，莊子眞孔氏之徒哉！孔子問禮于老子，老之書先道後禮，而老爲道宗；孔定《六藝》，儒者習焉，推孔爲儒宗，孟、荀傳《禮》，莊子同時，未數數然也。禮之敝于周末甚矣，諸侯去其眞，存其文，故孔子始定《禮經》，而老子推其原，皆知其將亡云。《禮》果大亡於秦，而漢興佐命將相，及孝、文、景皆用老治。老子之書五千言；孔子之書，傳者《孝經》、《論語》皆空言，自是徒眾益務於論道矣，道與儒爲二。而空虛沖靜，專道之名幾二千年；而儒者號爲迂緩繁重，多拘而少成，抱缺守殘，惟名物象數之是求，與莊子絕殊，故強附之道家，而以訓故先師爲儒宗。〔註69〕

這段〈自序〉充分表達了王氏對儒、道的觀點：其一、王氏相信孔子學禮於老子。易言之，在王氏的看法裡老子與孔子是有師徒淵源的。其二、老子與孔子既是師徒關係，則老子與孔子之道是一樣的。而《老子》五千言與根據孔子之言行所傳下的《孝經》、《論語》，在王氏看來都是空談的言論，正因爲是空談的言論，而讓往後的弟子們有更大的空間，以此論道說理。但也因此使儒與道分裂爲二。在王氏的看法裡，儒與道原來是同體的，由於其後的弟子們益務於論道，推老子爲道宗，尊孔子爲儒宗，才使儒、道分裂。其三、由於儒、道分裂爲二，莊子與儒者之「迂緩繁重，多拘而少成，抱缺守殘，惟名物象數之是求」大爲不同，因此才強附莊子入道家。但王氏以爲：相傳莊子受學於田子方，而田子方是子夏的門人，所以莊子是眞正的孔子之徒。

以上所論的第一、三觀點，王氏皆前有所承，而須提出辯正的是，縱使老子與孔子有師徒淵源，二者所談論的道，也不必然會是相同的。第二個觀點則有所轉變，王氏對後世儒是批評的，以爲他們致力於名物象數訓故，抱缺守殘，才會造成儒、道二分。這是晚清多數「以儒解《莊》」者的轉折觀點。〔註70〕

說明其「以儒解《莊》」詮解的方式與其思想內涵。

〔註69〕〔清〕王闓運：《莊子內篇注》〈自序〉，見嚴靈峰編輯：《無求備齋莊子集成續編》冊36，頁1～3。

〔註70〕前述的方潛、此處的王闓運，及之後所論的馬其昶、劉鳳苞等，都有此論調。

就王氏認知的觀點，儒、道其原始既是相同，那麼莊子就沒有歸於儒或道的區分。在〈自序〉篇末，他說：

> （《莊子》）大抵推明論道之所爲，以明古聖之不空言。空言自老子始，孔子學於老子，莊子從而通之，由其空言知其實用。〔註71〕

這段引文，王氏提出與眾不同的論點，認爲：「古聖之不空言，空言自老子始」，所以從老子開始即以空言論道了，而孔子又學自老子，故所談的也是空言。此時莊子所扮演的角色就顯得相當重要了，莊子正是將自老子、孔子以來所談的空言，融會貫通，使世人由其空言瞭解其實用。易言之，王氏認爲莊子是在老子與孔子間作橋樑的溝通工作，將其空言化爲實用，彰顯王氏推崇莊子的地位。

又《莊子內篇注》〈天下〉篇目下的注語，王氏說：

> 〈襍篇〉卅三，〈天下篇〉者蓋莊子〈自敘〉，……其敘百家學術，皆合古道，患在學者之裂之耳。通於道原，非聖人不能言此。〔註72〕

據這段引文，王氏相信〈天下〉是莊子的〈自敘〉，也就是說王氏認爲〈天下〉是莊子所作的。王氏認爲《莊子》〈天下〉就莊子所論各家學術，乃在通其道之原，而能夠如此敘論百家學術者唯有聖人才能作到，由此可見王氏對莊子的景仰。所以在〈天下〉「以天爲宗，以德爲本，以道爲門，兆於變化，謂之聖人」，王氏的注語說：

> 不能自爲宗，而有所宗；不能全其眞，而見有德。是學而知，利而行者也。然能知道門，逃變化，故爲通人，莊子自喻也。下以關尹、老聃爲眞人，即至人也。然則伏羲爲天人，神農下至孔子爲神人也。〔註73〕

對於「至人」，王氏注曰：「自全其眞以傳學者，使各自正，是其用功專至也。」〔註74〕而對「天人」、「神人」，王氏沒有特別注解，我們只能就《莊子》一書

〔註71〕〔清〕王闓運：《莊子內篇注》〈自序〉，見嚴靈峰編輯：《無求備齋莊子集成續編》冊36，頁6～7。

〔註72〕〔清〕王闓運：《莊子內篇注》〈天下〉，見嚴靈峰編輯：《無求備齋莊子集成續編》冊36，頁195。

〔註73〕〔清〕王闓運：《莊子內篇注》〈天下〉，見嚴靈峰編輯：《無求備齋莊子集成續編》冊36，頁196～197。

〔註74〕〔清〕王闓運：《莊子內篇注》〈天下〉「不離於眞，謂之至人」王氏的注語，見嚴靈峰編輯：《無求備齋莊子集成續編》冊36，頁196。

的瞭解，推得此三者的地位其實是相當的。〔註 75〕現在對比其上的引文，至人是「自全其眞」，而莊子自比的「通人」是「不能自爲宗」、「不能全其眞」，但卻可「有所宗」、「見有德」，「是學而知，利而行者」，即是至人以傳的學者。簡言之，莊子是次於眞人、天人、神人的通人。因此莊子對道的瞭解當然也相當深刻，他說：

> 知至而不能曲以入世，莊生自喻也。故辭楚聘，願曳尾也。然聞道朝徹，故著書言道，傳後世也。〔註 76〕

王氏以爲莊子聞道朝徹，其著書言道，是爲傳後世。而莊子之學由何而來？王氏說：

> 莊生蓋私淑尼山，別承天解。〔註 77〕

王氏以爲莊子與孟子都是私淑孔子。但莊子與孟子不同的是，莊子除了私淑孔子外，另有所承。據王氏的〈自序〉：「空言自老子始，孔子學於老子，莊子從而通之」，莊子既可溝通老子與孔子，則可推得此處以爲莊子所另承的「天解」應得自老子。綜上所述，王氏認爲莊子之學是得自老子與孔子，因此莊子方可聞道朝徹。只是莊子不肯「曲以入世」，所以才著書言道，以傳後世。但莊子不肯曲以入世，並不代表他對入世不關心，相反的正是表示莊子濟世之心。王氏解《莊》很強調的一點，聞道朝徹後則需要濟世，而非遯世，他說：

> ……故知養生以濟世，明道以養生。未有學道以遺物，保生以絕世之聖人也。〔註 78〕

〔註 75〕〈庚桑楚〉：「夫復謵不餽而忘人，忘人，因以爲天人矣。故敬之而不喜，侮之而不怒者，唯同乎天和者爲然。出怒不怒，則怒出於不怒矣；出爲無爲，則爲出於無爲矣。欲靜則平氣，欲神則順心，有爲也。欲當則緣於不得已，不得已之類，聖人之道。」見〔清〕郭慶藩：《莊子集釋》，頁 815。又〈天下〉：「不離於宗，謂之天人。不離於精，謂之神人。不離於眞，謂之至人。以天爲宗，以德爲本，以道爲門，兆於變化，謂之聖人。」郭象注：「凡此四名，一人耳，所自言之異。」成玄英疏：「已上四人，只是一耳，隨其功用，故有四名也。」見〔清〕郭慶藩：《莊子集釋》，頁 1066。

〔註 76〕〔清〕王闓運：《莊子內篇注》〈大宗師〉「我有聖人之道而無聖人之才」下王氏的注語，見嚴靈峰編輯：《無求備齋莊子集成續編》冊 36，頁 156。

〔註 77〕〔清〕王闓運：《莊子內篇注》〈大宗師〉篇目下，王氏的評注，見嚴靈峰編輯：《無求備齋莊子集成續編》冊 36，頁 139。

〔註 78〕〔清〕王闓運：《莊子內篇注》〈大宗師〉「子輿與子桑友，而霖雨十日。子輿曰：『子桑殆病矣！』裹飯而往食之。」下王氏的注語，見嚴靈峰編輯：《無求備齋莊子集成續編》冊 36，頁 177。

這段評解，清楚的指出王氏用世之心，他認爲聖人學道是要濟世、用世的，絕非僅是絕世以保生。我們再看〈逍遙遊〉「堯治天下之民，平海內之政，往見四子藐姑射之山，汾水之陽，窅然喪其天下焉」，王氏注曰：

證至人無己也。平政治民，乃身外餘事，堯非務身外以忘道，治世則然，出世則俱喪矣。〔註 79〕

在這段評解裡，王氏認爲堯是具有四子之體的，出世時可窅然喪其天下，治世時則可平政治民。由此引文，再串連王氏〈自序〉所說「莊子從而通之，由其空言知其實用」之意，此處即是一例證：王氏「以儒解《莊》」，將儒家與莊子的觀點作聯結，堯既具有莊子思想的「體」，亦備有儒學的「用」，這正是王氏所謂「古聖之道」。入世則平政治民，出世則「坐忘」，不因「務身外以忘道」，這個理想，其實正是王氏欲以《莊》學來補儒學之不足的理想。

二、以儒學爲本位，推孔子爲至尊

王氏注《莊》，正是鑑於《莊子》地位的重要，他說：

……而三聖人之書之道，悉汩而亡，而不知其原，豈不悲哉！余嘗略聞師友之言，間見二氏之書，知佛經附會之由，道學紕繆之原。論道不可以爲治；知道不足以盡聖。……凡聖人之行事，取爲愚賤正性命而已。若性與天道不可得聞，莊子之合孔老，道同也；趙宋之合孔佛，論近也。以莊合佛，晉唐之過也；以佛誣孔，宋明之蔽也；以佛誣佛，文士之妄也。故必先明佛之不言性，而性理始絀矣；先明聖之不傳道，而道統自廢矣；先明莊子之不外死生，而佛經乃妄矣。〔註 80〕

王氏認爲後世將儒、釋、道三聖之道混談，世人常將彼此相互比附：「以莊合佛，晉唐之過也；以佛誣孔，宋明之蔽也；以佛誣佛，文士之妄也。」在這裡值得注意的是，王氏並未提及「以莊合儒」，因爲在王氏的觀點裡，「以莊合儒」根本不存在，莊與儒本是同一，沒有比附的問題，所以他才會提出「莊子之合孔老，道同也」。王氏認爲「《莊子》大抵推明論道之所爲，以明古聖

〔註 79〕〔清〕王闓運：《莊子內篇注》〈逍遙遊〉，見嚴靈峰編輯：《無求備齋莊子集成續編》冊 36，頁 33。

〔註 80〕〔清〕王闓運：《莊子內篇注》〈自序〉，見嚴靈峰編輯：《無求備齋莊子集成續編》冊 36，頁 5～6。

之不空言。」因此莊子所要推明論道的「道」，正是「古聖不空言」之「道」，即是儒家與道家未分爲二之道。而此「古聖之道」，也正是王氏所要彰顯之道。

雖是如此，王氏所要推明的「古聖之道」主要還是以儒家的立場出發，我們看〈天下〉「以仁爲恩，以義爲理，以禮爲行，以樂爲和，薰然慈仁，謂之君子」，王氏的注語：

此孔子弟子所傳，正論三代賢臣也。〔註 81〕

「以仁爲恩，以義爲理，以禮爲行，以樂爲和，薰然慈仁」，所說的正是三代的賢臣，而這是由孔子的弟子所傳。夏商周三代，也就是道術未分裂前，〔註 82〕正是王氏所謂的「古聖之道」，而這是由儒家弟子所傳的，可見王氏對儒家的認同。同樣在〈天下〉，莊子對關尹、老聃稱之「古之博大眞人」下，王氏的注語：

列敘四家，唯關、老無蔽，近至人也。然非己志。〔註 83〕

王氏對於莊子將關尹、老聃稱之「古之博大眞人」，近於至人之說，給予的詮釋竟是「非己志」，很明顯的，王氏對此說並不以爲然。易言之，在王氏的觀點裡，老子的地位並沒有超過孔子。而同樣在〈天下〉提及莊子的學術時，在「其於本也，弘大而辟」，王氏注曰：「開闢聖人所未言。」〔註 84〕在「其於宗也，可謂稠適而上遂矣」，王氏注曰：「言幾於天人也。」〔註 85〕反而對莊子之學推崇更甚。再對比之前王氏在〈天下〉「以天爲宗，以德爲本，以道爲門，兆於變化，謂之聖人」的注語：「下以關尹、老聃爲眞人，即至人也。然則伏羲爲天人，神農下至孔子爲神人也」，〔註 86〕而此處又說「唯關、老無

〔註 81〕〔清〕王闓運：《莊子內篇注》〈天下〉，見嚴靈峰編輯：《無求備齋莊子集成續編》冊 36，頁 197。

〔註 82〕〔清〕王闓運：《莊子內篇注》〈天下〉「……道術將爲天下裂」下，王氏注曰：「三代以前異，不相非，故道不裂也。後世則不然，所以必作書論其意。」見嚴靈峰編輯：《無求備齋莊子集成續編》冊 36，頁 200。在王氏的觀點，三代以前雖各家學術相異，但卻不會相互非詆，因此道術並不分裂。

〔註 83〕〔清〕王闓運：《莊子內篇注》〈天下〉，見嚴靈峰編輯：《無求備齋莊子集成續編》冊 36，頁 212～213。

〔註 84〕〔清〕王闓運：《莊子內篇注》〈天下〉，見嚴靈峰編輯：《無求備齋莊子集成續編》冊 36，頁 215。

〔註 85〕〔清〕王闓運：《莊子內篇注》〈天下〉，見嚴靈峰編輯：《無求備齋莊子集成續編》冊 36，頁 215。

〔註 86〕〔清〕王闓運：《莊子內篇注》〈天下〉，見嚴靈峰編輯：《無求備齋莊子集成續編》冊 36，頁 197。

蔽，近至人也。然非己志」。可見王氏並不認同關尹、老聃爲眞人，以爲此非莊子之意。而對伏羲爲天人，神農下至孔子爲神人，王氏則沒有再評解，應是持肯定之辭。另王氏在〈天下〉對莊子之學評解爲近於天人，但在「以天爲宗，以德爲本，以道爲門，兆於變化，謂之聖人」的注語，則以爲莊子自喻爲通人。據此，推得在王氏的觀點裡，孔子與莊子的地位都很崇高，而莊子也僅次孔子而已。因此在評解《莊子》時，王氏站在儒家的立場來評解，在某些觀點則注以儒家的觀點詮釋（詳下），王氏這樣的作法，或可作這樣的理解：王氏深覺《莊》學的重要，對莊子也很推崇，但終究不能摒棄儒學，所以他雖推尊莊子，但依然秉持孔子爲至尊的地位，其「以儒解《莊》」，目的在以《莊》學豐富儒學，使儒學更綻光彩。

不過王氏雖以孔子爲至尊，但有趣的是：他所尊崇的孔子，卻是兼具儒、道風貌的孔子。《莊子內篇注》凡提及孔子的地方，王氏在評解時多有所詮釋，不見非詆孔子之意。値得注意的是王氏的詮釋並非以「此非眞孔子」或「此假託孔子」等類似之意來避談，而是就《莊子》之文另提出自己獨特的說明，這也是王氏不同於清中葉前「以儒解《莊》」的詮釋。以下舉數例說明：

在〈德充符〉「仲尼曰：『自其異者視之，肝膽楚越也，自其同者視之，萬物一體也。夫若然者，且不知耳目之所宜，而游心乎德之和；物視其所一而不見其所喪，視喪其足猶遺土也。』」這一段文字，是莊子托孔子來論說的。而王氏對孔子之所以會如此說，並沒有作任何的評解，只是順其文而注解。諸如「自其異者視之，肝膽楚越也」，則注曰：「各有所主」；「萬物一體也」，則注曰：「俱爲物也」；「視喪其足猶遺土也」，則注曰：「萬物一體，故足如土」等。〔註 87〕王氏之所以沒有格外標注此處的孔子，是因爲王氏確實相信此處是孔子之說。

同樣在〈德充符〉「魯有兀者叔山無（郭本作：「无」）趾，踵見仲尼」一段，〔註 88〕王氏注曰：

〔註 87〕〔清〕王闓運：《莊子內篇注》〈德充符〉，見嚴靈峰編輯：《無求備齋莊子集成續編》冊 36，頁 120。

〔註 88〕〈德充符〉：「魯有兀者叔山无趾，踵見仲尼。仲尼曰：『子不謹，前既犯患若是矣。雖今來，何及矣！』无趾曰：『吾唯不知務而輕用吾身，吾是以亡足。今吾來也，猶有尊足者存，吾是以務全之也。夫天無不覆，地無不載，吾以夫子爲天地，安知夫子之猶若是也！』孔子曰：『丘則陋矣。夫子胡不入乎，請講以所聞！』无趾出。孔子曰：『弟子勉之！夫无趾，兀者也，猶

孔子之周學禮老子，在三十歲前，故無趾見之而以爲未至。〔註 89〕

據此，顯然王氏確信以上莊子所論之孔子乃眞孔子，而以爲孔子之所以會如此，乃因此時的孔子是在三十歲之前，故尚未達及至人。

在〈大宗師〉顏回達到「坐忘」一段，〔註 90〕王氏注曰：

屢稱顏回者，亞聖之姿。聞道婁空者，欲學者之知聖之可及也。〔註 91〕

據王氏評注這段文字，以爲莊子提及顏回與孔子的對話，是要世人明白聖人是可以經由學習而達到的境界。而對於此處所談到的聖人境界，是指「忘禮樂、忘仁義，隳枝體，黜聰明，離形去知，同於大通」的「坐忘」，這種境界與儒家重仁、義、禮、樂顯然不同，但王氏對此處的差異並沒有明白指出，可見在王氏的觀點裡，此「坐忘」是合於「古聖之道」——儒、道未分裂前。

又在〈寓言〉「莊子謂惠子曰：『孔子行年六十而六十化，始時所是，卒而非之，未知今之所謂是之非五十九非也。』〔註 92〕惠子曰：『孔子勤志服知也？』莊子曰：『孔子謝之矣，而其未之嘗言』」這一段話，王氏的評注說：

也，讀爲邪。言孔子所謂非者，豈勤心行所知而見其非耶？行有進時，論無同異，不必以自嫌也。〔註 93〕

務學以復補前行之惡，而況全德之人乎！』无趾語老聃曰：『孔丘之於至人，其未邪？彼何賓賓以學子爲？』」見〔清〕郭慶藩：《莊子集釋》，頁 202～204。

〔註 89〕〔清〕王闓運：《莊子內篇注》〈德充符〉，見嚴靈峰編輯：《無求備齋莊子集成續編》冊 36，頁 127。

〔註 90〕〈大宗師〉：「顏回曰：『回益矣。』仲尼曰：『何謂也？』曰：『回忘仁義矣。』曰：『可矣，猶未也。』他日，復見，曰：『回益矣。』曰：『何謂也？』曰：『回忘禮樂矣。』曰：『可矣，猶未也。』他日，復見，曰：『回益矣。』曰：『何謂也？』曰：『回坐忘矣。』仲尼蹵然曰：『何謂坐忘？』顏回曰：『墮肢體，黜聰明，離形去知，同於大通，此謂坐忘。』仲尼曰：『同則无好也，化則无常也。而果其賢乎！丘也請從而後也。』」見〔清〕郭慶藩：《莊子集釋》，頁 282～285。

〔註 91〕〔清〕王闓運：《莊子內篇注》〈大宗師〉，見嚴靈峰編輯：《無求備齋莊子集成續編》冊 36，頁 177。

〔註 92〕劉鳳苞以爲「未知今之所謂是之非五十九非也」，十四字作一句讀，神氣方完。見氏著、方勇點校：《南華雪心編》冊下〈寓言〉，頁 724～725。

〔註 93〕〔清〕王闓運：《莊子內篇注》〈寓言〉「惠子曰：孔子勤志服知也？」下王氏的注語，見嚴靈峰編輯：《無求備齋莊子集成續編》冊 36，頁 13。

謝，辭去也。言已去孔子遠矣，所言則如未嘗言也。〔註94〕

這段話是莊子借孔子行年六十而六十化，非由勵志用智而來之寓意，針砭惠子：孔子猶有昨非今是的進境，何得以堅白自鳴，專以強辯爲是，執此而不化？〔註95〕謂孔子「未知今之所謂是之非五十九非也」，意指不能執著於一般的是非。而王氏的注解，以爲孔子所否定的，哪裡是平時勤心實行所知道的非呢，況且「行有進時，論無同異」，不必以此自嫌，這顯然是尊孔之心使然，爲孔子諱，而悖離莊子之意。王氏進而解釋，莊子認爲與孔子相較起來，自己著實差得很遠。由是觀之，王氏推孔子爲至尊，無視此篇乃莊子之寓言。

至於王闓運「以儒解《莊》」的方式，與前人相同的是在某些觀點注入儒家的思想來詮釋，使得莊子的義理轉爲儒家的思維內涵，如〈逍遙遊〉〔註96〕釋題云：

消搖游者，言識道也。……然則絕聖棄智，非有本之談；下學上達，乃天知之詣。〈傳〉曰：「仁者安仁，知者利仁」，消搖游之義也。〔註97〕

王氏將莊子的無待逍遙遊，轉爲儒家「仁者安仁，知者利仁」之意。〔註98〕

又如〈逍遙遊〉「藐姑射之山有神人居焉」一段，對「是其塵垢粃糠將猶陶鑄堯舜者也」注曰：

堯舜應世，故以道之粗者陶鑄之，使有模范也。〔註99〕

我們熟知《莊子》這一段分明詆毀儒家堯舜之徒，但經由王氏的注解後，則成了「陶鑄堯舜者」是爲了有應世的典範，與莊子本義大相徑庭，卻巧妙成爲儒家積極應世的理想。

又〈齊物論〉「道惡乎往而不存，言惡乎存而不可？道隱於小成，言隱於

〔註94〕〔清〕王闓運：《莊子內篇注》〈寓言〉「莊子曰：孔子謝之矣，而其未之嘗言」下王氏的注語，見嚴靈峰編輯：《無求備齋莊子集成續編》冊36，頁13。

〔註95〕參〔清〕劉鳳苞撰、方勇點校：《南華雪心編》冊下〈寓言〉，頁725～728。

〔註96〕王氏《莊子內篇注》作〈消搖游〉。

〔註97〕〔清〕王闓運：《莊子內篇注》〈消搖游〉，見嚴靈峰編輯：《無求備齋莊子集成續編》冊36，頁21～22。

〔註98〕《論語·里仁第四》：「子曰：『不仁者不可以久處約，不可以長處樂。仁者安仁，知者利仁。』」見〔南宋〕朱熹：《四書章句集注》，頁92。又《禮記注疏》卷54：「子曰：『仁有三，與仁同功而異情。……仁者安仁，知者利仁，畏罪者強仁』。」見頁6。

〔註99〕〔清〕王闓運：《莊子內篇注》〈消搖游〉，見嚴靈峰編輯：《無求備齋莊子集成續編》冊36，頁33。

榮華。故有儒、墨之是非，以是其所非，而非其所是。欲是其所非而非其所是，則莫若以明」下，注曰：

夫辯是非，固聖人之道。然唯聖可耳。〔註 100〕

這一段是莊子批駁儒墨是非之爭，以爲唯有以道觀之才能泯除是非之擾。但王氏的詮釋卻以爲：辯別是非本是聖人之道，也唯有聖人才能辯正。所以在〈齊物論〉「因是因非，因非因是。是以聖人不由，而照之於天，亦因是也。是亦彼也，彼亦是也」下，注曰：

照於天則無是非矣。無是非，無以治世；有是非，又不能治世。故專因是以化其非也。夫世所積是，聖不能非；世所積非，聖可以是，何者？愚者難悟。先務順之，必先是之，乃可無非。故反以取媚，有恥且格，天下服從，兵革不作，因是之道也。毋固、毋我，是彼之說也。日用飲食，彼是之效也。〔註 101〕

莊子認爲「是」與「非」皆是相對概念，有是必有非，有非必有是，如此循環不已，由是聖人不爭辯是非，而由道照之，自然是非泯除。但王氏卻以爲照於天，則沒有了是非，既沒有是非，又如何治世？這是站在儒家觀點才會有的疑問，以是、非、對、錯作爲治世的準則。所以王氏提出須順「是」來化其「非」，「非」既沒有了，自然天下全「是」，如此一來，當然天下皆服從，兵革也不會興作，這是聖人才具有的能力。此亦是王氏所強調的《莊子》應世之道。

第三節　博采衆說，視莊子著書爲拯世道的馬其昶

馬其昶在其〈莊子故序目〉中，清楚地指出自己所認知的莊子注書之意，他說：

莊子之書，自前世皆列道家，道家祖老子。孔子當周衰，以聖德不得位，序《詩》、《書》、《禮》、《樂》爲儒宗。老子生并孔子，孔子所嚴事。當是時，其道未大顯。至戰國，孟子尊孔攘楊、墨至力矣，無一言及老子。吾意老子遯世無悶，隱君子也。其清虛淡泊，不大異孔子

〔註 100〕〔清〕王闓運：《莊子內篇注》〈齊物論〉，見嚴靈峰編輯：《無求備齋莊子集成續編》冊 36，頁 48。

〔註 101〕〔清〕王闓運：《莊子內篇注》〈齊物論〉，見嚴靈峰編輯：《無求備齋莊子集成續編》冊 36，頁 49。

> 道；不然，孟子排異端，必不釋老子不置論者。世益陵夷，狙詐爭戰之風日熾。賢者自放不得志，痛當時諸侯王無慮皆爲民害，而世儒又貌襲多僞，乃發憤取老氏之說，務推本言之，以救其失，則莊周之徒興焉。其詞洸洋放恣以適己，其意則重可悲矣。〔註 102〕

據〈序目〉，其論點有三：其一、道家祖述老子，在此前提下，肯定莊子列爲道家。其二、老子與孔子之道相近。這二點與前所述的吳世尚，將莊子對「道」的觀念與《易傳》、《論語》、《中庸》融合；宣穎說：「寫『道』只是一『無』，若莊語之，便是《中庸》」；〔註 103〕郭階以爲黃帝以前，無所謂儒、道之別；〔註 104〕王闓運則認定老子與孔子有師徒關係，故其道亦相同等觀點；〔註 105〕諸說差異不大，廣義而論，皆以爲莊子之道是兼采儒、道義理。其三、莊子著書乃爲救世。周末時局衰微紛亂、詭詐爭戰日熾，賢者如莊子，痛民不聊生，世儒貌襲多虛假，爲了拯救衰弊之世，發憤取老氏之說而著書立言，其意沉重。由是得知，馬氏注《莊》亦以爲莊子著書，其意在救世。

馬氏的〈莊子故序目〉，指出莊子所傳之道是兼采老子與孔子，以此觀點來注《莊》，其尊孔立場相當明顯，可在〈序目〉之後一段文字得證。他說：

> 太史公稱其「作〈漁父〉、〈盜跖〉、〈胠篋〉，以詆孔子之徒，以明老子之術」。世所號儒者，皆託爲孔子之徒，今〈胠篋〉所言不及孔子，第絀儒信老，是其義矣。若〈盜跖〉，眞詆訛孔子，是殆擬爲之者讀史公語未審耳；且又烏睹所謂老子之術者哉？非史公所見之舊，其爲贋決也。因從宣穎《南華經解》例，退其篇目附於後。
>
> 〔註 106〕

這段文字是在說明〈外〉、〈雜〉諸篇的眞僞問題，卻也透露馬氏尊孔的傾向。據上文，馬氏將史遷稱以詆「孔子之徒」理解成「孔子之門徒」，非孔子本身，並以爲這些孔子門徒乃後世儒者所假託，〈胠篋〉所詆訾者正是這些依託者，因此確是出自莊子手筆。至於〈盜跖〉所論，直接詆訾孔子，馬氏則認爲這是未能精審了解史遷之意，且此篇「非史公所見之舊」，故確爲贋品

〔註 102〕〔清〕馬其昶：《定本莊子故》〈序目〉，頁 1。

〔註 103〕詳本論文第參章第二節。

〔註 104〕詳本章第一節，論「郭階」部分。

〔註 105〕詳本章第二節。

〔註 106〕〔清〕馬其昶：《定本莊子故》〈序目〉，頁 4。

無疑。〔註 107〕然而《史記》所稱「以詆孔子之徒」，此「徒」當「輩」解，即非詆孔子之輩。〔註 108〕顯然，馬氏以為：謂莊子詆孔子門徒可，謂訾孔子則不可，況且所非毀者還是託名的，非真正孔子門徒。以此作為判斷該篇是否出自莊子之手的標準之一，可見馬氏與前文所述諸「以儒解《莊》」者相同，無法接受莊子批評孔子之說。即便非詆孔子門徒，恐怕也是馬氏不許的，因此他在〈天下〉說：「莊子辯諸子而不及鄒魯之士，其識殆勝荀卿之〈非十二子〉」，〔註 109〕以為莊子不會批評鄒魯之士。這樣的論點，亦前有所承，與前述清初至中葉「以儒解《莊》」者相近。〔註 110〕然其不同的是，馬氏對後世儒者，深表不滿，因此他才會說「世所號儒者，皆託為孔子之徒，今〈胠篋〉所言不及孔子，第絀儒信老，是其義矣」。故〈齊物論〉「道惡乎隱而有真偽」一段，〔註 111〕在「故有儒、墨之是非，以是其所非，而非其所是」下，引郭象註：「儒、墨更相是非」；〔註 112〕在「欲是其所非而非其所是，則莫若以明」下，作按語曰：「今欲是非儒、墨，莫若以明者，不以己明彼，而以彼明彼也」，〔註 113〕隱然對後世儒、墨相爭不休有所微辭。又在〈外物〉「儒以《詩》、《禮》發冢」〔註 114〕一段末，作按語曰：「莊子言

〔註 107〕不止是〈盜跖〉，〈讓王〉、〈說劍〉、〈漁父〉等三篇，馬氏皆從宣穎《南華經解》之例，移於卷末，視為贗品，並引蘇軾、王安石、馬驌、朱熹等之說，以證之。

〔註 108〕司馬貞〈索隱〉：「詆，訐也。詆，音邸；訿，音紫，謂詆訐毀訾孔子也。」見〔西漢〕司馬遷著、〔日〕瀧川龜太郎會注考證：《史記會注考證》卷 63〈老子韓非列傳〉，頁 855。

〔註 109〕〈天下〉「悲夫！百家往而不反，必不合矣！後世之學者，不幸不見天地之純，古人之大體，道術將為天下裂」下，馬氏之按語。見〔清〕馬其昶：《定本莊子故》〈天下〉，頁 211。

〔註 110〕詳本論文第參章第二、三節。

〔註 111〕《莊子》〈齊物論〉：「道惡乎隱而有真偽？言惡乎隱而有是非？道惡乎往而不存？言惡乎存而不可？道隱於小成，言隱於榮華。故有儒墨之是非，以是其所非而非其所是。欲是其所非而非其所是，則莫若以明。」見〔清〕郭慶藩：《莊子集釋》，頁 63。

〔註 112〕〔清〕馬其昶：《定本莊子故》〈齊物論〉，頁 12。

〔註 113〕〔清〕馬其昶：《定本莊子故》〈齊物論〉，頁 12。

〔註 114〕《莊子》〈外物〉：「儒以《詩》、《禮》發冢。大儒臚傳曰：『東方作矣，事之何若？』小儒曰：『未解裙襦，口中有珠。《詩》固有之曰：『青青之麥，生於陵陂。生不布施，死何含珠為！』接其鬢，壓其顪，儒以金椎控其頤，徐別其頰，无傷口中珠！』」見〔清〕郭慶藩：《莊子集釋》，頁 927～928。

此，以譏世儒之誦《詩》、《書》而躬穢行者。以上卑者逐利」，〔註115〕對世儒貌恭而行穢者深表譏刺，這也許是馬氏借古諷今，亦對晚清打著儒家旗號，實際對國家社會了無裨益貢獻的僞儒之詆訾。値得吾人留意的是，這種批評後世儒者的聲浪，在晚清「以儒解《莊》」者時而出現，如前所述的方潛、〔註116〕王闓運、〔註117〕此節之馬其昶、下節的劉鳳苞〔註118〕等，皆有相近的論調。這是晚清與清中葉前很大的不同處。對於晚清「以儒解《莊》」趨向如此的轉折，或可作如此說明：代表晚清學者體察傳統儒學走向窮途，其後若僅繼續在儒學裡頭鑽研討論，只會爭論不休，對濟世之道無甚助益，當另尋資源，以求出路。子學爲中國學術，在先秦百家爭鳴，大放異彩，自然可爲儒學注入新活水。

綜上所論，馬氏尊孔的態度是肯定的，然其注解《莊子》諸篇，多引用前人的解說來完成，〔註119〕不會特別標注護孔，僅偶爾以一、二句表示對堯、舜、孔子推尊之意。如〈逍遙遊〉「堯治天下之民，平海內之政，往見四子藐姑射之山，汾水之陽，窅然喪其天下焉」一段，馬氏直接引郭象之說：「天下雖宗堯，而堯未嘗有天下也。故窅然喪之，而常遊心於絕冥之境。四子者，蓋寄言以明堯之不一於堯耳」。〔註120〕顯然馬氏贊成郭說，以爲堯「遊心於絕冥之境」，是無爲而治的聖人，故「未嘗有天下」，乃「以不治治之」。〔註121〕又〈逍遙遊〉末段，馬氏按語曰：「以上言甄陶區宇，又必具堯舜不與之襟抱，乃能用世而不爲世用」，〔註122〕將堯舜視爲逍遙遊最高境界：「不與之襟抱」、

〔註115〕〔清〕馬其昶：《定本莊子故》〈外物〉，頁193。

〔註116〕詳本章第一節，論「方潛」部分。

〔註117〕詳本章第二節。

〔註118〕詳本章第四節，論「劉鳳苞」部分。

〔註119〕此書徵引繁富，所采摭者有司馬彪、崔譔、向秀、郭象、李頤、支遁、簡文帝、陸德明、成玄英、呂惠卿、王雱、黃庭堅、朱熹、林希逸、褚伯秀、王應麟、劉辰翁、羅勉道、楊愼、朱得之、陸西星、歸有光、焦竑、釋德清、陶望齡、陳治安、方以智、錢澄之、王夫之、宣穎、洪頤煊、王念孫、劉大櫆、姚鼐、方潛、郭嵩燾、曾國藩、孫詒讓、王闓運、吳汝綸、俞樾、郭慶藩、姚永朴、姚永概等家之說。馬氏往往折衷諸說，然後附以己意。即使自己直接作按語，持論也比較謹愼，不故作標新立異之說。雖多引前人既有的成說，吾人卻可就其所引述，知其論點。

〔註120〕〔清〕馬其昶：《定本莊子故》〈逍遙遊〉，頁6。

〔註121〕〔清〕郭慶藩：《莊子集釋》〈逍遙遊〉註1條，頁24。

〔註122〕〔清〕馬其昶：《定本莊子故》〈逍遙遊〉「惠子謂莊子曰：『吾有大樹，人謂

「能用世而不爲世用」，顯然悖離莊子無待之逍遙遊意。又〈山木〉「市南宜僚見魯侯」一段，〔註 123〕引方宗誠之說：「此蓋亦竊取孔子『從心所欲不踰矩』之意」，〔註 124〕以爲莊子所論「刳形去皮，洒心去欲，而游於無人之野」、「愚而朴，少私而寡欲；知作而不知藏，與而不求其報；不知義之所適，不知禮之所將」等句，與孔子「從心所欲不踰矩」是相同義，且是莊子竊取孔子的。顯然馬氏在尊孔之餘，以儒家觀點詮解《莊》意。此處莊子之言，同前〈大宗師〉所述，乃泯除一切的主觀意志，方能無待自得。〔註 125〕與孔子「從心所欲」，強調主觀道德修養不同。在馬氏認知裡，莊子在語言文字中隱微寄託了堯、舜、孔子之道，如云：「莊子於堯、舜、孔子，每微文見意」，〔註 126〕

之樗，其大本擁腫而不中繩墨，……。』莊子曰：『……今子有大樹，患其無用，何不樹之於無何有之鄉，廣莫之野？彷徨乎無爲其側，逍遙乎寢臥其下。不夭斤斧，物無害者。無所可用，安所困苦哉？』」一段，馬氏按語。見頁 7。

〔註 123〕〈山木〉：「市南宜僚見魯侯，魯侯有憂色。市南子曰：『君有憂色，何也？』魯侯曰：『吾學先王之道，脩先君之業；吾敬鬼尊賢，親而行之，无須臾離居；然不免於患，吾是以憂。』市南子曰：『君之除患之術淺矣！夫豐狐、文豹，棲於山林，伏於巖穴，靜也；夜行晝居，戒也；雖飢渴隱約，猶旦胥疏於江湖之上而求食焉，定也；然且不免於罔羅機辟之患，是何罪之有哉？其皮爲之災也。今魯國獨非君之皮邪？吾願君刳形去皮，洒心去欲，而遊於无人之野。南越有邑焉，名爲建德之國。其民愚而朴，少私而寡欲；知作而不知藏，與而不求其報；不知義之所適，不知禮之所將；猖狂妄行，乃蹈乎大方；其生可樂，其死可葬。吾願君去國捐俗，與道相輔而行。』君曰：『彼其道遠而險，又有江山，我无舟車，奈何？』市南子曰：『君无形倨，无留居，以爲君車。』君曰：『彼其道幽遠而无人，吾誰與爲鄰？吾无糧，我无食，安得而至焉？』市南子曰：『少君之費，寡君之欲，雖无糧而乃足。君其涉於江而浮於海，望之而不見其崖，愈往而不知其所窮。送君者皆自崖而反，君自此遠矣！故有人者累，見有於人者憂。故堯非有人，非見有於人也。吾願去君之累，除君之憂，而獨與道遊於大莫之國。方舟而濟於河，有虛船來觸舟，雖有惼心之人不怒；有一人在其上，則呼張歙之；一呼而不聞，再呼而不聞，於是三呼邪，則必以惡聲隨之。向也不怒而今也怒，向也虛而今也實。人能虛己以遊世，其孰能害之！』」見〔清〕郭慶藩：《莊子集釋》，頁 670～675。

〔註 124〕〔清〕馬其昶：《定本莊子故》〈山木〉「市南子曰：『……今魯國獨非君之皮邪？吾願君刳形去皮，洒心去欲，而遊於無人之野。南越有邑焉，名爲建德之國。其民愚而朴，少私而寡欲；知作而不知藏，與而不求其報；不知義之所適，不知禮之所將；猖狂妄行，乃蹈乎大方』」下，馬氏按語。見頁 135。

〔註 125〕詳本論文第參章第二節。

〔註 126〕〔清〕馬其昶：《定本莊子故》〈山木〉「市南子曰：『少君之費，寡君之欲，雖無糧而乃足。君其涉於江而浮於海，望之而不見其崖，愈往而不知其所窮。送君者皆自崖而反，君自此遠矣！故有人者累，見有於人者憂。故堯非有人，非見有於人也』」下，馬氏按語。見頁 135。

故莊子著書乃助孔子者也。〔註 127〕這與前述蘇軾〈莊子祠堂記〉所云：莊子之言，「陽擠而陰助」孔子之意，〔註 128〕一脈相承。

職此之故，馬氏也承韓愈〈送王秀才序〉之說，以爲莊子爲田子方之後。〔註 129〕又〈天下〉引姚鼐《莊子章義》語：「退之謂其學出於子夏，殆其然與」，〔註 130〕肯定莊子爲孔門後學，只是不肯學孔子，引朱子說：「莊子於書都理會過，如此數語，字字有著落，後來人如何下得？他止是不肯學孔子，故將道理掀翻說，不拘繩墨，所謂『知者過之』者也。」〔註 131〕故在馬氏心中，莊子雖比不上孔子，卻是勝過老子的天人，如〈天下〉引宣穎語：「上言其本宗，下言其應用，體用兼妙，此勝《老子》處。」〔註 132〕前述王闓運亦有相近見解。〔註 133〕又引姚鼐之說：「蓋篇首所云聖人、君子者，儒者之所奉教是也，不離於眞；則關尹、老子，古之博大眞人是已；然猶未至極。若莊生之獨與

〔註 127〕在〈天下〉「天下大亂，賢聖不明，道德不一，天下多得一察焉以自好。譬如耳目鼻口，皆有所明，不能相通。猶百家眾技也，皆有所長，時有所用。雖然，不該不徧，一曲之士也。判天地之美，析萬物之理，察古人之全，寡能備於天地之美，稱神明之容。是故內聖外王之道，闇而不明，鬱而不發，天下之人各爲其所欲焉以自爲方」下，引馬端臨語：「東坡謂莊子助孔子者，於此見之。」見〔清〕馬其昶：《定本莊子故》，頁 211。

〔註 128〕詳本論文，第貳章第一節。

〔註 129〕〔清〕馬其昶：《定本莊子故》〈田子方〉「田子方侍坐於魏文侯」句下，引韓愈語：「子夏之學，其後有田子方；子方之後，流而爲莊周。故周之書喜稱子方之爲人。」見頁 141。

〔註 130〕〔清〕馬其昶：《定本莊子故》〈天下〉「天下之治方術者多矣，皆以其有爲不可加矣。古之所謂道術者，果惡乎在？曰：『無乎不在。』曰：『神何由降？明何由出？』『聖有所生，王有所成，皆原於一。』不離於宗，謂之天人；不離於精，謂之神人；不離於眞，謂之至人；以天爲宗，以德爲本，以道爲門，兆於變化，謂之聖人；以仁爲恩，以義爲理，以禮爲行，以樂爲和，薰然慈仁，謂之君子；以法爲分，以名爲表，以參爲驗，以稽爲決，其數一二三四是也，百官以此相齒，以事爲常，以衣食爲主，蕃息畜藏，老弱孤寡爲意，皆有以養，民之理也。古之人其備乎！配神明，醇天地，育萬物，和天下，澤及百姓，明於本數，係於末度，六通四辟，小大精粗，其運無乎不在。其明而在數度者，舊法世傳之史，尚多有之」下，引姚鼐說。見頁 210。

〔註 131〕〔清〕馬其昶：《定本莊子故》〈天下〉「《詩》以道志，《書》以道事，《禮》以道行，《樂》以道和，《易》以道陰陽，《春秋》以道名分」下，引朱子語。見頁 210。

〔註 132〕〔清〕馬其昶：《定本莊子故》〈天下〉「彼其充實不可以已，上與造物者遊，而下與外死生無終始者爲友。其於本也，弘大而辟，深閎而肆，其於宗也，可謂稠適而上遂矣」下，引宣穎語。見頁 218。

〔註 133〕詳本章第二節。

天地精神往來，不敖倪於萬物，則獨所謂不離於宗，謂之天人者爾。其辭意之不遜如是。末又以其書瓌瑋諔詭近於辯者，故併及惠施，以爲彼之舛駁，無與於道術。若莊子之充實不可已，與辯者懸殊。欲世讀者，毋偉其辭而失其旨也」，〔註134〕肯定莊子充實不已之學，而關尹、老子雖是古之博大眞人，但猶未至極也。

不過馬氏的「以儒解《莊》」，主要表現在援引宋明理學與《孟子》、《中庸》上。如〈逍遙遊〉「至人無己，神人無功，聖人無名」下，作按語：

> 以上論學者必具超世之識，邁俗之行，乃能浩然直養，而塞乎天地。〔註135〕

以孟子「善養吾浩然正氣」來詮釋莊子的「無己」、「無功」、「無名」。此說與前述的宣穎，以爲「孟子之浩然也，莊子之逍遙遊也，皆心學也」，〔註136〕銜續相承，無甚創見。

又〈天下〉首段，言古之道術，〔註137〕引姚鼐之說：

> 姚鼐曰：夫子語子夏以君子「必達於禮樂之原」，禮樂原於中之不容已，而「志氣塞乎天地」。莊子言「明於本數」及「知禮意」者，固即所謂「達禮樂之原」而配神明；「與造物爲人」，亦「志氣塞天地」之旨。〔註138〕

馬氏引姚說，援引《孟子》思想解《莊》，前有所承，亦是「以儒解《莊》」者慣用的方法。

〔註134〕〔清〕馬其昶：《定本莊子故》〈天下〉末，引姚鼐語，頁220。

〔註135〕〔清〕馬其昶：《定本莊子故》〈逍遙遊〉，頁4。

〔註136〕〔清〕宣穎：《南華經解》〈逍遙遊〉釋題，見嚴靈峰編輯：《無求備齋莊子集成續編》冊32，頁25。相關論述，詳本論文第參章第二節。

〔註137〕〈天下〉：「天下之治方術者多矣，皆以其有爲不可加矣。古之所謂道術者，果惡乎在？曰：『无乎不在。』曰：『神何由降？明何由出？』『聖有所生，王有所成，皆原於一。』不離於宗，謂之天人；不離於精，謂之神人；不離於眞，謂之至人；以天爲宗，以德爲本，以道爲門，兆於變化，謂之聖人；以仁爲恩，以義爲理，以禮爲行，以樂爲和，薰然慈仁，謂之君子；以法爲分，以名爲表，以參爲驗，以稽爲決，其數一二三四是也，百官以此相齒，以事爲常，以衣食爲主，蕃息畜藏，老弱孤寡爲意，皆有以養，民之理也。古之人其備乎！配神明，醇天地，育萬物，和天下，澤及百姓，明於本數，係於末度，六通四辟，小大精粗，其運无乎不在。其明而在數度者，舊法世傳之史，尚多有之。」見〔清〕郭慶藩：《莊子集釋》，頁1065～1067。

〔註138〕〔清〕馬其昶：《定本莊子故》〈天下〉，頁210。

又〈齊物論〉「自彼則不見，自知則知之」一段，〔註 139〕在「亦因是也」下，引朱熹之說：

因者，君之綱。道家之說此爲最要。〔註 140〕

其後馬氏按語曰：

此即儒者因物付物之學。〔註 141〕

莊子認爲是非乃相因而生，相因而有，因此由自然來照察是非，破除是非的對立。馬氏卻引朱說來詮釋，以爲因者乃君之綱，肯定其言。然而，「因者」，何以是「君之綱」呢？其意當取自司馬談〈論六家要旨〉，論道家「其術以虛無爲本，以因循爲用。……虛者，道之常也；因者，君之綱也。」〔註 142〕張舜徽述其義，曰：「老子言主術，所以貴虛無者，爲其能多受也。即人君不貴己之智才能勇，但因臣下之智才能勇以爲己用。」其引《淮南子・主術篇》：「下者萬物歸之，虛者天下遺之。」「君人者，不下廟堂之上，而知四海之外者，因物以識物，因人以知人也。」又引《呂氏春秋》〈貴因篇〉：「因則功，專則拙。」〔註 143〕足以發明其旨。《老子》四十九章云：「聖人無常心，以百姓心爲心。善者吾善之，不善者吾亦善之」，《老子河上公注》曰：「聖人重改更，貴因循，若自無心。百姓心之所便，聖人因而從之。百姓爲善，聖人因而善之。百姓雖有不善者，聖人化之使善也。」〔註 144〕如此詮釋，如張守節〈正義〉云：「因百姓之心以爲教，唯執其綱而已。」〔註 145〕爲君道而發。故朱熹云：「因者，君之綱。道家之說此爲最要。」只是《河上公注》，顯然與《老子》本意不合，二十五章云：「道法自然」、六十四章云：「輔萬物之自然，

〔註 139〕〈齊物論〉：「自彼則不見，自知則知之。故曰彼出於是，是亦因彼。彼是，方生之說也。雖然，方生方死，方死方生；方可方不可，方不可方可；因是因非，因非因是。是以聖人不由，而照之於天，亦因是也。」見〔清〕郭慶藩：《莊子集釋》，頁 66。

〔註 140〕〔清〕馬其昶：《定本莊子故》〈齊物論〉，頁 12。

〔註 141〕〔清〕馬其昶：《定本莊子故》〈齊物論〉，頁 12。

〔註 142〕〔西漢〕司馬遷著、〔日〕瀧川龜太郎會注考證：《史記會注考證》〈太史公自序〉，頁 12～13，總頁 1368。

〔註 143〕張舜徽：《周秦道論發微》〈太史公論六家要旨述義〉，頁 306～307。

〔註 144〕《老子河上公注》卷 3〈任德第四十九〉註 1～4 條，見〔魏〕王弼等：《老子四種》，頁 60。

〔註 145〕〔西漢〕司馬遷著、〔日〕瀧川龜太郎會注考證：《史記會注考證》〈太史公自序〉，頁 13，總頁 1368。

而不敢爲」，皆強調順應自然，不添人爲干預。並非《河上公注》所言：「百姓雖有不善者，聖人化之使善也」。當是王弼所注：「各因其用，則善不失也」，〔註 146〕如此才符合「因物付物」之意，亦如郭象云：「無爲而任物之自爲」，〔註 147〕順應自然，無摻個人主觀意志，讓萬物各呈其本然。即〈齊物論〉：「照之於天」、「莫若以明」之意。若此，何得以歸屬儒學呢？顯然馬氏的「以儒解《莊》」，是強作綰合。

又〈養生主〉釋題，引楊時之說：「〈逍遙篇〉，子思所謂『無入不自得』。〈養生主〉篇，孟子所謂『行其無所事』。」〔註 148〕如前所述，楊時以《中庸》、〔註 149〕《孟子》與《莊子》觀點作融通，這是「以儒解《莊》」者常使用的方式。楊時以爲莊子〈養生主〉篇旨，即《孟子》云：「天下之言性也，則故而已矣。故者以利爲本。所惡於智者，爲其鑿也。如智者若禹之行水也，則無惡於智矣。禹之行水也，行其所無事也。如智者亦行其所無事，則智亦大矣。天之高也，星辰之遠也，苟求其故，千歲之日至，可坐而致也」〔註 150〕之意。〈養生主〉著重養生之主，當「依乎天理，因其固然」，使眞君不受到傷害。《孟子》此段，意指人物所得以生之理，當順自然之勢。據此，二者確實有相近處。然而莊子的「眞君」，與孟子的「性」，其內涵並不相同。

又〈養生主〉首段「可以保身，可以全生，可以養親，可以盡年」下，〔註 151〕馬氏作按語曰：

> 受形父母，保身，所以事親也；受氣天地，全生，所以盡年也。以上知恬交養，允執厥中。〔註 152〕

〔註 146〕《老子王弼注》下篇〈49 章〉註 2 條，見〔魏〕王弼等：《老子四種》，頁 42。

〔註 147〕〈在宥〉「聞在宥天下，不聞治天下也」下，郭象注曰：「故所貴聖王者，非貴其能治也，貴其無爲而任物之自爲也。」見〔清〕郭慶藩：《莊子集釋》，頁 364。

〔註 148〕〔清〕馬其昶：《定本莊子故》〈養生主〉，頁 21。

〔註 149〕楊時以爲莊子的「逍遙遊」，即子思「無入而不自得」之謂，前述的屈復亦如是說，詳本論文第參章第二節。

〔註 150〕《孟子》〈離婁下〉，見〔南宋〕朱熹：《四書章句集注》，頁 416。

〔註 151〕〈養生主〉：「吾生也有涯，而知也无涯。以有涯隨无涯，殆已；已而爲知者，殆而已矣。爲善无近名，爲惡无近刑。緣督以爲經，可以保身，可以全生，可以養親，可以盡年。」見〔清〕郭慶藩：《莊子集釋》，頁 115。

〔註 152〕〔清〕馬其昶：《定本莊子故》〈養生主〉，頁 21。

周敦頤〈太極圖說〉云「二氣交感，化生萬物」，〔註 153〕莊子以為人的生死變化，乃一氣之流轉，氣聚則生，氣散則亡。〔註 154〕馬氏注解「全生」，僅謂「受氣天地」，當與《莊子》意近。再者馬氏以「緣督以為經，可以保身，可以全生，可以養親，可以盡年」，解釋為莊子所謂「知恬交養」，〔註 155〕即以恬靜之法與真知交相養，「知而非為，則無害於恬；恬而自為，則無傷於知」，〔註 156〕此則「中和之道，存乎寸心，自然之理，出乎天性，在我而已矣」，〔註 157〕即以「中和之道」來注解「緣督為經」。這樣的注解，是符合《莊子》之意，順乎自然，尋其中道。若以儒家的「允執厥中」來詮釋，則不甚適切。《偽古文尚書》〈大禹謨〉「人心惟危，道心惟微。惟精惟一，

〔註 153〕〔北宋〕周敦頤：〈太極圖說〉「乾道成男，坤道成女，二氣交感，化生萬物。」見氏著：《通書》之附錄，頁 48。

〔註 154〕相關論述，可參〈大宗師〉：「子桑户、孟子反、子琴張三人相與友，曰：『孰能相與於无相與，相為於无相為？孰能登天遊霧，撓挑無極，相忘以生，无所終窮？』三人相視而笑，莫逆於心，遂相與友。莫然有間，而子桑户死，未葬。孔子聞之，使子貢往侍事焉。……孔子曰：『彼，遊方之外者也；而丘，遊方之內者也。外內不相及，而丘使女往弔之，丘則陋矣。彼方且與造物者為人，而遊乎天地之一氣。彼以生為附贅縣疣，以死為決潰癰。夫若然者，又惡知死生先後之所在！假於異物，託於同體；忘其肝膽，遺其耳目；反覆終始，不知端倪；芒然彷徨乎塵垢之外，逍遙乎无為之業。彼又惡能憒憒然為世俗之禮，以觀眾人之耳目哉！』」又〈至樂〉：「莊子妻死，惠子弔之，莊子則方箕踞鼓盆而歌。惠子曰：『與人居，長子老身，死不哭亦足矣，又鼓盆而歌，不亦甚乎！』莊子曰：『不然。是其始死也，我獨何能无概然！察其始而本无生，非徒无生也而本无形，非徒无形也而本无氣。雜乎芒芴之間，變而有氣，氣變而有形，形變而有生，今又變而之死，是相與為春秋冬夏四時行也。人且偃然寢於巨室，而我噭噭然隨而哭之，自以為不通乎命，故止也。』」又〈知北遊〉：「人之生，氣之聚也；聚則為生，散則為死。若死生為徒，吾又何患！故萬物一也，是其所美者為神奇，其所惡者為臭腐；臭腐復化為神奇，神奇復化為臭腐。故曰『通天下一氣耳。』」等篇，見〔清〕郭慶藩：《莊子集釋》，頁 264～268、頁 614～615、頁 733。莊子是先秦奠定「氣」概念內涵的大家，與秦漢後之「氣」概念不同，可參楊儒賓：〈兩種氣論，兩種儒學〉，收入《異議的意義——近世東亞的反理學思潮》（臺北：國立臺灣大學出版中心，2012 年 11 月初版），頁 127～172。

〔註 155〕〈繕性〉：「古之治道者，以恬養知；知生而無以知為也，謂之以知養恬。知與恬交相養，而和理出其性。」見〔清〕郭慶藩：《莊子集釋》，頁 548。

〔註 156〕〈繕性〉「知與恬交相養，而和理出其性」下，郭象註語。見〔清〕郭慶藩：《莊子集釋》，頁 549。

〔註 157〕〈繕性〉「知與恬交相養，而和理出其性」下，成玄英疏。見〔清〕郭慶藩：《莊子集釋》，頁 549。

允執厥中」，〔註 158〕這是舜禪位給禹前，殷切期盼地對大禹說的話，此四句向來爲理學家相當重視的「十六字心法」，視爲中國古聖王堯、舜、禹代代傳授的「道統」。〔註 159〕至於「允執厥中」當何解？在《中庸》，孔子曾贊揚舜具有大智慧，曰：「舜其大知也與！舜好問而好察邇言，隱惡而揚善，執其兩端，用其中於民，其斯以爲舜乎！」〔註 160〕據此，「執其兩端，用其中於民」即是其意，正反兩端，調和折衷，以中庸之道對待百姓。而朱子則解釋爲「二者（薇按：指道心與人心）雜於方寸之間，而不知所以治之，則危者愈危，微者愈微，而天理之公卒無以勝夫人欲之私矣。精則察夫二者之間而不雜也，一則守其本心之正而不離也。從事於斯，無少閒斷，必使道心常爲一身之主，而人心每聽命焉，則危者安、微者著，而動靜云爲自無過不及之差矣。」〔註 161〕簡言之，即精察道心與人心之間的差異，守住本心之正，以道心爲主宰，人心自可聽從，如此一來，皆無過與不及。這與莊子之意相差甚遠，莊子之順中，必以自然爲宗。〔註 162〕

又〈大宗師〉釋題，分別引宣穎與方潛之說：

> 宣穎曰：張子云：「乾稱父，坤稱母，民吾同胞，物吾與也」，可以知大宗矣。老子云：「人法地，地法天，天法道，道法自然」，可以知大師矣。
>
> 方潛曰：「全無體之體，則得大宗師矣。大宗師者，道也。」〔註 163〕

〔註 158〕《僞古文尚書》〈大禹謨〉，見屈萬里：《尚書釋義》附錄三，頁 231。

〔註 159〕朱熹〈中庸章句序〉曰：「中庸何爲而作也？子思子憂道學之失其傳而作也。蓋自上古聖神繼天立極，而道統之傳有自來矣。其見於經，則『允執厥中』者，堯之所以授舜也；『人心惟危，道心惟微，惟精惟一，允執厥中』者，舜之所以授禹也。堯之一言，至矣，盡矣！而舜復益之以三言者，則所以明夫堯之一言，必如是而後可庶幾也。……夫堯、舜、禹，天下之大聖也。以天下相傳，天下之大事也。以天下之大聖，行天下之大事，而其授受之際，丁寧告戒，不過如此。」見〔南宋〕朱熹：《四書章句集注》，頁 19～20。

〔註 160〕《中庸》第 6 章，見〔南宋〕朱熹：《四書章句集注》，頁 26。

〔註 161〕朱熹：〈中庸章句序〉，見〔南宋〕朱熹：《四書章句集注》，頁 19。

〔註 162〕若單方面僅就馬其昶此處的按語，也可看作馬氏用「允執厥中」乃就上文言莊子所謂「知恬交養」而「執其中道」，無關《僞古文尚書》〈大禹謨〉之義。然若整體觀之，馬氏全書之「以儒解《莊》」主要表現在援引宋明理學與《中庸》、《孟子》上，秉注者解《莊》思想當一貫而論，此處馬氏加「允執厥中」一語，亦可理解爲理學家思維。

〔註 163〕〔清〕馬其昶：《定本莊子故》〈大宗師〉，頁 43。

如前所述，宣穎鎔鑄張載〈西銘〉與老子之說，闡釋莊子之「道體」。〔註 164〕而方潛則詮釋成「全無體之體」爲「道」，即「以無體爲體」，方能「遺形全德」。〔註 165〕宣、方二家解《莊》多摻理學、老氏之學，馬氏多引用成說，沒有創獲。同樣地，〈大宗師〉「其耆欲深者，其天機淺」下，作按語，亦引程顥之說：「莊子此言最善。人於天理昏者，止是爲耆欲所亂」，〔註 166〕沒有個人的見解。又〈至樂〉「天地無爲也，而無不爲也；人也孰能得無爲哉」下，作按語曰：

> 范文正公言：「一身從無中來，從無中去。千古聖賢不能免生死，不能管後事。即放心逍遙，任意往來。」其說殆取之莊子。朱子謂：「學者當常以志士不忘在溝壑爲念，則道義重而計較生死之心輕矣，況衣食至微末事？」蓋自古大儒名臣未有不勘破生死者，莊子書尤數數言此，特詼詭出之，遂覺詞旨別耳。〔註 167〕

范仲淹（989～1052）的話，僅是一般儒生對生死的看法：千古聖賢皆不能免死，身後事也無法管得，因此對生死當放寬心，隨順變化。朱子的話，更是強調志士仁人當重道義而輕死生。至於范氏「一身從無中來，從無中去」一語，反與佛家「緣起性空」較爲接近，以爲世間的萬事萬物都是「因」（主要條件）、「緣」（次要條件）和合而產生。緣具足則生，緣盡了則滅，這一切的萬事萬物（法）因爲本身沒有眞實恆常（都是暫有）的自體性，其本性是空，故云：「緣起性空」。一切現象皆由各種條件的聚散變化形成。因緣聚則有，因緣散則無，萬物本身無自性。而莊子的生死觀是指氣的流轉變化，氣聚則生，氣散則亡，但氣散可能流轉至其他萬物上，成爲他物，也不會是無，永遠消失。更何況此在詮解莊子「無爲」之意，與「生死觀」有何相干？莊子的「無爲」意，如前所述乃指去除一切人的主觀意志而言。

易言之，馬氏的「以儒解《莊》」，多承襲舊說，甚少個人創見。以小見大，儒學走向疲弊，不言可喻。但不可忽視的是，晚清「以儒解《莊》」的論點，多是前有所繼，後有所轉折。吾人可從馬氏解《莊》中，看到博采眾說的特色，亦窺得晚清知識份子察覺儒學衰微，仍試圖從子學挖掘新資源以增

〔註 164〕詳本論文第參章第二節。

〔註 165〕〔清〕方潛：《南華經解》〈德充符〉釋題，見嚴靈峰編輯：《無求備齋莊子集成續編》冊 36，頁 58。

〔註 166〕〔清〕馬其昶：《定本莊子故》〈大宗師〉，頁 44。

〔註 167〕〔清〕馬其昶：《定本莊子故》〈至樂〉，頁 120。

強儒學所重的經世之心。如〈在宥〉「黃帝立爲天子，十九年，令行天下。聞廣成子在於空同之上，故往見之」一段，在「廣成子蹷然而起曰：『善哉問乎』」下，馬氏按語曰：

> 此即《大學》「壹是皆以修身爲本」之意，非謂不治天下也。凡莊生之言治道，類如此。蓋痛戰國之徒尚詐力。〔註 168〕

馬氏以儒家積極用世的觀點詮釋，認爲凡莊子言治道皆是治天下，如《大學》所言，修身爲本，進而齊家、治國、平天下，達到修己治人的內聖外王之道。

在〈庚桑楚〉「大亂之本，必生於堯舜之閒。其末存乎千世之後，千世之後，其必有人與人相食者者也」，〔註 169〕這段文字下，馬氏引陳光淞的話：

> 莊子生於周末，親見亂賊接踵，竊聖人之跡以濟其凶，是聖人開物成務者，適爲殃民之具。因痛皇古之不可復也。〔註 170〕

馬氏面臨晚清儒學無助於國計民生的困境，正如莊子的時代，故爲儒學尋求一條新出路，轉而向《莊子》抉取資源。對「痛皇古之不可復」，想必心有戚戚焉。

再者，據林柏宏的研究，馬其昶「雖以儒、莊同旨」，「但也把握住儒、莊之間的分際，並不以道德主體作強調，而是以虛化反省、重新面對現實作爲莊子思想的核心關懷。」〔註 171〕按此，馬氏「以儒解《莊》」的主要核心當是「以虛化反省、重新面對現實」，以此作爲莊子著書乃爲救世之目的，亦是馬氏注解《莊子》之用意。

第四節　由「以儒解《莊》」轉入「以莊解《莊》」

「以儒解《莊》」的淵源及其流變發展，如前所述，爲期相當久遠，及有清一朝，從初期、中葉、晚清皆未中歇，可謂是一股漫長洪流的學術思潮。不過儒、莊畢竟是不同的思維系統，「以儒解《莊》」有其時代思想背景，故

〔註 168〕〔清〕馬其昶：《定本莊子故》〈在宥〉，頁 75。

〔註 169〕〈庚桑楚〉：「庚桑子曰：『……吾語女，大亂之本，必生於堯舜之間。其末存乎千世之後。千世之後，其必有人與人相食者者也！』」見〔清〕郭慶藩：《莊子集釋》，頁 775。

〔註 170〕〔清〕馬其昶：《定本莊子故》〈庚桑楚〉，頁 159。

〔註 171〕林柏宏：《馬其昶《莊子故研究》》第五章第五節〈儒道會通〉，頁 139。

這股解《莊》思潮，在晚清漸起反對聲響。以下列舉劉鳳苞的《南華雪心編》與陳壽昌《南華眞經正義》二書，代表由「以儒解《莊》」轉入「以莊解《莊》」的流變。

一、兼采「以儒解《莊》」諸說，漸入「以莊解《莊》」的劉鳳苞

劉鳳苞《南華雪心編》〈自序〉云：

> 予自幼頗愛讀《莊子》之文，驟焉不得其所解。及觀晉人郭象所注《南華》篇，探玄抉奧，識解獨據萬山之巔，恍然有得於其心。復參合諸家註解，而後章法之貫串玲瓏、筆力之汪洋恣肆，窺豹而時見一斑。南帆北馬，輒攜是書以自隨，初未敢妄增一解，以貽駢拇枝指之譏。年來捧檄邊庭，從事於波濤兵燹之間，更歷憂患，取是書而研究之，一切榮落升沉之感，不知何以俱化，而天人性命之微，亦若少窺其分際焉。則先生之貺我良多也。〔註 172〕簿書之暇，把卷沉吟，機有所觸，筆之於書，亦如玄化之鼓盪而不能自已，天籟之起伏而莫知所爲焉，名之曰《雪心編》。〔註 173〕

這篇〈自序〉，說明劉氏早年即喜愛讀《莊子》，尤在「捧檄邊庭，從事於波濤兵燹之間，更歷憂患」，借由注《莊》將「一切榮落升沉之感」消解。據方勇考察，《南華雪心編》的初稿是《南華贅解》，二者最大的差異，在於前者增加大量郭象註語與陸樹芝等人的註評文字，〔註 174〕而陸氏解《莊》則有濃厚的理學

〔註 172〕此先生當指宣穎，就其〈贅解自序〉所云，可以推得。但修訂後的〈南華雪心編自序〉，則無法判讀此先生爲誰了。〈贅解自序〉云：「予自勝衣就傅以後，即喜讀《莊子》一書，顧茫然不得所解。嗣睹《莊子獨見》一書，晉陵胡繩崖（薇按：胡文英）已先我解之，其間鈎元扼要，詞旨無多，竊疑解之猶有未盡也。及觀宣茂公先生（薇按：宣穎）《南華經解》，分段詳注，逐層細批，參合前解，讀之恍然有得於其心。南帆北馬，輒攜是書以自隨，然未敢妄增一解，恐貽駢拇枝指之譏。年來捧檄邊庭，從事於波濤兵燹之間，更歷憂患，取是書而研究之，一切榮落升沉之感，不知何以俱消，而天人理欲之微，亦若稍窺其分際焉，則先生之貺我良多也。簿書之暇，把卷沉吟，機有所觸，筆之於書，亦如元化之鼓蕩而不能自已，天籟之起伏而莫知所爲焉。名之曰《南華贅解》，解其所無庸解也。」引自方勇點校《南華雪心編》於卷首所撰的〈前言〉，見〔清〕劉鳳苞撰、方勇點校：《南華雪心編》冊上〈前言〉，頁 13。（詳註 8）

〔註 173〕〔清〕劉鳳苞撰、方勇點校：《南華雪心編》冊上〈劉鳳苞自序〉，頁 8～9。

〔註 174〕〔清〕劉鳳苞撰、方勇點校：《南華雪心編》冊上〈前言〉，頁 9。

色彩。〔註 175〕再將〈南華雪心編自序〉與〈贅解自序〉作對比，可發現〈贅解自序〉云對「天人理欲之微」能「窺其分際」，在〈南華雪心編自序〉改曰「天人性命之微」，可見劉氏應受理學影響。又〈贅解自序〉云：嗣睹胡文英《莊子獨見》與宣穎《南華經解》，尤於宣書「讀之恍然有得於其心」，〔註 176〕見其推崇備至。不過，檢視《南華雪心編》，劉氏較少以理學觀點解《莊》，反是尊孔立場與「以儒解《莊》」者一致。而且在〈南華雪心編自序〉將有理學色彩部分刪改，吾人也許可推論劉氏在事隔二十年後，似乎對理學已不再傾心。不久後，清廷甚至廢除科舉，〔註 177〕結束程朱理學爲官學的年代。

劉氏評注《莊子》，多引用林雲銘、胡文英、宣穎、陸樹芝等人之註解，〔註 178〕故在義理闡釋上，受「以儒解《莊》」者之影響，亦有儒學化之跡，如評〈田子方〉「莊子見魯哀公，……莊子曰：『以魯國而儒者一人耳，可謂多乎』」一段，〔註 179〕在「……於是哀公號之五日，而魯國無敢儒服者。獨有一

〔註 175〕詳本論文第參章第三節。

〔註 176〕詳註 172。

〔註 177〕光緒 31 年（1904）9 月 2 日，清廷廢除科舉制。

〔註 178〕《南華雪心編》冊上卷首〈凡例〉云：「……後來註解，惟宣茂公（薇按：宣穎）分肌析理，論文最詳，故篇中證引頗多。此外如林西仲（薇按：林雲銘）、胡繩巖（薇按：胡文英）、陸樹芝，高論卓識，曠若發矇。參匯諸家，始能窺見《南華》妙境。」見〔清〕劉鳳苞撰、方勇點校：《南華雪心編》冊上〈凡例〉，頁 1。據方勇調查，《南華雪心編》相當重視古人的研究成果，引資料不下數十人，幾乎囊括魏晉到清代的所有重要注本，既有郭象、呂惠卿、陳景元、李士表等以經義闡釋爲主的文獻資料，又大量地引用南宋以來如劉須溪、陸西星、林雲銘、宣穎、胡文英、陸樹芝等散文研究家以及明代時文評點家從文學角度對《莊子》進行的精彩述評，讓讀者可從義理、藝術等方面來理解《莊子》。見〔清〕劉鳳苞撰、方勇：《南華雪心編》冊上〈前言〉，頁 14。即如劉鳳苞在〈凡例〉所言「庶幾眾美兼收，並無遺珠之感」。簡言之，該書是研究《莊子》散文的集大成者，亦爲其最大成就，不過本論文僅就其「以儒解《莊》」部分來探討。

〔註 179〕〈田子方〉：「莊子見魯哀公。哀公曰：『魯多儒士，少爲先生方者。』莊子曰：『魯少儒。』哀公曰：『舉魯國而儒服，何謂少乎？』莊子曰：『周聞之，儒者冠圜冠者，知天時；履句屨者，知地形；緩佩玦者，事至而斷。君子有其道者，未必爲其服也；爲其服者，未必知其道也。公固以爲不然，何不號於國中曰：『無此道而爲此服者，其罪死！』』於是哀公號之五日，而魯國無敢儒服者。獨有一丈夫，儒服而立乎公門。公即召而問以國事，千轉萬變而不窮。莊子曰：『以魯國而儒者一人耳，可謂多乎？』」見〔清〕郭慶藩：《莊子集釋》，頁 717～718。

丈夫，儒服而立乎公門」下，劉氏註曰：

> 誰邪？當是暗尊孔子。〔註 180〕

其後「莊子曰：『以魯國而儒者一人耳，可謂多乎』」下，劉氏僅註：「應轉『何謂少乎』句，語妙如環」，〔註 181〕這是文學上的評析。而義理的詮釋，則引陸樹芝註：「意中止有一孔子耳」，〔註 182〕引呂惠卿註：「莊子每假老聃之徒韻頏夫子，貶駮聖知，而其意實尊孔子，觀此可見」，〔註 183〕引宣穎註：「獨有一丈夫，眞儒也，非吾夫子不足以當之。夫子為哀公時人，莊子蓋寓言，特尊吾夫子一人而已」，〔註 184〕引胡文英註：「論者以此為尊孔子至，固也。然論文須看其筆力，如此平冗無奇，洵屬贗作」。〔註 185〕以上所引諸註，盡是尊孔之說，其中不乏「以儒解《莊》」者。職此之故，劉氏亦在此段總評曰：

> 眞儒不必服儒服，舉魯國而服儒服，其中獨有一丈夫，甚矣，眞儒之少也！為魯國慨歎，即以鍼砭天下後世之為儒者。李太白有〈嘲魯儒〉詩，蓋從此脫化而去。〔註 186〕

以為全魯國僅孔子一眞儒者，以此尊孔，這是劉氏承襲諸引「以儒解《莊》」者的說法，無甚大別。而有所轉折的是，劉氏進一步提出，莊子此文是鍼砭後世之儒者，當是對晚清儒者的暗諷，故有此批評。

又〈寓言〉「莊子謂惠子曰：『孔子行年六十而六十化』」一段，〔註 187〕在「莊子曰：『孔子謝之矣，而其未之嘗言』。孔子云：『夫受才乎大本，復靈以生。』鳴而當律，言而當法，利義陳乎前，而好惡是非直服人之口而已矣。使人乃以心服而不敢蘁立，定天下之定。已乎已乎！吾且不得及彼乎」」下，引宣穎註：「此莊子深服不如孔子，所以抑惠施而使之反求也，可見莊子推仰

〔註 180〕〔清〕劉鳳苞撰、方勇點校：《南華雪心編》冊下〈田子方〉，頁 487。
〔註 181〕〔清〕劉鳳苞撰、方勇點校：《南華雪心編》冊下〈田子方〉，頁 487。
〔註 182〕〔清〕劉鳳苞撰、方勇點校：《南華雪心編》冊下〈田子方〉，頁 487。
〔註 183〕〔清〕劉鳳苞撰、方勇點校：《南華雪心編》冊下〈田子方〉，頁 487。
〔註 184〕〔清〕劉鳳苞撰、方勇點校：《南華雪心編》冊下〈田子方〉，頁 488。
〔註 185〕〔清〕劉鳳苞撰、方勇點校：《南華雪心編》冊下〈田子方〉，頁 488。
〔註 186〕〔清〕劉鳳苞撰、方勇點校：《南華雪心編》冊下〈田子方〉，頁 488。
〔註 187〕〈寓言〉：「莊子謂惠子曰：『孔子行年六十而六十化，始時所是，卒而非之，未知今之所謂是之非五十九非也。』惠子曰：『孔子勤志服知也？』莊子曰：『孔子謝之矣，而其未之嘗言。』孔子云：『夫受才乎大本，復靈以生。』鳴而當律，言而當法，利義陳乎前，而好惡是非直服人之口而已矣。使人乃以心服而不敢蘁立，定天下之定。已乎已乎！吾且不得及彼乎！」見〔清〕郭慶藩：《莊子集釋》，頁 952～953。

吾夫子之至」，〔註 188〕引陸樹芝註：「推孔子之意，蓋謂人受中以生，原本於太初，虛靈不昧，必去物蔽以復其生初，乃不復所生……」，〔註 189〕引胡文英註：「推尊夫子，而以定天下之定為言，較之史公『折衷』二字有加無已，當時亞聖之外，知夫子者惟漆園一人。而後世昧者，猶俗比二氏前驅，吾不知愚誣之流何以至此也」，〔註 190〕劉氏則註曰：「此段文義，本屬難於聯絡，諸解不問其神氣之所在，謬謂孔子之言至『定天下之定』而止。試問『利義陳乎前』三句，眼光緘對何處？『不敢蘁立』一句，是孔子自矜乎？抑教人務外而為人乎？善讀書者，要之對何等人說何等話，寫何等人品，要得何等神氣，若泛泛悠悠，不如不讀為愈也。」〔註 191〕宣、陸、胡諸註，皆以為此段推尊孔子至極，乃莊子深服孔子以為不如之證。劉氏引用時，在評注自然受其影響，以為此段亦是推尊孔子。但留意劉氏該註，會發現他更著重此段文字的文義、文氣等問題。以為孔子之言，應在「夫受才乎大本，復靈以生」止，一般在「定天下之定」止，以為皆是孔子之言，〔註 192〕乃謬誤不解文意。若就劉氏斷句：「鳴而當律，言而當法」，是莊子讚美孔子。「利義陳乎前，而好惡直服人之口而已」，莊子批評惠子，以辯論勝人者，不足以服其心。「使人乃以心服，而不敢蘁立，定天下之定」，莊子讚美孔子，服人之心。天下自有定理，得孔子之言，天下之自定者而定之。最後就全段，劉氏總評曰：

> 此段全是對鍼惠施語意，與〈則陽〉篇「蘧伯玉」一段，意境不同。聖如孔子，猶不敢自以為是，惠子何得以堅白自鳴，執而不化？借此發論，正良友直諒忠愛之忱。……「受才」二句，即證以孔子之言，說得平淡無奇，可知聖知多能，皆跡之未化者，孔子并此而謝之矣。「鳴而當律」以下，莊子接聖解聖言，卻句句鍼砭惠子。……末二語極力推尊孔子，正所以喚醒惠施也。〔註 193〕

這段注評須留意的是：劉氏以為的莊子尊崇孔子，其重點是欲鍼砭惠子。借

〔註 188〕〔清〕劉鳳苞撰、方勇點校：《南華雪心編》冊下〈寓言〉，頁 727。
〔註 189〕〔清〕劉鳳苞撰、方勇點校：《南華雪心編》冊下〈寓言〉，頁 727。
〔註 190〕〔清〕劉鳳苞撰、方勇點校：《南華雪心編》冊下〈寓言〉，頁 727～728。
〔註 191〕〔清〕劉鳳苞撰、方勇點校：《南華雪心編》冊下〈寓言〉，頁 728。
〔註 192〕王叔岷即如此主張。不過「使人乃以心服，而不敢蘁，立定天下之定」，此句宜從蘁絕句，立字當屬下讀，見氏著：《莊子校釋》冊下，卷 4〈寓言〉第二十七，頁 51。王孝魚點校，則同劉鳳苞，見〔清〕郭慶藩撰、王孝魚點校：《莊子集釋》冊下〈寓言〉，頁 953。
〔註 193〕〔清〕劉鳳苞撰、方勇點校：《南華雪心編》冊下〈寓言〉，頁 728。

「聖如孔子，猶不敢自以為是，惠子何得以堅白自鳴，執而不化」，以此發論，意在喚醒惠子。這樣看來，劉氏與前引宣、陸、胡「以儒解《莊》」諸註推尊孔子是有別的：劉氏以為此段，莊子的寓意成份較高，而宣、陸、胡諸人則確實認為，莊子推仰孔子之至。這樣的小轉折，已微現由「以儒解《莊》」進入「以莊解《莊》」了。

因此，劉氏比起前述「以儒解《莊》」者，欲援《莊》以補助、豐富儒學之心並沒有很強烈，評注中有儒學化、尊孔等文字，除了與劉氏本身是儒者，曾受理學薰陶有關外，主要是重視前人的研究成果，故大量引用資料，而個人有意為之的成份應較少。此可從二點來論證：其一、尊孔護儒處，多引前述宣穎、胡文英、陸樹芝等「以儒解《莊》」諸說，鮮少自己的評論。其二、屢言《莊子》是寓言，不可當眞、以此尋道求理。以下舉例說明：

其一、多引「以儒解《莊》」者之評注，如〈逍遙游〉〔註 194〕「堯讓天下於許由」一段，取郭象注，以為「取於堯而足，豈借之許由哉」。〔註 195〕劉氏沒有評註。

又〈齊物論〉「道隱於小成，言隱於榮華。故有儒墨之是非」下，劉氏註曰：

> 儒墨二家又取小成、榮華而分別是非，莊子〈齊物論〉正為二家痛下鍼砭。〔註 196〕

其後引陸樹芝註：

> 凡莊子稱儒墨，非以孔子與墨者並譏也，蓋指竊儒者之糟粕而宗墨氏之詭異者，即〈徐無鬼〉篇魯遽、楊、墨、施、秉之徒。〔註 197〕

對比二註，劉氏沒有為儒家諱，直指〈齊物論〉正痛砭儒墨二家分別是非之爭，這當是劉氏心中所要批評的，一如前述晚清「以儒解《莊》」的轉折觀點。其後引陸註，顯然是尊孔之說，則是劉氏兼采眾說，重視前人研究的成果而已。

又〈人間世〉「孔子適楚，楚狂接輿遊其門」一段下，〔註 198〕劉氏註曰：

〔註 194〕《莊子》首篇〈逍遙遊〉，《南華雪心編》皆作〈逍遙游〉。

〔註 195〕〔清〕劉鳳苞撰、方勇點校：《南華雪心編》冊上〈逍遙游〉，頁 11。詳本論文第貳章第一節。

〔註 196〕〔清〕劉鳳苞撰、方勇點校：《南華雪心編》冊上〈齊物論〉，頁 33。

〔註 197〕〔清〕劉鳳苞撰、方勇點校：《南華雪心編》冊上〈齊物論〉，頁 33。

〔註 198〕〈人間世〉：「孔子適楚，楚狂接輿遊其門曰：『鳳兮鳳兮，何如德之衰也！來

此篇要旨仍不外逍遙無己妙義，故曰看透第一篇「無己」二字，一部《莊子》盡矣。此篇尤其著者。〔註 199〕

其後引胡文英註曰：

後四段義心苦調，悽入心脾。想莊叟落筆時胸次有無限悲感，得此以爲發洩之具，而人且比之於曠達，眞瞋目而不見邱山者。〔註 200〕

對比二註，劉氏強調一部《莊子》不外「逍遙無己妙義」盡矣，而胡註卻以爲莊子此論義心苦調，別有用意，想必「胸次有無限悲感」，以爲莊子處亂世，欲以曠達辭抒其悲憤之情，這是清中葉末轉入晚清的「以儒解《莊》」，如胡文英、陸樹芝等人之後逐漸萌生的解《莊》心志。〔註 201〕

又〈德充符〉「魯有兀者叔山無（郭本作：「无」）趾，踵見仲尼」一段，〔註 202〕劉氏引宣穎註：

看來叔山是老子一鼻孔出氣人，無怪其頡頏吾夫子。以上叔山之兀，叔山自忘之，其友老聃相與忘之，德充符可思也。〔註 203〕

其後引陸樹芝註：

莊子要闢辯者之徒簧鼓天下，每竊先聖之糟粕以爲口實，因並將孔門講學亦視爲桎梏，則若輩之爲天刑更不問可知。讀者須得言外之

世不可待，往世不可追也。天下有道，聖人成焉；天下無道，聖人生焉。方今之世，僅免刑焉。福輕乎羽，莫之知載；禍重乎地，莫之知避。已乎已乎，臨人以德！殆乎殆乎，畫地而趨！迷陽迷陽，无傷吾行！吾行卻曲，无傷吾足！』山木自寇也，膏火自煎也。桂可食，故伐之；漆可用，故割之。人皆知有用之用，而莫知无用之用也。」見〔清〕郭慶藩：《莊子集釋》，頁 183～186。

〔註 199〕〔清〕劉鳳苞撰、方勇點校：《南華雪心編》冊上〈人間世〉，頁 111～112。

〔註 200〕〔清〕劉鳳苞撰、方勇點校：《南華雪心編》冊上〈人間世〉，頁 112。

〔註 201〕詳本論文第參章第三節。

〔註 202〕〈德充符〉：「魯有兀者叔山无趾，踵見仲尼。仲尼曰：『子不謹，前既犯患若是矣。雖今來，何及矣！』无趾曰：『吾唯不知務而輕用吾身，吾是以亡足。今吾來也，猶有尊足者存，吾是以務全之也。夫天無不覆，地無不載，吾以夫子爲天地，安知夫子之猶若是也！』孔子曰：『丘則陋矣。夫子胡不入乎？請講以所聞。』无趾出。孔子曰：『弟子勉之！夫无趾，兀者也，猶務學以復補前行之惡，而況全德之人乎！』无趾語老聃曰：『孔子之於至人，其未邪？彼何賓賓以學子爲？』彼且蘄以諔詭幻怪之名聞，不知至人之以是爲己桎梏邪？」老聃曰：『胡不直使彼以死生爲一條，以可不可爲一貫者，解其桎梏，其可乎？』无趾曰：『天刑之，安可解！』」見〔清〕郭慶藩：《莊子集釋》，頁 202～205。

〔註 203〕〔清〕劉鳳苞撰、方勇點校：《南華雪心編》冊上〈德充符〉，頁 124。

意，乃知莊子不是詆訾孔子，正訕笑惠施輩耳。〔註204〕

對比二註，宣註以爲叔山無趾自忘之，與老聃相與忘之，正是莊子所謂「德充符」之謂。這樣的詮釋，與莊子原意相差無幾。〈德充符〉「老聃曰：『胡不直使彼以死生爲一條，以可不可爲一貫者，解其桎梏，其可乎』」，老聃謂叔山無趾，何不使孔子破死生、泯是非，達到無己境界？誠如成玄英疏曰：「無趾前見仲尼談講之日，何不使孔子忘於仁義，混同生死，齊一是非？條貫既融，則是帝之縣解，豈非釋其枷鎖，解其杻械也」。〔註205〕其後無趾回答：「天刑之，安可解」，可見在莊子看來，孔子是低於道家至人境界的。不過，宣氏此段的評解，有略護孔子之處，所以他說「叔山是老子一鼻孔出氣人，無怪其頡頏吾夫子」，以爲無趾與孔子可相比肩。至於陸註，則提出讀《莊》須得其言外之意，莊子此處乃欲斥闢彼「竊先聖之糟粕以爲口實」之徒，不得已「因並將孔門講學，亦視爲桎梏」，非眞正非詆孔子之謂。這是尊孔護儒一貫的說法。劉氏引此二註，當是兼采「以儒解《莊》」護儒舊說，自己沒有強烈的意識。

檢視劉氏《南華雪心編》，雖引宣穎、胡文英、陸樹芝等評注，其主要用力乃在文學上的評析、章法結構的討論等，對《莊》學義理的闡釋反而其次。宣、胡、陸諸人「以儒解《莊》」，又劉氏本身亦曾受理學薰陶，故在采用以上諸註的義理闡發時，自然接受之，非有意爲之。何以見得？吾人可從〈逍遙游〉「肩吾問於連叔」一段得證。〔註206〕劉氏評曰：

> 此第三段，證上「神人無功」意，全是過化存神妙，不假一毫勉強作爲。……「孰弊弊」句，祇是凝神宥密，即爲天下託命之原，一切禮樂文章度數之繁，皆其跡焉耳，豈必瑣屑以求之哉？「磅礴萬物」，萬物皆待命於凝神之至人，參贊化育，天且弗違而傷之？不溺不熱，俱釋一「凝」字。舜之風雷弗迷，禹之拯溺澹災，文之彈琴演《易》，均此一幅本領；塵垢粃糠，道之散見於萬事萬物者，自凝神之至人視之，則塵垢而已矣，粃糠而已矣，即此零星散碎收拾起來，猶將陶鑄堯舜，況其精焉者乎？〔註207〕

〔註204〕〔清〕劉鳳苞撰、方勇點校：《南華雪心編》冊上〈德充符〉，頁124。

〔註205〕〔清〕郭慶藩：《莊子集釋》〈德充符〉，頁205。

〔註206〕同註44。

〔註207〕〔清〕劉鳳苞撰、方勇點校：《南華雪心編》冊上〈逍遙游〉，頁13～14。

這一段，顯示劉氏在義理詮釋上的矛盾：既言舜遭後母之難，完廩浚井，風雷弗迷，不以死生經心；〔註 208〕禹治水有成，拯溺澹災；文王遭拘禁而推演《易》象作卦辭，均是「萬物皆待命於凝神之至人，參贊化育，天且弗違而傷之」之景象，何以「道之散見於萬事萬物者，自凝神之至人視之，則塵垢而已矣，粃糠而已矣，即此零星散碎收拾起來，猶將陶鑄堯舜」？究竟儒家的堯舜境界等同道家的神人？抑或道家神人視爲塵垢、粃糠者，尙能陶鑄堯舜？若「以儒解《莊》」者，遇此必有所迴護，如前述的郭階，以爲「陶鑄堯舜」一說，乃莊子爲隱抑儒道，使人無法窺其涯涘，才會作此妄誕之辭，誠不得已而爲之。可見劉氏「以儒解《莊》」的思想並不強烈。

其二、屢言《莊子》乃寓言，如〈凡例〉云：

> 《南華》爲莊子寓言，有飛鴻戲海、天馬行空之概。深入理障者正襟危坐而道之，已誤會漆園本意；高談玄妙者守虛致寂以求之，亦失卻赤水玄珠，皆夏蟲不可語冰也。〔註 209〕

劉氏明確指出《莊子》乃寓言之書，不可認眞地以談玄論道之心求之。

又〈逍遙游〉釋題云：「開手撰出『逍遙游』三字，是《南華集》中第一篇寓意文章。」〔註 210〕〈逍遙游〉「宋人資章甫」一段，〔註 211〕總評曰：

> 此第四段，證上「至人無己」意。……蒙莊本是寓言，必刻舟以求劍，是猶置杯者不膠於坳堂也，烏足與之聆古人妙論哉！〔註 212〕

在在強調《莊子》本是寓言，不可實求字面意，否則無法聆得古人妙論。因此劉氏注《莊》，如方勇所言：「在全面繼承宣穎《莊子》散文研究成果的基礎上，又充分借鑒、吸收其他學者的優秀成果，並以自己個性化的理解和審美的態度以及散文化的筆法，多角度、全方位地對《莊子》進行了一次細緻人微的評析，是宣穎之後《莊子》文章研究的又一座豐碑，可謂《莊子》散

〔註 208〕〈田子方〉「有虞氏死生不入於心」下，劉注曰：「指完廩浚井，風雷不迷。」又該段總評：「至死生不入於心，則天下皆眞機所洋溢也。」見〔清〕劉鳳苞撰、方勇點校：《南華雪心編》冊下，頁 488。

〔註 209〕〔清〕劉鳳苞撰、方勇點校：《南華雪心編》冊上〈凡例〉，頁 2。

〔註 210〕〔清〕劉鳳苞撰、方勇點校：《南華雪心編》冊上〈逍遙游〉，頁 1。

〔註 211〕〈逍遙遊〉：「宋人資章甫而適諸越，越人斷髮文身，無所用之。堯治天下之民，平海內之政，往見四子藐姑射之山、汾水之陽，窅然喪其天下焉。」見〔清〕郭慶藩：《莊子集釋》，頁 31。

〔註 212〕〔清〕劉鳳苞撰、方勇點校：《南華雪心編》冊上〈逍遙游〉，頁 15。

文研究的集大成者，代表了《莊子》散文藝術研究的最高成就。」〔註213〕易言之，《南華雪心編》重點放在評析《莊子》文章的筆法與藝術表現上，義理的闡釋則多循前人注述而已。誠如劉氏本身所言：

> 文之以類相從者，讀《南華》勝讀《國策》，《國策》亦工比喻，無此運化之精也；讀《南華》勝讀《爾雅》，《爾雅》能析物情，無此陶鎔之妙也。〔註214〕

以爲就比喻、析物情來說，讀《莊子》勝於讀《戰國策》與《爾雅》，原因是在文章的寫作技巧上，《莊子》具「運化之精」與「陶鎔之妙」，劉氏崇尚《莊子》的散文藝術，可見一斑。所以在〈逍遙游〉第五段，莊子嘆惠子拙於用大一段，〔註215〕劉氏說:「乃莊子出世之深心」，〔註216〕這與前述「以儒解《莊》」者有迥然不同的見解。前述「以儒解《莊》」者多以爲莊子是入世，非忘世，莊子於世最是深情。但劉氏卻以爲此段彰顯莊子出世之深心，他說「因其無用而掊之，惠子之言何等激烈，莊子，謂其拙於用大，而轉商所以用此道者，非亟亟於求用也，正謂道大莫容，於道無損，而道之可用者自存，故借小以喻大，即技藝之微，亦分別所用之大小」，〔註217〕正是以莊解《莊》。

二、一洗「以儒解《莊》」之弊的陳壽昌

「以儒解《莊》」，自魏晉至有清一直淵遠流長，可謂一股相當龐大而深遠的學術思潮。然而自宋代湯漢爲褚伯秀的《南華眞經義海纂微》作〈序〉時，漸有回歸「以莊解《莊》」的呼籲，他說：

〔註213〕〔清〕劉鳳苞撰、方勇點校：《南華雪心編》〈前言〉，頁12。

〔註214〕〔清〕劉鳳苞撰、方勇點校：《南華雪心編》冊上〈齊物論〉釋題，頁20。

〔註215〕〈逍遙游〉:「惠子謂莊子曰：『魏王貽我大瓠之種，我樹之成而實五石。以盛水漿，其堅不能自舉也；剖之以爲瓢，則瓠落無所容。非不呺然大也，吾爲其無用而掊之。』莊子曰：『夫子固拙於用大矣。宋人有善爲不龜手之藥者，世世以洴澼絖爲事。客聞之，請買其方，百金。聚族而謀曰：『我世世爲洴澼絖，不過數金。今一朝而鬻技百金，請與之。』客得之，以說吳王。越有難，吳王使之將；冬，與越人水戰，大敗越人，裂地而封之。能不龜手一也，或以封，或不免於洴澼絖，則所用之異也。今子有五石之瓠，何不慮以爲大樽而浮乎江海，而憂其瓠落無所容，則夫子猶有蓬之心也夫！』」見〔清〕郭慶藩：《莊子集釋》，頁36～37。

〔註216〕〔清〕劉鳳苞撰、方勇點校：《南華雪心編》冊上〈逍遙游〉，頁16。

〔註217〕〔清〕劉鳳苞撰、方勇點校：《南華雪心編》冊上〈逍遙游〉，頁16。

近時釋《莊》者益眾，其說亦有超於昔人，然未免冀以吾聖人言，挾以禪門關鍵，似則似矣，是則未是。余謂不若直以莊子解《莊子》，上絕攀援，下無拖帶，庶幾調適上遂之宗，可以見其端涯也。〔註 218〕

提出「以儒解《莊》」或「以佛解《莊》」僅能得其近似，然非《莊子》原貌，唯有以「以莊解《莊》」，方能回歸《莊子》的本旨。湯漢以爲褚伯秀的《南華眞經義海纂微》正是「以莊解《莊》」之作。然而實際並非如此，精準地說，《南華眞經義海纂微》應是三教合一的代表作，其中「以儒解《莊》」所占的比重最大。〔註 219〕

至於明代孫應鰲以爲王雱的《南華眞經新傳》亦是「以莊解《莊》」，他說：

……謂元澤（薇按：王雱）之爲人，世多訾點。其解《莊子》，顧翹楚諸家而雅馴若此，此《宋史》稱元澤「性敏氣豪，睥睨一世」，要亦不誣。侍御取言不以人廢，厥旨遠哉！緣諸家各持己意解《莊子》，是以有合有不合，元澤持莊子解《莊子》，是以無不合。〔註 220〕

事實上，王雱的註文引用不少儒家經典，尤其是《易傳》〔註 221〕及佛教思想來詮釋《莊子》，孫氏所謂「持《莊子》解《莊子》」雖亦出現在不少篇章的註文中，然若視《南華眞經新傳》完全契合莊子思想的注解並不妥切。

而陳治安提倡「以莊解《莊》」最盡力，其《南華眞經本義》中有許多實際的論述，他說：

自昔解《莊》者，俱用一時苦心，章疏句釋，欲爲後世讀《莊》者津梁。初讀《莊》者，方藉解以求通曉，今何得指之曰悖謬？莊子曰：言之所貴者，意也。解《莊》而不得本意，雖欲藉爲通曉，祇增結塞耳。故吾謂其爲悖謬者，非敢以己意解《莊子》而謂人悖謬，即取莊（子所）自爲解者以備《莊子》，而知人之以己意解者多悖謬也。……《莊子》大意已盡在〈內篇〉，後之〈外篇〉、〈雜篇〉，雖

〔註 218〕〔宋〕湯漢〈南華眞經義海纂微原序〉，見〔宋〕褚伯秀：《南華眞經義海纂微》，頁 3。收入《文淵閣四庫全書》子部三六三．道家類，總頁 1057-3b。

〔註 219〕詳本論文第貳章第一節。

〔註 220〕〔明〕孫應鰲：〈南華眞經新傳原序〉，見〔宋〕王雱：《南華眞經新傳》，頁 1。收入《文淵閣四庫全書》子部三六二．道家類，總頁 1056-171a。

〔註 221〕詳本論文第貳章第一節。

> 各自爲說，有若爲〈內篇〉註解者。今吾試取〈達生〉解〈逍遙遊〉；〈寓言〉解〈齊物論〉；〈外物〉解〈養生主〉，則莊子作是三篇之意，自了了可見。人不用其所自解而止於三篇內求解，故多悖於作者之意。……吾又取〈山木〉篇解〈人間世〉；〈田子方〉解〈德充符〉；〈天地〉篇解〈太宗師〉；〈在宥〉、〈天下〉解〈應帝王〉，則莊子作是數篇之意，又居然可見，不待後人爲說以解，而是數篇已先有其解。舉此數篇以推餘篇，亦不必一一曰某篇解某篇，而參觀互證，理自玄同。不待後人爲說以解餘篇，而《莊子》於餘篇無不各有其解。今不用莊子本意，而用吾見影生疑之意以解《莊子》，夫影與形隔，吾見於影隔，見中之疑於見又隔，由是形本短而吾則爲之說曰其長也有如此，形本圓而吾則爲之說曰其方也有如此，豈不悖謬也乎哉！〔註 222〕

陳氏對歷代《莊子》的註解有所反省，將其解《莊》之作稱爲《南華眞經本義》，便是希望自己的詮釋能夠符合莊子本義。以爲〈內篇〉已盡達《莊子》之意，後之〈外〉、〈雜〉諸篇，皆是〈內篇〉的註解而已，故作法上，以〈達生〉解〈逍遙遊〉；〈寓言〉解〈齊物論〉；〈外物〉解〈養生主〉；〈山木〉解〈人間世〉；〈田子方〉解〈德充符〉；〈天地〉解〈大宗師〉；〈在宥〉、〈天下〉解〈應帝王〉，視〈內篇〉爲莊子義理的核心，與〈外〉、〈雜篇〉相互印證。

其後陳繼儒（1558～1639）爲釋性通的《南華發覆》作〈序〉亦云：

> 余曰：「它人以我解《莊》，而蘊公以莊解《莊》。」〔註 223〕

稱許釋性通「以莊解《莊》」，將莊子的本義闡發出來。然檢閱《南華發覆》，釋性通秉持「《莊子》通篇敘其著書之本旨，一皆本于老子」〔註 224〕之立場，以《老子》思想解《莊》。將老、莊視爲同一系統，試圖將《莊子》一書，以老子《道德經》之「道」、「德」二字貫串發揮，進而讓莊子與老子同成爲一治道之學。忽略老、莊之殊異，將老子之治道置於注《莊》脈絡中。〔註 225〕

〔註 222〕〔明〕陳治安：《南華眞經本義》〈南華眞經本義敘四〉，見北京師範大學圖書館藏明刻孤本《秘笈叢刊》冊 15，頁 9b～11b，總頁 391～392。

〔註 223〕〔明〕陳繼儒：〈南華發覆敘〉，見釋性通：《南華發覆》，頁 18。收入嚴靈峰編輯：《無求備齋莊子集成續編》冊 5。

〔註 224〕〔明〕釋性通：《南華發覆》〈天下〉篇末總論，見嚴靈峰編輯：《無求備齋莊子集成續編》冊 5，頁 696。

〔註 225〕詳李懿純：〈發覆道眞、釐定老莊——釋性通《南華發覆》解莊立場析論〉，以爲「老、莊之間根本不存在思想分歧，莊子的學說完全是對老子學說的承因和發展」。〔註226〕因此《南華發覆》所欲回歸的莊子本意，其實是指回歸至「老、莊一脈相承」下的《莊子》註疏。

降及清代林雲銘的《莊子因》亦強調「以莊解《莊》」，他說：

> 《莊子》爲解不一，或以老解，或以儒解，或以禪解，究竟牽強無當，不如還以莊子解之。〔註227〕

在解《莊》上，林氏確實作到「以莊解《莊》」，回歸原典，唯尊孔立場依舊無法擺脫。〔註228〕

晚至光緒十三年（1887）〔註229〕陳壽昌的《南華眞經正義》始提出「一洗援《莊》入儒之弊」，欲從源流已久的以儒學詮解《莊子》之風氣中解脫出來。他說：

> 太史公謂莊子之言本於老子，《漢書・藝文志》列莊子於道家，自是定論。是編發明本義，語不離宗，一洗援莊入儒之弊。雖明心見性之旨，間亦證以釋家言，然派異源同，故非淄澠之強合也。〔註230〕

陳氏將莊子歸本於道家，承繼最早的史遷與《漢志》對莊子源流的見解。對長久以來學者以儒解《莊》深表不滿，欲一洗其弊。但是陳氏卻提出另一觀點：認爲莊、佛派異源同，間以釋家言證其明心見性之旨。欲一洗以儒解《莊》之弊，卻落入以佛解《莊》，其弊似遺有之。〔註231〕

檢視《南華眞經正義》，陳氏確實力圖如其〈凡例〉所言，使《莊子》的闡釋重新回歸至史遷所倡導的說法，多以道家思想詮解《莊子》，欲還莊子獨立的地位，從儒學中解脫出來。但依稀尚存有以理學解《莊》的痕跡，如〈齊物論〉「夫隨其成心而師之」下，〔註232〕注曰：

收入《東亞漢學研究》第3號，頁63～72。

〔註226〕方勇：《莊子學史》冊2，頁480。

〔註227〕〔清〕林雲銘：《莊子因》〈莊子雜說〉，頁10。

〔註228〕詳本論文第參章第二節。

〔註229〕《南華眞經正義》卷首有陳〈序〉，末署「光緒十有三年歲在丁亥孟秋之月宛平陳壽昌序」，以此推得成書時間，見頁3。

〔註230〕〔清〕陳壽昌：《南華眞經正義》〈凡例〉，頁5。

〔註231〕陳壽昌《南華眞經正義》「以佛解《莊》」部分，詳本論文第陸章第二節。

〔註232〕全句：「夫隨其成心而師之，誰獨且无師乎？誰獨且無師乎？奚必知代而心自取者有之？愚者與有焉。未成乎心而有是非，是今日適越而昔至也。是以無有爲有。無有爲有，雖有神禹，且不能知，吾獨且奈何哉！」見〔清〕郭慶藩：《莊子集釋》〈齊物論〉，頁56。

人非能自得師，無以復其明。然師亦不待外求也，即此天理純全，無少缺欠之心，從而師之可也。〔註 233〕

莊子的「成心」，郭象注：「夫心之足以制一身之用者」，〔註 234〕成玄英疏：「夫域情滯著，執一家之偏見者」，〔註 235〕據郭、成二家的解釋，此「成心」與「成見」之意相近：人因知識而產生判斷，由其判斷而有個人的成見。因此，郭象隨後注曰：「人各自師其成心，則人各自有師矣」，〔註 236〕成疏則曰：「夫隨順封執之心，師之以爲準的，世皆如此，故誰獨無師乎」，〔註 237〕因人人有各自的成見，師心自用，是非自然紛爭不休。然而陳氏將「成心」，解釋爲「天理純全，無少缺欠之心」，故可從而師之。〔註 238〕此「天理純全，無少缺欠之心」，正是理學之謂。如朱子云：「理，只是一箇理。理舉著，全無欠闕」，〔註 239〕陽明云「此心無私欲之敝，即是天理，不須外面添一分」、〔註 240〕「人但要識得心體，自然增減分毫不得」等。〔註 241〕不過，朱子主張「性即理」，陽明則主張「心即理」，陳氏注解《莊子》的「成心」爲「天理純全」，當與陽明相近。

又〈山木〉「聖人晏然體逝而終矣」下，注曰：「所謂『體逝而終』者，非謂隨波逐流，正所以盡性至命也。」〔註 242〕《莊子》「體逝而終」，意指安然隨化，任變而終，陳氏卻以《周易》〈說卦傳〉「窮理、盡性以至於命」來詮釋，與《莊子》原意當然不同，此亦承北宋王雱解《莊》之說。〔註 243〕

再者，零星片羽處，依然有尊孔的跡象，如〈田子方〉「溫伯雪子適齊」一段，〔註 244〕陳氏總評曰：

〔註 233〕〔清〕陳壽昌：《南華眞經正義》〈齊物論〉，頁 21。

〔註 234〕〔清〕郭慶藩：《莊子集釋》〈齊物論〉註 22 條，頁 61。

〔註 235〕〔清〕郭慶藩：《莊子集釋》〈齊物論〉註 22 條，頁 61。

〔註 236〕〔清〕郭慶藩：《莊子集釋》〈齊物論〉註 22 條，頁 61。

〔註 237〕〔清〕郭慶藩：《莊子集釋》〈齊物論〉註 22 條，頁 61。

〔註 238〕歷來學者對「成心」有不同的詮解，可參謝明陽：〈〈齊物論〉「成心」舊注詮評〉，收入《東華漢學》第 3 期，頁 23～49。

〔註 239〕〔南宋〕黎靖德編：《朱子語類》卷 6〈性理三〉，頁 2。

〔註 240〕〔明〕王守仁：《王陽明全集》冊上，卷 1〈語錄一・傳習錄上〉，頁 2。

〔註 241〕〔明〕王守仁：《王陽明全集》冊上，卷 1〈語錄一・傳習錄上〉，頁 17。

〔註 242〕〔清〕陳壽昌：《南華眞經正義》〈山木〉，頁 321。

〔註 243〕詳本論文第貳章第一節，頁 28。

〔註 244〕〈田子方〉：「溫伯雪子適齊，舍於魯。魯人有請見之者，溫伯雪子曰：『不可。吾聞中國之君子，明乎禮義而陋於知人心，吾不欲見也。』至於齊，反舍於

目擊道存，以眞遇眞故也。俗儒那得知。〔註245〕

此段記孔子見了溫伯雪子，得其意，所以忘言，〔註246〕故最後孔子說：「若夫人者，目擊而道存矣，亦不可以容聲矣。」〔註247〕《莊子》藉孔子之口，讚揚溫伯雪子抱眞全性的道家形象，是以眼目及之，即知體現在雪子身上的眞道，毋須多費言辭。而陳氏此評，則采宣穎之說，〔註248〕以爲孔子與雪子，二者咸爲體道之眞人，故孔子一見雪子，「以眞遇眞」，即知對方與己乃爲同類人，目擊而道存，不用言語。以此推尊孔子與道家得道高人爲並驅的位置。

不過特崇孔子的情況，在陳氏的注解中相當少見。多數的評注，陳氏還是以莊解《莊》居多，如同樣在〈田子方〉「莊子見魯哀公，……莊子曰：『以魯國而儒者一人耳，可謂多乎』」一段，陳氏注曰：

舉魯國而儒者一人，眞道之難可知。〔註249〕

這樣的注解與前人推尊孔子者有很大的不同，諸如唐成玄英、宋褚伯秀、清宣穎、胡文英、陸樹芝、劉鳳苞等皆謂「一人」，指的就是孔子，進而認定莊子是尊孔者，〔註250〕但陳氏卻以爲這則寓言旨在強調體悟大道之難，故全魯國僅儒者一人。當然此「一人」不一定指孔子而言，更遑論推尊之意。

又〈寓言〉「莊子謂惠子曰：『孔子行年六十而六十化』」一段，總評曰：

惠子以堅白自鳴，小有才而未聞大道。漆園特借聖言，殷殷接引。惜乎，其終不悟也！凡漆園引聖言處，只是借重耆艾以伸己說，若

魯，是人也又請見。溫伯雪子曰：『往也蘄見我，今也又蘄見我，是必有以振我也。』出而見客，入而歎。明日見客，又入而歎。其僕曰：『每見之客也，必入而歎，何邪？』曰：『吾固告子矣：『中國之民，明乎禮義而陋乎知人心。』昔之見我者，進退一成規，一成矩；從容一若龍，一若虎；其諫我也似子，其道我也似父。是以歎也。』仲尼見之而不言。子路曰：『吾子欲見溫伯雪子久矣，見之而不言，何邪？』仲尼曰：『若夫人者，目擊而道存矣，亦不可以容聲矣。』」見〔清〕郭慶藩：《莊子集釋》，頁704～706。

〔註245〕〔清〕陳壽昌：《南華眞經正義》〈田子方〉，頁327。

〔註246〕〈田子方〉「子路曰：『吾子欲見溫伯雪子久矣，見之而不言，何邪？』」下，成玄英疏：「二人得意，所以忘言。仲由怪之，是故起問。」見〔清〕郭慶藩：《莊子集釋》，頁706。

〔註247〕〔清〕郭慶藩：《莊子集釋》〈田子方〉，頁706。

〔註248〕宣穎注曰：「夫子之於雪子，則以眞遇眞也。」見氏著：《南華經解》〈田子方〉，收入嚴靈峰編輯：《無求備齋莊子集成續編》冊32，頁369～370。

〔註249〕〔清〕陳壽昌：《南華眞經正義》〈田子方〉，頁334。

〔註250〕詳本章，頁155～156。

以儒書之義釋之，轉失本旨。〔註251〕

這段文字，「以儒解《莊》」者多據此認為莊子有服膺孔子之心。陳氏卻明確指出此乃《莊子》寓言中借重聖人之言，來規勸惠施切勿執定是非。「若以儒書之義釋之，轉失本旨」，更道出「以儒解《莊》」之弊。

然而在〈胠篋〉篇末的總評，他卻一反常調說：

漆園得柱下之心傳，自是道教正宗，與聖門同體異用，原有區別。然其意亦極推重孔子，如〈齊物論〉有云「《春秋》經世先王之志，聖人議而不辨」，〈德充符〉云「吾於孔某非君臣也，德友而已矣」，皆其明證。乃世人不察，於其極意推重處，輒目為寓言，於其一二寓言，反謂其有心侮聖，即如此篇痛詆聖知，暢所欲言，然一則曰「世俗所謂」，再則曰「世俗所謂」，可見所謂聖且知者，絕非眞聖眞知，其意已明明道破。〔註252〕

此段文字，實與前述「以儒解《莊》」者視莊子對孔子極力推崇之論無異。對世人誤會莊子有心詆侮孔子，陳氏也如「以儒解《莊》」者，提出糾正。據以上所論，吾人可發現陳氏〈凡例〉所言「一洗援莊入儒之弊」，在實際解《莊》時卻偶有矛盾不合處，依然落入「以儒解《莊》」之舊轍。

程朱理學在宋、明為顯學，至清亦立為官學，其影響深遠廣被。有清又崇經尊孔，在儒學為主流的氛圍下，知識份子自幼研習儒學，自然難以擺脫儒學中心。陳氏欲一掃「以儒解《莊》」之弊，以獨立莊子之地位，不免殘留儒學化遺跡，亦無可厚非。但就另一方面觀之，諸子學不再是經學附庸，漸有獨立之地位，此可從陳氏《南華眞經正義》見其一端。

第五節　學者「以儒解《莊》」的心志轉折與其局限

清代「以儒解《莊》」是一股顯著的洪流，從清初、中葉及晚清，呈現不同時期的特色。清初回歸經典，儒學運動嚴判儒、釋、道，但朝廷以儒學為正學，故「以儒解《莊》」仍受學術氛圍所拘，試圖會通儒、《莊》，但主體還是儒學，注疏《莊子》只是印證儒學的重要性，如前述的吳世尚《莊子解》、屈復《南華通》等。至清中葉，經典考據蔚為風尚，朝野籠罩崇經尊孔的氛

〔註251〕〔清〕陳壽昌：《南華眞經正義》〈寓言〉，頁467。
〔註252〕〔清〕陳壽昌：《南華眞經正義》〈胠篋〉，頁151～152。

圍，甚而出現藉闡釋《莊子》之偏來襯託儒學之正的方正瑗《方齋補莊》，儒學爲主流的思潮，可見一斑。然而儒學極盛之際，亦是趨衰之始，故胡文英的《莊子獨見》漸有耽心世局的危機意識，開始強調《莊子》是救世之書。其後陸樹芝的《莊子雪》更發覺儒學之不足，期從《莊》學中尋得新資源以補充、豐富儒學，進而達到經世致用的理想。寖及晚清，社稷家國危機重重，「以儒解《莊》」者憂患意識益顯，圖強之心更切。吾人可從解《莊》的著作，或相關的〈序〉、〈跋〉等，推得晚清學者解《莊》的心志與期待。

郭階做過江蘇候補道襲世職，對於國事相當憂心，在其著《芹曝錄》的〈自序〉中曾說：

> 患不在東而在西，患不在外而在內，此階三十外所以有《芹曝錄》內、外篇之作也。……然觀俄與我毗連，頭頭是道，久垂涎高麗，有扼吭撫背之謀，是患在東而不在西矣。可慮矣，而未必定可慮。惟昔訊哥匪首易文富供其巨魁，居陝西無定所，文富不能知其處十八行省，暗結黨羽十餘萬，或數萬，伏於畝畝市井游勇之徒，伺中國他日疲於外國，官民俱困，上下交怨之時，將揭竿而起。……階蒙昧寡識，深抱杞人漆室之憂，明知是《錄》已隔十餘年之久……。〔註 253〕

郭氏寫此〈序〉是在光緒十五年，雖與當時國事的內憂外患有十多年之距，但彼時的中國並沒有脫離險境，國家是一日比一日更加危殆，郭氏的憂慮是無時無刻不存有的。但有此憂慮，卻無能爲力，實是士大夫最痛苦的悲哀，故發憤著書，而成《芹曝錄》。〔註 254〕於咸豐十一年完成的《莊子識小》亦當有此危機意識。

王闓運的《莊子內篇注》，以《莊》學來補充儒學，使其思想既具道家之「體」，亦兼儒家之「用」。即具聖人之道，當以濟世、用世；而在應世中不忘其道，這是王氏解《莊》的基調，也是他欲以《莊》學來補充儒學所希望達到的積極用世理想。

馬其昶在〈人間世〉釋題，引陳于廷之說：

> 莊子拯世非忘世。其爲書，求入世非求出世也。〔註 255〕

〔註 253〕此〈序〉作於光緒 15 年 6 月 20 日。

〔註 254〕《芹曝錄》，收入《春暉雜稿》。

〔註 255〕〔清〕馬其昶：《定本莊子故》〈在宥〉，頁 25。

這也是馬氏對莊子的理解，以爲《莊子》一書乃爲拯世之作，痛世之沉疴，爲求入世也。馬氏云，莊子「痛戰國之徒尙詐力」，〔註256〕故著書立說，希冀時局有所改變。此正是心有所感，因爲彼時的晚清比起戰國，危殆難安豈止千倍，所以〈序目〉末，他說：

嗟乎！……（莊生之言）又曰：「大亂之本，必生於堯舜之間。其末存乎千世之後，千世之後，其必有人與人相食者。」悲夫！余讀其言，未嘗不慨焉流涕也。〔註257〕

此〈序目〉寫於光緒二十年冬十一月，正是中日甲午戰爭開戰年，國家面臨存亡危急之秋，知識份子自強圖存的危機意識當然強烈，毋怪乎馬氏會「慨焉流涕」了。〔註258〕

馬氏在〈天下〉談到莊子的學術，引吳澄之說：

莊子內聖外王之學，洞徹天人，遭世沈濁，而放言滑稽以玩世，其爲人固不易知，而其爲書亦未易知也。〔註259〕

因此馬氏注《莊》，欲讓天下人明白莊子著書志在救世，同時亦是馬氏注《莊》之心志，希冀藉《莊子》之學以拯救沈濁危頹的國勢。

馬氏的憂患意識亦是當時許多知識份子共同的心聲，期盼從傳統學術中尋求資源，掘取經世濟民之徑。同樣在甲午戰爭後，王先謙（1842～1917）爲郭慶藩的《莊子集釋》寫了〈序〉，表達對《莊子》的看法：

郭君子瀞爲《莊子集釋》成，以授先謙讀之，而其年適有東夷之亂，

〔註256〕〔清〕馬其昶：《定本莊子故》〈在宥〉，頁75。

〔註257〕〔清〕馬其昶：《定本莊子故》〈序目〉，頁2。

〔註258〕據林柏宏的研究，《安徽省志》曾記載：「同治四年，八月。因戰亂，加之自然災害，皖南大飢，人食人情況嚴重，人肉始售30文一斤，後至102文一斤。」當時馬其昶十歲，正經歷了那段「人與人相食者」的慘烈時期，無怪乎讀《莊》至此，會悲痛莫名。見氏著：《馬其昶《莊子故研究》》，頁18。筆者以爲晚清整個國家社會衰象頻生，民生凋弊，百姓生活艱困等問題皆十分嚴重，馬氏生當其時，感慨必深。與莊子悲憤共鳴，「慨焉流涕」不必然有所實指。

〔註259〕〈天下〉「芴漠無形，變化無常，死與生與，天地並與，神明往與！芒乎何之，忽乎何適，萬物畢羅，莫足以歸，古之道術有在於是者。莊周聞其風而悅之，以謬悠之說，荒唐之言，無端崖之辭，時恣縱而不儻，不以觭見之也。以天下爲沈濁，不可與莊語，以巵言爲曼衍，以重言爲眞，以寓言爲廣。獨與天地精神往來而不敖倪於萬物，不譴是非，以與世俗處。其書雖瓌瑋，而連犿無傷也。其辭雖參差而諔詭可觀」下，引吳澄語。見〔清〕馬其昶：《定本莊子故》，頁218。

> 作而歎曰：莊子其有不得已於中乎！夫其遭世否塞，拯之末由，神彷徨乎馮閎，驗小大之無垠，究天地之終始，懼然而爲是言也。……子貢爲挈水之槔，而漢陰丈人笑之。今之機械機事，倍於槔者相萬也。使莊子見之，奈何？蠻觸氏爭地於蝸角，伏尸數萬，逐北旬日。今之蠻觸氏不知其幾也，而莊子奈何？……彼莊子者，求其術而不得，將遂獨立於寥闊之野，以幸全其身而樂其生，烏足及天下！且其書嘗暴著於後矣。晉演爲玄學，無解於胡羯之氛；唐尊爲眞經，無救於安史之禍。徒以藥世主淫侈，澹末俗利，庶有一二之助焉。〔註260〕

據葛兆光指出，中國知識、思想與信仰世界的眞正大變化與中日甲午之戰的震撼是分不開的。甲午之戰這一年，王氏正好給郭慶藩的書寫〈序〉，因而很能理解莊子著書的心情。〔註261〕對於莊子「遭世否塞，拯之末由，神彷徨乎馮閎，驗小大之無垠，究天地之終始，懼然而爲是言」的情景，心有所感，王氏覺得此時與莊子所面臨的時代很類似。在這時候，王氏肯定莊子著書立說是肇因於身逢亂世，耽憂家國，希望能拯救社會的用心。但是王氏對於莊子著書救世的評價其實不高。他認爲《莊子》一書對於國家社會似乎起不了多大的作用，由五胡之亂與安史之禍可知。充其量只能作爲世俗淡忘名利的一些小助益而已。但在郭氏《集釋》後約十五年，王氏也作了《莊子集解》，〔註262〕其〈序〉曰：

> ……然而貸粟有請，内交於監河；係履而行，通謁於梁魏；說劍趙王之殿，意猶存乎捄世。遭惠施三日大索，其心迹不能見諒於同聲之友，況餘子乎！吾以是知莊生非果能迴避以全其道者也。且其說曰：「天下有道，聖人成焉；天下无道，聖人生焉。」又曰：「周將處乎材不材之間。」夫其不材，以尊生也；而其材者，特藉空文以自見。老子云：「美言不信。」生言美矣，其不信又已自道之。故以橛飾鞭筴爲伯樂罪，而撽髑髏未嘗不用馬捶；其死棺槨天地，而以

〔註260〕〔清〕郭慶藩：《莊子集釋》〈序〉，頁25。

〔註261〕詳葛兆光：《中國思想・七世紀至十九世紀中國的知識、思想與信仰》卷2，第三編第七節〈晚清對中國傳統資源的重新發現和詮釋（二）：諸子之學〉，頁648。

〔註262〕郭氏《莊子集釋》成書於光緒20年（1894），王氏《莊子集解》成書於宣統元年（1909），相距約15年。

墨子薄葬爲大殼；心追容成、大庭結繩無文字之世，而恒假至論以修心。此豈欲後之人行其言者哉？嫉時焉耳。是故君德天殺，輕用民死，刺暴主也；俗好道諛，嚴於親而尊於君，憤濁世也。登無道之廷，口堯而心桀；出無道之野，貌夷而行跖。則又奚取夫空名之仁義，與無定之是非？其志已傷，其詞過激。設易天下爲有道，生殆將不出於此。後世浮慕之以成俗，此讀生書者之咎，咎豈在書哉！〔註263〕

經過十五年之後，清朝的國祚即將走向終點，王氏在宣統元年（1909）所作的〈序〉顯然已對莊子的觀點有所改變。由這段引文，我們可得知王氏的改觀：王氏爲莊子作辯解，以爲《莊子》著書的目的乃爲救世之故，但因時代紛亂，處在無道之世，其志已傷，因而其詞過激，這皆是因嫉時、憤濁世之故。倘使莊子處有道之世，必不如此。王氏之所以爲莊子作申辯，乃因世人多以此責之，對其評價相對也就不高。王氏認爲這是世人誤讀《莊子》之故，就連莊子的好友惠施都不能瞭解莊子的心志，更遑論他人！有趣的是，再反觀王氏爲郭慶藩寫的〈序〉，以王氏自己所說的話來看，他當時何嘗不也是一樣的誤解莊子呢？那時的他，也是覺得《莊子》一書價值不高，充其量只能稍助淡泊名利而已。所以對比王氏在光緒二十年與宣統元年的兩篇〈序〉，至少可以得到一個結論，那就是王氏對莊子有更多同情的瞭解，對莊子之學也由「烏足及天下」到「此讀生書者之咎，咎豈在書哉」的轉變，顯然發覺莊子之學的重要性了。

王氏治《莊》並非一時興起，而是「治此有年」，〔註264〕對《莊》學經過長時間的研究，又加上時代因素，促使他對《莊》學有所改觀。清朝自受甲午之戰的摧毀後，更直接地邁向黃昏，整個清末的時代氛圍，西學衝擊、列強入侵，比起南北朝的五胡亂華、唐朝的安史之亂更加危殆欲墜，若王氏依舊認爲《莊子》一書對於濟世起不了大作用，何以事隔十五年後，還爲《莊子》作集解呢？顯然王氏發覺儒學已不足濟民經世，對儒學的信仰漸起動搖，在他長期研讀《莊子》下，亦發覺《莊子》之學的重要性，因而評注《莊子》，期盼世人對莊子能有更深入的瞭解，欲以補充儒學之不足。王氏治《莊》其實是抱有很大的經世理想，欲以《莊》學來補充儒學，藉此來經世濟民。當

〔註263〕〔清〕王先謙：《莊子集解》〈序〉，頁1。
〔註264〕〔清〕王先謙：《莊子集解》〈序〉，頁1。

時士大夫面臨時局頽危，一直用心在思索如何拯救國家社會，經世之心更加強烈。王氏發覺長期以儒學爲主流的時代，最後並不能濟世，於是轉向《莊子》一書尋求解答，經過日積月累地窮究，最終他仍然相信《莊子》之學對拯救時代是有所助益的，否則不會在郭氏《莊子集釋》後，事隔十五年之久，又再自行作了《莊子集解》。由此可見王氏註解《莊子》別有所用心，希冀《莊子》能拯世之末途。

王先謙治《莊》的態度，與晚清多數「以儒解《莊》」學者，其用意是一致的。雖解《莊》方式不同，〔註 265〕其目的皆是藉評注《莊子》以豐富、補充儒學，冀使有助國計民生。

相較清中葉前，學者「以儒解《莊》」之趨入末途，但盼望注《莊》以用世的心志比前期強烈許多，他們一直想掘取《莊》學中積極濟世的成份，加入儒家治國、平天下的心志，欲化道家消極爲儒家積極之用世，強調知「道」目的乃在「用世」，非遯世，以此心志解《莊》。然而實際注《莊》中，似乎達不到他們預期的效果。吾人僅看到王闓運、馬其昶、王先謙等呼籲《莊子》濟世之窮，但在其解《莊》中卻看不到如何以莊子之道濟世，反而多了強以儒家思想綰合《莊》學等現象。這是他們解《莊》上的不足，亦有所囿限，畢竟在固有的傳統學術上，僅就儒、莊學術，實難以應對時局的遽變。

小　結

清代注《莊》的消長，至晚清大興，顯然學術價值發生了轉移——諸子學復興。嘉道以後漢宋兼采的學術取向、今文經學的興起和經世致用思潮的再度張揚，促使晚清子學開始走出考據、跨越「以子證經」，轉向義理掘發、朝往「以子經世」之路。晚清「以儒解《莊》」亦呈現此一脈絡，儒、《莊》義理觀念的融通、尊孔的立場不變，卻多了對後世儒者的批評，當是對晚清知識份子的針砭。強調積極用世的重要，援子經世思想流露於解《莊》中，

〔註 265〕王先謙《莊子集解》是集《莊》學大成之作，所徵引者，計有崔譔、向秀、李頤、司馬彪、王叔之、簡文帝、支遁、楊愼、方以智、郭象、成玄英、宣穎、王夫之、盧文弨、王念孫、王引之、俞樾、郭嵩燾、李禎、郭慶藩、姚鼐、蘇輿等二十二家，暨引《爾雅》、《廣雅》、《說文解字》、《字林》、《字略》、《玉篇》、《三蒼》、《經典釋文》、《尸子》、《列子》、《淮南子》等十一書。此據賴仁宇《王先謙莊子集解義例》所統計。

此乃晚清與清中葉前「以儒解《莊》」的最大差異。

由於學術風氣的轉移，晚清《莊》學的研究雖擺脫乾嘉時期以訓詁校勘爲主的路子，但大多也還是傳統的研治模式，並沒有太大的突破。若以學術光譜而喻：「以儒解《莊》」的流變，在清初，義理闡發最多，理學成份相當濃厚，亦有發明。清中葉後，轉向校勘、訓詁頗多創獲，義理思維卻逐漸減少，理學成份銳退。迨及晚清，義理詮解加增，但多前有所襲，甚少新意，理學成份殘留不多，字裡行間多了救時濟世的強調。其後有一掃「以儒解《莊》」之弊的聲響，欲獨立莊子之地位 ，顯示學者對諸子學價值的認同。

晚清「以儒解《莊》」的繼承與轉折，是出於儒學危機與現實社會的迫切需要，屬於傳統學術的自身嬗變與發展。但這種從子書中尋求救世之策的經世致用精神，仍然局限於傳統學術的思維框架內，在許多義理上的闡釋依舊在框架內進行調和，很難有突破性的創發。這不僅是「以儒解《莊》」的限制，亦是以子經世的局限。眞正突破重圍，出現全新的思維，推動諸子學的復興，當屬西學的影響。

不過框架內調和，亦有新火花。不容忽視的是，當儒、《莊》的某些概念意義要融通時，「以儒解《莊》」的同時，亦即「以《莊》解儒」。易言之，「以儒解《莊》」當可理解將道家的自然主義引進儒家。或相反，以人文主義引進道家，擴大儒家的義理思維。知識份子擺脫不了儒者的身份、尊經崇孔的時代氛圍，又深感儒學不足，故旁觸諸子，試從《莊子》中汲取新材料，援子學資源擴展儒學詮釋空間，以達致用突圍目的，此爲晚清學者援《莊》入儒的一大貢獻。

第陸章　晚清「以佛解《莊》」的思想發展

如前所述，晚清政局動盪，面對國家內憂外患，多數知識份子有深刻的覺醒，強烈救亡圖存的意識，趨使他們積極在不同層面力求振作，在「以儒解《莊》」上，竭力抉發汪洋恣肆中所隱藏的安邦濟民元素，藉解《莊》以豐富儒學內涵，而達經世之目標，然最終難以突破重圍。但晚清學者並沒有放棄，驟變的時代，當然也得有所轉折因應。故有另一批學者突破傳統學術之藩籬，援引外來的佛學與西學，爲解《莊》思想注入新泉源，冀望在西學侵襲下，傳統文化得以屹然應對。

本章論述晚清學者如何「以佛解《莊》」應變。然在探討這個課題前，勢必對「以佛解《莊》」這股學術思潮有所爬梳，方能映照迨及晚清，何以又出現這股學術潮流？而其中的輾轉變化如何？再者，必須再進一步追問：晚清「以佛解《莊》」所代表的時代意義及其影響又如何發展？如此當可顯現晚清「以佛解《莊》」的關鍵。故本章共分五節，首先追溯「以佛解《莊》」的歷史淵源，並綜述其至清代前的發展，其次對清代「以佛解《莊》」的發展脈絡作一爬梳，期使吾人對其發展流變有更清楚的掌握，亦藉此凸顯晚清「以佛解《莊》」的轉折，進而探索何以晚清「以佛解《莊》」會有此轉變，說明當與時代背景攸關，亦可探得時代意義。最後以楊文會的《南華經發隱》與章太炎的《齊物論釋》爲晚清「以佛解《莊》」的代表作，藉此二書的論述，期能闡釋說明晚清「以佛解《莊》」的思想流變，並抉發學者采此方法之用意。

佛、道的交涉，由倚賴《老》、《莊》訓解佛學義理（「以《老》、《莊》解佛」)，發展爲以佛學詮解《老》、《莊》之「以佛解《老》、《莊》」。這一股「以佛解《老》、《莊》」的學術思潮，從魏晉時期發展至清末民初，間間歇歇，一直以伏流之姿涓涓細流著。

晚清「以佛解《莊》」爲本文論述核心，上溯其淵源，下論其發展流變。尤要者，指出在學術史上，歷代「以佛解《莊》」的發展，實存有佛、《莊》孰主孰客之詮釋焦點的轉變問題，藉此問題的掌握，吾人方可清楚窺得「以佛解《莊》」思想的發展脈絡。

第一節　「以佛解《莊》」的歷史溯源及至清代前的發展

一、「以佛解《莊》」的歷史溯源

最早的佛、莊交涉，遠於魏晉南北朝期間，佛法傳入中國不久，當時爲了理解方便，佛典在文字翻譯、義理闡釋等方面，常藉由本土經典的文字或概念來作類比，以達掌握佛理的眞義，此種方式謂之「格義」。此時佛學是被理解的對象，而《莊》學則是翻譯佛學概念的媒介，主要目的是高僧欲透過本土語言思想之便，讓聽眾或讀者容易掌握佛學要義，使宣揚佛法的成效更爲顯著。故佛學是主體地位，《莊》學則屬客體角色，簡而言之，魏晉時期這種藉由「以彼喻此」的觸類旁通，來掌握佛學這一新學問的義理，或可稱之「以《莊》解佛」、「以《莊》論佛」。

當佛經的翻譯達到一定的成果時，佛學自然就會脫離依賴老、莊爲橋樑的格義時期，獨立發展。不過老、莊與佛學的因緣卻以另一形式繼續發展，形成「以佛解《老》、《莊》」的詮釋現象，一直延續到清末民初而未歇。〔註1〕

在論及「以佛解《莊》」的發展脈絡前，有一個重要觀念須要釐清：吾人謂「以佛解《莊》」，意指以佛學觀點來詮釋《莊子》。而同以此詮釋方法來解《莊》者，其注解者卻持有不同的主、客詮釋焦點。易言之，同是「以佛解《莊》」，然於學術史上的發展，卻存有佛、《莊》孰主孰客的轉換流變，故不可不辨。鄭柏彰說：

〔註1〕蘇美文對「以莊解佛」如何發展至「以佛解莊」有一詳盡的爬梳，可參氏著：〈從「以莊解佛」到「以佛解莊」〉，頁31～46。

> 值得注意的是，唐代「以佛解莊」的意義，已有別於魏晉時期「以莊解佛」的「翻譯」性質，而是將層級提升到了思想上的「會通」。此時，作爲詮釋主體的「莊學」，一來因爲本身已是本土語言，並不需要透過佛學來作轉譯；再加上文義又具有「語意的不確定性」，是一個「開放的詮釋體」，故有相當大的詮釋空間。所以，這時兩家的關係，也就從「主客隸屬」的「翻譯階段」，過渡到「主客平等」的「會通階段」。然而，這時候會通的學術焦點，其實已經從佛學轉向爲莊學，亦即莊學已逐漸朝向主體地位發展，而佛學卻逐漸退階到客體的地位了。兩者的思想在當時雖呈現分庭抗禮的狀態，但解莊者往往卻援佛以註莊，讓佛學的概念成了激盪出莊學新義的他山之石，冀能爲莊學開展出一番新義。故此，「以佛解莊」的學術與時代意義，就不再僅是一種工具性的附屬，而是進階爲一種概念性的互攝。而此種「互攝」，已不再是透過某家來純粹認識另一家義理爲要義，而是融通兩家概念相契的部分，進而爲本土的莊學開展出一種創造性的詮釋。唐代此種的「以佛解莊」，大體上吾人即可從「主體新義之開展」〔註2〕這角度去加以理解。〔註3〕

據此，先歸結鄭氏持論的二點，再加以辨明。其一、鄭氏以爲當佛、莊尚停留在「翻譯」階段時，即以莊學來詮釋佛學義理的「格義」時期，此時「主客隸屬」關係，是佛學爲主，莊爲客，這是魏晉的「以莊解佛」。至唐代，佛、莊關係提升到思想的「會通」，此時已過渡到「主客平等」，而會通的學術焦點，由佛學轉向莊學，即莊學逐漸朝向主體地位發展，而佛學退階到客體地位，此爲鄭氏謂之唐代「以佛解莊」的意義，與魏晉「以莊解佛」不同。其二、鄭氏認爲唐代「以佛解莊」的學術與時代意義，不再是工具性的附屬，而是進階爲概念性的互攝。此「互攝」，是融通兩家概念相契的部分，進而爲本土的莊學開展出一種創造性的詮釋。

就其一而論，首先鄭氏以爲唐代「以佛解莊」，佛、《莊》之間的詮釋達

〔註2〕此處「主體新義之開展」這一詞彙，係鄭柏彰用以指稱上述所論莊、佛在各自獨立的思想體系之下，融攝另外一家的學說，以開展出本身思想的新義。見鄭柏彰：《嚴復與章太炎之道家思想研究》第四章第一節〈對「以佛解莊」概括章太炎《齊物論釋》之定位〉註8，頁111。

〔註3〕鄭柏彰：《嚴復與章太炎之道家思想研究》第四章第一節〈對「以佛解莊」概括章太炎《齊物論釋》之定位〉，頁110～111。

到思想的「會通」，由「主客隸屬」過渡到「主客平等」的階段。此所謂的「主」、「客」內涵相同嗎？據鄭氏的引文，前者「主客隸屬」，其「主」當指佛學，「客」則指莊學。故魏晉「以莊解佛」，莊學是在翻譯佛學。至唐代走向「以佛解莊」，即「主客平等」階段。此時的「主」、「客」內涵有變動嗎？倘若依然以佛學爲「主」，《莊》爲「客」，那麼何以會通的學術焦點，會由佛學轉向莊學，即鄭氏所言「莊學已逐漸朝向主體地位發展，而佛學卻逐漸退階到客體的地位了」？若此，當不宜以「主客平等」來論定此時「以佛解莊」的佛、《莊》發展關係。如依鄭氏所論，是否當以「主客易位」來評定，會比較適切？即「以《莊》解佛」轉向「以佛解《莊》」。

再者，實際就學術的發展而論，佛、道的會通，不應從唐以後才開始。確切地說，及至唐代，佛、道的發展已臻成熟，又受朝廷崇尚，〔註4〕故二者關係，多面提升到思想的會通層次。魏晉時期當然停留在「格義」的「翻譯」成分居多，但佛、道思想上的會通應當也有所漸進，就《高僧傳》來看，當時義理擅長的僧人多有老莊之學養，當他們學習佛法後再回過頭來看老莊時，若有會通之意，便具有「以佛解《老》、《莊》」之勢了。〔註5〕所以魏晉時期，佛與《老》、《莊》之間的詮釋關係，不全然僅是「翻譯階段」，亦有會通部分。

又魏晉僧人藉《老》、《莊》詮解佛理，其目的相當清楚，乃欲讓世人對佛學有更深入的了解。因此二者會通的學術焦點，主體是佛學，不言可喻。據此，若就鄭氏以魏晉「『主客隸屬』的『翻譯階段』」，過渡到唐「『主客平等』的『會通階段』」來論會通的學術焦點有所轉移：從佛學漸轉向《莊》學，則出現了問題。因魏晉僧人若對佛、《莊》有會通之處，但其學術焦點仍是佛學，而非《莊》學。又如晚清楊文會的《南華經發隱》，多援引唯識學概念詮釋《莊子》，然而透過楊氏的評註，吾人卻是對唯識學有更進一步的了解。楊氏表面是解《莊》，實際上卻在彰揚佛教唯識學，故就會通的學術焦點而言，主體角色反而是佛學，《莊子》其實是立居賓位。若就鄭氏所論，會通的焦點

〔註4〕詳本論文第貳章第二節。

〔註5〕如《高僧傳》記載：「釋慧觀，姓崔，清河人。十歲便以博見馳名，弱年出家，遊方受業，晚適廬山又諮稟慧遠。聞什公入關，乃自南徂北，訪覈異同，詳辯新舊，風神秀雅，思入玄微。……觀既妙善佛理，探究《老》、《莊》。又精通《十誦》，博採諸部，故求法問道者，日不空筵。」見《高僧傳》卷第七〈義解四・宋京師道場寺釋慧觀〉，頁264。可參蘇美文：〈從「以莊解佛」到「以佛解莊」〉。

並沒有從佛學轉向《莊》學。因此，鄭氏以佛、莊思想達到會通後，來斷定佛、莊各爲主體（即鄭氏所謂「主客平等」），以「會通」與否的標準來判定、區分會通的學術焦點之主、從，此種方式，容易出現矛盾，似乎不甚妥切。個人以爲宜更全面的評估，即使是概念性的互攝、融通，有時注解者或有個人詮釋焦點的主、客意識。吾人當檢視其「以佛解《莊》」專著，透過評註者的詮釋後，判別該專著究竟在注《莊》，抑或解佛？是拓展《莊》學，抑彰顯佛學？也許由這個角度切入，作爲其詮釋焦點的主、賓認定，〔註6〕或不失爲一評估方式。

其二、唐以後，佛、《莊》發展成熟，但並非全然進階爲概念性的互攝，如寖至清代，注《莊》專著若摻以佛學解之，則多呈零星的名詞解釋、概念的比附。〔註7〕可見唐以後，「以佛解《莊》」的發展，工具性的附屬部分依然存在。因此，佛、《莊》之間的詮釋關係，似乎不當以魏晉與唐代，截然區分爲「『主客隸屬』的『翻譯階段』，過渡到『主客平等』的『會通階段』」。二種思想在相互訓解時，其思想由不成熟邁向成熟的階段，不盡然皆會走上由「翻譯」進入「會通」的模式，有時二者是交互進行：有思想的會通，也有名相的解釋，即使會通後，概念的比附亦有之，彼此交攝互滲的情形不見得少。如晚清楊文會的《南華經發隱》，嘗試作佛、《莊》思想多面的會通，以佛理融攝《莊》學有之，以唯識學名相比附《莊》學概念亦有之。〔註8〕就此觀之，「以佛解《莊》」這股學術思潮的演變，似乎不是單一的變化，其中宜再多方面的細辨（詳下）。

特別提出這個問題，是因爲「以佛解《莊》」在學術史的發展脈絡上，佛、《莊》詮釋焦點的主、客變化一直在轉換變動。必須辨明清楚後，方能看出「以佛解《莊》」這股學術思潮的流變。

二、清代前「以佛解《莊》」發展綜述

《老》、《莊》與佛學之所以能相互訓解，進臻思想的融攝，二者之間的

〔註6〕個人以爲，以「詮釋焦點」取代鄭氏以「會通的學術焦點」來論「以佛解《莊》」中佛、《莊》的主、賓關係，似乎可較清楚的理出彼此之間的轉換脈絡。若以「會通」來論，則易出現問題，因爲「以佛解《莊》」之間的佛、《莊》關係，不見得都有會通。（詳下文）

〔註7〕詳本章第二節。

〔註8〕詳本章第四節。

義理思維當有其相契之處，如牟宗三（1909～1995）所言：

玄智和般若智因爲它表現的形式相同，所以道家這個玄智、玄理可以做中國吸收佛教的一個橋樑，先拿魏晉玄學做它的前身，這樣子來吸收佛教，很自然，一下子就吸收過來了，一點隔閡沒有。〔註9〕

又云：

在道家，即爲玄智之模型，在佛教，即爲般若之模型。在道家，莊子發之，所謂一大詭辭，一大無待，而向郭探微索隱，則發爲迹冥圓融之論。千哲同契，非謂誰取自誰也。……夫以「詭辭爲用」所達之圓境，乃各聖心之共法也。……人徒知魏晉玄學爲吸收佛教之橋樑，而不知其互相契接者爲何事。吾今答曰，即以「詭辭爲用」契接其般若一系也。然佛教畢竟尚有其不同於道家者，則除般若一系外，復有「涅槃佛性」一系也。此則不可不知也。〔註10〕

牟氏以爲道家與佛學的般若學可相互契接，〔註11〕是以「詭辭爲用」作橋樑。道家的「詭辭」是辯證的詭辭，不是邏輯的詭辭，以老子的話來說，就是「正言若反」。佛教中的詭辭，必以般若經作代表，「般若」這種智慧，是依據佛教所說的「空」來說，即據「緣起性空」而講。〔註12〕是故唐以後，摻以佛學思維解《莊》的著作多就佛教的「空」義來注解，如唐成玄英的《莊子疏》等。〔註13〕

〔註9〕牟宗三：《中國哲學十九講》第七講〈道之「作用的表象」〉，頁148～149。牟氏對道家與佛學之相同地方有詳盡闡述說明，可詳氏著，第五、六、七講。

〔註10〕牟宗三：《才性與玄理》第六章第四節〈向、郭之「迹冥」論〉，頁194～195。

〔註11〕方東美亦說：「佛教能在中國生根，主要原因並非重視其宗教儀式，還是在以般若思想爲藍本。」詳氏著：《華嚴宗哲學》冊下〈二十六華嚴法界眞空觀解決了哲學史上存而未決的思想體系〉，頁386。

〔註12〕此說，據牟宗三：《中國哲學十九講》第七講〈道之「作用的表象」〉，頁142～148。

〔註13〕據邱敏捷的觀察，「〔晉〕支道林〈逍遙論〉之運用佛教『空』義、〔唐〕成玄英《南華眞經注疏》之以『空』並採『中觀論述方法』解莊，以及〔宋〕王雱《南華眞經新傳》之以『眞空』解莊等。」詳氏著：〈以「空」解莊之考察〉。論者如邱敏捷、簡光明等，皆以爲支道林〈逍遙論〉開啓後人「以佛解《莊》」的先聲，但吾人就〈逍遙論〉所論的片斷文字思想，實不易看出有佛學的「空」義，故個人暫不納入，而從唐成玄英《莊子疏》始計，摻有佛學思維解《莊》。然若謂成玄英《莊子疏》是「以佛解《莊》」的代表作，個人以爲不甚妥切（詳下文）。支道林〈逍遙論〉片段爲：「夫逍遙者，明至人之心也。莊生建言人（薇按：疑是「大」字之誤）道，而寄指鵬、鷃。鵬以營生之路曠，故失適

唐代佛、道盛行，然「以佛解《莊》」的著作不多，〔註14〕道士成玄英的《莊子疏》以道教立場，援用佛學概念、道教思維，兼容佛、道內涵，以拓展道教式的《莊》學義理。據李大華研究：

> 成玄英曾引用佛教「能所」等概念，其本意卻在運用這些概念論證道家「能所兩忘」的坐忘理論，恰如蒙文通先生所云：「成公之疏，不捨仙家之術，更參釋氏之文。」〔註15〕

可見成氏「以佛解《莊》」是借佛學概念來論證道家的坐忘理論，佛學是賓，《莊》學是主，而此《莊》學更是涵攝道教立場。誠如周雅清指出的：

> 至於在修養論方面，成玄英融入了佛教「即有體空」的工夫，而表現出此前道家所未有的修養風貌。縱使如此，「體空」這一修養內容，並不必然與道家傳統之「無」的工夫、「忘」的工夫殊異其趣；相反地，「體空」修養提出的目的， 其實只是爲了加強論證無爲、虛忘等工夫的必然性、可行性，以及保全生命的眞實，達到精神逍遙等道家傳統的修養境界。可以說成玄英雖吸收佛教的修養工夫，卻仍然合會道家的義理，趨向道家（尤其是莊子）精神超脫的修養旨趣。最後，在境界論部分，成玄英運用佛教「離二偏，得中道」的思維方式，闡釋圓通不滯、虛玄無執的精神境界，此境界，成玄英或謂之爲「重玄」，或謂之爲「中道」。成氏對於這些境界的說明，雖然援用了佛教空宗的思維方式，但是，凡此諸境界的本質及其所涵蘊的內容，卻都是一本於道家的義理而有。〔註16〕

清楚地道出成玄英在修養論方面，佛學「『體空』修養提出的目的， 其實只

於體外；鷃以在近而笑遠，有矜伐於心內。至人乘天正而高興，遊無窮於放浪；物物而不物於物，則遙然不我得，玄感不爲，不疾而速，則逍然靡不適。此所以爲逍遙也。若夫有欲當其所足；足於所足，快然有似天眞。猶饑者一飽，渴者一盈，豈忘烝嘗於糗糧，絕觴爵於醪醴哉？苟非至足，豈所以逍遙乎？」見〔南朝〕劉義慶編、余嘉錫箋疏：《世說新語箋疏》，文學第四第32條「莊子〈逍遙篇〉」下之注語，頁220～221。按此，支氏謂逍遙是「明至人之心」，「物物而不物於物」，無所待。無欲至足、快然足於所足，不被欲所縛即是逍遙。

〔註14〕詳本論文第貳章第二節。

〔註15〕李大華：〈略論隋唐老莊學〉，頁323。收入陳鼓應主編：《道家文化研究》第一輯。

〔註16〕周雅清：《莊子哲學詮釋的轉折——從先秦到隋唐階段》第六章第三節〈成玄英的工夫論與境界論〉，頁220。

是爲了加強論證無爲、虛忘等工夫的必然性、可行性，以及保全生命的眞實，達到精神逍遙等道家傳統的修養境界」；在境界論部分，「援用了佛教空宗的思維方式，但是，凡此諸境界的本質及其所涵蘊的內容，卻都是一本於道家的義理而有」。因此個人以爲，成氏的《莊子疏》並不能作爲「以佛解《莊》」的代表，僅能謂其解《莊》中，摻有佛學的概念以疏通《莊子》思想的成份，因最終成氏仍回歸道家的義理，趨向道家精神超脫的修養旨趣。〔註17〕

宋代以後，學者出入儒、釋、老，時風所趨，解《莊》著作多摻有儒、釋、道觀點，如王雱的《南華眞經新傳》，「以儒解《莊》」爲主體，間有「以佛解《莊》」的會通成份。據簡光明研究：

> 王雱用以詮釋的佛教思想主要是「眞空妙有」，〔註18〕……所謂「眞空妙有」是指法相宗所說圓成實性所具的空有二義，……問題是，老莊所謂「自然」、「無」、「無爲」、「道」等義理與佛教思想原即不同，說「老子之道以眞空爲體，以妙有爲用」實在是不相應的。老子思想之體爲「無」，「無」不等於「空」，也不等於「眞空」，故王雱的註文以「眞空妙有」解釋「無爲」與「自然」，以及用以說明老子之體用，是一種牽強附會。這類的例子在註文中相當多，如……，可見王雱「以佛解莊」不是偶然爲之，而是有意調合釋道。〔註19〕

此處，簡氏提出王雱「以佛解莊」不是偶然爲之，乃有意調合釋、道。所據的原因是：王雱援引佛學的概念詮解道家思維。然二者的思想內容並不相應，

〔註17〕論者如曹礎基、簡光明等，皆視成玄英的《莊子疏》是「以佛解莊」之代表作。詳曹礎基：《莊子淺論》第六章〈《莊子》研究述評〉，頁192；簡光明：〈莊註疏「回歸原典」的方法及其檢討〉。然檢視成氏注《莊》的內涵，若作爲「以佛解《莊》」之代表，個人以爲似不盡然具代表性。

〔註18〕另邱敏捷以爲，王雱除以佛教「無我」、「身遍法界」等專門術語解《莊》外，尚以「眞空」爲佛教最高道理，故出現之次數較「眞空妙有」爲多，故與其說王雱以「眞空妙有」解《莊》，不如說他是以「眞空」解《莊》。詳氏著：〈以「空」解莊之考察〉，頁36～37。據此，邱文對「眞空妙有」義似乎有所誤解。「眞空」即「妙有」，「妙有」即「眞空」，二者實一也。吾人自性中的覺性，實相無相，它離一切諸相而無有一相可得，是以自性理體是空寂之相，無形無相，即六祖所謂：「本來無一物」。自性清淨，盡虛空、遍法界，無所不在，能生一切法，故實相無不相。簡言之，實相無相，即「眞空」；實相無不相，故「妙有」。實相無相無不相就是眞空妙有，眞空不空生妙有，妙有不有顯眞空。故《心經》云：「色不異空，空不異色；色即是空，空即是色。」是謂也。

〔註19〕簡光明：〈王雱「南華眞經新傳」析論〉，頁37～38。

以此論斷王雱「有意調合釋道」，不知是否合宜？可能須有更多的論據佐證。而王雱以佛教的「空」等同老子的「無」，亦是混淆。老子的「無」，意指不具體，是抽象的概念；佛教的「空」，即不眞實、非恆常不變者。不過整體而論，王雱《南華眞經新傳》主要還是以回歸至儒家孔孟之旨爲其治學大方向，〔註20〕「以佛解《莊》」當是點綴式的援引而已。

其後林希逸《莊子鬳齋口義》，如本論文第貳章所述，除了本身是艾軒學派人物，固然以理學的思想觀點詮釋《莊子》，然林氏與佛教的關係亦相當深遠。〔註21〕大量直接引用佛學的概念、命題來與《莊子》比對，乃《莊子鬳齋口義》很大的特色。據邱敏捷研究，指出：

> 其《莊子口義》富贍禪趣，除徵引佛學術語、佛教經典外，尤其大量應用「禪宗語錄」、「禪語」解莊，爲歷代「以禪解莊」代表作之一。該書援引「禪宗語錄」註解的有二十多處，另引用簡要之「禪語」以點化、會通莊、禪者亦有數處。其「以禪解莊」之內涵，有時與「莊義」相合，有時是把「莊義」推擴至另一層面。歸結其內容，主要將莊、禪之「修行過程」或「修行境界」進行「類比」。莊、禪有相近的義理結構，林氏《莊子口義》「以禪解莊」便是在這一基礎上運作、成就，而該書也體現著中國傳統文人取資老莊玄學以觀察禪宗思想的現象。〔註22〕

林氏的《莊子鬳齋口義》，可謂開啓「以禪解《莊》」之路。當「禪宗解數」注解《莊子》漸成風氣，後之「以佛解《莊》」者亦多受影響，如明代方以智的《藥地炮莊》、清代釋淨挺的《漆園指通》等著作。〔註23〕不過須說明的是，雖然林希逸大量應用「禪宗語錄」、「禪語」解《莊》，但個人以爲不能就此便用「以禪解莊」來概括《莊子鬳齋口義》，吾人當不可忽視其亦使用理學思維與儒家概念解《莊》之部分。〔註24〕在《莊子鬳齋口義》〈發題〉，他說：

〔註20〕詳本論文第貳章第一節。

〔註21〕林希逸在《莊子鬳齋口義》卷首〈發題〉云：「希逸少嘗有聞於樂軒，因樂軒而聞艾軒之說，文字血脈稍知梗概，又頗嘗涉獵佛書，而後悟其縱橫變化之機，自謂於此書稍有所得，實前人所未盡究者。」見〔南宋〕林希逸著、周啓成校注：《莊子鬳齋口義校注》〈發題〉，頁2。

〔註22〕邱敏捷：〈林希逸《莊子口義》「以禪解莊」析論〉，頁1。

〔註23〕邱敏捷云：「據筆者之初步考察，〔宋〕林希逸《莊子鬳齋口義校注》、〔明〕方以智《藥地炮莊》與〔清〕釋淨挺《漆園指通》等著作，都是『以禪解莊』之佳構。」見氏著：〈以「空」解莊之考察〉之註20，頁28。

〔註24〕詳本論文第貳章第二節。

> 是必精於《語》、《孟》、《中庸》、《大學》等書，見理素定，識文字血脈，知禪宗解數，具此眼目而後知其意一一有所歸著，未嘗不跌蕩，未嘗不戲劇，而大綱領、大宗旨未嘗與聖人異也。……若以管見推之，則此書自可獨行天地之間，初無得罪於聖門。〔註25〕

清楚地道出「大綱領、大宗旨未嘗與聖人異」、此書「初無得罪於聖門」，這是林氏對《莊子》思想的基本看法。所以他站在理學的立場上，同時容納禪宗哲學，以此出發，運用解析文章的技法與禪宗的參悟本領，對《莊子》的概念加以考訂，對所謂「過當處」、「鼓舞處」、「戲劇處」〔註26〕一一廓清。〔註27〕因此，個人以爲《莊子鬳齋口義》「以儒解《莊》」是主，「以佛解《莊》」是賓。即使賓占全書的比例相當大，但主、從之分，不可不辨。

再者，宋以來許多學者多持莊子爲佛氏之先聲，如林希逸在《莊子鬳齋口義》〈發題〉曾說：

> 若《莊子》者，……《大藏經》五百四十函皆自此中紬繹出。〔註28〕

在以後的詮釋中，林氏即不斷地發揮此觀點。而類此之說，早在朱子即有：

> ……因言莊子，不知他何所傳授，卻自見得道體。蓋自孟子之後，荀卿諸公皆不能及。如說：「語道而非其序，非道也。」此等議論甚好。……後來佛氏之教有說得好處，皆出於莊子。〔註29〕

無獨有偶，視佛經源自《莊子》，當是宋以來不少學者的代表性想法。雖然佛陀及其弟子的傳承時代約爲公元前六、五世紀至前四世紀中葉，早於莊子所生活的時代，況且也沒有任何文獻足以證明佛教創立時有受到中國文化的影響，而學者卻有佛氏說得好之處，盡得自莊子之說。以今日角度觀之，當然覺得荒謬至極。不過以同情的了解，易地而處，當是學者對外來文化，仍存有夷夏之別的對待。而這樣的想法，一直深植人心，對後之清代學者亦有深

〔註25〕〔南宋〕林希逸著、周啓成校注：《莊子鬳齋口義校注》〈發題〉，頁1～2。

〔註26〕林希逸注《莊》，常用以告誡讀者，《莊子》有不少地方行文有「鼓舞處」、「戲劇處」，讀來不可過於當眞。又有些地方說得「過當」、「過高」，實際用意並非如此。

〔註27〕然而實際檢視林氏的《莊子鬳齋口義》，其援用儒、佛概念與《莊子》比對，雖指出彼此理論上的種種相通、相異之處，然有時卻是曲解了莊子的哲學，如以理學解《莊》部分，並不能全面作到對《莊子》義理的掌握，詳本論文第貳章第一節。

〔註28〕〔南宋〕林希逸著、周啓成校注：《莊子鬳齋口義校注》〈發題〉，頁1。

〔註29〕〔南宋〕黎靖德編：《朱子語類》卷16，頁88～89。

遠的影響，如宗稷辰也有如是見解：

> ……及其所爲〈內篇〉，反復讀之，知其抱狂者之資，不得見裁於聖人，薄中庸而期廣大，厭質實而契清虛，遂放懷騁辭，上以發猶龍之所蘊涵，而下以開西方化人之悟，中實抒鄒、魯之大義於蘇、張之舌鋒。……脫天不生老、莊，則西方諸國，雖有輕身家之俗，而其樸未散，特瞑瞑然短髮之民耳，以道德之說誘之，而其徒始有覺性；以縣解之說道之，而其徒始有語言。迨乎六朝、三唐，士多棄其學，以相慕效，乃成所謂十二藏經，大都不過繹《南華》之餘緒而已。故《南華》實梵學之祖也。嗚呼！豈非天哉？雖然《南華》不悖聖人者十□〔註30〕二三，流極變窮，遂去堯、舜、周、孔之文而一歸天地於虛寂，則莊氏初心所不忍爲矣。〔註31〕

晚至清代的宗氏，推崇《莊子》備至，以爲《莊子》不僅開啓西方瞑瞑之昧。連佛學的十二藏經等，都紬繹《莊》之餘緒，視《莊》學爲佛學之祖。可見《莊子》爲佛氏之先聲，類似的言論，自宋代以來，一直存在部分知識份子的心中。〔註32〕也許有這一層次的認知，故學者視「以佛解《莊》」爲另一種的理所當然。從宋至晚明前，「以佛解《莊》」者多持《莊》學爲主體，藉佛學概念比附、義理會通等方式，拓展《莊》學的思想。晚明後因時局變動，注《莊》出現轉折，覺浪道盛、方以智、錢澄之等「以佛解《莊》」則另有寄託。〔註33〕而有別覺浪道盛等注《莊》心志，明末亦出現一批佛法僧人注《莊》，如憨山德清的《莊子內篇注》，其立意主要是從闡釋佛學出發，再將《莊》學思維融攝其中，進而爲佛學注入新的詮釋意義。〔註34〕其詮釋焦點的主體是佛學，藉《莊》之賓以形佛學之主。「以佛解《莊》」發展至此，若謂是「納

〔註30〕□，闕字。目前似乎添入各字詞，蓋不盡符上下文意。

〔註31〕〔清〕宗稷辰：〈書莊子後〉，見徐世昌等編纂：《清儒學案》（八）卷230〈諸儒學案九・宗先生稷辰・文鈔〉，頁7902。

〔註32〕如第參章所述，清代屈復《南華通》評解〈養生主〉「以有涯隨無涯，殆已。已而爲知者，殆而已矣」段，亦云：「此莊生所以爲二氏之鼻祖……。」見嚴靈峰編輯：《無求備齋莊子集成初編》冊21，頁94～95。又評解〈齊物論〉「有有也者，有無也者。有未始有無也者，有未始有夫未始有無也者」段，云：「凡佛老之精意微言，俱不出此，此所以不經而爲百家之冠。」見嚴靈峰編輯：《無求備齋莊子集成初編》冊21，頁70。

〔註33〕詳謝明陽：《明遺民的莊子定位論題》。

〔註34〕相關研究，可參李懿純：《晚明注《莊》思想研究——沈一貫、釋德清、釋性通爲核心》。

《莊》入佛」，或可更精準地道出其義。

第二節　清代「以佛解《莊》」的發展脈絡

降及清代，「以佛解《莊》」的發展脈絡相當零散，不成體系，當與明清以來，佛學發展呈衰歇之態有關。清代朝野強調回歸經典，嚴判儒、釋、道，對佛、道教皆不甚重視，加之宋明以來，不少學者廣受「《莊子》爲佛氏之先聲」根深柢固觀念的影響，寖至有清，此論調依然普及。如屈復云：「此莊生所以爲二氏之鼻祖」、〔註 35〕「凡佛老之精意微言，俱不出此」；〔註 36〕方潛謂：「《南華》，佛氏之先聲」；〔註 37〕馬其昶引李習之，稱：「佛所言者，列禦寇、莊周言之詳矣」；〔註 38〕陳壽昌亦言：「佛書云：『人法雙忘，乃成空到』，此西土微言也，不意早被《南華》道破」等，〔註 39〕皆持相近之說。因此，清初至晚清前，「以佛解《莊》」一直呈現靈光乍閃的零星觀點。所謂零星觀點，意指解《莊》的詮釋觀點中，佛學僅作點綴、穿插，以爲解《莊》思想的某些提點而已，尤在「以儒解《莊》」著作中相當顯著。如方潛的《南華經解》，其子方敦吉言：「玄奧難解處，間援聖經、佛典詮釋之，都期便於玩誦也」，〔註 40〕道出方潛以佛典詮釋《莊子》是「便於玩誦」，僅是點綴性質而已。

又如馬其昶的《定本莊子故》〈人間世〉「瞻彼闋者，虛室生白」下，引用方潛「以佛解《莊》」注語：

〔註 35〕〔清〕屈復：《南華通》評解〈養生主〉「以有涯隨無涯，殆已。已而爲知者，殆而已矣」段，見嚴靈峰編輯：《無求備齋莊子集成初編》冊 21，頁 94～95。

〔註 36〕〔清〕屈復：《南華通》評解〈齊物論〉「有有也者，有無也者。有未始有無也者，有未始有夫未始有無也者」段，見嚴靈峰編輯：《無求備齋莊子集成初編》冊 21，頁 70。

〔註 37〕〔清〕方潛：《南華經解》〈總評〉五則，見嚴靈峰編輯：《無求備齋莊子集成續編》冊 36，頁 6。

〔註 38〕〔清〕馬其昶：《定本莊子故》〈人間世〉「夫徇耳目內通，而外於心知」下，引方潛註：「無眼、耳、鼻、舌、身、意也。無智亦無得也」下之案語，見頁 29。

〔註 39〕〔清〕陳壽昌：《南華眞經正義》〈知北遊〉「舜問乎丞曰」一段，總評曰：「大道非有非無，執著此道，以爲己有，便不是道。佛書云：『人法雙忘，乃成空到』，此西土微言也，不意早被《南華》道破。」見頁 350。

〔註 40〕〔清〕方潛：《南華經解》〈卷尾〉，見嚴靈峰編輯：《無求備齋莊子集成續編》冊 36，頁 287。

　　方潛曰：「照見五蘊皆空也。」〔註 41〕

又「吉祥止止」下：

　　方潛曰：「度一切苦厄也。」〔註 42〕

「夫且不止，是謂之坐馳」下：

　　方潛曰：「應無所住而生其心也，坐微塵裹轉大法輪也。」〔註 43〕

引方潛之說，以《心經》「照見五蘊皆空」詮釋《莊子》「虛室生白」；「度一切苦厄」等同「吉祥止止」；以《金剛經》「應無所住而生其心」，方能如《楞嚴經》所言：「於一毛端現寶王刹，坐微塵裏轉大法輪」，以此詮解《莊子》的「坐馳」。這些多是名詞的解釋，觀念、境界的比附。

　　而進一步檢視馬氏所引之方說，卻發現其未仔細詳引。方潛《南華經解》〈人間世〉，其注「吉祥止止」，是分開注解：注「吉祥」，則曰：「度一切苦厄」；注「止止」，於前一「止」，注曰：「應如是住」，後一「止」，則注曰：「應如是降伏其心。」〔註 44〕同樣地，注「夫且不止，是謂之坐馳」，亦是分開注解：注「夫且不止」，曰：「應無所住而生其心」；注「是之謂坐馳」，則曰：「坐微塵裏轉大法輪。」〔註 45〕而馬氏或取其半，或直接取全句引註，也沒有加以說明。據此推之，馬氏引方氏所摻「以佛解《莊》」注語，當僅是博采眾說，個人其實沒有眞正在「以佛解《莊》」上有所意識。

　　在《心經》開頭，即說「觀自在菩薩，行深般若波羅蜜多時，照見五蘊皆空，度一切苦厄」。這是觀音法門中大小乘共通的基礎，也是大乘的極則。以分析的方法，觀察眾生及眾生所處的環境，包括色法的物質世界和心法的精神世界，皆不出五類（即「五蘊」）。〔註 46〕物質的色法，意指眾生的身體

〔註 41〕〔清〕馬其昶：《定本莊子故》〈人間世〉，頁 29。

〔註 42〕〔清〕馬其昶：《定本莊子故》〈人間世〉，頁 29。

〔註 43〕〔清〕馬其昶：《定本莊子故》〈人間世〉，頁 29。

〔註 44〕不過，據王叔岷之說，「吉祥止止」，第二個「止」字，疑涉上「止」字而誤。或作「也」、「之」、「矣」等字。見氏著：《莊子校詮》冊上〈人間世〉註 5 條，頁 135。

〔註 45〕〔清〕方潛：《南華經解》〈人間世〉，見嚴靈峰編輯：《無求備齋莊子集成續編》冊 36，頁 48。

〔註 46〕「蘊」（skandha）是聚積之義。「五蘊」是構成人身或世間事物的五種因素，所以五蘊包括一切有爲法，即五位百法中的心法、心所法、色法和心不相應行法，並不包括無爲法。「五蘊」又稱爲「五取蘊」，「取」意爲取著於貪愛之煩惱事物，「五蘊」以煩惱爲因而生，故稱「取蘊」。五蘊即色、受、想、行、識，這樣的次序是根據它們的粗顯程度排列的，色蘊爲最粗顯，故列首位，

及身體所賴以生存活動的環境；精神的心法，即是心理的活動，及其動因、動力、動的結果，而此結果同時成爲另一循環的動因，以佛學專有的名詞則稱之爲「心念」、「識」。凡動皆由於因，凡動皆產生果，其間動的作用，稱爲「造業」，造業的結果，稱爲「業力的感受果報」。如果眾生能洞察五蘊所化成的世界，無一是眞，無一能常，便不起貪、瞋等執著，不執著的當下，即能不受貪、瞋等煩惱所苦，如此一來，便能不再繼續造循環不已的生死業，即使雖處生死，卻得離一切苦。而觀自在菩薩是以甚深的智慧力，直下徹見五蘊的世間法，無非是空。小乘知空而不住有，所以出世，菩薩證空，連空亦無，所以入世。凡夫則未證五蘊皆空，所以戀世、迷惑、困擾、甚不知何去何從，而又事事執著，處處煩惱。〔註47〕因此，《金剛經》才強調「應無所住」，唯有「無所住」方能破除循環不已的生死煩惱。佛法的修持與莊子的修養工夫，當然不同。再者，《莊子》的「坐馳」，郭象注：「若夫不止於當，不會於極，此爲以應坐之日而馳騖不息也。故外敵未至而內已困矣，豈能化物哉」，〔註48〕意指精神向外馳騖，雜念紛飛，是一負面義，與上下文氣不合。馬氏於此，除了引方濳之說，又案曰：「《淮南》『是謂坐馳』。陸沈注：『言坐行神化，疾於馳傳。』」〔註49〕乃一正面義。據王叔岷之說：「『夫且不止』，謂吉祥來止，尙且不止，即不僅吉祥來止而已之意。馬引《淮南》，見〈覽冥篇〉，高注：『坐行神化，疾於馳傳。』亦正《莊子》『坐馳』之義。下文『鬼神將來舍，而況人乎！』正所謂『坐行神化』也。《淮南子》〈原道篇〉：『執玄德於心，而化馳若神。』亦符『坐馳』之義。郭注似非。」〔註50〕當如王氏之解，上下文氣方始終一貫，馬氏之引，亦是將「坐忘」作「坐馳」解之故。

又馬氏〈庚桑楚〉釋題，僅引朱子語：「〈庚桑楚〉篇全是禪」，〔註51〕完全認同朱說，沒有個人對佛理的見解。又〈則陽〉「少知曰：『季眞之莫爲，接子之或使，二家之議，孰正於其情，孰遍於其理？』」引唐順之語：「莫爲

受蘊次之，故列第二，想蘊更次之，故列第三，依次類推，直至識蘊。以上對「五蘊」的說明，據韓廷傑：《唯識學概論》第十一章〈蘊、處、界三科與五位百法的關係〉，頁212。

〔註47〕此說，引自釋聖嚴：《觀世音菩薩》〈觀世音菩薩的法門〉，頁58～59。

〔註48〕〔清〕郭慶藩：《莊子集釋》〈人間世〉，頁151。

〔註49〕〔清〕馬其昶：《定本莊子故》〈人間世〉，頁29。

〔註50〕王叔岷：《莊子校詮》冊上〈人間世〉，註6條，頁135。

〔註51〕〔清〕馬其昶：《定本莊子故》〈庚桑楚〉，頁157。

者，是佛家之自然性也；或使者，因緣性也」。〔註 52〕又〈德充符〉「仲尼曰：『死生亦大矣，……，命物之化而守其宗也』」下，引嚴復之說：

不與物遷，命物之化。即佛云：「一切眾生，皆轉於物；但能轉物，即同如來也。」〔註 53〕

〈德充符〉「仲尼曰：『自其異者視之，肝膽楚越也； 自其同者視之，萬物皆一也』」下，引楊文會之說：

依生滅門，作差別觀；依眞如門，作平等觀。〔註 54〕

歸納馬氏「以佛解《莊》」的注語，皆是引他人之注解，可見在馬氏的認知上，佛學思想只作解《莊》點醒之用，沒有主題性、也沒有個人意識上的認知。

其後陳壽昌的《南華眞經正義》，雖欲一掃「以儒解《莊》」之弊，然亦謂「明心見性之旨，間亦證以釋家言」。〔註 55〕不過實際檢視《南華眞經正義》，「證以釋家言」占及的份量不多，如〈逍遙遊〉末段「惠子謂莊子曰：『吾有大樹，人謂之樗，其大本擁腫而不中繩墨』」，〔註 56〕總評曰：

道以無用爲用，方成大用。……彷徨無爲，一念不起也；逍遙寢臥，一念不離也。得此無用之大用，而即以不用用之，故能無老死，無苦集滅道也。〔註 57〕

以佛學「一念不起」、「一念不離」來闡釋《莊子》「彷徨乎無爲其側，逍遙乎寢臥其下」。〔註 58〕佛學「一念不起」，是禪宗開示學人最緊要的話，即「屏息諸緣，一念不生」，〔註 59〕意指一放下，一切放下，永遠放下。即萬緣放下，

〔註 52〕〔清〕馬其昶：《定本莊子故》〈則陽〉，頁 189。

〔註 53〕〔清〕馬其昶：《定本莊子故》〈德充符〉，頁 36～37。

〔註 54〕〔清〕馬其昶：《定本莊子故》〈德充符〉，頁 37。

〔註 55〕〔清〕陳壽昌：《南華眞經正義》〈凡例〉，頁 5。

〔註 56〕〈逍遙遊〉：「惠子謂莊子曰：『吾有大樹，人謂之樗，其大本擁腫而不中繩墨，……。』莊子曰：『……今子有大樹，患其无用，何不樹之於无何有之鄉，廣莫之野？彷徨乎无爲其側，逍遙乎寢臥其下。不夭斤斧，物无害者。无所可用，安所困苦哉！』」一段，見〔清〕郭慶藩：《莊子集釋》，頁 36～40。

〔註 57〕〔清〕陳壽昌：《南華眞經正義》〈逍遙遊〉，頁 13。

〔註 58〕《般若波羅蜜多心經》：「舍利子，是諸法空相，不生不滅不垢不淨，不增不減，是故空中無色，無受想行識，無眼耳鼻舌身意，無色聲香味觸法，無眼界，乃至無意識界，無無明，亦無無明盡，乃至無老死，亦無老死盡，無苦集滅道，無智亦無得，以無得故，菩提薩埵。」

〔註 59〕《六祖壇經》記載，六祖惠能傳承五祖的心法之後，即離開五祖道場，去了嶺南，而五祖座下有位將軍出家的弟子惠明，追著惠能想把法搶到手，惠能跟他說：「汝既爲法而來，可屏息諸緣，勿生一念，吾爲汝說。」見〔唐〕釋

妄想自消，分別不起，執著亦遠離，至此一念不生，自性光明，全體顯露，如此再繼續用功，眞參實究，明心見性才有可能。〔註 60〕故佛法的修持，強調對善惡的境界，不再用自我中心、自私自利的心，去判斷它、執著它，而產生反應。若就此觀點切入，與莊子的「無爲」，意指摒棄人的主觀意志，的確有異曲同工之妙。再者，禪宗除了著重「一念不起」，同時兼提「一念不離」，若「僅僅是一念不起或執著一念不生則可能變成唯物主義、自然主義或虛無主義的哲學或宗教，不是佛教所講的不生不滅的涅槃。……說一念不起的人，本身就有那個念頭」，因此有「一念不生」經驗的人，往往自以爲「已經沒有念頭」、「已經沒有我」，如此一來則易使人停止不前，不願繼續努力以達「般若空」的境界。〔註 61〕而陳氏以佛教「一念不離」及達「般若空」的境界，來比附莊子的逍遙自在之境。雖就求道的最高境界而言，都是指最終極之境，然而二者的內容卻有異。

又陳氏以爲《莊子》的「道」著重「無用之大用」，故言「得此無用之大用」就能達到佛教《心經》所說的「乃至無老死」、「無苦集滅道」。〔註 62〕然而《心經》「無無明，亦無無明盡，乃至無老死，亦無老死盡」四句，乃是指不執生死有，亦不執生死無。只要「無明」（即沒有智慧）在，即有煩惱，即有生老病死苦，若滅無明，煩惱亦滅，便離生死苦海。〔註 63〕「無苦集滅道」所指的是大乘菩薩的精神，已斷苦集（苦聚集的原因）、滅苦果，並修滅苦之道，證得滅苦之位，如此一來，不住於生死，故得解脫；同時亦不離生死，乃爲度眾生。〔註 64〕此與《莊子》的「無用之大用」判然有別，如此比附，非但無法切中《莊子》義理，反徒增歧義與誤會。

不過陳氏援引佛學解《莊》，也不全然徒增誤解，有時誠如陳氏所言，在闡述「明心見性」之旨上間或「以佛解《莊》」，確實有畫龍點睛之效。如〈山

法海編、唐一玄指導：《六祖壇經》〈甲一行由品・戊二惠明悟法〉，頁 64。

〔註 60〕此說，據虛雲和尚講述：〈參禪的先決條件〉，見釋淨慧主編：《虛雲和尚全集》冊 1《開示》，頁 158。

〔註 61〕以上諸引文，據聖嚴法師：《聖嚴說禪》第九輯〈須彌山〉，頁 220～221。

〔註 62〕《般若波羅蜜多心經》：「舍利子，是諸法空相，不生不滅不垢不淨，不增不減，是故空中無色，無受想行識，無眼耳鼻舌身意，無色聲香味觸法，無眼界，乃至無意識界，無無明，亦無無明盡，乃至無老死，亦無老死盡，無苦集滅道，無智亦無得，以無得故，菩提薩埵。」

〔註 63〕詳聖嚴法師：《心的經典：心經新釋》第一篇〈因緣不思議〉，頁 49～62。

〔註 64〕詳聖嚴法師：《心的經典：心經新釋》第一篇〈因緣不思議〉，頁 62～68。

木〉「陽子之宋，宿於逆旅」，見逆旅人有妾二人，告知弟子「行賢而去自賢之行，安往而不愛哉」一段，〔註65〕註曰：

> 人人有一我見橫隔胸中，去道乃日以遠，此見一除，則弱志虛心，無入不得，天門從此開矣。〔註66〕

佛家的「我見」，據印順之說：

> 從不知無我說，即我見、我所見：……我見爲無明迷蒙於有情自體的特徵。且以人類來說：自我的認識，含有非常的謬誤。有情念念生滅，自少到一老，都常是直覺自己爲沒有變化的。就是意味到變化，也似乎僅是形式的而非內在的。有情展轉相依，卻常是直覺自己爲獨存的，與自然、社會無關。有情爲和合相續的假我，卻常是直覺自己爲實在的。由此而作爲理論的說明，即會產生各式各樣的我見，……佛法以有情爲本，所無明雖遍於一切而起迷蒙，大乘學者雖爲此而廣觀一切法無我，一切法空，而解脫生死的眞智慧，還要在（薇按：疑是「再」字之誤）反觀自身，從離我我所見中去完成。〔註67〕

佛法有緣起法之說，釋迦牟尼佛觀察宇宙人生所得的結論，以爲世間的一切事物皆得在相對關係中才能存在。即因緣和合而生，依待各種條件的組合而顯現，因此沒有固定不變的自性或實體，亦沒有超越一切的主宰或本體。由此則有「諸法無我」〔註68〕的教義，意指一切有爲法的本性是空寂的，從眾緣生而沒有自性，即沒有常住性、獨存性、實有性。一切法既是空寂的，所以是無常（變動不居、沒有恆久性）、無我（沒有常住性、獨存性、實有性）。但是眾生卻執著世間有常住性、獨存性、實有性，更執定有一個意志的自由

〔註65〕〈山木〉：「陽子之宋，宿於逆旅。逆旅有妾二人，其一人美，其一人惡，惡者貴而美者賤。陽子問其故，逆旅小子對曰：『其美者自美，吾不知其美也；其惡者自惡，吾不知其惡也。』陽子曰：『弟子記之！行賢而去自賢之行，安往而不愛哉！』」見〔清〕郭慶藩：《莊子集釋》，頁699～700。

〔註66〕〔清〕陳壽昌：《南華眞經正義》〈山木〉，頁323。

〔註67〕印順：《佛法概論》第六章第一節〈生死根本的抉擇〉，見《妙雲集》中編之一，頁79。

〔註68〕此爲佛法「三法印」之一，餘二者爲「諸行無常」、「涅槃寂靜」。不過此三者，其實是同一命題作兩面解說。可參印順：《佛法概論》第十二章第一節〈三法印〉與第二節〈三法印與一法印〉，見《妙雲集》中編之一，頁153～163。

性的我存在（有情所執的自我），〔註 69〕以此執定的自我主體性而產生各式各樣的我見，當然是謬誤的，故須去除，才能解脫生死，得清淨的眞智慧。故陳氏以佛學的去除我見，來說明莊子去除人的主觀意志所產生的成見，其義不同。但若以一種作爲阻礙的觀點切入：或作爲佛學解脫智慧的阻礙（我見），或作爲《莊》學追求至道的妨礙（人主觀意志的成見），亦頗爲接近，可作解《莊》之註腳。

又如〈齊物論〉「一與言爲二，二與一爲三。自此以往，巧歷不能得，而況其凡乎！故自無適有，以至於三，而況自有適有乎！無適焉，因是已」，陳壽昌註曰：「道本一，而心即止於一，故亦曰：『因是』。蓋惟心得所止，則定中生慧，已覷破物論萌芽之處。彼後起之是非，皆枝葉耳，何足辨？亦何足待辨哉。」〔註 70〕說明若心止於一，即如佛學所言，定中即生慧，如此一來，可破除是非之爭。此處陳氏引佛家語，僅作提點說明之用。相同的方式，如〈田子方〉首段，提到田子方之師東郭順子「其爲人也眞，人貌而天，虛緣而葆眞，清而容物」一段，〔註 71〕總評曰：「眞道甚大，體之者爲眞人，世迷情於假合，所學皆土梗耳。」〔註 72〕以佛學視世間萬物皆因緣和合，無自性，故空假不眞，故言「世迷情於假合」，而眞正得道之人，「虛緣而葆眞，清而容物」，體道甚大。如此詮釋，其佛家論世情部分雖與《莊子》不相同，但若作爲世人不悟道前，確實迷於世間名利等俗物，亦可作爲提點之發揮。

以上列舉的屈、方、馬、陳等人，多持《莊子》爲佛氏先聲之論，故順理成章援引佛學觀點以比附、注解。其次，即使沒有秉此論調者，亦有援引佛學概念注《莊》，同樣僅作提點之用，如徐廷槐的《南華簡鈔》。《四庫全書總目》云：「大抵原本禪機，自矜神解也。」〔註 73〕然實際檢視內容，其「以

〔註 69〕以上所論，參印順：《佛法概論》第十二章第一節〈三法印〉，見《妙雲集》中編之一，頁 153～157。

〔註 70〕〔清〕陳壽昌：《南華眞經正義》〈齊物論〉，頁 31。

〔註 71〕〈田子方〉：「子方曰：『其爲人也眞，人貌而天，虛緣而葆眞，清而容物。物無道，正容以悟之，使人之意也消。無擇何足以稱之！』子方出，文侯儻然終日不言，召前立臣，而語之曰：『遠矣全德之君子！始吾以聖知之言、仁義之行爲至矣，吾聞子方之師，吾形解而不欲動，口鉗而不欲言。吾所學者直土梗耳，夫魏眞爲我累耳！』」見〔清〕郭慶藩：《莊子集釋》，頁 702～703。

〔註 72〕〔清〕陳壽昌：《南華眞經正義》〈田子方〉，頁 326。

〔註 73〕〔清〕紀昀等：《欽定四庫全書總目》卷 147 子部 57〈道家類存目〉，頁 2452。（電子版）

佛解《莊》」的成份相當少，偶摻佛語解之。如〈知北遊〉孔子回答冉求「未有天地可知邪」之問，孔子最後的回答「不以生生死，不以死死生。死生有待邪？皆有所一體。有先天地生者物邪？物物者非物。物出不得先物也，猶其有物也。猶其有物也，無已。聖人之愛人也終無已者，亦乃取於是者也」下，註曰：

> 未生原是不死，非以生生其死。既死原是不生，非以死死其生。死生一體，本非相待。《老子》曰：「有物混成，先天地生」，豈果有先天地而生之物乎？生物者，非物。若云是物，則不得先天地也，然則混成者，與天地之物一也，非有待也。混成者，與有物者，同一無窮，聖人愛人，取於是耳。蓋未有天地，則無矣。若言從無生有，則無與有對，無亦一物矣。故并無而掃之，以明有無一體，不分先後。陶石簣曰：「此破《老子》先天地生之義」。宗門多提父母未生前，而曹山四禁，曰：「切忌未生前」。〔註 74〕

據此段簡氏的註解，以佛學觀點解之，僅最後一句，引佛教宗門經常提問的問題：「父母未生前，我是誰？」來補述說明「先天地生」之意。餘者，則以大量篇幅談《老子》二十五章「有物混成，先天地生」的問題，作爲《莊子》此段的闡釋。佛教謂「未生前」，意指在父母未生我們之前的本來面目。然而禪宗曹洞宗之祖曹山本寂（840～901，俗姓黃）〔註 75〕卻說：「切忌未生時。」〔註 76〕因爲在父母未生前，一段空寂境界，若執著認定爲我，則入墮空落外之流。〔註 77〕簡氏以爲，《老子》二十五章，既言「物」，則不可能先天地而生，而能生物者，一定不是「物」。不過《老子》「有物混成」，此處的「物」並不是指一具體、有形象的東西。「有物混成，先天地生」，是老子對「道」

〔註 74〕〔清〕徐廷槐：《南華簡鈔》〈知北遊〉，見嚴靈峰編輯：《無求備齋莊子集成初編》冊 20，頁 323～324。而曹山「四禁偈」作「切忌未生時」，即「切忌未生前」之意。

〔註 75〕法號本寂，謚號元證大師。唐代禪宗高僧，洞山良價弟子，爲曹洞宗第二祖。

〔註 76〕曹山「四禁偈」曰：「莫行心處路、不挂本來衣、何須正恁麼、切忌未生時。」見《撫州曹山元證禪師語錄》，收入《大正新修大藏經》冊 47〈諸宗部四〉，頁 530。

〔註 77〕永覺元賢禪師云：「道貫古今，豈局未生。若祇認著父母未生前一段空寂境界，以爲自己，豈不見同安察云，迢迢空劫勿能收。作此見者，乃墮空落外之流。故切忌之。」見〔清〕道霈重編：《永覺元賢禪師廣錄》卷第 27〈古轍上〉「曹山四禁」條之「切忌未生時」，收入《頻伽大藏經》冊 174，頁 612。

的描述；亦即〈知北遊〉「物物者，非物」中的「物物者」。之後簡氏又開始註解《莊子》此段意義，以《老子》二十五章繼續詮釋，以爲「混成者」與「物」是一體，非有對待。以此可知，簡氏援引佛學的觀點注解，僅作提點、說明而已。況且綜觀《南華簡鈔》全書，很多注解處其實都沒有引用佛學觀點。

再者，亦有表面鄙夷外來佛學，然個人思想卻受佛學薰染，故解《莊》間摻佛學觀點，而這種詮釋方式多是境界的等同比附。最明顯者，當屬宣穎的《南華經解》，如〈人間世〉「蘧伯玉曰：『善哉問乎！戒之慎之，正汝身也哉！形莫若就，心莫若和。雖然，之二者有患。就不欲入，和不欲出。形就而入，且爲顛爲滅，爲崩爲蹶。心和而出，且爲聲爲名，爲妖爲孽。彼且爲嬰兒，亦與之爲嬰兒；彼且爲無町畦，亦與之爲無町畦；彼且爲無崖，亦與之爲無崖。達之，入於無疵。』」一段，宣注曰：

> 妙用止是一「順」字，《法華》曰：「應以比丘身得度者即現比丘身而爲說法，應以女人身得度者即現女人身而爲說法。」〔註 78〕

《莊子》此處，以蘧伯玉教顏闔當以「順」爲宗旨來輔佐衛靈公太子，「彼且爲嬰兒，亦與之爲嬰兒；彼且爲無町畦，亦與之爲無町畦；彼且爲無崖，亦與之爲無崖。達之，入於無疵」，正是順自然之勢而然，不可違逆處之。而《法華經．普門品》言：觀世音菩薩是爲了適應不同根性及類別的眾生，隨類應化，無類不現，遍於塵沙法界。〔註 79〕因爲觀音是遍於一切、平等救濟的大菩薩，爲了接應各類別的眾生，當然不能以有限的身相來示現。所以眾生以何因緣得度，佛菩薩即現方便身，以其因緣救度。〔註 80〕莊子的「處順」哲

〔註 78〕〔清〕宣穎：《南華經解》〈人間世〉，見嚴靈峰編輯：《無求備齋莊子集成續編》冊 32，頁 109。

〔註 79〕所謂法界，是指「眾生身心的類別，眾生所處時間與空間的界限」，見釋聖嚴：《觀世音菩薩》〈觀世音菩薩的示現〉，頁 41。

〔註 80〕《妙法蓮華經》〈觀世音菩薩普門品第二十五〉：「佛告無盡意菩薩：『善男子，若有國土眾生，應以佛身得度者，觀世音菩薩，即現佛身而爲說法，應以辟支佛身得度者，即現辟支佛身而爲說法，應以聲聞身得度者，即現聲聞身而爲說法，應以梵王身得度者，即現梵王身而爲說法，應以帝釋身得度者，即現帝釋身而爲說法，應以自在天身得度者即現自在天身而爲說法，應以自在大天身得度者，即現大自在天身而爲說法，應以天大將軍身得度者，即現天大將軍身而爲說法，應以毘沙門身得度者，即現毘沙門身而爲說法，應以小王身得度者，即現小王身而爲說法，應以長者身得度者，即現長者身而爲說法，應以居士身得度者，即現居士身而爲說法，應以宰官身得度者，即現宰

學與佛菩薩隨類應化，變億千百化身，二者實質內涵不同，而宣氏取《莊子》教人順應不同局勢的發展與佛菩薩因應不同根器的眾生而示現，以此相互比附、等同。

又如〈大宗師〉「子桑戶、孟子反、子琴張三人相與友」一段，其中「子貢反，以告孔子曰：『彼何人者邪？修行無有，而外其形骸，臨尸而歌，顏色不變，無以命之。彼何人者邪？』孔子曰：『彼遊方之外者也，而丘游方之內者也。外內不相及，而丘使女往弔之，丘則陋矣。彼方且與造物者為人，而遊乎天地之一氣。彼以生為附贅縣疣，以死為決𤺋潰癰。夫若然者，又惡知死生先後之所在！假於異物，託於同體』」下，宣注曰：「即《圓覺經》：地風水火，四大合而成體之說。蓋視生偶然耳。」〔註 81〕〈大宗師〉此段是在闡明莊子的生死觀，以一氣之流轉，說明天下萬物皆由氣構成，其生死乃氣的變化，故莊子才會說「遊乎天地之一氣」、「通天下一氣耳」，〔註 82〕「萬物皆種也，以不同形相禪」。〔註 83〕但佛教的生死觀是比較複雜的，若簡而言之，佛教以為人身的組合都是地、水、火、風，四大元素假合而成體，之所以有此身，乃是累世累劫所種的因，待時機成熟後必然得受此果報而成的報身（肉身）。顯然與宣氏的理解：「蓋視生偶然耳」不符。

即使宣氏偶用佛學思想注解《莊子》，但在他的認知上，莊、佛畢竟殊途，如〈德充符〉釋題：「……說無情處，特辨明是不傷身、不益生之情，非寂滅之謂」，〔註 84〕辨明莊子之無情說與佛教斷滅人情不相干。所以在〈德充符〉「惠施謂莊子曰：『人故無情乎？』莊子曰：『然。』惠子曰：『人而無情，何以謂之人？』莊子曰：『道與之貌，天與之形，惡得不謂之人？』惠子曰：『既

官身而為說法，應以婆羅門身得度者，即現婆羅門身而為說法，應以比丘比丘尼優婆塞優婆夷身得度者，即現比丘比丘尼優婆塞優婆夷身而為說法，應以長者居士宰官婆羅門婦女身得度者，即現長者居士宰官婆羅門婦女身而為說法，應以童男童女身得度者，即現童男童女身而為說法，應以天龍夜叉乾闥婆阿脩羅迦樓羅緊那羅摩睺羅伽人非人等身得度者，即現之而為說法，應以執金剛神得度者，即現執金剛神而為說法。』」見後秦龜茲國三藏法師鳩摩羅什譯：《妙法蓮華經》卷 7，頁 275～276。

〔註 81〕〔清〕宣穎：《南華經解》〈大宗師〉，見嚴靈峰編輯：《無求備齋莊子集成續編》冊 32，頁 163。

〔註 82〕〔清〕郭慶藩：《莊子集釋》〈知北遊〉，頁 733。

〔註 83〕〔清〕郭慶藩：《莊子集釋》〈寓言〉，頁 950。

〔註 84〕〔清〕宣穎：《南華經解》〈德充符〉，見嚴靈峰編輯：《無求備齋莊子集成續編》冊 32，頁 119。

謂之人，惡得無情？』莊子曰：『是非吾所謂情也。吾所謂無情者，言人之不以好惡內傷其身，常因自然而不益生也。』惠子曰：『不益生，何以有其身？』莊子曰：『道與之貌，天與之形，無以好惡內傷其身。今子外乎子之神，勞乎子之精，倚樹而吟，據槁梧而瞑。天選子之形，子以堅白鳴！』一段，宣注曰：「此節特特借惠子辯明無情之說不是寂滅之謂也，只是任吾天然不增一毫而已，可見莊子與佛氏之學不同。」〔註 85〕

宣氏秉此認知，甚且流露莊子優於佛氏之觀點。如評〈知北游〉，「道惡乎不在」一段，他說，禪家有「何處是佛？麻三斤！何處是佛？乾屎橛！」之語，讀此段乃知是莊子唾餘。〔註 86〕

不過在評析《莊子》文學作法上，宣穎卻喜愛以佛學用語來比方，如〈齊物論〉「以指喻指之非指，……是以聖人和之以是非，而休乎天鈞，是之謂兩行」段，總評云：

> 緣上文「適得而幾矣」一句，拖此一段，發明爲達者，更加一鞭，直須連知通爲一的心都歸渾化，如佛家纔以一言掃有，隨以一言掃空，方是一絲不掛，不然與紛紜者一間耳，然要去此心，不須別法也，只消因是已。妙！妙！不特因物，而因物之道，亦於出因，此聖人所謂兩任自然，至矣！至矣！〔註 87〕

〔註 85〕〔清〕宣穎：《南華經解》〈德充符〉，見嚴靈峰編輯：《無求備齋莊子集成續編》冊 32，頁 135。

〔註 86〕〔清〕宣穎：《南華經解》〈知北游〉「東郭子問於莊子曰：『所謂道，惡乎在？』莊子曰：『無所不在。』東郭子曰：『期而後可。』莊子曰：『在螻蟻。』曰：『何其下邪？』曰：『在稊稗。』曰：『何其愈下邪？』曰：『在瓦甓。』曰：『何其愈甚邪？』曰：『在屎溺。』東郭子不應」一段，總評說：「寫道體無在無不在，無不在而無在。潑撒則當前，遍滿膠著則毫無覓處，如此披搨，何啻晨鐘」下自注。見嚴靈峰編輯：《無求備齋莊子集成續編》冊 32，頁 394。

〔註 87〕〔清〕宣穎：《南華經解》〈齊物論〉「以指喻指之非指，不若以非指喻指之非指也；以馬喻馬之非馬，不若以非馬喻馬之非馬也。天地，一指也；萬物，一馬也。可乎可，不可乎不可。道行之而成，物謂之而然。惡乎然？然於然。惡乎不然？不然於不然。物固有所然，物固有所可。無物不然，無物不可。故爲是舉莛與楹，厲與西施，恢恑憰怪，道通爲一。其分也，成也；其成也，毀也。凡物無成與毀，復通爲一。唯達者知通爲一，爲是不用而寓諸庸。庸也者，用也；用也者，通也；通也者，得也。適得而幾矣。因是已。已而不知其然，謂之道。勞神明爲一，而不知其同也，謂之朝三。何謂朝三？曰狙公賦芧，曰：『朝三而莫四。』眾狙皆怒。曰：『然則朝四而莫三。』眾狙皆悅。名實未虧，而喜怒爲用，亦因是也。是以聖人和之以是非，而休乎天鈞，是之謂兩行」一段之總評，見嚴靈峰編輯：《無求備齋莊子集成續編》冊 32，又〈齊物論〉「雖然請嘗言之。有始也者，有未始有始也者，有未始有夫未始有始也者。……自此以往，巧歷不能得，而況其凡乎」段，總評云：

> 既謂之一，便是有言，妙！妙！圜悟說《華嚴》要旨曰：心、佛、眾生三無差別，卷舒自在，無礙圓融，此雖極則，終是無風匝匝之波，正莊子此處義也。〔註 88〕

若僅就文學筆法觀之，佛學的比喻也甚有妙處，在以文評《莊》上有其價值。

宣穎的《南華經解》「以佛解《莊》」部分，可能與自宋明以來，儒者受儒、釋、道薰陶甚深，而理學的淵源本是融鑄儒、釋、道思想而來，雖立足點是儒家基點，但思想則涵攝三家義理。只是謹守儒家本位立場不變，故對佛學雖有鄙夷，〔註 89〕卻用了佛家語訓解《莊子》。不過須留意的是，宣氏對佛學的瞭解似不甚深，因此《莊》、佛之義理的理解、比附常有不契合處。宣氏主要以理學解《莊》，〔註 90〕偶摻佛理，可能本身受薰陶，但其義理的詮釋其實不類，非眞正了解佛學要義。以佛家說法來解說《莊子》，當是作爲發揮之用而已。

此外，尚有秉持莊子以教外別傳自居，故引用佛學概念注解，以爲另有所託者，如姚鼐的《莊子章義》。卷首〈莊子翼題語五則〉，其一曰：「莊子眞是禪學，其詆孔子之徒如以訶佛罵祖爲報佛恩，其意正儼然以教外別傳自居也」，〔註 91〕將莊子與儒家的關係比附爲禪宗與佛教的關係，顯然承襲明末遺民覺浪道盛《莊子提正》之說，視莊子以教外別傳的方式傳承儒學。〔註 92〕

頁 65。

〔註 88〕〔清〕宣穎：《南華經解》〈齊物論〉「雖然請嘗言之。有始也者，有未始有始也者，有未始有夫未始有始也者。有有也者，有無也者，有未始有無也者，有未始有夫未始有無也者。俄而有無矣，而未知有無之果孰有孰無也。今我則已有謂矣，而未知吾所謂之其果有謂乎，其果無謂乎？天下莫大於秋豪之末，而大山爲小；莫壽乎殤子，而彭祖爲夭。天地與我並生，而萬物與我爲一。既已爲一矣，且得有言乎？既已謂之一矣，且得無言乎？一與言爲二，二與一爲三。自此以往，巧歷不能得，而況其凡乎」段之總評，見嚴靈峰編輯：《無求備齋莊子集成續編》冊 32，頁 70。

〔註 89〕〔清〕宣穎：《南華經解》〈自序〉：「（莊子）惜不及親炙乎聖人者，若具區馮氏謂爲佛氏之先驅，嗚呼！莊子豈佛氏之先驅我（薇按：疑是「哉」字之誤）！」見嚴靈峰編輯：《無求備齋莊子集成續編》冊 32，頁 14。

〔註 90〕詳本論文第參章第二節。

〔註 91〕〔清〕姚鼐：《莊子章義》〈莊子章義附錄・莊子翼題語五則〉，見嚴靈峰編輯：《無求備齋莊子集成續編》冊 35，頁 11。

〔註 92〕詳本論文第參章第三節。

所以姚氏秉此認知，援引佛學來詮釋《莊子》，如〈齊物論〉「……夫隨其成心而師之，誰獨且無師乎？奚必知代而心自取者有之」，注曰：「……知代者，佛所謂六識也。心自取者，合藏識也，此皆是妄心起滅無端，而人之言語率出於此，此與風之吹物何異焉？……欲聞天籟從何處聞取？《楞嚴》說聞，所聞盡處是也」；〔註 93〕又〈在宥〉「黃帝立爲天子十九年，令行天下，聞廣成子在於空同之上，故往見之曰」一段，廣成子曰：「……得吾道者，上爲皇而下爲王。失吾道者，上見光而下爲土」，注曰：「……不見光、不見土，即空四大之意」；〔註 94〕又〈庚桑楚〉「徹志之勃」一段，注曰：「此段盡戒、定、慧之義」〔註 95〕等等皆是其例，不過多取佛學術語加以比附，少見觀念的融通。

大體而言，清代至楊文會（1837～1911）前，注《莊》專著若摻以佛學解之者，多是字詞、名相的等同比附，或僅以一、二句簡易的詮釋而已，主、從之分相當清楚。這也是清代與宋、明解《莊》思想的顯著差異：宋、明《莊》學，其儒、釋、道三家思想常相互注解、融通，主、從不甚明析者居多；而清代《莊》學，主、從有別，分判儼然。

宋、明學者多摻以儒、佛思想注《莊》，應與大時代背景相關。自宋以來，學者多出入儒、釋、道，甚有佛學源自莊子之論，又晚明三教合一盛行，陽明心學與禪學皆屬主觀觀念論，故合論並談，使得宋、明學者解《莊》思想融雜儒、佛，不易區分賓、主。而宋、明學者出入儒、釋、道的風氣，亦影響到清代，如前所述的方潛，對釋、道多有涉獵。〔註 96〕故清代「以儒解《莊》」著作中亦摻有「以佛解《莊》」的成份，不過視宋、明《莊》學，清代解《莊》思想則相對純粹：「以儒解《莊》」、「以佛解《莊》」，多是分開注解，少數摻有儒、佛解《莊》，其成份比例多寡不同，主、賓之判較爲清楚。

清代在晚清前，「以佛解《莊》」多是點綴式的，僅作義理的闡釋發揮之用，故零星片羽，不拘一宗，佛學僅居賓位。不過雖是提點式的說明，也因個人對

〔註 93〕〔清〕姚鼐：《莊子章義》，見嚴靈峰編輯：《無求備齋莊子集成續編》冊 35，頁 45。

〔註 94〕〔清〕姚鼐：《莊子章義》，見嚴靈峰編輯：《無求備齋莊子集成續編》冊 35，頁 126。

〔註 95〕〔清〕姚鼐：《莊子章義》，見嚴靈峰編輯：《無求備齋莊子集成續編》冊 35，頁 260。

〔註 96〕詳本論文第伍章第一節。

佛學認識的深淺不同，造成訓解詮釋時，或具畫龍點睛之效，或徒增誤解。迨及晚清，「以佛解《莊》」的詮釋焦點發生了轉移變化，可由楊文會的《南華經發隱》與章太炎的《齊物論釋》窺得轉換之跡：主體由《莊》學轉至佛學（《南華經發隱》），其後又由佛學轉至佛、《莊》一體（《齊物論釋》）。至於援引佛學部分，則由不拘一宗一派，轉至專主法相唯識。〔註 97〕洎楊文會，始有意識地以唯識學理論，嘗試與《莊學》作思想觀點的會通融攝，其《南華經發隱》詮釋焦點的主體不在解《莊》，而是闡釋佛學，是「以佛解《莊》」頗具代表性的著作。〔註 98〕及至章太炎（1869～1936），佛、《莊》造詣深厚，其《齊物論釋》將「以佛解《莊》」推至高峰，並作了轉折：不再拘於佛、《莊》思想的分析、融通，甚而納入許多近代的新概念，如「平等」、自然科學觀等，將「以佛解《莊》」推進至近代思維。民國以後，「以佛解《莊》」仍持續發展，最具代表性當屬方東美（1899～1977）與牟宗三二位大家。章氏的「以佛解《莊》」，對方、牟二先生皆有所影響，然二先生的「以佛解《莊》」，已超越章氏主要以唯識學概念解之，采以更全面、多角度地比較、解說佛、《莊》的差異，及其可相互發明之處。〔註 99〕而唯識學方面的發展，有歐陽漸（1871～1943）、熊十力（1885～1968）、梁漱溟（1893～1988）等人的推動。梁、熊二先生浸潤於儒、佛思想，雖對近代佛教多有批評，但受到唯識學思維的影響亦大。二先生在北大先後講授過唯識學，並成專著，梁氏有《唯識述義》、熊氏有《新唯識論》，而歐陽氏爲楊文會之弟子，有《二十唯識論疏》等著作。

〔註 97〕楊文會在 1896 年的《十宗略說》中「慈恩宗」下，小字注曰：「一名法相宗。」在 1906 年的《佛教初學課本註》云：「慈恩宗，一名法相宗，一名唯識宗。」可見楊氏對該宗命了三個名稱，分見周繼旨校點：《楊仁山全集》，頁 152 與 128。黃懺華指出，此宗之名有五：一約辨相，名法相宗。二約所明理，名中道宗。三約攝機，名普爲一切乘教宗。四約顯理，名應理圓實宗。五約觀行，名唯識宗。此宗雖有多名，最通行者乃法相、唯識二名。「八識能變，萬法所變。就能變義邊，立唯識宗名，就所變義邊，立法相宗名。」意指各取「八識能變」與「萬法所變」之義，而分別立「唯識宗」與「法相宗」之不同名稱，而實質內涵都是一樣的，即「八識能變，萬法所變」。此宗在中國至唐代大備，玄奘爲此土此宗開創之祖，窺基乃守文述作之宗。或名「慈恩宗」，玄奘、窺基多居大慈恩寺，尊祖庭故。詳黃懺華：《佛教各宗大綱》〈唯識宗大綱〉第一章第一節〈此宗之名義〉，頁 75～76。

〔註 98〕詳本章第四節。

〔註 99〕晚清至民初「以佛解《莊》」的發展流變，可從楊文會、章太炎、方東美、牟宗三爲核心，作一探討。此部分，留待日後再述。

第三節　晚清「以佛解《莊》」背景探索

佛學在隋、唐大盛，入宋後理學興起，佛學被視爲異端，〔註 100〕除了禪宗一門外，其餘皆呈衰歇之態。寖至晚明才有復興之姿，彼時有四大高僧——雲栖袾宏（1535～1615）、紫柏眞可（1543～1603）、憨山德清（1546～1623）、藕溢智旭（1599～1655）等，對佛學倡導不遺餘力，不宗一家一派，努力在三教合一的時風中求其同，竭力將佛法融入世間法中。〔註 101〕然而隨著滿清入關，朝廷以政策對佛教加以限制，如順治初年禁止京城內外擅造寺廟佛像，造寺須經過禮部允許，而既有的寺廟佛像亦不許私自拆毀，也不許私度僧尼。對於僧尼，一律官給度牒。康熙以後，私立庵院與私度僧尼都有法律規定。在學術上，以儒學爲主流，立程朱理學爲官學，對佛、道教思想多有批判。兼以學者強調儒學的淨化運動，以顧炎武、黃宗羲、王夫之等爲代表，主張回歸原典的聲浪高漲。〔註 102〕爾後考據學興起，學者埋首名物訓詁，更遠離義理之學，遑論隸屬宗教的釋、道思想。佛教的發展在清代遭受壓抑，佛學當然步向衰敗，因此「以佛解《莊》」不興，多以零星、點綴式的配角呈現。直至晚清佛學才有振興之勢，「以佛解《莊》」漸由配角轉登主角，佛學觀點的闡釋成爲詮釋的焦點。

梁啓超（1873～1929）在論及清代學術，曾說：

> 晚清思想界有一伏流曰：佛學。前清佛學極衰微，高僧已不多；即有，亦於思想界無關係。其在居士中，清初王夫之頗治相宗，然非其專好。至乾隆時，則有彭紹升、羅有高，篤志信仰；紹升嘗與戴震往復辨難（自注：《東原集》）。其後龔自珍受佛學於紹升（自注：《定庵文集》有《知歸子讚》。知歸子即紹升），晚受菩薩戒。魏源亦然，晚受菩薩戒，易名承貫，著《無量壽經會譯》等書。龔、魏

〔註 100〕詳本論文第貳章第二節。

〔註 101〕相關研究，如日本方面有荒木見悟：《明代思想研究——儒佛之交流》（東京：創文社，1985 年）；臺灣有釋聖嚴著、釋會靖（關世謙）譯：《明末中國佛教之研究》（臺北：法鼓文化，2009 年），該著作乃聖嚴法師至日本留學的博士論文，以藕溢智旭爲研究核心。另有江燦騰：《中國近代佛教思想的諍辯與發展》（臺灣：南天書局，1998 年初版）；美國漢學界有于君方：《中國佛教復興——袾宏與晚明融合思想》（1981 年哥倫比亞大學版）、卜正民（Timothy Brook）著、張華譯：《爲權力祈禱——佛教與晚明士紳社會的形成》（南京：江蘇人民，2005 年第 1 版）等。

〔註 102〕詳本論文第參章第一節。

為「今文學家」所推獎，故今文學家多兼治佛學。〔註 103〕

據此，吾人可窺得二個現象：其一、思想上，前清佛學極衰，晚清之際佛學漸興。其二、學佛居士中，自清初即有王夫之，頗治相宗，然非其專好。至乾隆時，則有彭紹升、羅有高等篤志佛學。其後有龔自珍、魏源等皈依佛門，魏源甚至投入佛經的注譯。而龔、魏二人為今文學家所推挹，故今文學家亦多兼治佛學。可見晚清以後，已有許多人廣受佛學影響。

晚清佛學何以成為一股時代伏流？探索原因，當是多方面的，既有歷史文化背景，又因當時社會環境使然。以下歸結數點重要因素來論述：

清廷經歷鴉片戰爭慘敗後，面臨西洋列強的船堅砲利及其優勢文化與宗教之侵襲，普遍引起朝野各界的不安。有志之士深覺不僅是軍事、政治、經濟力量等不如洋人，其背後基因更是文化全面較量的相形見絀。無可否認，當時西方文化的學術思想、民主觀念、科學技術、宗教信仰等，都對中國固有文化造成巨大的衝擊。因此，如何重建中國文化思想的價值體系，以及重新探索、構築文化內涵，便成了那時代知識份子努力與關注的重心。

譚嗣同（1865～1898）說：

俗學陋污，動言名教，敬若天命，而不敢渝。畏若國憲而不敢議。嗟乎！以名為教，則其教已為實之賓，而決非實也。又況名者，由人創造，上以制其下，而不能不奉之：則數千年來，三綱五倫之慘禍烈毒，由是酷焉矣。君以名桎臣，官以名軛民，父以名壓子，夫以名困妻，兄弟朋友各挾一名以相抗拒，而仁尚有少存焉者得乎？然而仁之亂于名也，亦其勢自然也。中國積以成（威）〔註 104〕刑，箝制天下，則不得不廣立名，為箝制之器。……忠孝既為臣子之專名，則終不能以此反之：雖或他有所摭，意欲詰訴，而終不敵忠孝之名為名教之所出，反更益其罪，曰「怨望」，曰「觖望」，曰「怏怏」，曰「腹誹」，曰「訕謗」，曰「亡等」，曰「大逆不道」。……施者固泰然居之而不疑，天下亦從而和之曰：「得罪名教，法宜至此。」……然名教也者，名猶依倚乎教也。降而彌甚，變本加厲，乃亡其教而虛牽于名，抑憚乎名而竟不敢言教，一若西人乃有教，

〔註 103〕梁啓超：《清代學術概論》，頁 84。見氏著：《中國近三百年學術史》（附《清代學術概論》）。

〔註 104〕校注者以為是「威」字之誤。

> 吾一言教，即陷于夷狄異端也者。……嗟乎！因衛教而立名，不謂名之弊乃累教如此也！〔註105〕

列強入侵，清廷戰敗，西力東漸，造成知識份子反思現有的制度、文化、思想等，故傳統儒學維繫社會制度的規範一一面臨崩解。譚氏指出晚清俗學陋儒對於名教的墨守，造成三綱五倫的僵化。傳統儒學、舊有制度盡束縛時人的思想，導致知識份子一再地固守成規，不敢衝破既有制度的畛域，以尋求嶄新意義的突破。因此，他要改變此種陋習，故說：

> 網羅重重，與虛空而無極；初當衝決利祿之網羅，次衝決俗學若考據、若詞章之網羅，次衝決全球群學之網羅，次衝決君主之網羅，次衝決倫常之網羅，次衝決天之網羅，終將衝決佛法之網羅。〔註106〕

譚氏激憤地道出這一時期舊文化所造成的種種束縛，欲衝決重重網羅，以因應新世代的變化。窺小亦足以見大，譚氏之說，顯現晚清傳統儒學步入僵化，受滿族利用而成枷鎖，同時禁錮知識份子的思維。因此，有志之士亟欲突破傳統藩籬，拯救危機。

面臨西學衝擊，單守傳統儒學開不出新思維時，致使知識份子亟力尋求新資源。首先他們試圖從本有的文化資糧起軔，所以他們覓得先秦時期大放異彩的諸子學，冀從諸子學掘發足以與西學相頡頏的資源。然長期以來，深受儒學薰陶的傳統學者無法立即拋棄儒學，故開始之際援諸子學以拓展儒學，「以儒解《莊》」即是一支代表。而「援子入儒」最後也瀕臨困窘之境，儒學又在晚清僵化，造成桎梏的教條，加以學者對諸子學的研究發展，已至瓶頸局限，此時勢必突破舊有的樊籬，向外來資源尋索，以開展新局。而最爲中土所熟悉的學術文化，當屬印度的佛學。如梁啓超所言：

> 佛教哲學，本爲我先民最珍貴之一遺產……我國民性，對於此種學問，本有特長。〔註107〕

指出我們的民族性與佛學義理是契合的，是先民最珍貴的遺產，視佛教爲「我們國學的第二源泉」。〔註108〕況且佛學早在東漢末傳入，其思想幾度轉變，融

〔註105〕〔清〕譚嗣同著、湯志鈞、湯仁澤校注：《仁學》〈仁學一〉，頁15～16。

〔註106〕〔清〕譚嗣同著、湯志鈞、湯仁澤校注：《仁學》〈仁學自敘〉，頁2。

〔註107〕梁啓超：《清代學術概論》，頁90。見氏著：《中國近三百年學術史》(附《清代學術概論》)。

〔註108〕梁啓超：〈治國學的兩條大路〉云：「我們國學的第二源泉就是佛教。」見《梁啓超演講集》，頁207。

入本土文化已深，廣為國人接受。正如梁氏所謂：「而我國人歷史上與此系之哲學因緣極深，研究自較易。」〔註 109〕是以若欲對抗西學，援引佛學思維，不失為一最方便有利的方法，故融合佛學理論來闡釋中國傳統文化，即成為晚清一股學術潮流，「以佛解《莊》」即是其一代表。

再者，梁啓超說：

> 西洋哲學既輸入，則對於印度哲學，自然引起連帶的興味。〔註 110〕

對於這個問題，吾人須留意一點：何以西洋哲學輸入，會連帶引發對印度哲學研究的興味？是否二者在某些程度上有所相契？梁氏此言，似乎對西洋哲學的傳入與印度佛學的興起，作了聯結。首先，二者在哲學思維上，都相當著重理性思辨：西洋哲學重理性思維，〔註 111〕強調邏輯分析；佛學亦然，尤以唯識學最甚。有煩瑣浩繁的名相，對宇宙萬有的分析，作了極縝密深入的描述說明。〔註 112〕其名相、八識等分析，細微精密，相當符合科學方法。再者，學者為了因應西學的衝擊，先援引諸子學、佛學來拓展中國傳統文化的詮釋，進一步則意識到「入其室，方能操其戈」，若要眞正對制西學，必須了解西學。故可藉佛學來溝通西學，以時人本了解的佛學觀點來解釋西學亦較容易。因此佛學（尤是唯識學）被用來作為溝通西學的橋樑即應運而興。〔註 113〕

此外，一八九一年從日本傳來不少淨土和唯識典籍，如《成唯識論述記》、《因明入正理論疏》和《瑜伽論略纂》等。〔註 114〕這些久在中土失傳的唯識學論疏返歸，讓近代知識份子得以有原典參考，加深對唯識學的認

〔註 109〕梁啓超：《清代學術概論》，頁 84。見氏著：《中國近三百年學術史》（附《清代學術概論》）。

〔註 110〕梁啓超：《清代學術概論》，頁 84。見氏著：《中國近三百年學術史》（附《清代學術概論》）。

〔註 111〕此就廣泛而論，非意指所有的西洋哲學皆如此。

〔註 112〕唯識宗把宇萬有區分為五大類，再仔細分為一百種：即心法八種，心所法五十一種，色法十一種，心不相應行法二十四種，無為法六種，此稱五位百法。不過，五位百法並不是唯識學派的獨創，而是在小乘佛教的理論基礎上發展起來的，小乘佛教說一切有部論典《俱舍論》講五位七十五法，經量部論典《成實論》講五位八十四法，唯識學派在此基礎上發展為五位百法。對於五位百法的相關論述，可參韓廷傑：《唯識學概論》第十章〈五位百法〉與第十一章〈蘊、處、界三科與五位百法的關係〉，頁 179～222。

〔註 113〕另西方曾殖民過印度，亦可作外緣因素思考。此說，承林啓屏師賜告，謹此誌謝。

〔註 114〕可參陳繼東：〈清末日本傳來佛教典籍考〉，見周繼旨校點：《楊仁山全集》附錄，頁 665～666。

識。又有一關鍵人物 —— 楊文會刻意倡導，加速唯識學在晚清復興，亦影響近代知識份子頗深。

楊氏爲了振興佛學，一生從事刻經事業，蒐羅、整理、刊布許多珍貴的佛教基本典籍。曾託日本學者南條文雄（1849～1927），從東瀛搜購寄回中國古德著述一、三百種，其中包括唯識宗最重要的〔唐〕窺基（632～682）《成唯識論述記》、彌勒菩薩造《瑜伽師地論記》等經典。這些典籍刻版流通以後，使宋朝以降幾成絕學的唯識宗面目，逐漸再度爲人所知。晚年又興辦佛教學堂，名祇洹精舍與佛學研究會等，培養一大批弘揚佛教、研究佛學的人才，在當時的文化界、思想界、學術界等，均有相當大的影響。〔註 115〕如梁啓超所言：

> 石埭楊文會……夙栖心內典，學問博而道行高，晚年息影金陵，專以刻經弘法爲事，……文會深通「法相」、「華嚴」兩宗，而以「淨土」教學者，學者漸敬信之。譚嗣同從之遊一年，本其所得以著《仁學》，尤常鞭策其友梁啓超，啓超不能深造，顧亦好焉；其所論者，往往推挹佛教。康有爲本好言宗教，往往以己意進退佛說。章炳麟亦好「法相宗」，有著述。故晚清所謂新學家者，殆無一不與佛學有關係；而凡有眞信仰者，率皈依文會。〔註 116〕

據此，可歸結三要點：其一、石埭楊文會，深通法相（唯識）、華嚴，而以淨土教學者，晚清許多優秀學者，如康有爲、譚嗣同、〔註 117〕梁啓超、章太炎等人，皆受楊氏佛學之薰陶。可見佛學至晚清呈現一振興之局，在近代思想界影響普及，成爲一股不可忽視的思潮，楊氏確實扮演著關鍵角色。〔註 118〕

〔註 115〕可參樓宇烈：〈中國近代佛學的振興者 —— 楊文會〉（收入《世界宗教研究》，1986 年第 2 期）、張華：《楊文會與中國近代佛教思想轉型》、歐陽漸：〈楊仁山居士傳〉（收入王雷泉編選：《歐陽漸文選》）等。

〔註 116〕梁啓超：《清代學術概論》，頁 84。見氏著：《中國近三百年學術史》（附《清代學術概論》）。

〔註 117〕梁啓超說：「《仁學》之作，欲將科學、哲學、宗教冶爲一爐，而更使適於人生之用，眞可謂極大膽極遼遠之一種計畫。……嗣同幼治算學，頗深造，亦嘗盡讀所謂『格致』類之譯書；將當時所能有之科學智識，盡量應用。又治佛教之『唯識宗』、『華嚴宗』，用以爲思想之基礎，而通之以科學。又用今文學家『太平』『大同』之義，以爲『世法』之極軌，而通之於佛教。嗣同之書，蓋取資於此三部分，而組織之以立己之意見。」見氏著：《清代學術概論》，頁 78。

〔註 118〕樓宇烈說：「中國近代一大批政治家、思想家、學者、高僧，如梁啓超、譚嗣同、章太炎、宋恕、汪康年、沈曾植、陳三立、夏曾佑、歐陽漸、釋太虛等，其二、晚清新學家即公羊學派的今文家，向來標榜經世致用，主張治經須有用於社會家國。而梁氏謂「晚清所謂新學家者，殆無一不與佛學有關係」。此言似乎暗示佛學在近代思想界有某種積極的意義，可因應時代的變化。易言之，晚清佛學的興起，乃因新學家認爲其思想哲理中有近代思維成份，可與西學度長絜大，故引發研究興趣。其三、梁氏言「凡有眞信仰者，率皈依文會」，可見楊氏所倡導的佛學思想中，當含有某種能與近代社會思想相契的因子，而非陳腐守舊者可相比。楊氏曾說，唯有通解「因明、唯識」思想，才能使人「不至顢頇儱侗，走入外道而不自覺」，並將之視爲「振興佛法之要門」。〔註119〕由此，當知唯識學是一門富於思辨的哲理，亦具條分縷析的科學方法，可使吾人頭腦清楚而明理，免於「顢頇籠侗」。因此才能讓彼時諸多傑出的學者信服，以之爲佛學導師。故唯識學的研究生機，亦應運而生。後起研究中的佼佼者，如章太炎，即以唯識學理論融攝《莊子》〈齊物論〉的概念思維，著成《齊物論釋》。

以上三要點，其一，楊文會對晚清佛學的興起，占有舉足輕重的地位：成立經社、譯經、尋得佛學經典及影響彼時菁英份子等。而其二、三兩點，吾人有必要再深究。就其二而言，新學家是如何理解佛學具有近代思維以因應西學的衝擊，故引發研究興致？可由譚嗣同〈上歐陽瓣薑師書〉見其一斑。譚氏云：

> 《古教彙參》中遍詆各教，獨於佛則歎曰：「佛眞聖人也。」美國歐格教士嘗言：「遍地球最興盛之教，無過耶穌。他日耶穌教衰，足以代興者，其惟佛教乎！」緣不論何教之精微及誕謬不可究詰，佛書皆已言之，而包掃之也。尤奇者，格致家恃器數求得諸理，如行星皆爲地球，某星以若干日爲一歲，及微塵世界，及一滴水有微蟲萬計等，佛書皆已言之。……故言佛教，則地球之教可以合而爲一。〔註120〕

都曾直接受到楊文會宣導佛學的影響。佛學在近代中國思想文化領域是一股不可忽視的思潮。」見張華：《楊文會與中國近代佛學思想轉型》〈序一〉，頁1。此〈序一〉乃樓宇烈爲張書所作的〈序〉。楊文會亦自云：「唯居士之規模弘廣，故門下多材。譚嗣同善華嚴，杜（薇按：疑是「桂」字之誤）伯華善密宗，黎端甫善三論，而唯識法相之學有章太炎、孫少侯、梅擷芸、李證剛、蒯若木、歐陽漸等，亦云夥矣。」見氏著：《楊仁山全集》，頁587。

〔註119〕〈與桂伯華書二〉，見於周繼旨校點：《楊仁山全集》，頁452。

〔註120〕〔清〕譚嗣同：〈上歐陽瓣薑師書〉（二十二），見《譚嗣同全集》卷3，頁324。

以爲西學所論諸理，在佛書多有說明，推崇佛教備至，甚且言「地球之教可以合而爲一」。故譚氏秉此思維，融攝儒、墨、釋爲一爐，建構一家之言的仁學體系：《仁學》。如對「以太」一詞的論說：

> 仁以通爲第一義；以太也，電也，心力也，皆指出所以通之具。以太也，電也，粗淺之具也，借其名以質心力。〔註 121〕

「以太」（Luminiferous aether、aether 或 ether）或譯爲光乙太，是古希臘哲學家亞里斯多德所設想的一種物質，爲五元素之一。譚氏將之視爲彼此溝通的工具。認爲「以太」顯現於作用時，即「孔謂之『元』，謂之『性』；墨謂之『兼愛』；佛謂之『性海』，謂之『慈悲』；耶謂之『靈魂』，謂之『愛人如己』、『視敵如友』；格致家謂之『愛力』、『吸力』；咸是物也。法界由是生，虛空由是立，眾生由是出」，〔註 122〕又「以太者，亦唯識之相分」。〔註 123〕顯然，譚氏將「以太」比附等同各家思想的某些概念，說得相當神奇不凡。這樣的比附，其實相當牽強。

章太炎亦以西學概念來解釋唯識學，在《齊物論釋》即說：

> 凡說物種起於無生諸行，《大毗婆沙論》一百三十六云：「極微是最細色，（自注略）。此七極微成一微塵，七微塵成一銅塵，（自注略）七銅塵成一水塵。「銅塵」、「水塵」，今所謂「分子」也：「微塵」，今所謂「小分子」、「微分子」；「極微」乃今所謂「原子」。〔註 124〕

以佛學的「銅塵、水塵」等同西學的「分子」，「微塵」爲「小分子」、「微分子」，「極微」即「原子」之謂。將西學由小至極小的概念（分子至原子）等同佛學由「水塵」至「極微」等觀念。這樣的類比，彼此之間的概念是相近

〔註 121〕〔清〕譚嗣同著、湯志鈞、湯仁澤校注：《仁學》〈仁學界說〉，頁 5。

〔註 122〕〔清〕譚嗣同著、湯志鈞、湯仁澤校注：《仁學》〈仁學一〉，頁 9。

〔註 123〕〔清〕譚嗣同著、湯志鈞、湯仁澤校注：《仁學》〈仁學一〉，頁 51。

〔註 124〕章太炎：《齊物論釋》〈第一章〉「今且有言於此，不知其與是類乎？其與是不類乎？類與不類，相與爲類，則與彼無以異矣。雖然，請嘗言之。有始也者，有未始有始也者，有未始有夫未始有始也者。有有也者，有無也者，有未始有無也者，有未始有夫未始有無也者。俄而有無矣，而未知有無之果孰有孰無也。今我則已有謂矣，而未知吾所謂之其果有謂乎，其果無謂乎？天下莫大於秋豪之末，而大山爲小；莫壽乎殤子，而彭祖爲夭。天地與我並生，而萬物與我爲一。既已爲一矣，且得有言乎？既已謂之一矣，且得無言乎？一與言爲二，二與一爲三。自此以往，巧歷不能得，而況其凡乎！故自無適有，以至於三，而況自有適有乎！無適焉，因是已。」段下之註語，見劉凌、孔繁榮編校：《章太炎學術論著》，頁 301～302。

的。只是就《大毗婆沙論》云「七銅塵成一水塵」，可知「銅塵」比「水塵」小，何以章氏卻說「銅塵、水塵今所謂分子也」？皆等同「分子」比附之，顯然有問題。不過，且不論彼時知識份子藉佛學來詮釋西學是否正確？然而這種風氣漸開，確實引起很大回響，〔註 125〕在此一非常時期，佛學（尤其是唯識學），被視爲一種優質哲學，廣受探討、運用，乃宋元以來所罕見的。這是晚清遭遇西力侵襲，面臨強勢文化壓境下，知識份子亟欲拓展傳統文化，援引唯識學之助，以展開與西方對話的一方式。晚清「以佛解《莊》」即在此背景下，走向以唯識學解《莊》之路。

再就上述第三要點而論，「因明、唯識」思想，何以使人「不致顢頇籠侗」，能與近代思想相契？章太炎曾說：

> 及囚繫上海，三歲不覿，專修慈氏、世親之書。〔註 126〕此一術也，以分析名相始，以排遣名相終，從入之涂，與平生樸學相似，易於契機，解此以還，乃達大乘深趣。〔註 127〕

指出唯識學與清儒長期埋首窮究的樸學相近，故易引起晚清學者的共鳴。其友桂伯華亦說：

> 近世三百年來，學風與宋明絕異。漢學考證，則科學之先驅，科學又法相之先驅也。蓋其語必徵實，說必盡理，性質相同爾。〔註 128〕

章氏進一步解釋說：

> 然僕所以獨尊法相者，則自有說。蓋近代學術，漸趨實事求是之途，自漢學諸公分條析理，遠非明儒所能企及。逮科學萌芽，而用心益復縝密矣。是故法相之學，於明代則不宜，於近代則甚適，由學術所趨然也。〔註 129〕

〔註 125〕當時知識份子藉佛學來理解西學的例子很多，可參〔清〕孫寶瑄：《忘山廬日記》。

〔註 126〕據邱敏捷的研究，瑜伽系的法相唯識，以慈氏彌勒爲師，以無著（Asanga，約 336～405）與世親（天親，或名婆藪盤豆：Vasubandha，約 361～440）爲理論建構者。無著思想是法相唯識中最根本的，章太炎稱「無著」爲「先師」，自詡是無著的再傳弟子。見氏著：〈楊仁山、章太炎以「唯識」解莊析論——以眞心派的唯識之詮釋〉，頁 214～215。

〔註 127〕章太炎：《菿漢微言》第 167 則，見氏著、虞雲國校點：《菿漢三言》，頁 71。

〔註 128〕此語乃桂伯華向章太炎稱說的，見章太炎：〈自述學術次第〉，收入氏著、虞雲國校點：《菿漢三言》附錄，頁 192。

〔註 129〕章太炎：〈答鐵錚〉，見黃夏年編：《章太炎集》／《楊度集》合刊本，頁 19。

因唯識學分析名相，邏輯思辨縝密與樸學訓詁名物，講求考證有據，皆是相當科學的方法，與西學強調精準、分析細密的特質相同，故是近代學術之歸趨，此為章氏喜愛唯識論的原因，亦是彼時知識份子對唯識學興起一股研究熱潮的主因。

論者如葛兆光、張華等人，以為當時唯識宗許多典籍從日本傳回，學者或對失而復得的經典感到新鮮，〔註 130〕或珍其為國寶，〔註 131〕故引發學者研究的興趣。個人以為這當是一個很小的因素，否則何以唯識學在唐代大備，卻於有宋以降，失傳了一千多年？佛學之難，莫如唯識學。正因其名相浩繁，思辨細微，文義深奧難解，晦澀難明，學者不易深入其中。然而何以至晚清又會興起唯識熱潮？個人以為其一重要原因，當與清代著重樸學研究的學風有關。若學者不能埋首於細縟的名物考據中，何以能對煩瑣難懂的唯識學產生興趣呢？唯有受過樸學洗禮的清儒，才能對考據的學問孜孜矻矻，甚至終其一生而不疲。故有別其他時代的學者，清代的知識份子正因曾沉浸於訓詁、名物中，分條析理，實事求是，方能對自古難解的唯識學，析縷分條，以此相契。

另外，據葛兆光研究，晚清佛學的振興，與日本佛教的影響有關。葛氏分二點論說：其一、某些喜愛佛教道理的文人，如楊文會、孫寶瑄、宋恕等誤讀日本佛教的消息，以為日本日益強大興盛的背景，與其對佛教寬容與尊重有很大的關係。加以日本佛教近代思想立場的調整、與科學哲學的融通等，誤以為是日本近代化的動力。〔註 132〕其二、日本佛教給中國文人的消息很多，其中最要緊的是佛教對於社會變革的意義。而晚清相當多文人開始看重思想文化層面的自我振作，故對佛教「發起信心」、「護國愛理」意義的強調，與佛教對社會作用的重新定位等深感興趣，如楊文會、梁啓超、蔡元培等。〔註 133〕

〔註 130〕葛兆光說：「晚清知識界的佛學興趣集中在唯識學上，一半是因為唯識著作的失而復得，從日本傳回來的唯識法相佚籍的新鮮刺激了人們的興趣。」見氏著：《中國思想史》卷 2 第三編第八節〈晚清對中國傳統資源的重新發現和詮釋（三）：佛學〉，頁 528。

〔註 131〕張華說：「這些久在中土失傳的唯識學論疏之返歸，很容易激起近代知識人士把它們當作失而復得的國寶來對待，從而對唯識學發生深厚的興趣。」見氏著：《楊文會與中國近代佛教思想轉型》第四章第一節〈從起信到唯識〉，頁 281。

〔註 132〕葛兆光：《中國思想史》卷 2 第三編第八節〈晚清對中國傳統資源的重新發現和詮釋（三）：佛學〉，頁 524～525。

〔註 133〕葛兆光：《中國思想史》卷 2 第三編第八節〈晚清對中國傳統資源的重新發現和詮釋（三）：佛學〉，頁 525～527。

葛氏所論二點，就其一而言，個人以爲若楊文會、孫寶瑄、宋恕等誤讀日本佛教的消息，以爲日本明治維新，圖強成功的原因與其尊崇佛教有關。那麼在列強侵襲下，中國文人理當意識到洋人的國力更強大，而洋人又篤信耶教，何以不對其所信仰的耶教產生興趣或引發學習之心？因此，個人以爲這些誤讀日本佛教消息的文人，其前提當是本身對佛教相當敬崇。葛氏所列舉的楊、孫、宋等人，其本身都是佛教徒，在此信仰下，當然更推廣佛教。易言之，也許沒有誤讀日本佛教的消息，也會因自身的信仰而推崇之。況且楊文會還曾批評日本佛教，似乎對日本的佛教不全然信服。就其二而言，日本佛教在近代確實有改革，故晚清文人對其「發起信心」、「護國愛理」與社會作用等，當有所啓發。不過佛教在中國也一直有因應時代的變動而作調整，尤其晚明，在三教融通下，促成佛教的入世轉向，對現實人生給予更多的關注。若論佛教的社會作用重新定位帶給晚清學者的啓示，應不止於日本佛教，中國佛教亦當有所影響。至於晚清學者會對佛教「發起信心」、「護國愛理」與社會作用等引發興趣，自然是因應當時社會環境而起。如譚嗣同所言：

> 西人之喜動，其堅忍不撓，以救世爲心之耶教使然也。又豈惟耶教，孔教固然矣；佛教尤甚。曰「威力」，曰「奮迅」，曰「大無畏」、曰「大雄」，括此數義，至取象於獅子。言密必濟之以顯，修止必偕之以觀。……（故）夫善學佛者，未有不震動奮厲而雄強剛猛者也。〔註 134〕

指出佛學具有「威力」、「奮迅」、「大無畏」、「大雄」之「震動奮厲而雄強剛猛」的特質。章太炎亦說：

> 這華嚴宗所説，要在普度眾生，頭目腦髓，都可施捨與人，在道德上最爲有益。這法相宗所説，就是萬法惟心。一切有形的色相，無形的法塵，總是幻見幻想，並非實在眞有。……在哲學上今日也最相宜。要有這種信仰，才得勇猛無畏，眾志成城，方可幹得事來。佛教裡面，雖有許多他力攝護的話，但就華嚴、法相講來，心佛眾生，三無差別。我所靠的佛祖仍是靠的自心，比那基督教人依傍上帝，扶牆摸壁，靠山靠水的氣象，豈不強得多嗎？〔註 135〕

〔註 134〕〔清〕譚嗣同著、湯志鈞、湯仁澤校注：《仁學》〈仁學一〉，頁 40。

〔註 135〕章太炎：〈東京留學生歡迎會演説辭〉，見湯志鈞編：《章太炎政論選集》冊上卷 2，頁 274。

據此，可見章氏所倡導的佛學，必須以「自力」爲核心，方能「勇猛無畏，眾志成城」，完成大事。故推崇華嚴、法相二宗。對於「他力」的宗教，則鄙夷不屑，如其提及的基督教。即使是佛教，若是「他力」，章氏亦不客氣地批評，他說：

> 因爲淨土一宗，最是愚夫愚婦所尊信的。他所求的，只是現在的康樂，子孫的福澤。以前崇拜科名的人，又將那最混帳的〈太上感應篇〉、〈文昌帝君陰騭文〉等，與淨土合爲一氣，燒紙、拜懺、化筆、扶箕，種種可笑可醜的事，內典所沒有說的，都一概附會進去。所以信佛教的，只有那卑鄙惡劣的神情，並沒有勇猛無畏的氣概。我們今日要用華嚴、法相二宗改良舊法。〔註 136〕

清楚指出：唯有自力，才能有「勇猛無畏的氣概」。而淨土宗，強調念佛的力量，誠心念阿彌陀佛即可往生西方極樂淨土。故須仰仗阿彌陀佛的接引，依恃他力，是章氏所鄙棄的。甚而與民間信仰合流，以家庭康樂、子孫福澤爲目標，更是流於狹化、世俗化的信仰，章氏益加唾罵， 毫不留情面。所以他說：

> 佛教行於中國，宗派十數，獨禪宗爲盛者，即以自貴其心，不援鬼神，與中國心理相合。故僕於佛教，獨淨土、秘密二宗有所不取。以其近於祈禱，猥自卑屈，與勇猛無畏之心相左耳。……是故推見本原，則以法相爲其根核。……法相或多迂緩，禪宗則自簡易。至於自貴其心，不依他力，其術可用於艱難危急之時，則一也。〔註 137〕

再再強調自力利他、自貴其心、不依他力，如此才能勇猛無畏。這些特質正是風雨飄搖的晚清所需要的。因此佛學中，尤以唯識宗爲核心，深受晚清知識份子重視，廣加采納、運用，以作爲裨益世道人心及振奮社會國家的資糧。

正值西潮衝擊，政治上搖搖欲墜，社會急遽變遷，傳統儒學又面臨崩解的危機，晚清的知識份子，爲了應變時局、力圖振作，反身尋求思想資源。在堅守固有文化的根基上覓得可與西學對話的佛學，藉佛學之資，開拓傳統文化的養份。佛學，尤其幾成千年絕學的唯識學，便應運而興，成爲晚清有

〔註 136〕章太炎：〈東京留學生歡迎會演說辭〉，見湯志鈞編：《章太炎政論選集》冊上卷 2，頁 273～274。

〔註 137〕章太炎：〈答鐵錚〉，見黃夏年編：《章太炎集》／《楊度集》合刊本，頁 18～19。

志之士力挽狂瀾的一股思想伏流。故晚清「以佛解《莊》」專著，其佛學觀點多聚焦在以唯識學爲核心來注《莊》，可以楊文會的《南華經發隱》與章太炎的《齊物論釋》爲代表。

第四節　重建孔子形象，以唯識學接引《莊子》的楊文會

楊文會關於道家評注的專著，有《道德經發隱》、《陰符經發隱》、《沖虛經發隱》和《南華經發隱》四書，都是「以佛釋道」之作。其《南華經發隱》〈敘〉說：

> 及讀其書（薇按：指《莊子》），或論處世，或論出世。出世之言，或淺或深，淺者不出天乘，深者直達佛界，以是知老、莊、列三子，皆從薩婆若海逆流而出，和光混俗，說五乘法，能令眾生隨根獲益。〔註138〕

據此，可知楊氏對道家的看法：以佛教的五乘思想來界定道家，認爲老、莊、列三人，皆是大智慧的悟道者，從佛的智能海中流出，爲因應不同眾生，故隨根說法，使其獲益，「淺者不出天乘，深者直達佛界」。反映了楊氏以佛家爲本，融攝道家思維的立場，故《南華經發隱》的撰寫，即秉持「以佛解《莊》」的觀點來評注，他說：

> （《莊子》）至唐初尊之爲《南華經》，而作註解者漸多。唯明之陸西星、憨山清二家以佛理釋之。憨山僅釋內篇，西星則解全部。今閱二書，猶有發揮未盡之意，因以己意釋十二章，與古今著述迥不相同。〔註139〕

清楚表明注《莊》用意：鑑陸、憨山二家，以佛理釋《莊》發揮未盡，故著《南華經發隱》，以盡其意。

不過，有趣的是，楊氏雖明白道出以佛理解《莊》之意，但在評注《莊子》時，仍一本尊孔之立場。其〈敘〉開宗明義云：

> 太史公言，莊周作〈漁父〉、〈盜跖〉、〈胠篋〉、以詆孔子之徒，以明

〔註138〕〔清〕楊文會：《南華經發隱》，見嚴靈峰編輯：《無求備齋莊子集成初編》冊23，頁2。

〔註139〕〔清〕楊仁山：《南華經發隱》〈敘〉，見嚴靈峰編輯：《無求備齋莊子集成初編》冊23，頁1。

老子之術。豈知〈漁父〉、〈盜跖〉皆他人依托，大違莊子本意。觀其〈內篇〉，推尊孔子處，便可知矣。司馬氏不於〈內篇〉窺莊子之學，而據僞撰以判莊子，宜其將老莊申韓合爲一傳也。〔註140〕

楊氏認爲，觀《莊子》〈內篇〉，即可知莊子推尊孔子。而史遷卻據〈漁父〉、〈盜跖〉等他人依托之篇章，誤以爲莊子詆呰孔子，故將老莊申韓合爲一傳，失莊子尊孔之立場。不過，吾人閱讀《莊子》〈內篇〉，莊子常假借孔子發言，孔子的形象並沒有比道家至人高明，寓言中的孔子亦多自慚境界不足。何以楊氏會據〈內七篇〉，而以爲莊子推尊孔子？當是其本身尊孔立場所致。楊氏雖信仰佛教，但身爲傳統知識份子對孔子的尊崇依然。只是楊氏所推尊的孔子，乃兼具佛教之形象，孔子成爲佛學人物了。如釋〈人間世〉「回問心齋」段，〔註141〕評曰：

仲尼欲示心齋之法，先以返流全一誡之。然後令其從耳門入，先破浮塵根，次破分別識，後顯遍界不藏之聞性，即是七大中之根大。何以名之爲氣耶？蓋所謂氣者，身內身外，有情無情，平等無二者也。隨有聲動，聞根即顯。所謂循業，發現者是也。聽止於耳，釋浮塵根之分齊，根塵交接，滯而不脫，所以須破。心止於符，釋分別識之分齊，五根對境，有同時意識，與五識俱，不前不後，故謂之符。此識蓋覆眞性，所以須破。氣也者，虛而待物者也，名之爲氣，其實眞空也。自性眞空，物來即應，故爲道之本體，見此本體，安有不心齋者乎？顏子即時領解，而應之曰：「未聞師訓，妄執爲我，即聞師訓，本來無我。可得謂之虛乎？」夫子印之曰：「心齋之法，

〔註140〕〔清〕楊仁山：《南華經發隱》〈敘〉，見嚴靈峰編輯：《無求備齋莊子集成初編》冊23，頁1。

〔註141〕回曰：「敢問心齋，仲尼曰：『若一志，無聽之以耳而聽之以心，無聽之以心而聽之以氣！聽止於耳，心止於符。氣也者，虛而待物者也。唯道集虛。虛者，心齋也』顏回曰：「回之未始得使，實自回也：得使之也，未始有回也。可謂虛乎？」夫子曰：『盡矣。』」見〔清〕楊仁山：《南華經發隱》〈回問心齋〉，收入嚴靈峰編輯：《無求備齋莊子集成初編》冊23，頁10～11。楊文會謂以己意所釋的十二章分別爲：〈逍遙遊〉、〈齊物論〉、〈人間世〉、〈德充符〉、〈大宗師〉、〈應帝王〉、〈天地〉、〈天道〉、〈庚桑楚〉、〈徐無鬼〉、〈則陽〉與〈外物〉等十二篇之某些段落評注。故楊氏會另立標目，如此章〈回問心齋〉，底下有小注〈人間世〉，故本論文在引用時，即以楊氏之標目注之。

盡於是矣。」〔註142〕

此段本是莊子藉顏回問孔子之寓言，引出何謂道家的「心齋」。然而，經由楊氏之注解，孔子即成爲佛教中人，開示顏回「心齋法」。而此「心齋法」，盡是佛理，其中摻有唯識學對「識」的詮釋問題。莊子言「心齋」，首揭心神專凝，去除感官經驗開始：「無聽之以耳」；進一步，泯棄心對主客對立的分辨：「無聽之以心」；最後達到一種超直覺，無知性的活動：「聽之以氣」。道家這種漸進修養的工夫，楊氏則以佛學之破除「根」、「塵」來詮釋。佛學的感官，謂之「六根」：眼、耳、鼻、舌、身、意。與之對應的外境，謂之「六塵」：色、聲、香、味、觸、法。「塵」者，染污之意，能染污人們清淨的心靈，使眞性無法顯發。當「六根」對上「六塵」，人們即產生見、聞、嗅、味、覺、思的了別作用。這是唯識學「八識」中的前六識。莊子說：「無聽之以耳」、「無聽之以心」，楊氏謂：「令其從耳門入，先破浮塵根，次破分別識」。最後，當所有感官經驗、心智活動皆泯除了，莊子說：「聽之以氣」，楊氏謂：根與塵，彼此不接觸，即破除根與外境相接，則無法產生了別作用，此時眞性畢顯，就是佛學「眞空」之意。「五根對境」，即產生了別作用（五識俱），同時「意識」（念慮）也發揮識別功能，如此一來，則「蓋覆眞性，所以須破除」。莊子說：「氣也者，虛而待物者也」，以虛來待物，心與物遊，停止心的分辨；楊氏謂：「自性眞空，物來即應」，虛空的本性，物來各顯其面貌，不起任何了別判斷，見此道之本體，即是「心齋」。雖然此段，莊子強調泯除感官與心智對概念分辨的干擾，與佛學之消解感官、心識所起的種種分別、思慮是相同的，不過論及層層的工夫修養中，佛學其實更深細。然透過楊氏「以佛解《莊》」的觀點，此時莊子之論達到心齋所須有的修養工夫，則變相爲佛學成道的修持。而孔子的形象，亦搖身一變，成爲佛法悟道的大覺者了。凡楊氏注《莊》所擇選的十二章中，若有與孔子相關的問答，孔子皆是以佛教覺者的形象開示說法。又如〈德充符〉「魯有兀者王駘，從之遊者與仲尼相若」一段，〔註143〕楊氏注曰：

〔註142〕〔清〕楊仁山：《南華經發隱》〈回問心齋〉，見嚴靈峰編輯：《無求備齋莊子集成初編》冊23，頁11～12。

〔註143〕〈德充符〉：「魯有兀者王駘，從之遊者與仲尼相若。常季問於仲尼曰：『王駘，兀者也，從之遊者，與夫子中分魯。立不教，坐不議，虛而往，實而歸。固有不言之教，無形而心成者邪？是何人也？』仲尼曰：『夫子，聖人也。丘也，直後而未往耳。丘將以爲師，而況不如丘者乎！奚假魯國！丘將引天下而與

王駘與仲尼分道揚鑣，一顯一密。行顯教者，耳提面命，進德修業，人所共和；行密教者，潛移默化，理得心安，人所難見。〔註 144〕

以佛教的顯、密二教，分別指稱孔子與王駘爲代表。故在〈德充符〉同段之後，孔子所說的一席話，楊氏皆以佛理詮釋：如「自其異者視之，肝膽楚越也」，楊注：「依生滅門」；「自其同者視之，萬物皆一也」，楊注：「依眞如門，作平等觀」；「夫若然者，且不知耳目之所宜，而遊心乎德之和」，楊注：「二門不二，則不爲耳目所牖。而情與無情，煥然等現矣」；「物視其所一，而不見其所喪」，楊注：「差別即平等，何得喪之有」；「視喪其足，猶遺土也」，楊注：「內四大與外四大，無二無別，善忘我者也。」〔註 145〕由此觀之，楊氏以《大乘起信論》之「一心開二門」來論《莊子》「死生亦大矣，而不得與之變，雖天地覆墜，亦將不與之遺。審乎無假而不與物遷，命物之化而守其宗」。〔註 146〕《大乘起信論》所謂「一心開二門」，此「一心」，指的是超越的眞常心，即如來藏自性清淨心。「二門」，一指生滅門，意謂生死流轉的現象，有生有滅，剎那變化。另一指眞如門，即開出清淨法界門。此眞常心是一切法的依止，表示由如來藏自性清淨心可以開出生死流轉的一切法與清淨無漏的一切法。〔註 147〕職此之故，楊氏評注曰：「痛切至死生，而不能動其心。毀壞至天地，而不能易其性。深知眞常不變之義，不隨萬物遷化，且萬物化生，同出一原。」〔註 148〕

因爲尊孔，所以楊氏的《南華經發隱》亦摻有極少的儒學觀點，不過僅是闡釋佛理之助而已。如〈德充符〉「仲尼曰：『人莫鑑於流水，而鑑於止水，唯止能止眾止』」，楊注曰：

從之。』常季曰：『彼兀者也，而王先生，其與庸亦遠矣。若然者，其用心也，獨若之何？』」見〔清〕郭慶藩：《莊子集釋》，頁 187～189。

〔註 144〕〔清〕楊仁山：《南華經發隱》〈兀者王駘〉，見嚴靈峰編輯：《無求備齋莊子集成初編》冊 23，頁 16。

〔註 145〕〔清〕楊仁山：《南華經發隱》〈兀者王駘〉，見嚴靈峰編輯：《無求備齋莊子集成初編》冊 23，頁 17～18。

〔註 146〕此段是莊子藉孔子與常季的對話，談生死與道的課題。〔清〕楊仁山：《南華經發隱》〈兀者王駘〉，見嚴靈峰編輯：《無求備齋莊子集成初編》冊 23，頁 16。

〔註 147〕對於《大乘起信論》「一心開二門」之說，可參牟宗三：《中國哲學十九講》第十四講〈大乘起信論之「一心開二門」〉，頁 283～308。

〔註 148〕〔清〕楊仁山：《南華經發隱》〈兀者王駘〉，見嚴靈峰編輯：《無求備齋莊子集成初編》冊 23，頁 16～17。

> 就俗諦言之，「一家仁，一國興仁。一家讓，一國興讓。」就眞諦言之，一人發眞歸元，十方虛空盡皆消殞。均同此義。〔註 149〕

所謂「眞諦」，乃就究極的超越立場來說的眞理，即聖智所見的眞實理性；「俗諦」，則是就世俗的經驗立場來說的眞理，即凡夫所見的世間事相。此處楊氏以眞、俗二諦來區分佛法與儒學，可見在其觀點裡，佛法爲眞實理性，離於虛妄，乃最高法。而儒家即使有精句要義，終究只是世俗之法。此乃楊氏思想的基調：佛學爲尊，儒學僅次。這也就不難理解，楊氏雖尊孔，卻是推尊具有佛法覺者形象的孔子了。

不過，值得留意的是：清代注《莊》者，若有尊孔立場，所尊仰的孔子，多是儒、道兼具的風貌，如前所述的「以儒解《莊》」諸人。而至晚清，楊氏的「以佛解《莊》」，卻將孔子的形象翻轉得很徹底，全然是以佛教大覺者之姿現身說法，儒家色彩擺脫殆盡。此是否亦意味：晚清儒學的僵化已漸爲士子所背離？〔註 150〕

楊氏的《南華經發隱》運用佛理解《莊》，俯拾皆是，以下列舉數例說明。如〈德充符〉「魯有兀者王駘」全段，〔註 151〕總評曰：

> 此文出於莊周之手。稱王駘盛德，由常季發問，而仲尼答之。究竟

〔註 149〕〔清〕楊仁山：《南華經發隱》〈兀者王駘〉，見嚴靈峰編輯：《無求備齋莊子集成初編》冊 23，頁 18～19。

〔註 150〕歷代學者對孔子形象論述的轉換，有時亦可見其時代背景下學術思潮的流變。由一端，可詳其全貌，此課題，留待日後再述。

〔註 151〕〈德充符〉：「魯有兀者王駘，從之遊者，與仲尼相若。常季問於仲尼曰：『王駘，兀者也，從之遊者，與夫子中分魯。立不教，坐不議，虛而往，實而歸。固有不言之教，無形而心成者邪？是何人也？』仲尼曰：『夫子，聖人也。丘也，直後而未往耳。丘將以爲師，而況不如丘者乎！奚假魯國！丘將引天下而與從之。』常季曰：『彼兀者也，而王先生，其與庸亦遠矣。若然者，其用心也，獨若之何？』仲尼曰：『死生亦大矣，而不得與之變，雖天地覆墜，亦將不與之遺。審乎無假，而不與物遷，命物之化，而守其宗也。』常季曰：『何謂也？』仲尼曰：『自其異者視之，肝膽楚越也；自其同者視之，萬物皆一也。夫若然者，且不知耳目之所宜，而游心於德之和，物視其所一，而不見其所喪，視喪其足，猶遺土也。』常季曰：『彼爲己，以其知得其心，以其心得其常心，物何爲最之哉？』仲尼曰：『人莫鑑於流水，而鑑於止水，唯止能止眾止。受命於地，唯松柏獨也在，冬夏青青；受命於天，唯舜獨也正，幸能正生，以正眾生。夫保始之徵，不懼之實。勇士一人，雄入於九軍。將求名而能自要者，而猶若此，而況官天地，府萬物，直寓六骸，象耳目，一知之所知，而心未嘗死者乎！彼且擇日而登假，人則從是也。彼且何肎以物爲事乎！』」見〔清〕郭慶藩：《莊子集釋》，頁 187～193。

王駘有無其人？而常季、仲尼有無其言耶？皆不必問也。以慧眼觀之，莊周者，幻化人也；王駘、常季、仲尼，幻中之幻者也。乃至三界、四生、六道，無一而非幻也。幻化之中有知幻者，知幻即離，離幻即覺，覺則非幻乎？曰：「否也。」《經》云：「若有一法過於涅槃，我亦說爲如幻如化。」然則如之何而可也？曰：「『不起妄計而已矣。』」……「一切唯心造」，一言足以概之矣。……今人展閱此書（薇按：《莊子》），有莊周出現，又有王駘、常季、仲尼同時出現，仲尼之言，王駘之德，畢現於心鏡中，一眞法界，主伴交參，妙旨泠然，非今非古，誰謂參訪知識，須歷百城煙水也。〔註 152〕

對於此段，楊氏以佛法觀之，破除世人對我相的執著。以爲《莊子》稱王駘盛德，由常季發問，孔子答之，不必究其內容的眞實性。世間法都是如夢幻泡影，畢現於心鏡中，此即唯識學派所說的「一切唯心，萬法唯識」，世間萬物皆由識所變，虛妄不眞。而扣住「緣起」義來論，世間一切，「緣合則生，緣盡則滅」，如虛如幻，非固定永恆不變之實有，吾人不執此實在爲有，唯妄計之心不起，方可離幻即覺。而覺悟了，亦不可執著不放，否則仍是虛幻。

又如〈庚桑楚〉「出無（郭本作：无）本，入無竅」一段，〔註 153〕總評曰：

此章語語超越常情，顯示空如來藏也。世出世法，皆以眞空爲本。強名之爲天門。天者，空無所有也；門者，萬物所由出也。既以有無二端互相顯發，而仍結歸甚深空義，恰合般若旨趣。〔註 154〕

此段，是莊子談生死出入的課題，據郭象注：「皆欻然自爾，無所由，故無所見其形。」〔註 155〕楊文會卻援引般若空義來詮釋，將莊子的「天門」，意指自然，注解爲佛教的「眞空」、「如來藏」之意。

〔註 152〕〔清〕楊仁山：《南華經發隱》〈兀者王駘〉，見嚴靈峰編輯：《無求備齋莊子集成初編》冊 23，頁 18～21。

〔註 153〕〈庚桑楚〉：「出无本，入无竅，有實而无乎處，有長而无乎本剽，有所出而无竅者有實。有實而无乎處者，宇也。有長而无本剽者，宙也。有乎生，有乎死，有乎出，有乎入，入出而无見其形，是謂天門。天門者，无有也，萬物出乎无有。有不能以有爲有，必出乎无有，而无有一无有。聖人藏乎是。」見〔清〕郭慶藩：《莊子集釋》，頁 800。

〔註 154〕〔清〕楊仁山：《南華經發隱》〈天門〉，見嚴靈峰編輯：《無求備齋莊子集成初編》冊 23，頁 32。

〔註 155〕引自〔清〕郭慶藩：《莊子集釋》〈庚桑楚〉註 9 條，頁 801。

《南華經發隱》所援引的佛理並不拘宗派，若以唯識學注解者，主要集中在〈德充符〉與〈應帝王〉兩篇，尤以〈應帝王〉最顯其思想。對於〈應帝王〉中儵、忽謀報渾沌，而渾沌死的故事，楊氏註曰：

> 儵、忽，六、七識生滅心也；渾沌，八識含藏心也。渾沌無知，爲儵、忽所鑿而死。渾沌雖死，其性不死。隨儵、忽轉，而冥熏儵、忽。生其悔過之心，遂謀所以生渾沌者。……旦夕推求渾沌之性而培植之，久之而渾沌復甦，曩之無知者，轉而爲精明之體矣。於是儵、忽奉爲宗主，聽其使令。……渾沌改名爲大圓鏡，儵名妙觀察，忽名平等性，與儵、忽爲侶者，皆名成所作。四智菩提，圓彰法界，《南華》之能事畢矣！〔註 156〕

此章，莊子以儵、忽幫渾沌鑿七竅，卻造成渾沌的死亡，譴責人爲對自然的破壞。而楊氏卻以唯識宗「轉識成智」的思想來闡釋，完全脫離莊子思維，僅藉文本，而作唯識詮解。所謂「轉識成智」，蓋轉捨有漏的心識爲無漏的智慧，〔註 157〕轉捨染污的煩惱、所知二障，而依止清淨的菩提、涅槃二果。這是唯識宗成佛的具體表示。唯識學派認爲，世間一切都是虛幻不實的，皆是識變現的：宇宙萬有是所變；識是能變。能變識，共分三種，此稱三能變。「異熟」是初能變，即第八識阿賴耶識；「思量」是二能變，即第七識末那識；「了別境識」是三能變識，即前六識：眼識、耳識、鼻識、舌識、身識、意識。在三能變中，第八識是本識，餘七識皆由第八識轉生，故稱「轉識」。〔註 158〕因此，轉前五識爲「成所作智」，轉第六識（意識）爲「妙觀察智」，轉第七識爲「平等性智」，轉第八識 爲「大圓鏡智」。經由修行的種種漸進歷程，阿賴耶識中的有漏種子漸漸伏斷，無漏種子亦日益現起智慧，最終捨識依智，轉八識而得此四智，則臻於佛的境地了。據楊氏對〈應帝王〉的詮解，分別將儵、忽、渾沌，比附成唯識宗的第六、七、八識，當儵、忽開鑿渾沌七竅後，渾沌死了，然「其性不死」，說明第八識的不滅特性，唯識宗將阿賴耶識視爲輪迴的主體，所含藏的種子使有情眾生在三界六道中輪迴不息。透過種

〔註 156〕〔清〕楊仁山：《南華經發隱》〈謀報渾沌〉，見嚴靈峰編輯：《無求備齋莊子集成初編》冊 23，頁 25～26。

〔註 157〕漏，是不淨、缺失、不完足。有漏，即有煩惱之意。佛法以爲現象界的種種物事，仍有煩惱存在，都是有漏法，亦是有爲法。與無漏法對揚。

〔註 158〕此說，據韓廷傑：《唯識學概論》第十二章〈初能變（第八識阿賴耶識）〉，頁 223。

種修行工夫，「旦夕推求渾沌之性而培植之」，終於使「渾沌復甦」，「曩之無知者，轉而爲精明之體」，「轉識成智」完成了，「四智菩提，圓彰法界」，《莊子》的效能即全然發揮。據此，楊氏解《莊》之用意亦昭然若揭。楊氏補充說明：

> 以無始無明，稱爲渾沌，既是渾沌，必有儵、忽。既有儵、忽，必至鑿竅，後之解者，但惡其鑿，意謂不鑿則天性完全，豈知縱不被鑿，亦是闇鈍無明，不能顯出全體大用也。莊生決不以渾沌爲道妙，有他文可證。此章說到迷妄極處而止，未說返流歸眞之道，留待後人自悟。奈何二千年來，幽關未闢，故爲揭而出之，以餉知言君子。〔註 159〕

楊氏以「渾沌」爲「無明」，唯識派則視「無明」爲根本煩惱。「渾沌」唯有被鑿，才能復甦自性，能鑿「破」，才可「轉識成智」返流歸眞，成「大圓鏡智」。對於渾沌被鑿而復甦一事，《莊子》中根本沒有，楊氏卻以爲，這是莊子留待後人自悟，未料二千年來，竟幽關未闢，故注解以揭之。清楚道出解《莊》之目的。

綜合以上諸論，楊氏「以佛解《莊》」，詮釋焦點在佛學而非《莊子》，顯而易見。藉其解《莊》，吾人看到的是楊氏對佛學義理的開展，尤援引唯識學「轉識成智」以解《莊子》渾沌開竅之說益發深刻。不過，平實而論，楊氏融攝佛理解《莊》，理論體系尚未建構，多是概念的會通。若爲完整以「唯識理論」解《莊》者，當屬後起之章太炎。邱敏捷說：「楊仁山的《南華經發隱》以『唯識名相』解《莊》，而章太炎的《齊物論釋》以『唯識理論』解《莊》，兩人合力造就了以『唯識』解《莊》的新模式。」〔註 160〕對於《南華經發隱》「以『唯識名相』解《莊》」蓋括，似乎不盡然。楊氏「以佛解《莊》」，運用許多佛學概念，在解《莊》下，其實在闡釋佛理。在〈德充符〉與〈應帝王〉，尤多以唯識學來論述其概念。在論述概念的過程中，當然須援引佛學名相來解釋、說明、甚至是比附。若僅此觀之，而就「以『唯識名相』解《莊》」涵蓋《南華經發隱》，似乎稍欠周全。〔註 161〕

〔註 159〕〔清〕楊仁山：《南華經發隱》〈謀報渾沌〉，見嚴靈峰編輯：《無求備齋莊子集成初編》冊 23，頁 26～27。

〔註 160〕邱敏捷：〈楊仁山、章太炎以「唯識」解莊析論——以眞心派的唯識之詮釋〉，頁 218。

〔註 161〕如邱敏捷云：「對於〈德充符〉所載，魯有兀者王駘，所與從遊者多，常季問

第五節　陶鑄唯識、《莊》學，以應用於政治社會的章太炎

章太炎早年即曾接觸佛學，略涉《法華》、《華嚴》、《涅槃》、《中論》、《百論》、《十二門論》等，或「不能深也」，或「不甚好」，於後「偶得《大乘起信論》，一見心悟，常諷誦之。」〔註 162〕但總體上，此時的章太炎依然以儒學爲思想的主體。如在一八九九年作〈儒術眞論〉之附〈菌說〉中所言：「而佛必以空華相喻，莊亦間以死沌爲詞，斯其實之不如儒者也。」〔註 163〕直至一九〇三年，因「蘇報」案入獄，始認眞有系統地研習佛法，其〈自述學術次第〉云：

> 遭禍繫獄，始專讀《瑜珈師地論》及《因明論》、《唯識論》，乃知《瑜珈》爲不可加。〔註 164〕

這是章氏思想轉變的關鍵期。一九〇六年出獄後，「既東遊日本，提倡改革，人事緐多，而暇輒讀《藏經》。又取魏譯《楞伽》及《密嚴》誦之，參以近代康德、蕭賓訶爾之書，益信玄理無過《楞伽》、《瑜珈》者。」〔註 165〕故在東京留學生會上，即大肆鼓吹用佛法來增進國民的道德，發起信心。〔註 166〕他說：

於仲尼：仲尼以爲王駘雖爲兀者，然『遊心乎德之和』。常季曰：『彼爲己，以其知得其心，以其心得其常心。』對此『以其知得其心』，楊氏註云：『以六識觀照而得八識現量。』而對於『以其心得其常心』，楊氏又註云：『超八識現量，而顯常住眞心。』這裏所提到的『六識』、『八識』皆爲『唯識名相』。」見氏著：〈楊仁山、章太炎以「唯識」解莊析論——以眞心派的唯識之詮釋〉，頁 220。其實楊氏註：「以六識觀照而得八識現量」、「超八識現量，而顯常住眞心」，已在闡釋唯識學「識」與「常住眞心」之間的關聯了，而非僅以名相解譯之。

〔註 162〕詳章炳麟：《太炎先生自定年譜》，頁 5～6。

〔註 163〕湯志鈞編：《章太炎政論選集》冊上卷 1〈儒術眞論〉之附〈菌說〉，頁 133。不過至 1902 年，章氏開始批評孔子了，可參其〈訂孔〉（收入《訄書》重訂本）。至 1910 年，章氏手改《訄書》，把「孔氏」皆改作「孔子」，視爲「古良史也」，對孔子的評論稍有緩和。在 1914 年，章氏手定《章氏叢書》，把《訄書》改爲《檢論》，將〈訂孔〉析爲上、下，云「聖人之道，罩籠群有」、孔子的「洋洋美德乎，誠非孟、荀之所逮聞也」，恢復對孔子的尊崇。見《檢論》卷 3，收入《章氏叢書》冊上〈正編上〉，頁 3b，總頁 539。

〔註 164〕章太炎：〈自述學術次第〉，收入氏著、虞雲國校點：《菿漢三言》附錄，頁 191。

〔註 165〕章太炎：〈自述學術次第〉，收入氏著、虞雲國校點：《菿漢三言》附錄，頁 191～192。

〔註 166〕章太炎認爲參與革命先要投入感情，而成就感情之要有二：「第一、是用宗教

所以提倡佛教，爲社會道德上起見，固是重要；爲我們革命軍的道德上起見，亦是最要。總望諸君同發大願，勇猛無畏。我們所最熱心的事就可以幹得起來了。〔註 167〕

可見章氏倡導佛學，實著力於現實功能。鑑於庚子拳變的失敗，〈辛丑條約〉的簽訂，意味中國國運瀕臨傾覆。朝廷喪權辱國，江河日下，章氏對滿清政府澈底失望，故大力呼籲以佛法的勇猛無畏精神，振發國人革命的信心，以圖自強自立。次年，在〈人無我論〉又強調：

至所以提倡佛學者，則自有說。民德衰頹，於今爲甚，姬、孔遺言，無復挽回之力，即理學亦不足以持世。……自非法相之理，華嚴之行，必不能制惡見而清污俗。若夫《春秋》遺訓，顏（薇按：顏元）、戴（薇按：戴震）緒言，於社會制裁則有力，以言道德，則才足以相輔。使無大乘以爲維綱，則《春秋》亦《摩奴法典》，顏、戴亦順世外道也。拳拳之心，獨在此耳！〔註 168〕

指出現今民德衰頹，周、孔、理學等儒家思想已無法力挽危局，唯有法相、華嚴等大乘教義，才能制止惡見、清理污俗、拯救世道。而《齊物論釋》便在這種力圖振興，改變危殆時局的背景下完成的。

章氏的《齊物論釋》作於一九一〇年，但完成後沒有立即付梓，一九一一年十月，由其友黃宗仰爲〈後序〉一篇，此時章氏又作修訂，爲《齊物論釋》定本，於一九一二年單行出版。〔註 169〕此書以法相唯識學作爲哲學體系的理論基礎，訓解《莊子》〈齊物論〉，冀望透過傳統道家與外來佛學之結合，以中西文化的《莊》、佛思想之會通，抉發「平等」新義（詳下），以應對西潮

發起信心，增進國民的道德；第二，是用國粹激動種性，增進愛國的熱腸。」見湯志鈞編：《章太炎政論選集》冊上卷 2〈東京留學生歡迎會演說辭〉，頁 272。

〔註 167〕章太炎：〈東京留學生歡迎會演說辭〉，見湯志鈞編：《章太炎政論選集》冊上卷 2，頁 275～276。

〔註 168〕章太炎：〈人無我論〉，見黃夏年編：《章太炎集》／《楊度集》合刊本，頁 63～64。

〔註 169〕本論文所引《齊物論釋》，皆據劉凌、孔繁榮編校：《章太炎學術論著》所收入者，其據浙江圖書館本《章氏叢書》錄入之重定本。《齊物論釋》在《章氏叢書》中有「初本」（1910）與「重定本」（1911 後）。據蘇美文研究，初本與重定本，二者思想沒有抵觸，「重定本」更加強其莊、佛符應之程度，使其「以佛解莊」之詮釋更趨精細、全面、深入。詳氏著：《章太炎《齊物論釋》之研究》第四章第一節〈初定本與重定本之差異〉，頁 130。

東襲。故著作目的乃欲應用於現實社會，以救時弊，誠如汪榮祖所言：

> 太炎釋〈齊物〉，……然太炎非僅爲釋莊而釋莊，必有時代之反映與寄託之微義。太炎無可迴避的思想挑戰，一是近代西方文明的瀰漫，二是康有爲三世進化、大同公理的流行。……所以，所謂平等，要能存異；所謂齊物，任其不齊。……中西文化之間，也應相互尊重其異，平等相待。不應讓近代西方文明征服各個不同的文化；不然，則「伐使從己，於至道豈弘哉」（自注：《齊物論釋》）！此可說明，在強大雄渾的西方文明衝擊下，太炎尋求中國文化獨立自主的思想趨向。〔註170〕

汪氏指出章氏作《齊物論釋》，乃要因應對治時代的問題，提出二點：一是近代西方文明的瀰漫，二是康有爲三世進化、大同公理的流行。此外，就眼前問題，章氏尚有排滿意識，說云：

> 有的說佛教看一切眾生，皆是平等，就不應生民族思想，也不應說逐滿復漢。殊不曉得佛教最重平等，所以妨礙平等的東西，必要除去。滿州（薇按：疑是「洲」字之誤）政府待我漢人種種不平，豈不應該攘逐？且如婆羅門教分出四性階級，在佛教中最所痛恨。如今清人待我漢人，比那剎帝利種虐待首陀更要利害十倍。照佛教說，逐滿復漢，正是分內的事。又且佛教最恨君權，大乘戒律，都說：「國王暴虐，菩薩有權，應當廢黜。」又說：「殺了一人，能救眾人，這就是菩薩行。」共餘經論，王賊兩項，都是並舉。所以佛是王子，出家爲僧，他看做王就與做賊一樣，這更與恢復民權的話相合。〔註171〕

強烈表達對滿族欺壓漢人的忿忿不平，列舉印度種姓制度的不平等，婆羅門教以己爲貴，將非同種者擅加區分階級，等而次之看待，如此便與平等之意背道相馳。況且佛經上亦有論據，在在說明逐滿復漢才能恢復民權、臻達平等。不過，須釐清的是，佛陀教法是以眾生皆具佛性，以此觀點來論平等之意，實與章氏的破除階級之平等不同。故章氏乃取《莊子》「齊物」，任其不齊之意來詮釋佛教的「平等」，形成一家之言。由是《齊物論釋》釋題，開宗

〔註170〕汪榮祖：《章太炎研究》，頁180～181。

〔註171〕章太炎：〈東京留學生歡迎會演說辭〉，見湯志鈞編：《章太炎政論選集》冊上卷2，頁275。

明義即言：

> 「齊物」者，一往平等之談，詳其實義，非獨等視有情，無所優劣。蓋「離言說相，離名字相，離心緣相」，畢竟平等，乃合「齊物」之義。〔註 172〕

強調「齊物」的要義，是「一往平等之談」、「畢竟平等」。以「離相」、「畢竟平等」詮解莊子「齊物」的主旨。佛學的「離相」，意謂遠離種種相對相，指的是涅槃的絕對境界。章氏以爲，滌除「言說」、「名字」、「心緣」等語言、文字及概念性的分別思考之束縛，讓萬物順其本然發展，方可「畢竟平等」，謂之「齊物」。而章氏特別提出「非獨等視有情，無所優劣」，乃在釐清「齊物」的本旨不在「齊其不齊」，而是讓「不齊」之萬物，各綻其獨特本質的「不齊而齊」，才是眞正的「平等」意涵。他說：

> 次即《般若》所云「字平等性，語平等性」也。其文既破名家之執，而即泯絕人法，兼空見相，如是乃得蕩然無閡。若其情存彼此，智有是非，雖復汎愛兼利、人我畢足，封畛以分，乃奚「齊」之有哉？然則「兼愛爲大迂之談，偃兵則造兵之本」，豈虛言邪！夫託上神以爲禰，順帝則以游心，愛且蹔兼，兵亦苟偃。然其繩墨所出，斠然有量，工宰之用，依乎巫師。苟人各有心，拂其條教，雖踐屍蹀血，猶曰「秉之天討」也。夫然，兼愛酷於仁義，仁義憯於法律，較然明矣！齊其不齊，下士之鄙執；不齊而齊，上哲之玄談。自非滌除名相，其孰能與於此。〔註 173〕

《般若經》所謂「平等性」，意指主體的人（人我）與客體的法（法我）都沒有常住不變的自性。諸法、諸事象作爲有，是緣起，因而無決定其自身性格的本質，即無獨立自在性、自性，這即是空、眞如。以此觀之，一切法與自他眾生皆無自性，都是空，故平等一如。然眾生常執無爲有，迷情虛妄，故須破除一切人我與法我之執著，才能覺悟。章氏以佛學的「平等性」來詮釋莊子的「齊物」義，顯然佛學與《莊》學各取其半，並融入自己的詮釋，以抉發「平等」新義：取佛學「平等性」之名，融入詮釋《莊子》「齊物」之意。

〔註 172〕章太炎：《齊物論釋》〈釋篇題〉，見劉凌、孔繁榮編校：《章太炎學術論著》，頁 269。

〔註 173〕章太炎：《齊物論釋》〈釋篇題〉，見劉凌、孔繁榮編校：《章太炎學術論著》，頁 269。

易言之，對於佛學所謂的「平等性」，意指無自性空之意，章氏不取，而抽換成《莊子》的泯除是非對立、彼我之分，任萬物之自然，以達「不齊而齊」之「齊物」要旨，並提出佛學的「滌除名相」以杜絕種種的不平與紛爭。〔註174〕這是章氏在舊瓶裡裝入新酒，並以其妙手重新釀造。如同汪榮祖所說：

> ……然太炎寫此書時（薇按：《齊物論釋》），大約在 1905 年到 1911 年之間，不僅已走出書齋，而且積極參加革命，所關切者不可能僅僅是學術性的以佛解莊，而必須面對在西潮衝擊下的文化大問題。因而無論佛、莊、孔、老，以及西學都是他的思想資源與手段，目的要在利用這些資源與手段來解決文化問題，表達自己的思想。他用《齊物論》的舊瓶，裝多元論的新酒；舊酒新釀，固不盡同於舊酒，然亦有味可循。〔註175〕

章氏撰寫《齊物論釋》之鵠的乃欲解決彼時所面臨的文化衝擊，故云：「即〈齊物〉一篇，內以疏觀萬物，持閱眾甫，破名相之封執，等酸鹹於一味；外以治國保民，不立中德。論有正負，無異門之釁，人無愚智，盡一曲之用，所謂衣養萬物而不為主者也。遠西工宰亦粗，明其一指彼是之論，異同之黨，正乏為用，攖寧而相成，雲行雨施而天下平。故〈齊物論〉者，內外之鴻寶也。」〔註176〕指出〈齊物論〉兼具內聖外王之理，故章氏特著力於「不齊而齊」，其現實意義是很強烈的，說云：

> 終舉世法差違，俗有「都」、「野」，「野」者自安其陋，「都」者得意於嫻，兩不相傷，乃為平等。小智自私橫欲，以己之嫻，奪人之陋，殺人劫賄，行若封豨，而反崇飾徽音。辭有枝葉，斯所以設「堯伐三子之問」。下觀晚世，如應斯言，使夫饕餮得以逞志者，非聖智尚文之辯，孰為之哉！〔註177〕

章氏引《莊子》「堯伐三子之問」，提出俗有「文」、「野」之分，當各安其份，兩不相傷，才是「平等」。此言顯然是對當時西方帝國主義侵略東方的一種思想批判。西方自以為是「都」者、「嫻」者，而視東方為「野」者、「陋」者，

〔註174〕佛學對破除眾生執無為有的方法，提出許多法門與修持，不限於泯除名相。

〔註175〕汪榮祖：〈章太炎對現代性的迎拒與文化多元思想的表述〉，收入《中央研究院近代史研究所集刊》第 41 期（2003 年 9 月），頁 164。

〔註176〕章太炎：《菿漢微言》第 59 則，見氏著、虞雲國校點：《菿漢三言》，頁 27。

〔註177〕章太炎：《齊物論釋》〈釋篇題〉，見劉凌、孔繁榮編校：《章太炎學術論著》，頁 272。

故欲以己力之「嫻」改變東方之「陋」，而造成流血爭戰， 更放言高論乃爲使東方獲得文明。他說：

> 然志存兼并者，外辭蠶食之名，而方寄言高義，若云：「使彼野人獲與文化。」斯則文野不齊之見，爲桀跖之嚆矢明矣！〔註 178〕

這些侵略者舉著「傳播文明」的旗幟，以拯救東方國家成爲「文明之國」自居，存著兼并他國之志，卻以冠冕堂皇的藉口去侵略弱國，造成「齊其不齊」的假平等。所以章氏提出「滌除名相」，揭發那些藉「文野之見」，以夷滅人國者的劣行。他說：

> 或言「齊物」之用，廓然多塗，今獨以蓬艾爲言，何邪？答曰：「文野之見，尤不易除。夫滅國者，假是爲名，此是檮杌、窮奇之志爾。如觀近世有言無政府者，自謂至平等也。國邑州閭，泯然無間；貞廉詐佞，一切都捐。而猶橫著文野之見，必令械器日工，餐服愈美，勞形苦身，以就是業，而謂民職宜然，何其妄歟！故應務之論，以齊文野爲究極。〔註 179〕

揭露西方列強高舉著「平等」旗幟，卻假「文野之見」，存強人同己、吞滅人國之心，此非眞正的平等。即使近世無政府一派，仍然無法擺脫物質文明的束縛，倘若提倡「一切都捐」的平等之國，怎會有「存文捐野」的分別心呢？「必令械器日工，餐服愈美，勞形苦身，以就是業」才是「民職宜然」，根本同於蓬艾般的閉塞。職此之故，「名相」必得「滌除」，讓那些高揭「文野之見」的矯飾者，不再有託辭。他說：

> ……以至懷著獸心的強國，有意要併吞弱國，不說貪他的土地，利他的物產，反說那國本來野蠻，我今滅了那國，正是使那國的人民獲享文明幸福。這正是堯伐三子的口柄。不曉得文明野蠻的話，本來從心上幻想現來。只就事實上看，什麼喚做文明，什麼喚做野蠻，也沒有一定的界限，……所以莊子又說沒有正處，沒有正味，沒有正色。只看人情所安，就是正處、正味、正色。……所以第一要造

〔註 178〕章太炎：《齊物論釋》〈第三章〉「故昔者堯問於舜曰：『我欲伐宗、膾、胥敖，南面而不釋然。其故何也？』舜曰：『夫三子者，猶存乎蓬艾之間。若不釋然，何哉？昔者十日並出，萬物皆照，而況德之進乎日者乎！』」之註語，見劉凌、孔繁榮編校：《章太炎學術論著》，頁 309。

〔註 179〕章太炎：《齊物論釋》〈第三章〉，見劉凌、孔繁榮編校：《章太炎學術論著》，頁 310。

> 成輿論，打破文明野蠻的見（薇按：疑脫「解」字），使那些懷挾獸心的人，不能藉口。任便說我愛殺人，我最貪利，所以要滅人的國，說出本心，到了（薇按：疑是「倒也」之誤）罷了。文明野蠻的見解，既先打破，那邊懷挾獸心的人，到底不得不把本心說出，自然沒有人去從他。這是老、莊的第一高見。〔註 180〕

章氏認爲打破「文野之見」，才能讓那些懷著獸心的強國，不再有藉口。再者，融入唯識學思維，以爲「文野之見」本從心上幻現，「一切唯心、萬法唯識」，名相乃由心幻化，皆是虛妄，故當滌除，如此一來才能眞正平等，如莊子所言，隨適萬物之性，才是正處、正味、正色。

因此，章氏融攝唯識學的概念與莊子〈齊物論〉「不齊而齊」的思維，對「平等」一詞重新定義，他說：

> 近人所謂「平等」，是指人和人的「平等」，那人和禽獸草木之間，還是不平等的。佛法中所謂平等，已把人和禽獸平等。莊子卻更進一步，與物都平等了。僅是平等，他還以爲未足。他以爲「是非之心存焉」，尚是不平等。必要去是非之心，才是平等。莊子臨死有「以不平平，其平也不平」一語，是他平等的注腳。〔註 181〕

章氏以爲，就「平等」而言，西學僅限於「人與人」，佛學擴大爲「人與有情眾生」，〔註 182〕莊子容攝最寬：「人與物（含有情與無情）」。此外，章氏特別強調，莊子「以爲未足」，還須泯除是非。這是章氏藉莊子之口，道出自己之意，質言之，乃章氏「以爲未足」。如前所述，章氏一直要「滌除名相」，就是要揭露西方帝國主義恃強凌弱的兼併劣行，故力呼名相滌除，是非對立才能泯棄，爭戰才有平息的可能，方可還歸萬物之本然，達至「不齊而齊」的眞平等。

而名相如何滌除呢？章氏采唯識學的修行理論入手：從「四尋思」、「四如實智」悟入。〔註 183〕他說：

〔註 180〕章太炎：〈論佛法與宗教、哲學以及現實之關係〉，見黃夏年編：《章太炎集》／《楊度集》合刊本，頁 16～17。

〔註 181〕章太炎講演、曹聚仁整理：《國學概論》第三章〈國學的派別（二）〉，頁 34。

〔註 182〕佛教分眾生有二：有情與無情。有情眾生，是指具感情與意識的生命。無情眾生，則指無感覺的草木、山河大地等。

〔註 183〕唯識派將一切有情眾生分爲五種性，只有具備大乘二種姓的人（既要有先天具有的「本性住種姓」，又要有後天形成的「習所成種姓」），才能悟入唯識而成佛。漸次悟入唯識道理共分五位，即唯識五位。章太炎詮釋〈齊物論〉，以

> 人心所起，無過相、名、分別三事，名映一切，執取轉深。是故以名遣名，斯爲至妙。〔註 184〕

唯識學派說：「萬法唯心造」，諸法的幻現，皆由人的心識對外境所起的執定，「一切有形的色相，無形的法塵，總是幻見幻想，並非實在眞有。」〔註 185〕故欲擺落心識對具體的或抽象的種種妄執，則必透過「以名遣名」的「滌除名相」工夫。由是章氏提出《瑜伽師地論》的「四尋思」，並加以闡釋，以爲循此方法修習，以排遣名相的束縛。說云：

> 云何名爲四種尋思？一者「名尋思」，謂於名唯見名；二者「事尋思」，謂於事唯見事；三者「自性假立尋思」，謂於自性假立唯見自性假立；四者「差別假立尋思」，謂於差別假立唯見差別假立。「此諸菩薩於彼名事，或離相觀，或合相觀，依止名事合相觀，故通達二種自性假立、差別假立。」〔註 186〕

「尋思」，是推求、觀察之意。「名」爲事物的名字，「事」（義）爲體，即實物、實體。「自性」是諸法的自體，像色、聲等。「差別」是諸法上所具有的種種差別，如常、無常，可見、不可見等。蓋諸法不出名、事（義）、自性、差別四者，依尋思的觀察慧，推求這名、事（義），及名、事的自性、差別，實無自體可得，都是出自心識，乃虛假無實，此觀慧即稱「四尋思」。不過，這尋思慧，尚在推求理解中，未達及生起決定智的階段，所以須進一步修「四種如實遍智」。「名」如實遍智，「事（義）」如實遍智，「自性」假立如實遍智，「差別」假立如實遍智。所觀察的，雖還是名、義等四事，但是尋思以後獲得的四種正確決定的觀智，故稱「四如實遍智」。由這「四尋思」，「四種如實遍智」，定解名、義等均是假有實無，同是「不可得」，如此才能悟入唯識。〔註 187〕對於「四如實遍智」，章氏亦加以疏論，說云：

「四尋思」觀來滌除名相，乃五位中的「加行位」。可參韓廷傑：《唯識學概論》第二十章〈唯識學的修行理論〉。

〔註 184〕章太炎：《齊物論釋》〈釋篇題〉，見劉凌、孔繁榮編校：《章太炎學術論著》，頁 269。

〔註 185〕章太炎：〈東京留學生歡迎會演說辭〉，見湯志鈞編：《章太炎政論選集》冊上卷 2，頁 274。

〔註 186〕章太炎：《齊物論釋》〈釋篇題〉，見劉凌、孔繁榮編校：《章太炎學術論著》，頁 269～270。

〔註 187〕以上所論，據韓廷傑：《唯識學概論》第二十章第二節〈加行位〉，頁 300；印順講、演培、妙欽、文慧記：《攝大乘論講記》，見《妙雲集》上編之六，

「天倪」者，郭云：「自然之分。」諸有情數，始以尋思，終以引生，如實智悉依此量，可以自內證知，如飲井者知其鹹淡，非騁辯詭辭所能變，然則是異不是，然異不然，造次而決，豈勞脣舌而煩平定哉。〔註 188〕

唯有達到「如實智」，如實了知名、事（義）、自性、差別四者，皆是「空」而非「有」，則是非對立、詭辭騁辯之爭自然平定，萬物自齊矣。故在釋〈齊物論〉時，特意將「齊物」一詞賦予不遣是非的多元價値，以開展出對既存事物的兼容並蓄之肯定，由是而曰：「……是篇（薇按：〈齊物論〉）先說『喪我』，終明『物化』，泯絕『彼此』，排遣『是非』。非專爲統一異論而作也。」〔註 189〕章氏秉此「非專爲統一異論而作」的理念注《莊》，雖是因應社會現實、時勢潮流所趨，其實同時亦已將《莊子》推向近代思維了。

章氏的《齊物論釋》，以唯識理論展開莊子「齊物」要旨，理論體系的建構完備，對唯識概念的分析論述相當深細縝密，〔註 190〕歷來對此研究者眾多，〔註 191〕如邱敏捷以爲章氏采唯識學「四尋思」、「三性」、「藏識」等概念詮釋《莊子》，〔註 192〕朱義祿則指出章氏分別使用了「唯識」、「華嚴」、「原型觀念」、「自然科學」等思想媒介詮解《莊子》。〔註 193〕論者所言，綜觀《齊物論釋》大體如是，章氏引用了許多佛學經典的義理來闡釋〈齊物論〉

頁 323～324。

〔註 188〕章太炎：《齊物論釋》〈第五章〉「瞿鵲子問乎長梧子曰：『吾聞諸夫子，聖人不從事於務，不就利，不違害，不喜求，不緣道，无謂有謂，有謂无謂，而遊乎塵垢之外。夫子以爲孟浪之言，而我以爲妙道之行也。吾子以爲奚若？』長梧子曰：『……忘年忘義，振於無竟，故寓諸無竟。』」之註語，見劉凌、孔繁榮編校：《章太炎學術論著》，頁 316。

〔註 189〕章太炎：《齊物論釋》，在「齊物者」一語下之自注，見劉凌、孔繁榮編校：《章太炎學術論著》，頁 269。

〔註 190〕如《齊物論釋》〈第一章〉，透過眼、耳、鼻、舌、身、意、末那識、阿賴耶識等八識，來解釋世間萬物存在的依據，及此八識所產生的現象會因吾人之「心」而發生變化，分析的相當深細。

〔註 191〕可參朱義祿：〈章太炎和他的《齊物論釋》〉、邱敏捷：〈楊仁山、章太炎以「唯識」解莊析論——以眞心派的唯識之詮釋〉、蘇美文：《章太炎《齊物論釋》之研究》、鄭柏彰：《嚴復與章太炎之道家思想研究》等。

〔註 192〕詳邱敏捷：〈楊仁山、章太炎以「唯識」解莊析論——以眞心派的唯識之詮釋〉。

〔註 193〕詳朱義祿：〈章太炎和他的《齊物論釋》〉，見胡道靜主編：《十家論莊》，頁 487～494。

思想，〔註 194〕但核心概念乃以唯識學爲主。至於使用西學的「原型觀念」與「自然科學」等思想，純粹僅作義理闡釋的媒介，方便說明而已。如〈第一章〉釋「子游曰：『……敢問天籟？』子綦曰：『夫吹萬不同，而使其自己也，咸其自取，怒者其誰邪』」，云：

> 天籟中「吹萬」者，喻「藏識」，「萬」喻「藏識」中一切種子，晚世或名「原型觀念」。非獨籠罩名言，亦是相之本質，故曰「吹萬不同」。〔註 195〕

章氏以唯識學的術語來闡釋〈齊物論〉「吹萬不同」，以爲莊子所舉的萬種天籟，即是唯識所謂的一切「種子」，若以西學來解釋，就是「原型觀念」。「原型」，追溯到盡可能的起源，當是柏拉圖（Plato，公元前 427～前 347）的「形式理論」（Ideas or Forms）。之後有瑞士的精神醫學家榮格（Carl Gustav Jung，1875～1962），創立了「原型心理學」（分析心理學）。提出人們的潛意識（Unconscious，或無意識）具有兩種層面：其一、個體的潛意識（Personal Unconscious），其內容主要來自於個體的心理生活與體驗。意指曾經是意識或曾經意識到的，後來由於種種原因，受到壓抑而儲存於大腦深層次的心理內容，主要形成於嬰、幼兒時期，其中重要的特點即以「情結」（complexes）的形式表現出來。〔註 196〕其二、集體的無意識（Collective Unconscious），意指與生俱來的知覺、情感、行爲等心理要素，類似於本能。即自古以來沉澱於人類心靈底層、普遍共同的人類本能和經驗的遺存，這種遺存不僅包括了生物學意義上的遺傳，還涵蓋了文化歷史上的文明沉積。它們以原型的構成存

〔註 194〕據邱敏捷統計，《齊物論釋》引用的經典有：《大般若經》、《瑜伽師地論》、《攝大乘論》、《大毗婆沙論》、《解深密經》、《大乘入楞伽經》、《因明入正理論》、《華嚴經明法品內立三寶章・法界緣起章》、《華嚴經指歸》、《起信論》、《勝鬘經》、《成唯識論》、《十二門論》等。其中《解深密經》是唯識學派的根本典籍，《攝大乘論》與《瑜伽師地論》均是唯識學的重要論書。見氏著：〈楊仁山、章太炎以「唯識」解莊析論——以眞心派的唯識之詮釋〉之註 77，頁 226。

〔註 195〕章太炎：《齊物論釋》〈第一章〉，見劉凌、孔繁榮編校：《章太炎學術論著》，頁 273。

〔註 196〕所謂「情結」，就是個人的伴有一組一組的心理內容（包括觀念的和情感的）聚集在一起，纏繞在一起，形成一簇難以解開的心理叢或心理結。「情結」決定著個體人格的許多方面，當我們說某人有某種情結時，是指他的心靈被某種「心理問題」強烈地占據了，使他無法思考任何其他事情，而他本人卻沒有意識到。

在，以原始意象（primordial images）來表達。〔註 197〕而章氏提出「原型觀念」，乃因應彼時西學充斥，時人多有論述，故特意舉出說明，僅爲闡釋之方便，作「藏識」中一切種子的注腳而已。唯識學裡，種子是藏識中能產生世界各種現象的精神因素，故章氏以「原型觀念」來說明，當取其對人類個體行爲和社會文明起著制約和推動的作用之意。

又如〈第一章〉釋「非彼無我，非我無所取。是亦近矣，而不知其所爲使。若有眞宰，而特不得其眹。可行己信，而不見其形，有情而無形。百骸、九竅、六藏，賅而存焉，吾誰與爲親？女皆悅之乎？其有私焉？如是皆有爲臣妾乎？其臣妾不足以相治乎？其遞相爲君臣乎？其有眞君存焉？如求得其情與不得，無益損乎其眞。一受其成形，不亡以待盡。與物相刃相靡，其行盡如馳，而莫之能止，不亦悲乎」，云：

> ……詳此所說，「眞宰」即佛法中「阿羅邪識」，惟有意根恒審思量執阿羅邪識以爲自我，而意識分別所不能見也。以恒審思量故，必不自覺爲幻，自疑爲斷，進止屈伸，確乎自任，故曰「可行己信」。雖自信任，而此我相爲朱、爲白、爲方、爲圓，終非意根所見，故曰「不見其形」。有情而無形，橫欲求形，惟是百骸、九竅、六藏之屬。且未知此數者誰爲眞我。……若云「皆爲臣妾」者，誰復爲君，藉舉腦髓神經以爲共主，彼與臣妾，等是筋肉膏肪，何因獨能調欒。若云身無神經，其餘諸體不足相治者，現見單細胞物具有識知，縱無神經足得相治，況復草蘇百卉悉有情命，幹莖枝葉，亦若人有百體，曾無見草木有腦髓神經者，而百體足可相治，呼吸即同，或有能啖蠅子，斯孰令爲之哉！如是人鳥獸等，雖有腦髓神經，但可說爲傳達知識之具，猶鐵縷所以傳電而電非鐵縷，馳道所以步馬而馬非馳道，是則觸受想思之體，非即腦髓神經明矣。〔註 198〕

章氏以唯識學的第八識「阿羅邪識」（今譯「阿賴耶識」）來等同莊子的「眞宰」。不過，唯識派認爲必須透過「轉識成智」的工夫，〔註 199〕阿賴耶識才能

〔註 197〕以上論及榮格分析心理學部分，據吳和鳴：〈分析心理學第一講〉、〈分析心理學第五講〉與商士杰、劉志遠：〈榮格的分析心理學與解釋學〉。

〔註 198〕章太炎：《齊物論釋》〈第一章〉，見劉凌、孔繁榮編校：《章太炎學術論著》，頁 279。

〔註 199〕詳本章第四節楊文會闡釋莊子「渾沌開竅」章。

成爲「眞如」。〔註200〕而第七識恒審思量，執阿賴耶識爲自我，執無爲有，所見終是虛妄，故云「不見其形」。再者論述「如是皆有爲臣妾乎」，誰復爲君，則藉舉自然科學以爲腦髓神經爲身體的主宰意，否定人、鳥、獸之觸、受、想、思等皆以腦髓神經爲共主。因此可知，章氏列舉自然科學的觀念僅作義理闡釋的媒介，方便說明而已。

不過章氏對西學的概念，並非全盤認同，如論及柏拉圖的「理念」（idea）

〔註200〕唯識學說在中國的傳播，分三大系統：地論師、攝論師和唐玄奘所創立的唯識宗。地論師又分南、北二道，北道派主張張阿賴耶識是無明，所以佛性是後有的，須經過修行才能產生，故經過累劫修行才能成佛。南道派則主張阿賴耶識是淨識，佛性本有，但被無明覆蓋，必須經過修行，離染顯淨，方可成佛。不過若簡單的說，二道相同的論點，即持阿賴耶識乃眞妄和合，是染淨的混合體。就地論師看來，阿賴耶識與法界、眞如等同義，由阿賴耶識產生一切，既可以產生染污的虛妄境界（客觀事物），又可以產生佛法。即阿賴耶識乃產生世間法（塵世間的一切事物）和出世間法（佛教的涅槃境界）的總根源。地論師北道派還將阿賴耶識分爲眞、妄兩部分，分別提出不同名稱。眞者，云「阿摩羅識」，亦曰「本淨」、「無垢」。妄者，云「阿梨耶識」（即「阿賴耶識」）。儘管北道派已提出「阿摩羅識」的名稱，仍持「八識」論。而攝論師則正式提出「九識」論，除了第八識外，另立第九識「阿摩羅識」，以眞如爲其本體。故第八識阿賴耶識仍屬妄心，是一切煩惱的根本，須斷滅後，才能證得第九識，常住有恆的清淨。而章氏《齊物論釋》雖提及第九識「阿摩羅識」的名稱（章氏稱「庵摩羅識」），如說云：「〈德充符〉說：『以其知得其心，以其心得其常心。』『心』即『阿陀那識』，『常心』即『庵摩羅識』。彼言常心，乃謂之眞君。」（章太炎：《齊物論釋》〈第一章〉，見劉凌、孔繁榮編校：《章太炎學術論著》，頁280）但仍持阿賴耶識轉識成智後則成眞如，維持「八識」之論， 如說云：「此論藏識中種子，……今舉三法大較應說第八藏識，本有世識、外識、相識、數識、作用識、因果識……（自注略），七意根本有我識（自注：人我執，法我執）。其他有無是非，自共合散成壞等相，悉由此七種子支分觀待而生。成心即是種子。種子者，心之礙相，一切障礙即究竟覺，故轉此成心則成智，順此成心則解紛。成心之爲物也，『眼、耳、鼻、舌、身、意』六識未動，潛處藏識意根之中，六識既動，應時顯現，不待告教，所謂『隨其成心而師之』也。」（章太炎：《齊物論釋》〈第一章〉釋「隨其成心而師之」，見劉凌、孔繁榮編校：《章太炎學術論著》，頁281～282）又云：「諸漏既盡，證得二空。是時種子既斷，此識復何所在？是故爲說庵摩羅識。庵摩羅者，譯言無垢。即此阿賴耶識，永離垢染，而得此名。」（章太炎：〈建立宗教論〉，見黃夏年編：《章太炎集》／《楊度集》合刊本，頁47）據此，章氏所論的唯識學當非繼攝論師眞諦一派下來的眞心派，而論者如邱敏捷，其〈楊仁山、章太炎以「唯識」解莊析論——以眞心派的唯識之詮釋〉一文，以爲章氏持眞心派的唯識學來詮解《齊物論釋》，此論似乎有再商榷的地方。此部分留待日後另撰文再述。

時，則有所批駁，說云：

> 如柏拉圖可謂善說伊跌耶（薇按：idea）矣，然其謂一切個體之存在，非即伊跌耶，亦非離伊跌耶。伊跌耶是有，而非此則爲非有，彼個體者，則兼有與非有。夫有與非有之不可得兼，猶水火相滅，青與非青之不相容也。伊跌耶既是實有，以何因緣不遍一切世界，而令世界尚留非有？復以何等因緣，令此有者能現景於非有而調合之，以爲有及非有？若云此實有者，本在非有以外，則此非有亦在實有以外。既有非有，可與實有對立，則雖暫名爲非有，而終不得不認其爲有，其名與實，適相反矣。若云此實有者，本無往而非實有，特人不能明瞭智識觀察，橫於實有之中，妄見非有；復於此妄見非有之中，微窺實有，更相盤錯，然後成此個體之有與非有。是則成此個體者，見、相二分之依識而起也。非說依他起自性，則不足以極成個體也。〔註 201〕

顯然章氏秉持佛學的思維，而對柏拉圖的「理念」提出質疑與不贊同。柏拉圖的「理念」是一種先驗的觀念，乃獨立於現實世界之外的存在。而就章氏的佛學思維，理念世界是存在現實世界中的，即眞如不可能離開世間而獨立存在。再者，批評柏拉圖一面以「理念」爲唯一的實有，同時又在非有的名義下給個體留下立足處，此乃自相矛盾。

因此，在章氏的觀點裡，中國文化自有其長處，面臨西潮東襲，吾人可擷取其養分，以擴展、壯大自己文化之不足，但絕不可自甘暴棄，以爲中國人與西洋人霄壤大別。說云：

> 近來有一種歐化主義的人，總說中國人比西洋人所差甚遠，所以自甘暴棄，說中國人必定滅亡，黃種必定剿絕。因爲他不曉得中國的長處，見得別無可愛，就把愛國愛種的心，一日衰薄一日。〔註 202〕

據此，吾人則可窺知章氏何以采取「以佛解《莊》」來詮釋〈齊物論〉了。如鄭柏彰的提問：

> 即「以佛解《莊》」這一命題的內涵，究竟應該置於何種脈絡下來理

〔註 201〕章太炎：〈建立宗教論〉，見黃夏年編：《章太炎集》／《楊度集》合刊本，頁 39～40。

〔註 202〕章太炎：〈東京留學生歡迎會演說辭〉，見湯志鈞編：《章太炎政論選集》冊上卷 2，頁 276。

> 解，才較能契合章氏的創作動機呢？亦即吾人在理解章氏這部溢滿佛學色彩的《齊物論釋》時，是要將它視爲是以佛學來註解《莊》學，僅承魏晉時期「格義」模式的類比式作品？還是把它看成是《莊》學被佛學所吸納，而完全擺脫莊學原貌的佛學化著作？抑或將之定位爲以《莊》學爲主體，而佛學的詮解只是一種權宜會通的創造性文本呢？〔註 203〕

在「以佛解《莊》」的學術史上，章氏的《齊物論釋》究竟應如何定位？其中佛、《莊》的主、客問題確實須作釐清，方能解釋章氏采「以佛解《莊》」來詮解《齊物論》的時代意義及其在「以佛解《莊》」的學術脈絡中所扮演的角色。而鄭氏最終「確立了章氏這部著作是以『《莊》學爲主體，而佛學的詮解只是一種權宜會通的創造性文本』」。以爲「章氏所用詮釋《莊》學的佛學概念，其實早就存在〈齊物論〉的字裡行間，而佛學只是將其所存在的理論給加以彰顯出來，使其具有新時代的新意義而已，並非是〈齊物論〉中本無理論，而藉由佛學來加以闡發。」〔註 204〕同時鄭氏對李慶新論《齊物論釋》的莊、佛主客之意義亦表贊同，李云：

> 佛學已是章太炎思想中不可分離的一部分，他推崇老莊，只是重新確定學術座標，置老莊於首位，作爲主導，佛學於次席，作爲參證系統。〔註 205〕

然而個人對此論點有不同的看法。詳審《齊物論釋》，章氏所用的方式，已不在字義層次的章句訓詁，完全跳脫傳統的評注形式，采佛學法相唯識的理論爲核心，輔以《莊》學思維，並摻西學概念，回到〈齊物論〉的架構上展開解《莊》之新詮。易言之，《齊物論釋》乃以唯識爲主，《莊》學爲輔，摻以西學，重新醞釀以成新酒，吾人亦可說，章氏的多元兼包思維成就《齊物論釋》的新主體，是鎔唯識、《莊》學爲一體而重予陶鑄。是以就鄭氏之言，個人實不敢苟同。章氏鎔唯識學理論來闡發〈齊物論〉義理，諸如「四尋思」、「藏識」、「三性」等，皆是唯識學理論，〈齊物論〉中並沒有的，而章氏卻藉

〔註 203〕鄭柏彰：《嚴復與章太炎之道家思想研究》第四章第一節〈對「以佛解莊」概括章太炎《齊物論釋》之定位〉，頁 108。

〔註 204〕鄭柏彰：《嚴復與章太炎之道家思想研究》第四章第一節〈對「以佛解莊」概括章太炎《齊物論釋》之定位〉，頁 116。

〔註 205〕李慶新：〈從「轉俗成眞」到「回眞向俗」——章太炎與佛學〉，收入《章太炎與近代中國學術研討會論文集》，頁 147。

由〈齊物論〉原有的文字，透過唯識學理論來加以詮解，這是章氏以舊瓶釀新酒。透過佛學概念的闡釋，〈齊物論〉所彰顯的義理是創發性的，絕非莊子思想的原貌，經由章氏多元思維的挹注，〈齊物論〉所表現的新義乃符合時代現實意義的，這是章氏的創發。

再者，論者多持章氏的《齊物論釋》立基於傳統的學術立場，以援引佛學注《莊》。對此，個人以爲，此「傳統學術」不當僅指老莊而已，亦涵蓋佛學。因爲在章氏的觀點裡，佛學本是傳統文化，他曾說：「我們中國，本稱爲佛教國」，〔註 206〕故《齊物論釋》「以佛解《莊》」，將佛學與《莊》學鎔爲一體，形成新的主體，一點也沒有違離傳統文化，反而「一心（唯識學）開二葉（《莊》學、西學）」走出新的康莊大道。章氏在《齊物論釋》評注《莊子》的「成心」時說：

> ……又況道本無常，與世變易，執守一時之見，以今非古，以古非今。此正顚倒之說，比於今日適越而昔至，斯善喻乎。世俗有守舊章、順進化者，其皆未喻斯旨也。〈外物篇〉云：「夫流遁之志，決絕之行，噫！其非至知厚德之任與？覆墜而不反，火馳而不顧，雖相與爲君臣，時也，易世而無以相賤，故曰至人不留行焉。」順進化者，以今非古，則誣言也。又曰：「夫尊古而卑今，學者之流也。且以狶韋氏之流觀今之世，夫孰能不波，唯至人乃能游於世而不僻，順人而不失己。」守舊章者，以古非今，是亦一孔之見矣！〔註 207〕

提出「道本無常，與世變易」的觀點，以爲世間萬事、萬物皆變動不居，沒有永恆長存的，這是佛家「無常」的思維。故批評當時「順進化」者（進步人士）以今非古，守舊章者（保守份子）以古非今，皆「執守一時之見」，不合齊物之旨。進而點出，莊子所謂的「至人」，乃「不留行焉」，與時俱化，隨而行之，無所留滯。故當以多元視角，不拘一隅來審視文明進化的意義，這是章氏的文化觀：多元並馳，「不齊而齊」。故「以佛解《莊》」的《齊物論釋》亦秉此思維，跳脫傳統單一制式的評注，注入多元義理的原素，以陶鑄思想的新義。

〔註 206〕章太炎：〈東京留學生歡迎會演說辭〉，見湯志鈞編：《章太炎政論選集》冊上卷 2，頁 273。

〔註 207〕章太炎：《齊物論釋》〈第一章〉「夫隨其成心而師之，……天地一指也，萬物一馬也。」之註語，見劉凌、孔繁榮編校：《章太炎學術論著》，頁 284。

此外，吾人亦可從其他論據，輔證《齊物論釋》「以佛解《莊》」的詮釋焦點，其主體非僅《莊》學而已。論述如下：

其一、若以《莊》爲主，何以僅挑〈齊物論〉評注？之前章氏即著有《莊子解詁》，仍是傳統的注解方式，何以至《齊物論釋》一改舊注？正因〈齊物論〉與佛學「一往平等」、西學「平等」較爲近似，藉以批判滿清以強權欺壓漢族，列強以強國侵略弱國的藉口。

其二、其《齊物論釋》〈序〉云：「體非形器，故自在而無對；理絕名言，故平等而咸適。」〔註208〕前句「體非形器」,「故自在」是佛學思維。「無對」，泯除彼此，佛、《莊》皆有之；「理絕名言」是佛學思維，「平等咸適」，佛、《莊》皆有之，然章氏則取「齊物」意。可見《齊物論釋》鎔佛鑄《莊》，明矣。

其三、章氏自述學術的轉變說：「自揣平生學術，始則轉俗成眞，終乃回眞向俗。」〔註209〕希冀由敗壞時局轉向佛法眞如美好境地，故倡言革命，此爲唯識學所予的啓發：轉識成智，即章氏「轉俗成眞」的思想。同時亦在〈齊物論〉中找到理想中對於「平等」的解釋，欲建立一種眾生平等、萬物爲一的新秩序，擺落各種強凌弱的現象：滿族、西學、帝國主義等之侵襲，這是章氏思想「回眞向俗」的表現。

其四、在一九○八年〈答夢庵〉，強調佛學對於救治時代問題的積極意義，說云：

> ……然則三綱六紀，無益於民德秋毫，使震旦齊民之道德不亡，人格尚在，不在老、莊則在釋氏，其爲益至閎遠矣。……如彼西方景教，亦幾可斲雕爲樸矣。然義趣單純，好思想者多不樂此，又與老、莊舊説，過相違戾，欲興民德，舍佛法其誰歸？……待人而行，則怯懦者不足踐此主義，浮華者不足踐此主義，猥賤者不足踐此主義，詐僞者不足踐此主義。以勇猛無畏治怯懦心，以頭陀淨行治浮華心，以惟我獨尊治猥賤心，以力戒誑語治詐僞心。此數者，其他宗教倫理之言，亦能得其一二，而與震旦習俗相宜者，厥惟佛教。是固非言語文字所能成就，然方便接引，非文辭不爲功。以是相導，令學者趣入法門以自磨厲，庶幾民德可興，……人果學佛，蹈湯赴

〔註208〕章太炎：《齊物論釋》〈序〉，見《章氏叢書》冊上〈正編上〉，頁1a，總頁381。
〔註209〕章太炎：《菿漢微言》第167則，見氏著、虞雲國校點：《菿漢三言》，頁72。

火，必有王學之長，而放誕譸張之病，庶其獲免。作民德者，舍此無他術也。〔註 210〕

以爲佛教最適宜中國習俗，儒家的三綱六紀，已無益於民德，唯有依賴老莊、佛，才能讓震旦之民「道德不亡，人格尚在」。是以章氏在論及佛法、宗教、哲學與現實之間的關係時，即說：「唯有把佛與老莊和合，這才是『善權大士』救時應務的第一良法。」〔註 211〕由此可證，《齊物論釋》即踐履章氏之言：將佛與老莊合融，鑄爲新的主體。

故章氏倡導佛學，志在應用於政治社會，絕非宣揚佛教，他說：

問者曰：「立教以惟識爲宗，識之實性，即是眞如，既無崇拜鬼神之法，則安得稱爲宗教？」答曰：「凡崇拜者，固人世交際所行之禮。……此於諸崇拜中，最爲清淨，釋教亦爾。諸崇拜釋迦者，固以二千六百歲前嘗有其人，應身現世，遺風緒教，流傳至今，沐浴膏澤，解脫塵勞，實惟斯人之賜。於是尊仰而崇拜之，尊其爲師，非尊其爲鬼神。雖非鬼神，而有可以崇拜之道，故於事理皆無所礙。此亦隨順依他則然。若談實相，則雖色身現量，具在目前，猶且不可執爲實有，而況滅度之後耶？〔註 212〕

章氏清楚指出，自己所要倡導的佛教，以唯識爲宗，非一般崇拜鬼神信仰的宗教。之所以崇敬釋迦牟尼佛，乃尊仰其將佛法思想流傳下來。而之所以如此仰仗佛學，乃因其學可順應今之亂世所用。說云：

今之世，非周、秦、漢、魏之世也，彼時純樸未分，則雖以孔、老常言，亦足化民成俗。今則不然，六道輪回、地獄變相之說，猶不足以取濟。非說無生，則不能去畏死心；非破我所，則不能去拜金心；非談平等，則不能去奴隸心；非示群生皆佛，則不能去退屈心；非舉三輪清淨，則不能去德色心。……則繼起之宗教，必釋教無疑也。〔註 213〕

章氏欲以佛學義理，去除「畏死心」、「拜金心」、「奴隸心」、「退屈心」、「德

〔註 210〕章太炎：〈答夢庵〉，見氏著、湯志鈞編：《章太炎政論選集》冊上，頁 394～397。

〔註 211〕章太炎：〈論佛法與宗教、哲學以及現實之關係〉，見黃夏年編：《章太炎集》／《楊度集》合刊本，頁 17。

〔註 212〕章太炎：〈建立宗教論〉，見黃夏年編：《章太炎集》／《楊度集》合刊本，頁 49。

〔註 213〕章太炎：〈建立宗教論〉，見黃夏年編：《章太炎集》／《楊度集》合刊本，頁 51～52。

色心」等，皆就現實社會之弊而發，針砭晚清志於干祿的知識份子，不知救國圖強，投機虛榮之劣跡。其倡導佛學爲治世之良藥乃與應世致用攸關，由此昭然可證。

如同方勇所言：

> 章炳麟研究〈齊物論〉篇並不是爲了追求莊子本意，研究佛學也是更注意從中挖掘可爲自己所用的資料，因而以齊物的觀念融合唯識宗思想去觀察世界，目的是要建立爲自己的革命理想服務的哲學思想。〔註 214〕

指出章氏的《齊物論釋》「以齊物的觀念融合唯識宗思想去觀察世界」，以應用於現實時務。而王汎森論章氏思想時，亦言：

> 章太炎是一個奇特的複合體，他的思想中既有著復古的思想，同時卻又散佈了大量反傳統的種子，……在「傳統主義者」這一外殼裡所裝著的已經是與過去大家所認定的「傳統」非常不一樣的內容。章太炎的思想實代表著傳統文化瀕臨崩潰的前夜，在他的一些思想繼承人手上，「傳統」像粉一般碎開了。〔註 215〕

王氏的研究，以爲吾人視章氏爲「傳統主義者」，然此一「傳統」外殼裡所裝著的內容，已非大家所認定的「傳統」。此亦可作章氏注《齊物論》的佐證，章氏云：

> 夫能上悟唯識，廣利有情，域中故籍，莫善於〈齊物論〉。〈天下篇〉云：「內聖外王之道，鬱而不發」，爾則莊生著書，非徒南面之術，蓋名家出於禮官，而惠施去尊，道家本以宰世，而莊周殘法，非與舊術相戾，故是捨局就通耳。〔註 216〕

認爲佛家的唯識與莊子〈齊物論〉最爲相通，而其相通的關鍵處，乃「廣利有情」，即以平等齊一的眼光來看待一切萬物，這是莊子捨局就通的「內聖外王」之道，說明道家本爲宰世之用。這是章氏的夫子自道，秉此注〈齊物論〉，當有更多的文化養份可互相融通，左右逢源，故面對西學的衝擊，則有更多資源可因應。跳出儒學的框架，找到新出路，以應用於現實社會，成功率更

〔註 214〕方勇：《莊子學史》冊 3 第十六章第三節〈章炳麟的《齊物論釋》〉，頁 412。

〔註 215〕王汎森：《章太炎的思想——兼論其對儒學傳統的衝擊》，第六章〈對儒學傳統之衝擊及影響〉，頁 176～177。

〔註 216〕章太炎：《齊物論釋》〈釋篇題〉，見劉凌、孔繁榮編校：《章太炎學術論著》，頁 271。

高。相對「以儒解《莊》」者多墨守儒者本分，不敢跨越儒學的雷池，在固有的限制下解《莊》，實難有所突破，這也就是爲什麼「以儒解《莊》」走至晚清，會面臨衰歇無餘華的窘境。

章氏的「以佛解《莊》」，乃藉唯識創造《莊》學的詮釋，欲在〈齊物論〉裡墾掘出「平等」的新意，其目的在救國圖強，以切合新時代的需求。鑑於儒學枯竭腐化，而「以儒解《莊》」終究難破封畛，不易開出新義以應世，而諸子學研究又臨瓶頸，故章氏走向另一條新道：陶鑄唯識與《莊》學，將傳統文獻挹注新泉源，以創發思想的新義。

小　結

自魏晉的格義佛教開始，佛、《莊》即展開交涉，由「以《莊》解佛」演變爲「以佛解《莊》」。不過這股思潮一直以潛流之勢漫流著，即使在佛、道盛行的唐代，「以佛解《莊》」的著作不多，充其量可以成玄英的《莊子疏》作說明，然而成著也僅是摻以佛學「空」義來詮釋，並非「以佛解《莊》」的代表作。寖至宋代，理學興起，佛教喪失外援，內部就衰，僅禪宗獨撐一地，此時摻以佛學解《莊》的著作除了間引佛學術語、佛教經典外，始大量應用「禪宗語錄」、「禪語」，如林希逸的《莊子鬳齋口義》，但林書乃立足理學立場，融攝禪宗哲學，其「以儒解《莊》」是主體，「以佛解《莊》」則爲客體。降至晚明，隨著佛學的復興，佛、《莊》間的互動漸頻繁，然時值三教盛行，時風持「三教同源」之說甚盛，故佛、《莊》之間的義理融通多秉此思維詮釋。此外，亦有覺浪道盛等人所開展之明遺民心志的寄託，〔註 217〕與另一批佛門弟子如憨山德清之《莊子內篇注》，藉解《莊》以闡揚佛理等。大體而言，從宋至晚明前，「以佛解《莊》」者多持《莊》學爲主體，藉佛學概念比附、義理會通等方式，拓展《莊》學的思想。至晚明佛門弟子注《莊》，則轉變爲以佛學爲主體，目的乃在宣揚佛教。

迨及清代，因朝野的打壓，「以佛解《莊》」則呈零星點綴。發展至晚清，一改前貌，以唯識學爲核心，展開對《莊子》創發性的闡釋，以楊文會的《南華經發隱》與章太炎的《齊物論釋》爲代表。晚清因楊文會有意宣揚佛學，

〔註 217〕覺浪道盛《莊子提正》、方以智《藥地炮莊》、釋淨挺《漆園指通》等，詳謝明陽：《明遺民的莊子定位論題》。

又假友人之手，從日本引入大量法相宗經典，唯識學才在清末復興起來。加以時代背景使然，知識份子對佛學相當看重，有意藉此來振興國祚，故投入大量心力研讀佛學、運用佛理以應世，章太炎即爲顯著的指標性人物。故清代發展至晚清，由「以佛解《莊》」轉入「以唯識解《莊》」；主體由《莊》學轉至佛學（《南華經發隱》），又再折入佛、《莊》合體。就「以唯識解《莊》」的流變而言，則由理論詮解至體系建構漸趨完備。不過楊文會的《南華經發隱》宣揚佛學的意圖濃厚，章太炎的《齊物論釋》雖分析名理縝密深細，唯識理論體系亦建構備全，然救國圖強的心志乃章氏最大的著作動機，不可忽視。

第柒章　晚清「以西學解《莊》」的新契機

中英鴉片戰爭中清廷潰敗，西學大肆東襲之際，傳統文化價值幾近崩解，葉德輝說：「今日學術潰裂甚矣！戰國之世，患在楊、墨　，孟子闢之；八代以降，患在佛、老，韓子、朱子闢之。今日之世，患在摩西，無人闢之，且從而揚之，以至異說橫流，謬論蠭午，衣冠世族，廉恥道亡。」〔註1〕可見衝擊之大，不可同日而語。這使得原先只在傳統經典中尋求經世致用之學的士人開始將目光投向西學，由是晚清出現了一股新思潮：以西學詮釋諸子。而在《莊》學研究中，則有「以西學解《莊》」之一支，自此解《莊》思想又有了轉變之關鍵。從嚴復開始，劉師培隨後，他們用西方近現代的哲學觀念詮釋《莊子》，使解《莊》思想得以由傳統走向近現代學術。

本章共分三部分論述：首先說明晚清受西學衝擊，始有援引西學以詮釋諸子學的風潮。以此爲宏觀背景，再微觀切入解《莊》一支的發展。以嚴復的《莊子評點》爲晚清「以西學解《莊》」之代表，進而述及其後的發展與影響，以見援引西學注解、評述《莊子》，爲《莊子》的詮釋開啓新契機。

第一節　晚清「援西學入子」的時代風氣

學術史上援引西學以詮釋先秦諸子學之「援西學入子」的出現，當然與

〔註1〕蘇輿編、楊菁點校、蔣秋華、蔡長林校訂：《翼教叢編》卷6〈葉吏部與戴宣翹校官書〉，頁361。

西學的傳入緊密相連。從明末清初開始，西方傳教士爲了在中國傳教之便，陸續向中國輸入西方的天文學和其他自然科學知識，拓展了中國人的視野，也贏得中國人的歡迎。但彼時西學的傳播主要限於士大夫之間，無法擴大影響範圍。寖至晚清，中英鴉片戰爭一役，中國戰敗後門戶洞開，使得西學迅速東襲，對當時中國所造成的衝擊之大，不可同日而語，梁啓超曾如是描述：

> 「鴉片戰役」以後，志士扼腕切齒，引爲大辱奇戚，思所以自湔拔，經世致用觀念之復活，炎炎不可抑。又海禁既開，所謂「西學」者逐漸輸入，始則工藝，次則政制，學者若生息於漆室之中，不知室外更何所有，忽穴一牖外窺，則粲然者皆其所未睹也。還顧室中，則皆沉墨積穢，於是對外求索之欲日熾，對內厭棄之情日烈。〔註2〕

鴉片戰爭之後，海禁大開，對外接觸頻繁，一切西洋知識，都隨其通商與傳教，而浸被中土，使中國文化增添了巨量的新血。知識份子接觸西學後，猶如在漆黑暗室見到光明，心生憧憬，「對外求索之欲日熾」，亦加速西學的東入。這樣的衝擊，自然對中國的政治思潮激起極度的動盪，引發根本的變化。面臨強勢文化的壓境，學者眞正感受到強烈的文化危機，如梁氏所言，知識份子「對內厭棄之情日烈」，當指以儒學爲主流的傳統文化而言。

晚清遭遇西方強大的物質與精神文明衝擊，發生前所未有的巨變，知識份子對儒學的僵化感到失望，開始對傳統文化進行反思，先由先秦子學尋求資源，進而轉向西方尋找救國救民的眞理。劉師培說：

> 今安溪平湖諸公固祖河南而祧考亭者也，顧乃文飾遺經，獻媚虜族，以二曲、桴亭較之，判然天壤矣。嗚呼！夷裔禮教與中土殊。制禮作樂實爲衰弱之源（自注：如拓拔宇文諸虜棄固有之禮俗，有同化於漢族之民。精悍之氣消，朴固之風斲，縻天下於無實之文，以自託昇平之象，而國勢凌夷之兆實起於此時。船山〔薇按：王夫之〕《讀通鑑論》、所南〔薇按：鄭思肖〕〈古今正統大論〉言之甚詳）。其舍夷從夏者，豈眞知聖道之尊哉？不過以漢土之法還治漢土耳（自注：滿清以儒教治中土，猶以黃教治唐，古特其入關之初，知中國之儒未易服也，於是託宗仰孔教之名，爲懷柔漢族之本，儒者不察，以保聖教之名，歸之以爲斯道之榮。嗚呼！其愚更出索虜下矣），於

〔註2〕梁啓超：《清代學術概論》，頁62。見氏著：《中國近三百年學術史》（附《清代學術概論》）。

此而託名衛道，則吾誰欺？〔註3〕

對於清朝提倡儒學，劉氏以爲是滿清異族爲統治之便而使用的懷柔政策。因此中國的知識份子當有所自覺，不是推崇儒學才是眞正的保有聖道。劉氏如此說，乃鑑於儒學用以充當統治的工具，最終淪爲約束人民的教條，喪失以「利民」爲主的內在道德規範，已無濟於國計民生。嚴復更將這種教條式的傳統文化逕稱爲「儒術」，他說：

往者嘗見人以僧徒之濫惡而訾釋迦，今吾亦竊以士大夫之不肖而訾周孔，以爲其教何入人心淺也。惟其入人心之淺，則周孔之教固有未盡善焉者，此固斷斷乎不得辭也。何則？中國名爲用儒術者，三千年於茲矣，乃徒成就此相攻、相感、不相得之民，一旦外患忽至，則糜爛廢瘻不相保持。其究也，且無以自存，無以遺種，則其道奚貴焉？然此特鄙人發憤之過言，而非事理之眞實。子曰：「人能宏道，非道宏人。」儒術之不行，固自秦以來，愚民之治負之也。〔註4〕

嚴氏認爲儒家的孔子以「人」爲本，而儒術卻以「道」爲「教」，透過一種僵化的制度，來束縛知識份子審權度勢的視野，當外患一旦降臨，完全無以自存，造成阻礙國家富強的絆腳石。職此之故，知識份子開始認眞思索，面對外來文化的衝擊，不能一味地墨守舊學；若全盤接受，則吾國的文化又將成失根的蘭花而無以立足。故文化若要革故鼎新，當多元並蓄，中西學術兼采，方能因應時局的變革。然而中國傳統文化如何與西學融合？鄧實（1877～1951）說：

西學入華，宿儒瞠目，而考其實際，多與諸子相符。于是而周秦學派遂興，吹秦灰之已死，揚祖國之耿光，亞洲古學復興非其時邪？〔註5〕

顯然，晚清學者所尋得的一條新出路：以西學詮釋諸子學。在他們的認知裡，先秦子學與西學思想乃相符契，因此開始大量而有系統地展開一連串的「援西學入子」之路，試圖掘發諸子學中的西學內涵，透過新的研究方法，進而創發子學嶄新的詮釋，開啓子學義理的新契機。

〔註3〕劉師培：《攘書》〈罽道篇〉，頁19a～19b。見氏著：《劉申叔先生遺書》（二），總頁762。

〔註4〕嚴復：〈原強〉，見王栻主編：《嚴復集》冊1，頁14。

〔註5〕鄧實：〈古學復興論〉，見《國粹學報》第9期〈社說〉，收入國粹學報社編：《國粹學報》（二），頁1024～1025。

對於諸子學與西學有相契之處，當時許多學者皆如是觀，如譚嗣同云：

> 殊不知當時學派（薇按：譚氏以爲「周秦諸子」），原稱極盛：如商學，則有《管子》、《鹽鐵論》之類；兵學，則有孫、吳、司馬穰苴之類；農學，則有商鞅；工學，則有公輸子之類；刑名學，則有鄧析之類；任俠而兼格致，則有墨子之類；性理，則有莊、列、淮南之類；交涉，則有蘇、張之類；法律，則有申、韓之類；辨學，則有公孫龍，惠施之類。蓋舉近來所謂新學新理者，無一不萌芽於是。以此見吾聖教之精微博大，爲古今中外所不能越；又以見彼此不謀而合者，乃地球之公理，教主之公學問，必大通其隔閡，大破其藩籬，始能取而還之中國也。〔註6〕

將諸子學派，與近代新學相印證，以爲中國古學博大精微，古今中外所不能越。同秉此思維者，不乏其人，如鄧實亦云：

> 考吾國當周秦之際，實爲學術極盛之時代，百家諸子，爭以其術自鳴，如墨荀之名學，管商之法學，老莊之神學，計然白圭之計學，扁鵲之醫學，孫吳之兵學，皆卓然自成一家言，可與西土哲儒並駕齊驅者也。〔註7〕

以西學學科的分類，將周秦諸子類屬其中，並以爲先秦學術鼎盛，百家爭鳴，與西哲諸儒不分軒輊。

更深入者，如劉師培，他曾預備撰寫一部《周末學術史》，欲將先秦學派的源流反復論次，采諸家之言，依類排列。但這部書後來沒有完成，不過從〈周末學術史序〉可窺得：劉氏乃援引古今中西眾說以評析先秦典籍。在〈序〉中，他設立了心理學、倫理學、論理學、社會學、宗教學、政法學、計學、兵學、教育學、理科學、哲理學、術數學、文字學、工藝學、法律學、文章學等十六門類，並將周秦學說一一歸類其下，再進行闡述。如：將先秦論「性」立言者，歸爲心理學；孔、孟之「仁學」歸爲倫理學；《管子》利民思想歸爲計學；《墨子》科技知識歸爲理科學；法家思想歸爲法律學等。姑不論其歸類是否合宜，但劉氏嘗試用西方學科分類對先秦古籍進行梳理的

〔註6〕譚嗣同：〈論今日西學與中國古學——南學會第二次講義〉，見氏著：《譚嗣同全集》卷1，頁128～129。

〔註7〕鄧實：〈古學復興論〉，見《國粹學報》第9期〈社說〉，收入國粹學報社編：《國粹學報》（二），頁1025。

意圖是顯豁的。又云：

> 東周以降，儒家者流，雖侈言格物，然即物窮理之實功，茫乎未之聞也。墨家則不然，學求實用於名、數、質、力之學，咸略引其端。《墨子》而外，若《莊子》之明化學、數學，關尹子之明電學，亢倉子之明氣學，孫子之明數學，或片語僅存，或粹言湮沒，然足證百家諸子咸重實科。〔註8〕

劉氏以西方文化爲參照，指出儒學的局限，表現諸子學可概括西學，皆重實用思想。一一掘發諸子與西學的相同或相似之處，其中當然存在大量比附牽強的成分，在學理上有明顯的缺陷。但同時帶來新轉機的是，在彼時「援西學入子」蔚然成風下，二十世紀諸子學的研究已邁向新的格局發展。如嚴復，第一個以西洋學理來注解老莊學說的人，〔註9〕在孟德斯鳩、亞當・斯密、赫胥黎、穆勒和斯賓塞等思想家裡，尋得民主主義、自由主義、進化論、社會共同體、科學方法、經濟和法律等一系列觀念，秉此思想對傳統典籍進行反思，加以重整、解釋。會通老莊與西學，在中西文化交匯的時代潮流中，賦予傳統文化近現代的思維，以與西方文明對話，突破傳統詮釋的畛域，帶領傳統學術步入近現代思潮。

「援西學入子」，縱有許多附會牽強之處，但經由西學的刺激，以西學詮釋諸子，遂蔚爲風尚，此時的諸子學已非昔日「《六經》之羽翼」、「儒學之附庸」，而開始作爲中國傳統文化的「本體」，成爲應對「西學」的「國粹」，〔註10〕諸子學的地位儼然卓立。職此之故，在《莊》學的研究上，吾人亦可窺得「以西學解《莊》」不再局限經世致用之學，而能以較客觀的角度，援引西學詮釋《莊子》，對《莊》學有所反省、重整、解釋，使詮釋空間得以拓展，開出多元的意義，以與近現代思潮接軌。

第二節　會通中西，賦《莊》學以現代意義的嚴復

嚴復評點《莊子》的時間，據其長子嚴璩在《侯官嚴先生年譜》云：「丙

〔註8〕劉師培：〈周末學術史序・理科學史序〉，頁21b～22b。見氏著：《劉申叔先生遺書》（一），總頁613。

〔註9〕黃錦鋐説：「……故後世之研治莊書者，……以莊子學説與西洋哲學相比附者，當首推嚴幾道先生。」見氏著：《莊子及其文學》〈六十年來的莊子學〉，頁259～260。

〔註10〕相關研究可參劉仲華：《清代諸子學研究》第七章〈諸子學與晚清學術〉。

辰（1916）府君六十四歲。手批《莊子》」，〔註 11〕然嚴氏好友曾克耑爲其《莊子評點》所作的〈序〉，落款卻是「癸巳秋九月」。〔註 12〕癸巳是一八九三年，當時嚴氏四十一歲，與嚴璩之說，相距二十多年之久。據方勇的考察推斷，嚴氏評點《莊子》當歷經一段非常長的過程，而《莊子評點》正是此過程中所作諸多批語的匯集。今日現行的版本，爲一九一六年批點本的可能性較大。〔註 13〕不過嚴氏對《莊子》的批評既是長期且連續的進行，今日現行的版本，自然涵蓋其著手批點時的內容，吾人著實難以釐清這一連續的過程中，嚴氏評點《莊子》思想的軌跡。故就其手批的起始點看來，亦列入晚清時期來討論。

嚴復評點《老》、《莊》，論者多持嚴氏藉此引介西方學術，以宣揚西學，〔註 14〕個人以爲恐未必。嚴氏本身學貫中西，自一八九五年開始譯介西學著作，如赫胥黎的《天演論》，〔註 15〕之後陸續出版亞丹・斯密的《原富》、斯賓塞爾的《群學肄言》，約翰・穆勒的《群己權界論》（即《自由論》），甄克思的《社會通詮》、孟德斯鳩的《法意》、約翰・穆勒的《穆勒名學》（只譯完前半部），耶芳斯的《名學淺說》，合前譯《天演論》一共八部，後商務印書館彙編而名之曰《嚴譯名著叢刊》。此等一系列西方學術著作的翻譯，嚴氏早在向中國介紹西學了，何以至晚年評點《老》、《莊》時，尚須隔了一層，透過第二媒介——《老》、《莊》之學來引介西學呢？似乎不太合理。其與張元濟（1867～1959）的書信中云：

> 然終謂民智不開，則守舊維新兩無一可。即使朝廷今日不行一事，抑所爲皆非，但令在野之人與夫後生英俊洞識中西實情者日多一日，則炎黃種類未必遂至淪胥；即不幸暫被羈縻，亦將有復蘇之一日也。所以屏棄萬緣，惟以譯書自課。〔註 16〕

〔註 11〕嚴璩：《侯官嚴先生年譜》，見王栻主編：《嚴復集》冊 5，頁 1551。

〔註 12〕曾克耑：〈序〉，見王栻主編：《嚴復集》冊 4〈《莊子》評語〉附錄，頁 1550。

〔註 13〕詳方勇：《莊子學史》冊 3 第十三章第一節〈嚴復《莊子評點》概說〉，頁 307～309。

〔註 14〕如鄭柏彰：《嚴復與章太炎之道家思想研究》論嚴復部分；陸文軍：《論嚴復的莊子學》（上海：華東師範大學中國語言文學系碩士論文，2005 年）等。

〔註 15〕正式出版於 1898 年，然在 1895 年已譯成初稿，詳王栻在《嚴復集》冊 1 卷首撰寫的〈前言〉，頁 3。

〔註 16〕嚴復：〈與張元濟書〉第一封，見王栻主編：《嚴復集》冊 3，頁 525。此函據王栻等考證，當作於 1899 年 3 月 29 日～4 月 5 日之間，詳王栻主編：《嚴復嚴氏指出開民智是當務之急，而開民智當以洞識中西之實情爲要，如此，中國方不致走向滅絕之途，這是救國的大業。至於洞識中西之實情，主要指對西學的掌握，因此依嚴氏之見，當然得譯書介紹西學以讓國人了解認識。此信函充分道出嚴氏譯西學著作之目的，據此推得，嚴氏實大可不必再透過評點《老》、《莊》來引介西學，甚而宣揚西學了。

個人以爲，嚴氏生平喜愛《老》、《莊》，尤以《莊子》爲甚，他說：「予生平喜讀《莊子》，於其道理唯唯否否，每一開卷，有所見，則隨下丹黃。」〔註17〕可見他平時讀《莊子》若有所得，即隨下評語。故對《莊子》的評點，當就所學、所習、所見，將其心得隨筆記下而已。是以檢閱《莊子評點》時，吾人發現：嚴復不完全認同莊子之說，也不全然接納西學之見，而是會通中西思想後產生自己的思維主張，表現在評點《莊子》上。當然時值列強侵華，國家危在旦夕，嚴氏有很強烈的求富國、開民智的思想，這在評點《老》、《莊》上偶見端倪，但無法窺得全貌。易言之，嚴氏並非欲藉評點《老》、《莊》來宣揚這樣的思想，若如鄭柏彰等所論，嚴氏「返本開新」，藉評點《老》、《莊》以實現富國、開民智之企圖，〔註18〕個人以爲似乎太過了。殷海光（1919～1969）曾如是評論嚴復：

> 近代中國知識分子中，如前所述,眞正是「學貫中西」的以嚴復爲第一人。眞正立身嚴正不流並用理知思考問題的以嚴復爲第一人。眞正能將西方近代典型的學術思想介紹到中國來的也以嚴復爲第一人。〔註19〕

可知嚴氏本身融貫通達中西學術，對《老》、《莊》的評點當秉持理智的思考，雖采「以西學解《莊》」，然對《莊子》、西學都有贊許與批評，這是嚴氏與前所述的「以儒解《莊》」、「以佛解《莊》」等諸學者最大之不同：「以儒解《莊》」

集》冊3〈與張元濟書〉第一封之註1條，頁526。

〔註17〕嚴復：〈與熊純如書〉第八封，見王栻主編：《嚴復集》冊3，頁608。

〔註18〕鄭柏彰云：「他（薇按：嚴復）對傳統『返本開新』的展現，是在欲『開民智以實現中國富強』的預設動機下，爲老莊文獻開闢出具有科學色彩的知識意義，如此一來，爲了『開民智』而對西方實學的宣揚，就成了中國傳統老莊文獻理（薇按：疑是「裡」字之誤）既有的思想，而不盡然一味地將其視爲是舶來品。」見氏著：《嚴復與章太炎之道家思想研究》第三章〈嚴復《侯官嚴氏評點老子》、《侯官嚴氏評點莊子》所透顯之「返本開新」義〉，頁106。

〔註19〕殷海光：《中國文化的展望》冊上第八章〈自由主義的趨向〉，頁322。

者，多固守儒學為尊，時與《莊》學強作綰合；「以佛解《莊》」者，援佛理注解，又往往溢出《莊》學之外；嚴氏挹注西學語彙、觀念等評點《莊子》，反而將《莊子》的現代意義透顯出來。當然嚴氏有自己的思維主張，對《莊子》、西學的贊同與否，皆循此思維評點，相對下，已較為客觀，牽強附會的成份減少許多。晚清解《莊》思想發展至此，已步入近現代思維了。

至於嚴氏何以喜愛《莊子》，他說：

> 平生於《莊子》累讀不厭，因其說理，語語打破後壁，往往至今不能出其範圍。其言曰：「名，公器也，不可以多取；仁義，先王之蘧廬也，止可以一宿，而不可以久處。」莊生在古，則言仁義，使生今日，則當言平等、自由、博愛、民權諸學說矣。〔註20〕

據此，在嚴氏的認知裡，《莊子》義理不受時空局限，時至今日西學所言「平等」、「自由」、「博愛」、「民權」等諸學說乃不出其範圍。嚴氏既然對《莊子》推崇至極，溢於言表，何以援用西學觀念評點《莊子》時，卻展現不全然認同莊子，間有批評？同時，對西學亦然。由是推得，《莊子評點》當是嚴氏處於列強環伺、國衰民敝的清季，在學貫中西的學術背景上，結合豐富的西學認知而展開對傳統文化的反省與重新整合、解釋。其所以選擇道家經典《老》、《莊》之學與西學相互闡發，乃因嚴氏認為道家思維與西學其實有許多暗合處，故藉此評點以表明自己的思維主張（詳下）。

嚴氏以評點的方式注解《莊子》，〔註21〕與傳統注疏之隨文逐字句之注釋不同，雖然其評點亦有對字句的注解，但不多，而且簡略。主要還是以評點為重心。〔註22〕以評點的方式注解，擺脫傳統注疏的束縛，可以發揮的詮釋空間擴大了，因此嚴氏評點《莊子》的方式突破傳統的藩籬，有了嶄新的創意：或以樹狀圖、數學符號等表之，或以英語辭彙注解相互闡發，將傳統的注釋推進了近現代的科學方法。如〈天地〉「故通於天地者，德也，……道兼於天」一段，評曰：

〔註20〕嚴復：〈與熊純如書〉第三十九封，見王栻主編：《嚴復集》冊3，頁648。

〔註21〕本論文所引用的《莊子評點》，皆據王栻主編：《嚴復集》冊4〈《莊子》評語〉。嚴復《莊子評點》除未刊《莊子》原文的岷雲堂本外，另有附《莊子》原文的嚴璩自藏影印本等，幾種本子條目、評語各有出入。王栻在《嚴復集》中所編的《莊子》評語，以嚴本為主，岷本為補校，是一個綜合各版本之長的好本子。

〔註22〕嚴復評點《莊子》的體例分為：內篇總評、總評、評證、註釋、圈點等五項。

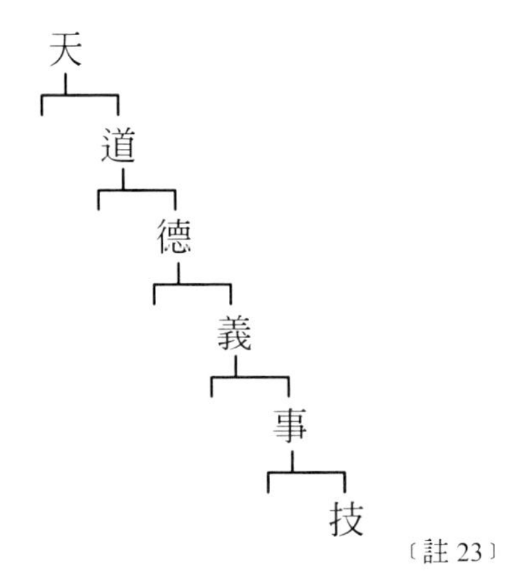

〔註 23〕

又如〈駢拇〉「駢拇枝指……而侈於性」一段，評曰：

> 與生俱生，曰性；群生同然，曰德；因人而異，曰形。駢拇枝指與生俱來，附贅懸疣，專形而然。
>
> 性=Nature　　　　德= Essence
>
> 形= Accident　　　侈於德= Abnormal〔註 24〕

首先嚴氏分別就〈駢拇〉首段，解說「性」、「德」、「形」之意，再以數學符號：「等於」(=) 與英語辭彙交互使用，來理解《莊子》的哲學概念。以自然 Nature，與生俱來爲「性」；本質 Essence 爲「德」；偶然遇合 Accident 爲「形」；異乎尋常 Abnormal，則是「侈於德」之謂。這是使用翻譯法來闡釋，此在《莊子評點》中運用很多，而以此法來注解者，本身須如嚴氏貫通中西者，方能翻譯適切，若選用的辭彙不得當，非但無法發揮闡釋之效，反容易造成誤解。

又如〈庚桑楚〉「有實而無乎處者，宇也；有長而無本剽者，宙也」一段，評曰：

> 西文，宇（space）宙（time）。〔註 25〕宇宙，今西學所謂空間時間。空無盡處，但見其內容，故曰有實而無乎處；時不可以起訖言，故曰有長而無本剽。宇者，三前之物，故曰有實；宙者，一亙之物，故曰有長。〔註 26〕

〔註 23〕嚴復：《莊子》評語〈天地第十二〉，見王栻主編：《嚴復集》冊 4〈古書評語〉，頁 1126～1127。

〔註 24〕嚴復：《莊子》評語〈駢拇第八〉，見王栻主編：《嚴復集》冊 4〈古書評語〉，頁 1119。

〔註 25〕岷雲堂本多此數句，見王栻主編：《嚴復集》冊 4，頁 1139。

〔註 26〕嚴復：《莊子》評語〈庚桑楚第二十三〉，見王栻主編：《嚴復集》冊 4〈古書傳統上，吾人將「宇」解釋爲：上下四方，〔註 27〕即嚴氏所注英語 space，「空間」之謂，是一個概念，可見其內容，無法實指其處，故莊子曰「有實而無乎處」。而「宙」，傳統的解釋爲：古往今來，〔註 28〕亦嚴氏所注英語 time，「時間」之意，古今之長無極，時間之流遠長不可以起訖計，故莊子曰「有長而無本剽」。嚴氏以西學術語，對《莊子》的「宇宙」概念作了現代意義的詮釋，創新而切合其義，將《莊子》由傳統義理推入現代的思維了。

又如〈知北遊〉「秋毫之端萬分未得處一焉」一句，評曰：

> 秋毫小矣，乃至其端，乃至其端之萬分未得處一焉，此算學家所謂第三等微分也。〔註 29〕

以今日「微積分」中的「微分」，微了三次即第三等微分之小，來解釋秋毫小，其端至細，乃至不得其端之萬分之一。這樣的詮解，身處現代，吾人即能馬上了解其意，《莊子》的現代意義立即透顯出來。

不過嚴氏雖學貫中西，但援引西學概念解《莊》也非全然無誤，如〈知北遊〉「通天下一氣耳」一句，評曰：

> 今世科學家所謂一氣常住，古所謂氣，今所謂力也。〔註 30〕

「氣」是莊子的重要思想，莊子在〈知北游〉，提出人的生死即是氣的聚散表現。萬物的變化，皆據氣的流轉，故曰「通天下一氣耳」。而嚴氏將「氣」，解釋爲「力」。此處的「力」，如何解釋呢？吾人可由嚴氏翻譯的《天演論》〈導言四・人爲〉得其訊息：

> 大抵天之生人也，其周一身者謂之力，謂之氣；其宅一心者謂之智，謂之神。智力兼施，以之離合萬物。於以成天之所不能自成者謂之業，謂之功，而通謂之曰人事。〔註 31〕

評語〉，頁 1139。

〔註 27〕《經典釋文》引〈三蒼〉云：「四方上下爲宇。」引自〔清〕郭慶藩：《莊子集釋》〈庚桑楚〉，頁 801 之註 5 條。

〔註 28〕《經典釋文》引〈三蒼〉云：「往古來今曰宙。」引自〔清〕郭慶藩：《莊子集釋》〈庚桑楚〉，頁 801 之註 6 條。

〔註 29〕嚴復：《莊子》評語〈知北游第二十二〉，見王栻主編：《嚴復集》冊 4〈古書評語〉，頁 1137。

〔註 30〕嚴復：《莊子》評語〈知北游第二十二〉，見王栻主編：《嚴復集》冊 4〈古書評語〉，頁 1136。

〔註 31〕嚴復譯：《天演論》卷上〈導言四・人爲〉，見王栻主編：《嚴復集》冊 5，頁 1332。

據此，僅知「力」者，即「氣」也，周其一身。再見《天演論》嚴氏〈自序〉云：

> 夫西學之最爲切實而執其例可以御蕃變者，名、數、質、力四者之學是已。而吾《易》則名、數以爲經，質、力以爲緯，而合而名之曰《易》。大宇之內，質力相推，非質無以見力，非力無以呈質。凡力皆乾也，凡質皆坤也。奈端（薇按：今譯牛頓）動之例三，其一曰：「靜者不自動，動者不自止；動路必直，速率必均。」此所謂曠古之慮。自其例出，而後天學明，人事利者也。而《易》則曰：「乾其靜也專，其動也直。」後二百年，有斯賓塞爾者，以天演自然言化，著書造論，貫天地人而一理之。此亦晚近之絕作也。其爲天演界說曰：「翕以合質，辟以出力，始簡易而終雜糅。」而《易》則曰：「坤其靜也翕，其動也辟。」至於全力不增減之說，則有自強不息爲之先；凡動必復之說，則有消息之義居其始。而「易不可見，乾坤或幾乎息」之旨，尤與「熱力平均，天地乃毀」之言相發明也。此豈可悉謂之偶合也耶？〔註32〕

由此看來，嚴氏將《周易》與牛頓力學聯繫起來，以牛頓力學來理解《周易》的一陰一陽之道。指出《周易》與牛頓第一定律相合，在沒有外力的作用下，動者恆動，靜者恆靜。亦以爲斯賓塞之所以將自然界的生物進化法則應用到社會歷史領域，提出了社會有機體論，運用的就是牛頓力學原理。故嚴氏認爲由天體演化到生物進化，再到人類進化，便是《周易》所言天、地、人三才之道。由簡入繁的進化過程，即是宇宙中質、力相推使然，正是《周易》所說的陰陽消息與太極之一到天地之二，再到四象、八卦、萬物的推演過程。因此，嚴氏評點〈知北遊〉「通天下一氣耳」，云：「古所謂氣，今所謂力也」，其謂「力」，當是牛頓力學之意。而「力」是抽象的概念，須透過現象來得知是否有力的作用，至於是否等同《莊子》的「氣」，可主宰萬物的流轉變化？以目前科學知識的理解尚無肯定的答案，是以嚴氏取「力」來詮釋莊子的「氣」，恐怕未必確然。〔註33〕「氣」，若與西方相配合而論，當指「原子」。

〔註32〕嚴復：《天演論》〈自序〉，見王栻主編：《嚴復集》冊5，頁1320。

〔註33〕嚴復認爲牛頓的力學即莊子的「氣」，可主宰萬物的生死流轉，在《天演論》卷上〈導言二・廣義〉的按語亦有云：「所謂質力雜糅，相劑爲變者，亦天演最要之義，不可忽而漏之也。前者言辟之以散力矣。雖然，力不可以盡散，散盡則物死，而天演不可見矣。是故方其演也，必有內涵之力，以與共質相

在希臘文的意思是指「不可分割」,《管子》〈內業〉云:「靈氣……其細無內,其大無外」,彼此可相印證。〔註 34〕

嚴氏一生受進化論影響極大,留學英國期間,正是達爾文《物種起原》出版之後,英國及全世界正爲此書提出的進化論所震撼,嚴氏在一八九五年寫的〈原強〉也表明自己對這個學說的青睞,他說:

論者謂達氏之學,其彰人耳目,改易思理,甚於奈端氏(薇按:今譯牛頓)之天算格致,殆非溢美之言也。其爲書證闡明確,厘〔註 35〕然有當於人心。〔註 36〕

可見嚴氏對達爾文的進化論相當認同,以爲超越牛頓的萬有引力之說。進化論的思想深植嚴氏的腦海,當然亦展現在《莊子評點》中,如〈齊物論〉「夫吹萬不同,而使其自己也」一段,評曰:

一氣之行,物自爲變,此近世學者所謂天演,而西人亦以莊子爲古之天演家。〔註 37〕

對於達爾文的「進化」理論,嚴氏多以「天演」稱之。此處將西方的天演論,比附爲莊子以氣之流轉來解釋萬物的生成演變,甚且言莊子爲古代的天演家。而進化論的大旨如何?嚴氏說:

物類之繁,始於一本。其日紛日異,大抵牽天系地與凡所處事勢之殊,遂至闊絕相懸,幾於不可復一。然此皆後天之事,因夫自然,

劑。力既定質,而質亦範力,質日異而力亦從而不同焉。故物之少也,多質點之力。何謂質點之力?如化學所謂愛力是已。及其壯也,則多物體之力。凡可見之動,皆此力爲之也。更取日局爲喻,方取涅菩星氣之時,全域所有,幾皆點力。至於今則諸體之周天四遊,繞軸自轉,皆所謂體力之著者矣。」見王栻主編:《嚴復集》冊 5,頁 1328。

〔註 34〕「氣」與「原子」之說,承王曉波師賜告,謹此誌謝。

〔註 35〕王栻主編《嚴復集》是簡體版,「厘」字,正體字當改爲「釐」,但王編《嚴復集》他處亦有「釐」字。而「厘」乃爲「釐」之異體字,故存之。〈原強〉,據《侯官嚴氏叢刻》所刊的〈原強〉修改稿(與原本相較,文字上有許多改動,而且補寫很多內容,增添將近一半的文字),則作「『犁』然有當於人心。」見嚴復:〈原強〉修訂稿,王栻主編:《嚴復集》冊 1,頁 16。而《莊子》〈山木〉:「孔子窮於陳蔡之間,七日不火食,左據槁木,右擊槁枝,而歌猋氏之風,……木聲與人聲,『犁』然有當於人之心。」焦竑曰:「犁然,如犁田者,其土釋然也。」見錢穆:《莊子纂箋》,頁 160。

〔註 36〕嚴復:〈原強〉,見王栻主編:《嚴復集》冊 1,頁 5。

〔註 37〕此據岷雲堂本,而嚴璩本作:「一氣之轉,物自爲變。此近世學者所謂天演也。」見王栻主編:《嚴復集》冊 4〈《莊子》評語〈齊物論〉〉,頁 1106。

而馴致若此者也。〔註 38〕

據此，可知嚴氏之所以認為莊子與物種進化有暗合處，主要立基於「自然」一意。故在《天演論》〈導言五・互爭〉，嚴氏按語云：

斯賓塞氏之言治也，大旨存於任天，而人事為之輔，猶黃老之明自然，而不忘在宥是已。〔註 39〕

此處指出西方的「天演」，即是「任天」之意，猶同老莊的順應自然。〔註 40〕故《天演論》〈演惡〉按語曰：「任天演自然，則郅治自至也。」〔註 41〕不過須釐清的是，若以不摻入主觀的人為意志來談西方的「天演」與道家的「自然」，二者無異致。但西方的「天演」著重在萬物之進化演變皆遵循自然的規律，不會一成不變。一切生物隨著適應環境而不斷的變化，沒有一個有意志的主宰者可以決定。而道家並沒有這樣的思維；道家的「自然」，強調泯除人的主觀意志，故能客觀地欣賞萬物的生成消滅之發展。這是二者很大的差別，全然不同。

嚴氏深信進化的理論，故對道家主張返歸原始純樸的社會則予以批駁，如在〈胠篋〉「子獨不知至德之世乎」一段，評曰：

此說與盧梭正同，然而大謬。所謂至德之世，世間固無此物。而今日非、澳諸洲，內地未開化之民，其所當乃至苦，如是而曰至治，何足慕乎？〔註 42〕

〈胠篋〉所言的至德之世，即是《老子》的小國寡民社會：「當是時也，民結繩而用之，甘其食，美其服，樂其俗，安其居，鄰國相望，雞狗之音相聞，民至老死而不相往來。」〔註 43〕這在嚴氏眼裡，根本是未開化的社會，百姓的生活其實相當艱苦，正如彼時的非、澳諸洲。故嚴氏批評莊子以此為至治之世，實大謬矣。道家強調樸真生活的回歸，而棄絕器械的使用，對此嚴氏更

〔註 38〕嚴復：〈原強〉，見王栻主編：《嚴復集》冊 1，頁 5。

〔註 39〕嚴復譯：《天演論》卷上〈導言五・互爭〉，見王栻主編：《嚴復集》冊 5，頁 1334。

〔註 40〕嚴氏行文時，「老莊」、「道家」、「黃老」等三詞常互用，特取其共義，並無殊致。

〔註 41〕嚴復譯：《天演論》卷下〈論十五・演惡〉，見王栻主編：《嚴復集》冊 5，頁 1393。

〔註 42〕嚴復：《莊子》評語〈胠篋第十〉，見王栻主編：《嚴復集》冊 4〈古書評語〉，頁 1123。

〔註 43〕〔清〕郭慶藩：《莊子集釋》〈胠篋〉，頁 357。

加否定，他說：

> 然而以爲大盜所利用之故，謂斗斛權衡符璽不必設，設而於人事無所利焉，此又過激之論，而不得物理之平者矣。〔註 44〕

在秉持進化觀的嚴氏看來，拒絕器械的使用乃社會進步的阻礙。

再者，嚴氏受西學薰陶，對其「自由」、「平等」等思想，相當重視且強調，甚至以爲莊子早已掘發此概念，他說：「挽近歐西平等、自由之旨，莊生往往發之，詳玩其說，皆可見也。」〔註 45〕尤其論述「自由」的概念，多集中在〈應帝王〉、〈在宥〉等篇的批點中。如〈應帝王〉總評曰：

> 此篇言治國宜聽民之自由、自化，故狂接輿以日中始之言爲「欺德」。無名人之告殷陽曰：「順物自然，而無容私焉，而天下治矣。」老聃告陽子居曰：「明王之治，功蓋天下，而似不自己，化貸萬物，而民弗恃。」
>
> 郭注云：「夫無心而任乎自化者，應爲帝王也。」此解與挽近歐西言治者所主張合。凡國無論其爲君主，爲民主，其主治行政者，即帝王也。爲帝王者，其主治行政，凡可以聽民自爲自由者，應一切聽其自爲自由，而後國民得各盡其天職，各自奮於義務，而民生始有進化之可期。〔註 46〕

〈應帝王〉所論與老子治國相似，嚮往政府無爲而民自化的境界。嚴氏認爲此與晚近歐西言治者之主張相合，凡統治者盡可能地還權於民，「一切聽其自爲自由」，讓人民在自由、無所干預的政治體制中自由發展，而後人民可以「盡其天職，各自奮於義務」，如此一來，社會「日進善」而邁向「郅治」的目標便指日可待。〔註 47〕此處二者在詮釋「無爲」、「聽其自爲自由」上，似無殊致，然須格外留意的是，嚴氏使用「自由」的概念，不是一個泛泛用語，在《群己權界論》（“On Liberty”）〈譯凡例〉中，曾以相當的篇幅說明「自由」

〔註 44〕嚴復：《莊子》評語〈胠篋第十〉，批在「爲之斗斛以量之」一段上，見王栻主編：《嚴復集》冊 4〈古書評語〉，頁 1123。

〔註 45〕嚴復：《莊子》評語〈寓言第二十七〉，批在「陽子居南之沛」一段上，見王栻主編：《嚴復集》冊 4〈古書評語〉，頁 1146。

〔註 46〕嚴復：《莊子》評語〈應帝王第七〉，見王栻主編：《嚴復集》冊 4〈古書評語〉，頁 1118。

〔註 47〕嚴復：《天演論》卷下〈論十五・演惡〉之按語，見王栻主編：《嚴復集》冊 5，頁 1393。

的定義，〔註 48〕這個詞有其特定的內涵，嚴氏以此評點《莊子》，其中隱含一套糅合自由主義思想家穆勒、亞當斯密、斯賓塞等學說的理論體系。所謂「自由主義」〔註 49〕是一種支持個人先於國家存在的政治哲學，強調個人的權利、私有財產，並主張自由放任的經濟政策，政府對於市場中的經濟人及其活動不管或少管，讓他們在自由放任的狀態下自由競爭。政府存在的目的，僅在於保護每個個體的自由，社會應當盡量從政府干預中擺脫出來，盡量的自由，唯一的限制便是不違反其他人的相同權利。是以西方的自由主義在主張自由放任的同時，亦強調社會法律制度的必要性，唯在守法的前提下，才有個人的自由。〔註 50〕然而道家的「自然」，強調的是純任自然，回歸眞樸，否定知識、教育，甚至道德仁義，當然社會的法律制度也得棄除，此爲西方自由主義與道家「自然」的根本差異。

嚴氏對西方自由主義的理解尙稱確切，在《天演論》〈演惡〉的按語曰：

> 雖然，曰任自然者，非無所事事之謂也，道在無擾而持公道。其爲公之界說曰：各得自由，而以他人之自由爲域。〔註 51〕

清楚指出個人欲得自由，須以不妨礙他人之自由爲界限。然而嚴氏主張若欲讓社會「惡無從演，善自日臻」，則須「無擾而公」，施行三大例，其一大例即「群己並重，則舍己爲群」。〔註 52〕據此，透顯嚴氏重群（社會）勝於己（個人）的思維，此與西方著重個人的思想不同。由是窺得嚴氏並非全盤接納西學，同時亦秉此主張，批評《莊子》在乎獨善其身之弊，故在〈人間世〉總評曰：

> 吾讀此篇，未嘗不廢書而歎也。夫莊生〈人間世〉之論，固美矣。雖然，盡其究竟，則所言者，期於乘物而遊，托不得已以養中，終其天年而已。顧吾聞之，人之生於世也，俛仰上下，所受於天地父母者至多，非人類而莫與。則所以爲萬物之靈者，固必有其應盡之

〔註 48〕詳嚴復譯：《群己權界論》〈譯凡例〉，頁 21～25。

〔註 49〕「自由主義」後來有許多分歧，早期的自由主義從啓蒙時代開始直到約翰·史都華·彌爾（John Stuart Mill）爲止，中文采用強調「古典」的名稱：「古典自由主義」，以作區分。

〔註 50〕古典自由主義強調「法律之前人人平等」。

〔註 51〕嚴復譯：《天演論》卷下〈論十五·演惡〉，見王栻主編：《嚴復集》冊 5，頁 1393。

〔註 52〕嚴復：《天演論》卷下〈論十五·演惡〉之按語，見王栻主編：《嚴復集》冊 5，頁 1393。

天職，由是而殺身成仁，舍生取義之事興焉。此亦莊生所謂不可解於心，無所逃於天地之閒者，豈但知無用之用，遠禍全生，遂爲至人已乎?且生之爲事，亦有待而後貴耳。使其禽視獸息，徒曰支離其德，亦何取焉。此吾所以終以老莊爲楊朱之學，而溺於其說者，未必無其蔽也。觀於晉之夷甫、平叔之流，可以鑒矣。〔註53〕

可見嚴氏相當強調身爲人類，「必有其應盡之天職」。〔註54〕是以「殺身成仁，舍生取義之事」乃身爲人應盡的職分，對莊子談「無用之用，遠禍全生，遂爲至人」等，皆只關懷自身，非及人群，這是嚴氏所要詆訾的。故嚴氏以爲老莊終是楊朱之學，若溺其說，則「未必無其蔽」，充分展現其對「個人主義」〔註55〕的不以爲然。

另須再指出的是，嚴氏以近代西方哲學的觀點詮釋《莊子》，有時會忽略莊子的工夫歷程。如評點〈養生主〉云：

依乎天理，即歐西科學家所謂 We must live according to nature。〔註56〕

莊子的「依乎天理」意指順其自然，若譯爲「according to nature」當然可以，但在「依乎天理」前，莊子強調人須經由墮肢體、去聰明等離形去智的工夫歷程。易言之，唯有經過種種的工夫維持，人的主觀意志才可泯除，純任天然也才有可能。而非西方科學家單純地強調順應自然的規律，完全憑任自然

〔註53〕嚴復：《莊子》評語〈人間世第四〉，見王栻主編：《嚴復集》冊4〈古書評語〉，頁1109。

〔註54〕劉韶軍以爲，嚴氏此處所說的「天職」，「乃新教倫理的重要概念，謂人雖有應盡的天職，這是從事各種人生事務最基礎的理由，基於這種天職，人無論做什麼事，都不應計較得失成敗，只須埋頭盡心盡力做下去，有這種做事的態度，於是各種事業都能做好，從而促進各種事業的發展進步。」見氏著：〈中西貫通 揭示新義——論嚴復用西學對《莊子》的闡釋〉，收入方勇主編：《諸子學刊》第三輯，頁413。不過「天職」一詞，在中國古典文獻早已有之，如《孟子・萬章下》：「弗與共天位也，弗與治天職也」，意指人所應盡的職分：《荀子・天論》：「不爲而成，不求而得，夫是之謂天職」，意指上天賦予的職責。依嚴氏的上下文看來，當指人應盡的本分。

〔註55〕嚴氏曰：「莊周，吾意即孟子所謂楊朱，其論道終極，皆爲我而任物，此在今世政治哲學，謂之個人主義 Individualism。」見嚴復：《莊子》評語〈在宥第十一〉，批在「我守其一，……而人皆以爲有終」一段上，王栻主編：《嚴復集》冊4〈古書評語〉，頁1126。

〔註56〕嚴復：《莊子》評語〈養生主第三〉，批在「依乎天理」一句上，見王栻主編：《嚴復集》冊4〈古書評語〉，頁1108。

之意。

又如評點〈達生〉「用志不分」一段云：

> 蘇克拉諦之入理也，凝然柴立，瞠視不轉，至於逾時。拿破侖之作戰也，置地圖於帳幔，其造極制勝，皆用志不分之效也。小兒爲學，注意最難，唯教者知所從徐誘之，乃可漸企。至於能是，雖中材之人，勢如破竹矣。此教育家秘訣也。邇日法都元帥爲聶維爾，有求以提倡美術者，答曰：舍殺敵救國而外，敢以一慮他及者，鬼神鑒之。此亦可謂用志不分者矣。〔註57〕

嚴復列舉蘇格拉底、拿破崙、教育學家教導小孩，乃至軍事將領聶維爾等人，都因專注力強，不受外界干擾而有所成就，是以說明莊子「用志不分」的功效。〈達生〉舉痀僂丈人承蜩，由技進道，經過體道的工夫歷程，於其體道而有道，故能遺其形體，凝神專志，達到純乎守氣的境界。〔註58〕據王叔岷（1914～2008）之說，「用志不分，乃凝於神」，其「凝」當作「疑」，而「疑」猶「擬」也，〔註59〕即專志有似於神，不是一般專注力之謂。嚴氏對莊子體道工夫的歷程未能深究，故在評點時僅就表面作比附，未能與莊子之眞意相應。

又如評點〈胠篋〉「善人不得聖人之道不立」一段云：

> 莊生所言聖人，大都言才而不言德，故聖人之利天下少，而害天下也多。爲即如今之歐美，以數百年科學之所得，生民固多所利賴，而以之制作凶器，日精一日，而殺人無窮。彼之發明科學者，亦聖人也。嗟夫！科學昌明，汽電大興，而濟惡之具亦進，固亦人事之無可如何者耳。〔註60〕

嚴氏以爲莊子所謂的聖人，多重其「才智」而不主「德行」，以致於危害天下人多，而裨益天下人少。進而抨擊歐美「科學昌明，汽電大興，而濟惡之

〔註57〕嚴復：《莊子》評語〈達生第十九〉，見王栻主編：《嚴復集》冊4〈古書評語〉，頁1132。

〔註58〕〈達生〉子列子問關尹，至人何以達到「潛行不窒，蹈火不熱，行乎萬物之上而不慄」，關尹回答：「是純氣之守也，非知巧果敢之列。」見〔清〕郭慶藩：《莊子集釋》，頁633～634。

〔註59〕郭慶藩《莊子集釋》引俞樾之說：「凝當作疑」，王叔岷說：「疑猶擬也。」詳氏著：《莊子校詮》冊中〈達生〉，頁680～681。

〔註60〕嚴復：《莊子》評語〈胠篋第十〉，見王栻主編：《嚴復集》冊4〈古書評語〉，頁1122。

具亦進」，這也是發明科學的聖人所造成的禍端，「制作凶器，日精一日，而殺人無窮」。顯然嚴氏對莊子「聖人」一詞有所誤解，在同篇「則聖人之利天下也少，而害天下也多」二句，嚴氏評點曰：「古聖人之稱，猶云智人而已」，〔註61〕以爲莊子的「聖人」意指聰明才智之士，其實不然。〈逍遙遊〉云「至人無己，神人無功，聖人無名」，〔註62〕至人、神人、聖人，均是莊子理想中的人格，據成玄英之說，三者其實同一也，所以有此三者之別，乃欲顯功用名殊之異，此三者都是「乘天地之正，御六氣之辯人也。欲結此人無待之德，彰其體用，乃言故曰耳」。〔註63〕由是莊子的至人、神人、聖人，意指順萬物之自然，超越變化之外，玄同彼我，與物冥合，逍遙而無待。並非指人的智商超卓或才能優越之意。而且在《莊子》中，對「才」與「德」的意涵，亦非「才智」、「才能」與「品德」、「操行」之謂，這在〈德充符〉、〈天地〉等篇即可窺知。〈德充符〉強調內德充塞，自然可符應於外物，主張「才全而德不形」。此處的「才」意指「性」而言，〈德充符〉云：

> 死生存亡，窮達貧富，賢與不肖毀譽，飢渴寒暑，是事之變，命之行也；日夜相代乎前，而知不能規乎其始者也。故不足以滑和，不可入於靈府。使之和豫，通而不失於兑；使日夜旡郤而與物爲春，是接而生時於心者也。是之謂才全。〔註64〕

據此，靈府清明，不受生死禍福、窮達毀譽等繫累，雖涉乎至變，亦不失其適悅，即是「才全」之義。而「德不形」，〈德充符〉云：

> 平者，水停之盛也。其可以爲法也，內保之而外不蕩也。德者，成和之脩也。德不形者，物不能離也。〔註65〕

德者，是由和修爲而成，〔註66〕不顯現於外，卻自然使萬物受其德之化，此即「德不形」，故萬物不能離。又〈天地〉云：

〔註61〕嚴復：《莊子》評語〈胠篋第十〉，見王栻主編：《嚴復集》冊4〈古書評語〉，頁1123。

〔註62〕〔清〕郭慶藩：《莊子集釋》〈逍遙遊〉，頁17。

〔註63〕〔清〕郭慶藩：《莊子集釋》〈逍遙遊〉註16條成疏，頁22。

〔註64〕〔清〕郭慶藩：《莊子集釋》〈德充符〉，頁212。

〔註65〕〔清〕郭慶藩：《莊子集釋》〈德充符〉，頁214～215。

〔註66〕此據王叔岷之說，王氏曰：「此言『成和』，乃複語，成亦和也。」見氏著：《莊子校詮》冊上〈德充符第五〉，頁196之註23條。又武延緒以爲，「成，盛之壞字。」見錢穆：《莊子纂箋》〈德充符〉，頁44。

> 夫王德之人，素逝而恥通於事，立之本原而知通於神。故其德廣，其心之出，有物採之。故形非道不生，生非德不明。存形窮生，立德明道，非王德者邪！蕩蕩乎！忽然出，勃然動，而萬物從之乎！此謂王德之人。〔註67〕

王德之人，任眞而往，往而應物，神知通物，物則從之，這是道家的「德」。如《老子》云：「道生之，德畜之」，〔註68〕道能通生萬物，德能鑒照理原，而嚴氏此處的評點，或理解成儒家的道德、品德之意。以爲莊子所謂的聖人，不重視人品好壞，只求智力高卓，才會對天下人造成害多於利的現象。這當然是誤解了莊子本意。況且〈胠篋〉此篇，乃發揮「聖人不死，大盜不止」之說，以爲當社會崇尚聖人，標舉仁義道德時，正顯示時代紛紜，盜竊亂賊興作，故主張「絕聖棄智，大盜乃止」，〔註69〕如郭象所注：

> 夫聖人者，天下之所尚也。若乃絕其所尚而守其素朴，棄其禁令而代以寡欲，此所以掊擊聖人而我素朴自全，縱舍盜賊而彼姦自息也。故古人有言曰，閑邪存誠，不在善察；息淫去華，不在嚴刑；此之謂。〔註70〕

因此，道家認爲棄絕崇尚聖人的標準，返歸守其素樸，盜賊姦淫自然止息。

再者，莊子反對機心，在〈天地〉曾記載一漢陰丈人，不用一日浸百畦的機械，只因「有機械者必有機事，有機事者必有機心。機心存於胸中，則純白不備；純白不備，則神生不定；神生不定者，道之所不載也。」〔註71〕莊子以爲機械的使用，最後一定帶來機心的運轉，這樣離道就愈來愈遠了。所以《老子》提倡的理想世界即是「使有什伯之器而不用，……雖有舟輿，無所乘之；雖有甲兵，無所陳之」，〔註72〕道家強調返樸歸眞，反對橫隔胸中的機心，更遑論發展器械了。嚴氏以莊子的聖人與歐美發明武器的科學家相比擬，實有所誤解。不過歐美以利器害人，確是嚴氏所要詆訾的，他說：

〔註67〕〔清〕郭慶藩：《莊子集釋》〈天地〉，頁411。

〔註68〕《老子》51章：「道生之，德畜之，物形之，勢成之。是以萬物莫不尊道而貴德。道之尊，德之貴，夫莫之命常自然。故道生之，德畜之；長之育之；亭之毒之；養之覆之。生而不有，爲而不恃，長而不宰，是謂玄德。」見〔魏〕王弼等：《老子四種》，頁44。

〔註69〕〔清〕郭慶藩：《莊子集釋》〈胠篋〉，頁353。

〔註70〕〔清〕郭慶藩：《莊子集釋》〈胠篋〉註10條，頁349。

〔註71〕〔清〕郭慶藩：《莊子集釋》〈天地〉，頁433～434。

〔註72〕《老子》80章，見〔魏〕王弼等：《老子四種》，頁66。

> 嗚呼！今之西人，其利器亦眾矣。道德不進，而利器日多，此中國之所以大亂也。〔註73〕

可見在嚴氏的觀念裡，利器的發展運用一定得建立在道德的前提上，唯有重視道德，發展利器才能邁向進步。據此，實透顯嚴氏的思維主張中，中國傳統文化有其存在的必需性，不可無謂地全盤接受西學，這樣不但無法讓中國強盛發達以與西方並駕齊驅，甚且會大亂橫流。此論亦警戒彼時倡導西學者，若不講求道德（中國儒家的傳統），最終可能將西學的弊病遺禍於中國。

綜上所論，嚴氏學貫中西，對西學與《莊》學均非全盤接受，而是透過自己的思想主張，對其有所揀擇與取捨。「以西學解《莊》」，乃結合西學的理解而評點《莊子》，對傳統學術進行一種反省與重新整合、解釋，掘取《莊子》原有的材料與近現代思維聯結，賦《莊》學以現代意義。當然求富強、開民智，一直是嚴氏的治學目的，在評點《莊子》中時見端倪。但若以爲其旨在宣揚西學，恐誤解嚴氏眞意。

嚴氏以評點的方式注解《莊子》，雖跳脫傳統注疏的拘囿，但論述上則不免流於簡略淺顯，深度及系統性不足。其「以西學解《莊》」，多止於表面的調和、比附，不全然與莊子思想相符契，僅可謂邁開引用西學概念注解《莊子》的初步而已。但不可忽視的是，他以近現代的新穎觀點，重行開采《莊子》思想中本已蘊含的意義原料，即使他對《莊子》的理解仍存有可議問題，但開闢的這條新路，使《莊》學超越了傳統的格局，踏上一個全新的里程碑。他賦《莊》學以現代意義，開啓一個與現代人生活經驗緊密結合的義理世界。影響所及，有章太炎、劉師培、梁啓超、胡適（1891～1962）等人，甚至今日，許多學者亦采西學來詮釋《莊》學與其他中國典籍，擴大了傳統經典詮釋的空間，這是嚴氏的重要貢獻。

第三節　晚清「以西學解《莊》」的餘波與嗣響

嚴復援引西學評點《莊子》，賦《莊子》以現代意義，開啓一條全新的詮釋方法，爲後世的老莊研究別開生面。章太炎、劉師培、梁啓超等，在論及《莊子》思想時亦間用此法，可謂晚清「以西學解《莊》」之餘波；之後留美

〔註73〕嚴復：《莊子》評語〈胠篋第十〉，批在「國之利器，不可以示人」一段上，見王栻主編：《嚴復集》冊4〈古書評語〉，頁1123。

回來的胡適，以「生物進化論」論述莊子，更是「以西學解《莊》」之嗣響。

章太炎的《齊物論釋》，如前所述，主要以唯識理論爲核心，西學概念僅作摻和佐證之用。〔註74〕然不可否認的，章氏詮解《莊子》時，間引西學概念，當受嚴復影響，如：

> 自由平等見於佛經。……「自由」，在佛經稱爲「自在」。莊子發明自由平等之義，在〈逍遙遊〉、〈齊物論〉二篇。「逍遙遊」者自由也，「齊物論」者平等也。但莊子的自由平等，和近人所稱的，又有些不同。近人所謂「自由」，是在人和人的當中發生的，我不應侵犯人的自由，人亦不應侵犯我的自由。〈逍遙遊〉所謂「自由」，是歸根結底到「無待」兩字。他以爲人與人之間的自由，不能算數；在飢來想吃、寒來想衣的時候，就不自由了。就是列子御風而行，大鵬自北冥徙南冥，皆有待於風，也不能算「自由」。眞自由，惟有「無待」才可以做到。〔註75〕

章氏對「自由」的定義，融攝了佛、莊、西學的概念，並加入自己的詮釋，成爲章氏的「自由」意。西方的「自由」，源出拉丁文 Libertas，意指從被束縛中解放出來。古羅馬奴隸起義時，所提出的：從殘酷的奴隸主壓迫奴役下解放出來。後來漸漸演變爲意志自由、政治自由等。章氏所謂近人對「自由」的主張，應是據嚴復於一九〇三年將穆勒（John Stuart Mill，1806～1873，也譯作約翰・史都華・彌爾）的《論自由》（嚴復譯作《群己權界論》）介紹到中國時的要義：只要不涉及他人的利害，個人（成人）就有完全的行動自由，其他人和社會都不得干涉；只有當自己的言行危害他人利益時，個人才應接受社會的強制性懲罰。這就是穆勒所劃定的個人與社會的權利界限。嚴復在〈論世變之亟〉亦言：

> 彼西人之言曰：唯天生民，各具賦畀，得自由者乃爲全受。故人人各得自由，國國各得自由，第務令毋相侵損而已。侵人自由者，斯爲逆天理，賊人道。其殺人傷人及盜蝕人財物，皆侵人自由之極致也。故侵人自由，雖國君不能，而其刑禁章條，要皆爲此設耳。〔註76〕

〔註74〕詳本論文第陸章第五節。

〔註75〕章太炎講演、曹聚仁整理：《國學概論》第三章〈國學的派別（二）〉，頁34。

〔註76〕嚴復：〈論世變之亟〉，見王栻主編：《嚴復集》冊1，頁3。

清楚指出西人所謂的「自由」，其前提必須彼此不可相侵損。據此，章氏認爲，西方所論的「自由」仍有所不足，唯有莊子所說的「無待」，無所依恃，才是眞自由。然而莊子的「無待」，也僅限於精神境界，在現實經驗中是不可能達到樣樣都無所憑藉。

劉師培以西方學術剖析先秦古學，主要體現在《中國民約精義》（撰於1904）、〔註77〕〈周末學術史序〉（撰於1905）〔註78〕等論著。不過在劉氏的思維裡，中國的國學實已囊括西學了，由是在中國典籍中尋得「民約」思想的根源，他說：

> 吾國學子，知有「民約」二字者，三年耳。……顧盧氏《民約論》，於前世紀歐洲政界爲有力之著作，吾國得此，乃僅僅於學界增一新名詞，他者無有。而竺舊頑老，且以邪說目之，若以爲吾國聖賢從未有倡斯義者。……因搜國籍，得前聖曩哲言民約者若干篇，篇加後案，證以盧說，攷其得失。閱月書成，都三卷，起上古，訖近世，凡五萬餘言。〔註79〕

顯然劉氏以爲中國本土文化資源中早蘊含「民約」思想，只是沒有這個名詞罷了。故著《中國民約精義》，徵引《周易》、《尚書》、《詩經》等先秦古籍到清末魏源、龔自珍、章學誠、戴望等人之說，以論證「民約」思想。

在《莊子》中，劉氏以爲具有「民約」思想者，如：

> 案《莊子》一書，以賤視君主爲主。其所以賤視君主者，以君主爲人民之僕役故也。《民約論》云：君主也者，即代執眾人之權利而爲之統轄者也，如御者然，東西南北，一聽乘者之意，御者不與也，惟善於駕馭，不至有顚覆傾側之患耳……《莊子》深知此義，故力言爲君之難。觀〈讓王〉篇，堯以天下讓許由，許由不受；以天下讓子州支父，子州支父不受。……以明人君不以國傷身。可知三代以上，視君位爲畏懼之途，則世之因君位而生篡奪者可以自反矣。〔註80〕

〔註77〕1903年撰，1904年由上海鏡今書局刊印，署儀徵劉光漢、侯官林獬著。

〔註78〕發表於《國粹學報》。

〔註79〕劉師培：《中國民約精義》〈序〉，頁1a。見氏著：《劉申叔先生遺書》（一），總頁675。

〔註80〕劉師培：《中國民約精義》卷1第一篇〈上古・莊子〉，頁15b～16a。見氏著：《劉申叔先生遺書》（一），總頁684。

此論與嚴復在《莊子評點》的〈應帝王〉總評相近，〔註 81〕以爲盧梭的《民約論》強調君主的統轄權乃負責國家保持在正常的軌道運行，對百姓的生活不予干預，猶嚴復於總評〈應帝王〉所述「爲帝王者，其土治行政，……應一切聽其自爲自由。」〔註 82〕劉氏以爲《莊子》一書深知「爲君之難」之義，其有合於西方的「民約」思想，故〈讓王〉才會記載許由不受堯所讓之天下。然而此論，有部分不切合《莊子》之旨。堯讓天下，許由不受，乃因道家的政治哲學以「無爲」爲本，主張不以主觀意志干涉百姓的生活，對君主以己意治理國家是鄙棄的，而非劉氏所言視人君爲苦差事，故畏懼而拒絕之。

又如〈周末學術史序〉，將道家列於西方社會學體系以討論，他說：

> 蓋道德家言，由經驗而反玄虛，以心體爲主觀，以萬物爲逆旅，以本爲精，以物爲粗，以有積爲不足，而與時爲遷移，乃社會學之歸納派也。今西儒斯賓塞爾作《社會學原理》，以心理爲主，考察萬物，由靜觀而得其眞，謂人類舉止悉在因果律之範圍；引其端於至眞之原，究其極於不遁之效，旁及國種盛衰之故，民心醇駁之源，莫不揮斥旁推，精深微眇，而道家之說，適與相符。〔註 83〕

斯賓塞（Herbert Spencer，1820～1903）是社會達爾文主義之父，他將達爾文的生物進化論運用於社會領域，以爲自然的選擇思想亦可應用於人類社會。至於劉氏以爲斯賓塞的《社會學原理》，提出人類的行爲舉止均在自然的因果律中，而以心理爲主，與道家學說以心體爲主觀，歸納現象經驗而返回抽象的玄虛之理，乃相通。這樣的比附，顯然有問題。西方以心理學來解釋社會現象，而道家則強調須有主體，卻不能有個人的主觀意志。「心」要虛，才能如實反映客體，故《莊子》〈應帝王〉曰：「至人之用心若鏡，不將不迎，應而不藏，故能勝物而不傷。」

不過劉氏雖持周秦學術已涵括西學學理，但對傳統文化其實有所反省，如謂：

> 特道德家言多舍物而言理，陰陽家言復舍理而信數。此其所以遜西

〔註 81〕詳本章第二節。

〔註 82〕嚴復：《莊子》評語〈應帝王第七〉，見王栻主編：《嚴復集》冊 4〈古書評語〉，頁 1118。

〔註 83〕劉師培：〈周末學術史序・社會學史序〉，頁 7b～8a。見氏著：《劉申叔先生遺書》（一），總頁 606。

> 儒也。〔註 84〕

可見劉氏的觀念裡，言理不可離物，否則易有落空之嫌，此本於西學的科學觀，所論必有依據。據此，亦窺得清末民初與晚清初期的學者最大不同處：面臨西學駸駸東來，中國國勢難以力敵，晚清初期的學者或頑抗力拒，或全面套用，盡屬過激之論。迨及清末民初，學者對西學有較深的認識後，漸以宏觀的角度，反省自身的傳統學術，對其不足，亦不諱言指出。姑且不論這些學者的反思是否切合中西學術的眞諦，然在革故鼎新之際，願意放下以天朝自居，夷夏之別的心態，逐日朝向超脫地反省中西文化，實屬難得，也由此中國的學術才能由傳統步入近現代。

梁啓超沒有莊子研究的專著，其論莊子散見於〈莊子天下篇釋義〉、〈老孔墨以後學派概觀〉之「莊子」部分、《先秦政治思想史》之「道家思想」等篇章，撰於一九二二年旅歐回國後。

梁氏間援引西學概念論述莊子思想，主要表現在〈老孔墨以後學派概觀〉之「莊子」部分，〔註 85〕如標挈〈應帝王〉綱領曰：

> 此篇排斥政治上之干涉主義，言萬事宜聽人民之自由處置，故以渾沌鑿竅爲喻。全篇主眼，在「順物自然而無容私焉，而天下洽（薇按：疑是「治」字之誤）矣」一語。〔註 86〕

梁氏此處所論「此篇排斥政治上之干涉主義，言萬事宜聽人民之自由處置」，與前述嚴復在〈應帝王〉之總評「此篇言治國宜聽民之自由、自化」，〔註 87〕幾乎同出一轍。不過梁氏所謂的「聽人民之自由處置」，意指「排斥政治上之干涉主義」，似沒有嚴氏深厚的西學背景之理解，故此謂「自由」乃意味排除干涉，與莊子的純任自然，殊無二致。

又論〈齊物論〉「萬物與我爲一」之義，舉〈寓言〉「萬物皆種也，以不同形相禪，始卒若環，莫得其倫，是謂天均」相發明。他說：

> 此有二義，就精魂方面論，有情之屬，舍生趨生，「人死爲羊，羊死

〔註 84〕劉師培：〈周末學術史序・社會學史序〉，頁 8b。見氏著：《劉申叔先生遺書》（一），總頁 606。

〔註 85〕「莊子」部分，乃於〈老孔墨以後學派概觀〉中之〈老子所衍生之學派〉下的其一內容。

〔註 86〕梁啓超：《梁啓超論諸子百家》〈老孔墨以後學派概觀〉第二節〈老子所衍生之學派〉，頁 337。

〔註 87〕詳本章第二節。

爲人」(《楞嚴經》語)，鯀化黃熊，緩作秋柏，業種所縛，亦趣升沉，雖復殊形，實相禪也。就形態方面論，其一，若果瓜之核，易形嬗傳，前卉之精，衍爲後卉。至於動物，其例益明，應化遺傳，代代相嬗，我輩七尺軀中，不惟含有父母遺血，乃至其情性之一部分，我實受而繼之，而父母各有其父母，父母之父母，又各有其父母，如是遞推，則伏羲軒轅之精血性情，至今固猶有一部分宿於吾躬，寧得謂羲軒已死已滅耶？不過「以不同形相禪」耳。不寧惟是，吾儕之材質、性情，實舉無始以來各種動物所有者而具備之，自單細胞類至高等乳哺類，其種色皆有一部分爲我所受。人與珊瑚，相去級數不可計矣，實則原種不殊，僅「以不同形相禪」耳。其二，人食眾生肉，其肉旋化人體，眾生中如虎豹閩肥之蟲蠆甘人肉者亦然，乃至食蔬穀果瓜之屬亦然，此諸肉及果實等，皆由細胞合成，細胞皆各有其生命，此諸生命遞死遞生，更相爲種，皆「以不同形相禪」耳。故曰「始卒若環，莫得其倫」，此但就知識所能及之粗跡論之，而「萬物與我爲一」之理，已可見其朕兆，何以不感覺其與我爲一，則分別心爲之障耳。故莊子述仲尼之言曰：「自其異者視之，肝膽楚越也。自其同者視之，萬物皆一也。」〔註88〕

顯然梁氏運用佛理與近世科學知識，來闡釋莊子「萬物以不同形相禪」，以印證「萬物與我爲一」之理。他分別從精魂與形態兩方面舉例說明：其一精魂觀點，以佛教轉生投胎之說，如「人死爲羊，羊死爲人」、「鯀化黃熊」、〔註89〕「緩作秋柏」等，〔註90〕形體變化不同，卻是同一本體。其二科學知識觀點，動植物皆有易形嬗傳之跡。植物在現象界容易展現，動物方面則不易瞭解，梁氏以遺傳的角度切入，進而往上追溯，「自單細胞類至高等乳哺類，其種色皆有一部分爲我所受」。又以人食肉，肉則轉化成爲人體的一部分；同樣地虎豹、小蟲食人肉，亦會轉化成其身體的一部分爲例，由此類推，萬物「皆

〔註88〕梁啓超：《梁啓超論諸子百家》〈老孔墨以後學派概觀〉第二節〈老子所衍生之學派〉，頁339～340。

〔註89〕「鯀化黃熊」，乃神話之說；「緩作秋柏」，乃莊子之寓言，皆與轉生投胎無關。因梁氏對佛學尊信其說，故有此言。

〔註90〕〈列禦寇〉言鄭人緩死後，其父久未之其墓，故託夢於父曰，墓上秋柏已化果實，何不來見。(見〔清〕郭慶藩：《莊子集釋》，頁1042）故非鄭緩化爲秋柏，梁氏所言不切〈列禦寇〉原意。

由細胞合成，細胞皆各有其生命，此諸生命遞死遞生，更相爲種，皆以不同形相禪」。以科學知識闡釋說明莊子所謂「萬物皆種也，以不同形相禪」，讓人很容易掌握，清楚而明白。不過這是現代的意義，先秦的莊子並無此思維。

又〈齊物論〉「庸詎知吾所謂知之非不知耶？庸詎知吾所謂不知之非知耶？……民溼寢則腰疾偏死，鰌然乎哉？木處則惴慄恂懼，猨猴然乎哉？三者孰知正處？民食芻豢，麋鹿食薦，蝍且甘帶，鴟鴉耆鼠，四者孰知正味？猨，猵狙以爲雌，麋與鹿交，鰌與魚游。毛嫱、麗姬，人之所美也，魚見之深入，鳥見之高飛，麋鹿見之決驟。四者孰知天下之正色哉？自我觀之，仁義之端，是非之塗，樊然殽亂，吾惡能知其辯」，梁氏以爲，此段是莊子論證「是非」之名，乃相對而非絕對，他舉例說明：

> 謂吾人所謂紅即英人所謂 Red，是耶非耶？吾人眼根構造，未必與英人吻合，何以見彼輩視經認爲 Red 者，非吾人所謂紫耶綠耶？又如甲乙二人於此，昔曰此物長一寸，甲乙主觀所感覺，果爲同長否耶？庸詎知甲所謂一寸，不等於乙所謂一丈耶？若曰以甲乙公認之尺量之俱得一寸，庸詎知甲所視此尺之長非當乙之一丈，乙所視此尺之長，非甲之一寸耶？夫以至粗末之物質、物形、物態，其是非之難定猶若此，今而曰，「如此斯爲仁，如此斯爲義」，欲持之以壹同天下，其爲危險，云胡可量。〔註 91〕

梁氏以人的主觀感受可能受感官的局限而有不同的認知，但人往往沒有察覺，而以爲現象界即如自己感官的認知，並以此爲量尺，進而論定世間的「是」、「非」標準，他認爲這是相當危險的。如此的詮釋，相當切合莊子之意，且與今人的生活經驗緊密結合，將莊子的現代意義發揮得淋漓盡致。由此，吾人亦可窺得「以西學解《莊》」確爲《莊》學的詮釋開出新義，突破傳統的畛域，告別舊詮釋的版圖，日漸邁向近現代思維。

胡適（1891～1962）於一九一〇年作爲「庚款留學生」赴美留學，留學經歷給予他全面學習西方新思想與方法的機會，使其在傳統學術的領域中融入新的研究方法，更開闢出許多新學術的領域，爲後世的學術研究提供了「典範」的作用。〔註 92〕對於《莊子》的研究，可見於其〈先秦諸子進化論〉、《先

〔註 91〕梁啓超：《梁啓超論諸子百家》〈老孔墨以後學派概觀〉第二節〈老子所衍生之學派〉，頁 344～345。

〔註 92〕余英時說：「……所以從思想史的觀點看，胡適的貢獻在於建立了孔恩（Thomas S. Kuhn）所說的新『典範』（paradigm）。」見氏著：〈中國近代思想史上的胡

秦名學史》、〔註 93〕《胡適日記》、〈莊子哲學淺釋〉、〈諸子不出於王官論〉、《中國哲學史大綱卷上》（後易名：《中國古代哲學史》）等著作。其中以「生物進化論」來論述莊子的思想，更引起當時巨大的震撼。〔註 94〕

進化論的思想始於嚴復翻譯赫胥黎的《天演論》傳來中國，如前所述，嚴氏在評點〈齊物論〉即表明「莊子爲古之天演家」，〔註 95〕在〈至樂〉「種有幾」一段，評曰：

> 此章所言，可以之與挽近歐西生物學家所發明者互證，特其名詞不易解釋，文所解析者，亦未必是。然有一言可以斷定者，莊子於生物功用變化，實已窺其大略，至其細瑣情形，雖不盡然，但生當二千餘歲之前，其腦力已臻此境，亦可謂至難能而可貴矣。〔註 96〕

據此評語看來，嚴氏是很保守的，以爲「種有幾」一段「與挽近歐西生物學家所發明者互證」，但「文所解析者，亦未必是」。唯一肯定的是，莊子著眼於萬物之「變化」，已窺得生物進化之大略。嚴氏於此僅點到爲止，而胡適卻突越了嚴氏，對莊子「生物進化論」的緣起、發展及《莊》學其他方面的影響作了系統的分析。他指出「『萬物皆種也，以不同形相禪』這十一個字竟是一篇『物種由來』」，〔註 97〕並以〈至樂〉「種有幾」一段文字，作爲莊子「生物進化論」思想的依據。他說：

> （一）「種有幾」的「幾」字，決不作「幾何」的「幾」字解，當作「幾微」的「幾」字解。《易・繫辭傳》說：「幾者，動之微，吉〔凶〕（薇按：胡適自校）之先見者也。」正是這個「幾」字。「幾」字從𢆶，「𢆶」字從幺，本象生物胞胎之形。我以爲此處的「幾」字是指物種最初時代的種子，也可叫做元子。（二）這些種子，得著水，便

適——《胡適之先生年譜長編初稿》序〉，收入胡頌平編著：《胡適之先生年譜長編初稿》冊 1〈前言〉，頁 16。

〔註 93〕《先秦名學史》是胡適於 1917 年在美國哥倫比亞大學用英文寫成的博士論文，1922 年由上海亞東圖書館出版。

〔註 94〕如馬敘倫、翦伯贊等贊同胡適之說，並采納引用。而梁啓超、章太炎、傅斯年、陳寅恪、侯外廬等則持懷疑批駁的態度。

〔註 95〕詳本章第二節。

〔註 96〕嚴復：《莊子》評語〈至樂第十八〉，見王栻主編：《嚴復集》冊 4〈古書評語〉，頁 1130。

〔註 97〕胡適：《中國古代哲學史》第九篇第一章〈莊子時代的生物進化論〉，見氏著：《胡適作品集》31，頁 230。

變成了一種微生物，細如斷絲，故名爲𧖴。到了水土交界之際，便又成了一種下等生物，叫做鼃蠙之衣。到了陸地上，便變成了一種陸生的生物，叫做陵舃。自此以後，一層一層的進化，一直進到最高等的人類。這節文字所舉的植物動物的名字，如今雖不可細考了，但是這個中堅理論，是顯而易見，毫無可疑的。（三）這一節的末三句所用三個「機」字，皆當作「幾」，即是上文「種有幾」的「幾」字。若這字不是承著上文來的，何必說「人又反入於機」呢？用「又」字和「反」字，可見這一句是回照「種有機」一句的。《易・繫辭傳》「極深而研幾」一句，據《釋文》，一本「幾」作「機」。可見「幾」字誤作「機」，是常有的事。從這個極微細的「幾」，一步一步的「以不同形相禪」，直到人類；人死了，還腐化成微細的「幾」，所以說：「萬物皆出於幾，皆入於幾。」這就是〈寓言〉篇所說，「始卒若環，莫得其倫」了。這都是天然的變化，所以叫做「天均」。〔註 98〕

〈至樂〉「種有幾」一段，乃在闡釋萬物的生死變化，皆是氣的聚散流轉。對於萬物的各種形軀轉化，當是從神話的觀點切入描述，而非生物學的概念。莊子此處，實欲指出物化無常形之旨。然胡適卻以「生物進化論」的角度論述，解釋爲「幾」是物種最初的形態，即元子，經由適應環境的演變，開始由低等生物慢慢進化，一直進化到最高等的人類。但人類死後，則腐化還回最細微的元子。〔註 99〕以今日科學知識看來，吾人當然覺得胡適所論甚爲荒繆，牽強色彩濃厚，〔註 100〕即使間用傳統的訓詁方法，亦有所誤解。如以爲

〔註 98〕胡適：《中國古代哲學史》第九篇第一章〈莊子時代的生物進化論〉，見氏著：《胡適作品集》31，頁 231。

〔註 99〕胡適認爲「莊子的生物進化論」不僅於此，有更全面的論述。此例乃爲說明胡適以「進化論」論述莊子的思想所引發的激蕩。

〔註 100〕不過胡適晚年對此論亦有反思，在 1958 年寫的〈《中國古代哲學史》臺北版自記〉說道：「我現在翻看我四十年前寫成的這本書（薇按：指《中國哲學史大綱卷上》，於 1919 年出版），當然可以看出許多缺點，我可以舉出幾組例子：……。三、此書第九篇第一章論『莊子時代的生物進化論』，是全書最脆弱的一章，……我在那一章裡述『《莊子》書中的生物進化論』，用的材料，下的結論，現在看來，都大有問題。例如《莊子》〈寓言〉篇說：『萬物皆種也，以不同形相禪。始卒若環，莫知其倫，是謂天均。』這一段本不好懂。但看『始卒若環，莫知其倫』八個字，這裡說的不過是一種循環的變化論罷了。我在當時竟說：『『萬物皆種也，以不同形相禪』，此十一個字竟是一篇『物種由來』。』這眞是一個年輕人的謬妄議論，眞是侮辱

「『𢆶』字從8，本象生物胞胎之形」，其實，乃絲線結繩之形，無關生物胞胎，胡氏顯然望文生意。又據《釋文》，可見「幾」字誤作「機」常有之，故以為「萬物皆出於幾，皆入於幾」之「幾」作細微之元子無誤。而莊子此句乃強調一氣的流轉而有萬形，僅是形體的變化不同，生死無異。不過胡氏的「莊子生物進化論」於彼時確實頗多回響，其「開風氣之先」的意義與革命性的影響不容小覷。之後新文化運動時期，郭沫若（1892～1978）、聞一多（1899～1946）等人，亦承此風，展開對莊子更多視角的論述，將莊子的研究再推進另一高峰。〔註101〕

小　結

晚清面對西力東侵，知識份子因而紛紛尋求因應之道。「以儒解《莊》」，局限於傳統「經世致用」的思維框架，從傳統學術覓尋內部資源，然最終趨於末途，難以衝破網羅。「以佛解《莊》」，雖突破傳統學術藩籬，注入佛學新泉源，《莊》學的詮釋得以拓展，但欲與西學抗衡仍有所距離。「以西學解《莊》」，《莊》學的義理闡釋有了嶄新的創獲，引進近現代的思想與學理，其現代意義才出現曙光。嚴復、劉師培等對《莊子》新穎的詮解，均是在西學的影響下進行。即使他們的解釋並不完全契合莊子的思想，但不可漠視的，采「以西學解《莊》」，畢竟開啓了新的學術取向，指出《莊》學研究的新途，亦對近代學術的發展起了先導作用。

晚清《莊》學由嚴復、劉師培、梁啓超等，援用西學以求會通，《莊》學漸踏上近現代學術，這只是諸子學義理拓展的開始。之後胡適、郭沫若、聞一多等，於五四新文化運動時期則將諸子學研究推上高潮，爾後古史辨運動的諸子學研究又創立一頂峰。

清季「以西學解《莊》」有其時代背景的限制，只有嚴復在青壯年時期（1877～1879，時值二十五歲至二十七歲）到過英國留學，對當時流行的西方學術有較深入的了解。而劉師培、梁啓超等人則自小所學皆是中國傳統的學問，他們對西學的認知乃經由第二手的翻譯，故所見、所聞自有隔閡。也許對西

沒了《物種由來》那部不朽的大著作了！」見氏著：《胡適作品集》31卷首，頁1～3。

〔註101〕胡適、郭沫若、聞一多等對《莊子》的研究，亦是一重要課題，留待日後另撰文論述。

學了解不夠通透，或受限於自身學識，以致訓解詮釋時不全然與《莊子》相應，或牽強附會，或過度引申等，這是彼時的局限。但援引西方學理來詮解中國學術，則開啓新的詮釋途徑，影響往後的詮釋方法，不僅其後的五四時期蓬勃發展，及至今日，學術的研究仍有許多學者采用西方哲學觀念來詮釋中國思想，這是晚清以西學詮解諸子學的一大貢獻。此外，吾人當進一步思索：彼時援引西學詮釋中國學術，因局限於時空背景，以致有牽強附會之情事。然寖至今日，時空背景的限制已消除，何以采中西學術相互詮解者，仍不乏出現引申過度、附會牽強之論點？若以此而深責晚清「以西學解《莊》」者，不知是否公允？

第捌章　結　論

一八四○年後，英法侵華，清廷敗北，舉國震驚，繼以西學東漸，國學受到衝擊，朝野內外開始思索圖強之道，晚清學術自此蛻變，大別往昔。見微知著，吾人可藉由探求晚清解《莊》思想的淵源、發展及其流變之脈絡，窺得晚清學術思潮的轉型及如何邁向近現代化的軌跡。

晚清解《莊》思想是在中西交會，時代遽變，傳統文化瀕臨崩解，故學術思潮轉向諸子學尋求新出路，力挽危局下而產生的。學者援引多元思維挹注，分采「以儒解《莊》」、「以佛解《莊》」與「以西學解《莊》」等三面向進路，使用各種方法上與理論上的評解，以詮釋儒、佛、西學與《莊子》之間的滲透、融通與激蕩的思想，冀能另闢傳統學術的新局，以因應時代潮流的轉變。在晚清學者積極努力下，終於突破重圍，引領中國傳統學術踏上近現代思維。

茲撮理本論文各章要義，歸納分疏，將研究成果作一綜述：

第貳、參、伍章，分別論述清代前、清初至中葉及晚清之「以儒解《莊》」，主軸在第伍章晚清部分。降及晚清，「以儒解《莊》」前有所承，後有轉折，若要體察這些細微變化，須探討第參章清代初期至中葉「以儒解《莊》」的發展演變，以與第伍章對照，方能彰顯晚清「以儒解《莊》」的轉折及其時代意義。而學術研究須考鏡源流，以明本末，故第貳章即追溯「以儒解《莊》」這股學術思潮的淵源及其背景。

第貳章討論清代前「以儒解《莊》」的淵源及其背景。

司馬遷最早提出莊學的淵源，以為源自老子。而唐代韓愈卻首發創論，透過師承關係，以為莊子之學本於田子方，由此將莊子納入儒家之傳承，視爲孔子之後學。此說一出，影響深遠，宋代蘇軾、王安石等人，皆贊同韓愈之說，分別撰文論證莊子身爲儒者的用心，對莊子非詆儒門之處，則以爲有所寄託而言。韓、蘇、王之說，成爲往後「以儒解《莊》」者的重要依據。

而儒、道思想的相互闡發，當屬漢代嚴遵所著的《老子指歸》開創先河。魏晉玄學盛行，「儒道會通」爲談論的主要課題，王弼的《老子道德經注》，采以儒解道；《周易注》則是以道解儒，這是「以儒解《莊》」的醞釀期。至郭象的《莊子注》才邁入「以儒解《莊》」的開始。李唐時期，佛、道思潮大興，儒學退居其次，故少有「以儒解《莊》」的現象。宋代理學爲學術主流，回歸儒家孔孟之旨乃宋儒治學的大方向，這種傾向也表現在《莊子》注疏中，如呂惠卿的《莊子解》、王雱的《南華眞經新傳》、林希逸的《莊子鬳齋口義》、褚伯秀的《南華眞經義海纂微》等，均摻有儒學思想注解《莊子》。明代持儒家觀點來評解《莊子》者漸朗現，如楊愼的《莊子解》、沈一貫的《莊子通》、徐曉的《南華日抄》、焦竑的《莊子翼》等，而晚明至明亡時期，注《莊》有所轉變，以覺浪道盛爲主，弟子方以智、錢澄之等承之，以遺民心志注《莊》，別有寄託。有清一代，將莊子視爲儒家之後或以儒家的思想觀點來評解《莊子》者，則數量更多而集中。

再者，就時代背景而論，歷代主流思潮的轉換對學者注《莊》自然有影響；此外個人的遭遇、動機、心境等差異，亦造成「以儒解《莊》」之變。魏晉時期，儒學失去獨尊的地位，儒、釋、道三學兩兩互注、格義，郭象的《莊子注》即在此背景下「以儒解《莊》」。隋唐時代，儒學獨尊的地位沒有回復，采儒、釋、道三教並行。宋代，基本上仍呈現儒、釋、道共存的樣貌。不過宋代的知識份子很有自覺地以復興儒學爲己任，然在提倡以儒學爲本位的前提下，不免受時風所染，常吸納釋、道的思想觀點來闡釋儒學、補充儒學。故有蘇軾、王安石等人對《莊子》的看法，提出以儒學爲核心，將莊子納入儒門來豐富儒學，影響所及甚廣，始有較多的「以儒解《莊》」專著出現。明代，程朱理學作爲官方學術，《莊》學很難有發展空間。明中葉後，程朱理學日漸僵化，陽明心學盛行，《莊》學才有復甦的傾向，繼以士子對莊子思想產生濃厚的興致與關注，也形成《莊子》注本的大量興起。

第參章論述清初至中葉「以儒解《莊》」的特色及其異同。

注《莊》研究，至清代可謂集歷代之大成，數量繁夥可觀。清初至中葉學術思想的發展，由崇尚義理轉向埋首考據，「以儒解《莊》」基本上循此脈絡。繼以朝廷立程朱理學爲官方哲學，故「以儒解《莊》」中的儒學部分，多以理學爲主要援引的觀點。至中葉考據學大興，義理衰歇，「以儒解《莊》」援引的程朱理學成份亦頓減。此就清初至中葉，大方向的發展而論。若細部觀之，清初程朱理學爲官方學術，而陽明心學依然有影響。雖理學至清代仍繼續發展，但學者並非全然承繼，開始有所反省、檢討，甚至批評。清初「以儒解《莊》」亦呈現此現象：以融攝、檢討、批判理學來評注《莊子》，以此開出的詮釋觀點，是屬於清朝自己的學術典範。由是「以儒解《莊》」進入清朝，學術典範已悄悄轉移了。

清初部分，以林雲銘《莊子因》、吳世尙《莊子解》、宣穎《南華經解》、胡方《莊子辯正》與屈復《南華通》等五書爲論述對象。共同特色，均以孔子爲尊，融攝理學觀點，故弘開《莊》學義理。個別殊相，林雲銘僅立場尊孔，《莊子因》全書則是以莊解《莊》之作；胡方的《莊子辯正》，亦順承《莊子》之意，鮮以儒家觀點詮釋，只是評注的觀點多屬零散；屈復的《南華通》推尊莊子，視爲諸子之冠，然此莊子卻是儒門別傳；宣穎的《南華經解》，采宋明理學色彩最濃厚，援用的儒學思想乃經過鎔鑄轉化後，以契接《莊》學義理；吳世尙的《莊子解》是以道家觀點作框架，儒學思想作詮釋內容。不過値得留意的是，吳氏解《莊》，雖摻理學觀點，然亦有所批評、反思。據此，理學進入清代，學術典範逐漸轉移——對宋明理學的繼承與總結，眞正進入屬於有清的新學術思潮。

清中葉部分，以方正瑗《方齋補莊》、胡文英《莊子獨見》、 陸樹芝《莊子雪》、姚鼐《莊子章義》、吳峻《莊子解》五書爲討論對象。此期義理創發較少，然須注意的是，大清正由盛轉衰，故「以儒解《莊》」出現了經世思想：胡文英的《莊子獨見》提出莊子志在救世；陸樹芝的《莊子雪》將《莊子》視爲以異說掃異說，有功《六經》之作。清中葉步入晚清之際，學術典範又見轉移——知識份子開始由經學的研治轉向諸子學以尋求新的出路。

第肆章首揭晚清注《莊》專著大量興起之因。分述時代背景因素與《莊》學的特性。

時代背景起於西力入侵，國勢衰頽，儒學淪爲統治者的工具，形式化的束縛已喪失內在道德的價值，遑論濟世安邦之功。知識份子在亟思圖強之際，轉而向諸子學尋求新資源。乾嘉考據之風，在長期以子證經下，促使學者發現子學的內在價值，又班固曾提出「諸子出於王官」之論，故晚清學者秉持中國傳統學術多元一體的觀念，子學思想即涵攝在整個傳統學術中，是以中國學術本體轉移至先秦諸子學。學者對子學定位的改變，促使子學在晚清擔起拯救世弊的重責大任。而注《莊》爲子學復興之一支，晚清注《莊》學者亦同秉經世致用的心志來評解。

至於《莊》學的特性：文辭上，以「无端崖之辭，時恣縱而不儻」，展現奔放不拘的筆勢；文義上，「辭趣華深，正言若反」，語言的不確定性，造就開放的詮釋空間。繼以全書「寓言十九」，提供學者藉此喻彼的詮釋，可發揮的彈性極大。又《莊子》思想有反對既定制度，有助於傳統封畛的突破；「適變」的思維，啓發學者應變取新的視野；「自然」、「齊物」等主張，與近現代的「自由」、「平等」等思維有相契處，與時代思潮相應。故學者得以援引融通，創發《莊子》的新義，爲傳統文化闢新途。

第伍章論述晚清「以儒解《莊》」的繼承與轉折。

革故鼎新之際，傳統文化面臨傾覆崩解之危，理學僵化，起不了經世致用之效，已爲世人所淡視，故此期的「以儒解《莊》」，鮮少以理學觀點注解，偶有零星片羽，也僅是殘留而已。再者，晚清「以儒解《莊》」對清中葉前諸說是有所承繼的，然而繼承中亦見轉折：在評注《莊子》論及儒墨爭是非時，不再有迴護，暗寓對晚清儒者的譏刺。如方潛、王闓運，馬其昶、劉鳳苞等，對後世儒有所批評，以爲他們致力於名物象數訓故，抱缺守殘，才會造成儒、道二分。

若微觀晚清「以儒解《莊》」的風貌，方潛的《南華經解》與郭階的《莊子識小》，承繼清中葉前「以儒解《莊》」諸說；王闓運的《莊子內篇注》與馬其昶的《莊子故》，則承繼前人之說，亦有轉折。王氏強調莊子是化老子與孔子之空言爲實用，藉此昭告世人，應世的重要。故其注《莊》指出，聖人學道乃在濟世、用世，絕非僅絕世以保生。馬氏注《莊》，亦提出莊子著書，其意在救世。由此認爲凡莊子言治道皆是治天下，這是馬氏采儒家積極用世的觀點詮釋。王、馬二家注《莊》，明示彰顯晚清學者欲在諸子學中掘取經世致用的心志；劉鳳苞的《南華雪心編》，微現「以儒解《莊》」步入「以莊解《莊》」的發展；陳壽昌的《南華眞經正義》始提出「一洗援《莊》入儒之弊」，表示《莊子》的地位由「經世致用」脫離而出，開始有自己獨立的價值了。

晚清「以儒解《莊》」諸作，亦顯現清代學術典範發生轉移之象：一、清季經世致用風潮再興，展現在「以儒解《莊》」的王闓運《莊子內篇注》與馬其昶《莊子故》。二、子學從「經世致用」脫離，成爲自己獨立的價值，以陳壽昌的《南華眞經正義》爲代表。

晚清「以儒解《莊》」，有所承繼，亦發生轉折。固守儒學，欲援莊入儒，拓展《莊》學的詮釋空間，爲儒學新闢出路。然拘限甚大，難以突破困境。漫長的學術洪流，源遠流長，最終卻面臨走不出新格局的窘境，於是另一批學者突破傳統學術的畛域，改擷取他方資源，謀劃新的道路，故有「以佛解《莊》」、「以西學解《莊》」之途。

第陸章論述晚清「以佛解《莊》」的思想發展。

「以佛解《莊》」在學術史的發展上，詮釋焦點的主、客有所轉換，若能辨明主、客轉移之跡，便能掌握這股學術思潮的發展演變。佛、莊交涉，當從魏晉時期「格義」佛教開始，佛學是主體地位，《莊》學則屬客體角色，這時期或可稱之「以《莊》解佛」。當佛經翻譯成熟，不須依賴莊子「格義」，此時卻形成「以佛解《莊》」的詮釋現象，而繼續發展，至清末民初而不絕。

歷代摻以佛學注《莊》者，居多以《莊子》爲詮釋主體，佛學僅是點綴式的提點，尤其清代，摻以佛學詮釋的客體位置相當顯著，或許與佛學乃外來文化有關。但至晚清楊文會的《南華經發隱》與章太炎的《齊物論釋》則有所轉變。故以楊、章二家爲代表，以窺晚清「以佛解《莊》」的思想演變。

晚清佛學振興，尤以唯識學爲盛。知識份子從佛學汲取資源，他們發現佛學哲理中有近代思維成份，可與西學比權量力。又佛學具有「威力」、「奮迅」、「大無畏」、「大雄」之「震動奮厲而雄強剛猛」的特質，故引發研究興趣。繼以楊文會大力提倡，又託友人從日本帶回許多佛學經典，使佛學在晚清得以復興。

楊文會的《南華經發隱》，運用佛理解《莊》，俯拾即是。若以唯識學注解者，主要集中在〈德充符〉與〈應帝王〉兩篇，尤以〈應帝王〉最顯其思想。采唯識宗「轉識成智」的思想來闡釋儵、忽謀報渾沌，而渾沌死的故事。然最後渾沌竟然復甦，「曩之無知者，轉而爲精明之體」，完全脫離《莊子》思維，僅藉文本，而作唯識詮解。楊氏「以佛解《莊》」，目的在宣揚佛學，詮釋焦點在佛學而非《莊子》。唯理論體系尚未建構，多是概念的會通。若爲完整以「唯識理論」解《莊》者，當屬後起之章太炎。

章太炎撰寫《齊物論釋》之目的，乃欲解決晚清所面臨的文化衝擊，其現實意義相當強烈。融攝唯識學的概念與莊子〈齊物論〉「不齊而齊」的思維，對「平等」一詞重新定義，藉此揭露西方帝國主義恃強凌弱的兼併劣行與指責滿清以異族統治漢人的欺壓。其《齊物論釋》以唯識爲主，《莊》學爲輔，間摻西學，重新釀造以成新酒。易言之，章氏的多元兼包思維成就《齊物論釋》的新主體，是鎔唯識、《莊》學爲一體而重予陶鑄。

第柒章論述晚清「以西學解《莊》」的新契機。

晚清遭遇西方文化強力壓境，知識份子對儒學的無力對應感到失望，開始對傳統文化進行反思，先由先秦子學尋求資源，進而轉向西學覓索救國救民的眞理。是以援引西學詮釋子學，蔚爲風尙。子學逐漸脫離經學附庸，成爲中國傳統學術的「本體」以因應西學；同時亦在西學的映照下，彰顯了子學多元的價值。

晚清「以西學解《莊》」專著，僅嚴復的《莊子評點》一本。不過他開啓新的詮釋方法，影響時人及後世不小。雖采「以西學解《莊》」，然對《莊子》、西學都有贊許與批評，這是嚴氏與前述的「以儒解《莊》」、「以佛解《莊》」等諸學者最大不同處。他結合西學的理解而評點《莊子》，對傳統學術進行一種反省與重新整合、解釋，掘取《莊子》原有的材料與近現代思維聯結，賦《莊》學以現代意義，開啓一個與現代人生活經驗緊密結合的義理世界。

嚴復援引西學評點《莊子》，開啓一條全新的詮釋方法，爲後世的老莊研究別開生面，造成晚清之後的餘波與嗣響。章太炎、劉師培、梁啓超，爲其餘波；留美的胡適，以「生物進化論」暢談莊子，更是其嗣響。

綜上所論，吾人可發現，直到學者采「以佛解《莊》」與「以西學解《莊》」，突破傳統學術的藩籬，援用外來文化資源試圖爲本土的《莊》學開展出一種創造性的詮釋，中國傳統文化才眞正有因應時代趨勢的新契機。晚清「以儒解《莊》」，義理創發雖衰頹，但評注方法兼采眾說，雖少個人創見，卻集諸說以詮解《莊子》，讓《莊子》的義理益加顯透。故在此基礎上，也才能開出如章太炎的「以佛解《莊》」，探討〈齊物論〉精深細微。這是晚清「以儒解《莊》」的重要貢獻。

晚清「以佛解《莊》」、「以西學解《莊》」確實爲《莊》學開出新路，即使在晚清還不是很成熟，但這種注解《莊子》的方法，卻爲近代詮解《莊子》帶來新啓發，影響近現代解《莊》思想，如吾人熟知的方東美與牟宗三二大家皆曾援用佛學思想、西學概念來闡釋《莊》學義理，其中不少創發見解，爲現代學者所肯定與讚賞。而現代的學術研究，不限《莊》學一隅，更有許多學者援用西學思想來詮釋傳統的各家學術。可見晚清「以佛解《莊》」、「以西學解《莊》」雖是解《莊》思想的一種方法，卻有關鍵性的創發與啓示，此正是其重要的學術價值　。

晚清學者，不論是采「以儒解《莊》」、「以佛解《莊》」、「以西學解《莊》」等方式，都是在面臨儒學僵化、傳統價值崩解，學術思想不足以應世、甚而無力反抗西方強大文化的侵襲之下所產生的因應之道。解《莊》途徑不同，但共同點，均是立足於傳統文化的根基（《莊子》），這是晚清學者的堅守。由儒學加以拓展，援用子學（「以儒解《莊》」）；走不出新路，轉從先秦諸子學尋覓資源（晚清諸子學的復興）；當諸子學研究也遇到瓶頸，最終突破傳統的苑囿，挹注外來文化，援引佛學（「以佛解《莊》」）、加入西學（「以西學解《莊》」）之新泉源，重新鎔鑄，冀望浴火而孕育出自己文化的新生命。這是晚清知識份子在自身國家社稷面臨崩解危機時，所展現積極經世圖強的心志。

清初嚴判儒、釋、道，力求回歸經典，朝廷以儒學爲正學，整個學術氛圍崇經尊孔。清中葉文網嚴密，考據之風大盛，學者投入畢生精力，殫心整理古籍，儒家經典爲研究重鎭，大量注解、校勘、輯佚，而先秦諸子學與其時代相近，當然爲其引證對象。職此之故，諸子學也受其惠，得以注解、整理。可說乾嘉時期，中國各家經典都得到大量地注解與整理。這是時代風氣使然，學者既無法將理想抱負投入政治，只好埋首於故紙堆中，但清代的學者並沒有放棄經世濟民之志，只是時機所不許，故轉而消極應世，「處江湖之遠」仍「憂其民」，這是清代學者沈潛內歛的性格。但到了清末，時局遽變，面臨列強蠶食鯨吞，竟束手無策。眼見國敝民貧，任人宰割，學者內歛沈潛的性格轉而爲奮力圖存。清朝學者對於前明滅亡是深具教訓的，有明知識份子「臨危一死報君王」的前車之鑑無論如何是不容再發生的，由是清朝的知識份子開始痛思：如何富國強兵？因此在制度上、文化上、思想上，均得作改變轉型。所以晚清的解《莊》思想已非理論上的調和，而是希望透過自家的學問，不再固守儒學一家，竭盡所能多方援引、窮究，看看是否可爲傳統文化找尋新出路？爲時代創出新契機？這同時也是晚清學者注解諸子學很重要的動力。是故若就解《莊》來看，晚明《莊》學的復興是士子欲從中得到精神的寄託，其三教合一的氛圍亦提供慰藉。而有清《莊》學的興盛則展現知識份子的熱情，積極應世，致力於經世致用的理想。

個人在進行「晚清解《莊》思想的淵源及其流變」的研究時，益發覺清代諸子學所引發的相關問題之重要性，故未來仍欲探討後續之課題，以自我督勵，要目有二：

其一、清末民初之際，《莊》學研究又進入一個嶄新變化，故「晚清至五四時期道家思想研究的轉變」是我未來想繼續探討的課題。可由代表人物入手，見其道家思想研究的轉折，如：康有爲→梁啓超、劉師培、譚嗣同、王國維、章太炎、嚴復→胡適、魯迅、郭沫若、聞一多等。研究內容的轉變：考據→義理；研究方法的殊別：如王國維，受西方哲學觀念影響；章太炎，以佛學、西方哲學解《莊》；嚴復，以西學評點《老》學與《莊》學；……五四時期，大量移植西學、以西方哲學方法解讀。時代氛圍的轉變：學術研究→社會文化思潮。

其二、「清末民初『以佛解《莊》』的發展與流變」的課題，是佛學對中國文化影響的重要一環。可從楊文會、章太炎、方東美、牟宗三爲論述核心，探討其如何運用佛理詮釋《莊子》，又如何影響日後的中國文化。

參考書目

※ 本書目但舉引用文獻，其餘不悉備錄

◎分古籍、近人專著、期刊論文、學位論文四大類

◎古籍分《莊》學專著、其他二類：《莊》學專著依著者時代先後爲序，其他依四部分法

◎近人專著依姓氏筆畫爲序

◎期刊論文依出版先後爲序

◎學位論文，博論爲先碩論爲後，依出版先後爲序

壹、古　籍

一、《莊》學專著

1. 〔北宋〕呂惠卿：《莊子義》，收入嚴靈峰編輯：《無求備齋莊子集成初編》冊五（臺北：藝文印書館，1972 年 5 月初版）
2. 〔北宋〕王雱：《南華眞經新傳》，收入《文淵閣四庫全書》冊 1056，子部三六二・道家類（臺北：臺灣商務印書館，1986 年 3 月初版）
3. 〔南宋〕褚伯秀：《南華義海纂微》，收入《文淵閣四庫全書》冊 1057，子部三六三・道家類（臺北：臺灣商務印書館，1986 年 3 月初版）
4. 〔南宋〕林希逸著、周啓成校注：《莊子鬳齋口義校注》（北京：中華書局，1997 年 3 月第 1 版）
5. 〔明〕陳治安：《南華眞經本義》（桂林：廣西師範大學出版社影印北京師範大學圖書館藏明刻孤本《秘笈叢刊》冊十五，2010 年 5 月第 1 版）
6. 〔明〕楊愼：《莊子解》，收入嚴靈峰編輯：《無求備齋莊子集成續編》冊三（臺北：藝文印書館，1974 年 12 月初版）
7. 〔明〕楊愼：《莊子闕誤》，收入嚴靈峰編輯：《無求備齋莊子集成續編》

冊三（臺北：藝文印書館，1974 年 12 月初版）

8. 〔明〕沈一貫：《莊子通》，收入嚴靈峰編輯：《無求備齋莊子集成續編》冊九（臺北：藝文印書館，1974 年 12 月初版）
9. 〔明〕徐曉：《南華日抄》，收入嚴靈峰編輯：《無求備齋莊子集成續編》冊二十三（臺北：藝文印書館，1974 年 12 月初版）
10. 〔明〕釋性通《南華發覆》，收入嚴靈峰編輯：《無求備齋莊子集成續編》冊五（臺北：藝文印書館，1974 年 12 月初版）
11. 〔明〕焦竑：《莊子翼》，收入《文淵閣四庫全書》冊 1058，子部三六四・道家類（臺北：臺灣商務印書館，1986 年 3 月初版）
12. 〔清〕林雲銘：《莊子因》（上海：華東師範大學出版社，2011 年 8 月）
13. 〔清〕徐廷槐：《南華簡鈔》，收入嚴靈峰編輯：《無求備齋莊子集成初編》冊二十（臺北：藝文印書館，1972 年 5 月初版）
14. 〔清〕吳世尚：《莊子解》十二卷，收入嚴靈峰編輯：《無求備齋莊子集成初編》冊二十二（臺北：藝文印書館，1972 年 5 月初版）
15. 〔清〕吳世尚：《莊子解》三卷，收入《四庫全書存目叢書》子部冊二五七（臺南：莊嚴文化事業有限公司，1995 年 9 月初版 1 刷）
16. 〔清〕宣穎：《莊子南華經解》（臺北：廣文書局，1978 年 7 月初版）
17. 〔清〕宣穎：《南華經解》，收入嚴靈峰編輯：《無求備齋莊子集成續編》冊三十二（臺北：藝文印書館，1974 年 12 月初版）
18. 〔清〕胡方：《莊子辯正》，收入嚴靈峰編輯：《無求備齋莊子集成續編》冊三十三（臺北：藝文印書館，1974 年 12 月初版）
19. 〔清〕屈復：《南華通》，收入嚴靈峰編輯：《無求備齋莊子集成初編》冊二十一（臺北：藝文印書館，1972 年 5 月初版）
20. 〔清〕屈復：《南華通》，收入《叢書集成續編》冊三十八（臺北：新文豐出版公司，1989 年 7 月台 1 版）
21. 〔清〕方正瑗：《方齋補莊》，收入《四庫全書存目叢書》冊九五，子部・雜家類（臺南：莊嚴文化事業有限公司，1995 年 9 月初版）
22. 〔清〕姚鼐：《莊子章義》，收入嚴靈峰編輯：《無求備齋莊子集成續編》冊三十五（臺北：藝文印書館，1974 年 12 月初版）
23. 〔清〕吳峻：《莊子解》，收入嚴靈峰編輯：《無求備齋莊子集成初編》冊二十二（臺北：藝文印書館，1972 年 5 月初版）
24. 〔清〕胡文英：《莊子獨見》（上海：華東師範大學出版社，2011 年 10 月第 1 版）
25. 〔清〕陸樹芝：《莊子雪》，收入嚴靈峰編輯：《無求備齋莊子集成續編》冊三十四（臺北：藝文印書館，1974 年 12 月初版）

26. 〔清〕方潛：《南華經解》，收入嚴靈峰編輯：《無求備齋莊子集成續編》冊三十六（臺北：藝文印書館，1974 年 12 月初版）
27. 〔清〕郭階：《莊子識小》，收入《春暉雜稿》（北京大學圖書館藏）
28. 〔清〕王闓運：《莊子內篇》，收入嚴靈峰編輯：《無求備齋莊子集成初編》冊三十六（臺北：藝文印書館，1972 年 5 月初版）
29. 〔清〕馬其昶：《定本莊子故》（合肥：黃山書社，1989 年 11 月第 1 版）
30. 〔清〕劉鳳苞撰、方勇點校：《南華雪心編》上、下二冊（北京：中華書局，2013 年 1 月第 1 版）
31. 〔清〕陳壽昌：《南華眞經正義》（臺北：新天地書局，1977 年 7 月再版）
32. 〔清〕郭慶藩：《莊子集釋》（臺北：華正書局，1994 年 8 月）
33. 〔清〕郭慶藩撰、王孝魚點校：《莊子集釋》上、中、下三冊，收入《新編諸子集成》（北京：中華書局，2004 年 1 月第 2 版）
34. 〔清〕王先謙：《莊子集解》收入《新編諸子集成》第一輯，與劉武《莊子集解內篇補正》合刊（北京：中華書局，1999 年 12 月第 2 次印刷）
35. 〔清〕劉鴻典：《莊子約解》（同治五年丙寅重鐫，板存威邑呂仙岩玉成堂，北京大學圖書館藏）
36. 〔清〕楊文會：《南華經發隱》，收入嚴靈峰編輯：《無求備齋莊子集成初編》冊二十三（臺北：藝文印書館，1972 年 5 月初版）
37. 嚴復：《莊子評點》一卷（民國四十二年香港「岷雲堂叢刊」排印本），收入嚴靈峰編輯：《無求備齋老列莊三子集成補編》冊三十五，馬其昶：《莊子故》後之附錄（臺北：成文出版社，1982 年）

二、其　他

（一）經　部

1. 〔東漢〕鄭玄注、〔唐〕孔穎達疏：《禮記注疏》（香港：迪志文化出版公司據《文淵閣四庫全書》電子版，經部・禮類・禮記之屬，2007 年）
2. 《周易二種》【〔魏〕王弼、〔晉〕韓康伯：《周易王韓注》；〔北宋〕朱熹：《周易本易》】（臺北：大安出版社，1999 年 7 月第 1 版）
3. 〔唐〕陸德明：《經典釋文》，收入《叢書集成新編》冊三十八（臺北：新文豐出版公司印行，1985 年元月初版）
4. 〔南宋〕朱熹：《四書章句集注》（臺北：大安出版社，1994 年 11 月）
5. 〔清〕王夫之：《讀四書大全說》，收入《船山全書》冊六（長沙：嶽麓書社，1991 年 12 月第 1 版）
6. 〔清〕方苞：《欽定四書文》（香港：迪志文化出版公司據《文淵閣四庫全書》電子版，集部・總集類，2007 年）
7. 屈萬里：《尚書釋義》（臺北：中國文化大學出版部，1984 年 11 月修訂）

（二）史 部

1. 〔西漢〕司馬遷著、〔日〕瀧川龜太郎會注考證：《史記會注考證》（臺北：萬卷樓圖書有限公司，1993 年 8 月初版）
2. 〔唐〕長孫無忌等：《隋書》，《二十五史》冊十八（臺北：藝文印書館）
3. 〔五代〕劉昫：《舊唐書》一，《二十五史》冊二十二（臺北：藝文印書館）
4. 〔五代〕劉昫：《舊唐書》二百卷（合肥：黃山書社，2008 年）〔電子資源：中國基本古籍庫，原據版本：清乾隆武英殿刻本 圖像版一：清乾隆武英殿刻本、圖像版二：百衲本景宋刊本闕卷以明覆宋本配補〕
5. 〔梁〕釋慧皎撰、湯用彤校注、湯一玄整理：《高僧傳》（北京：中華書局，1992 年 10 月第 1 版）
6. 〔北宋〕歐陽脩：《唐書》一、二、三，《二十五史》冊二十五、二十六、二十七（臺北：藝文印書館）
7. 〔北宋〕釋贊寧撰：《宋高僧傳》（合肥：黃山書社，2008 年）〔電子資源：中國基本古籍庫，原據版本：大正新修大藏經本 圖像版一：大正新修大藏經本、圖像版二：宋刻磧砂藏本〕
8. 〔元〕脫脫等：《宋史》五，《二十五史》冊三十四（臺北：藝文印書館）
9. 劉俊文總纂：《明清實錄》電子版（北京：愛如生數字古籍叢書，原據版本：鈔本 圖像版一：鈔本）
10. 〔清〕清高宗敕撰：《清朝文獻通考》冊三（臺北：新興書局，1963 年 4 月新 1 版）
11. 〔清〕紀昀等：《欽定四庫全書總目》（電子資源：中國基本古籍庫，原據本：清乾隆武英殿刻本）
12. 〔清〕章梫纂、褚家偉、鄭天一、劉明華校注：《康熙政要》（北京：中共中央黨校出版社，1994 年 12 月第 1 版）〔電子資源〕
13. 楊家駱主編：（楊校標點本）《清史稿附索引》冊十三、十五（臺北：鼎文書局，1981 年 9 月初版）
14. 〔清〕錢林輯、〔清〕王藻編：《文獻徵存錄》（一），收入周駿富編：《清代傳記叢刊》冊十（臺北：明文書局，1986 年元月 10 日出版）
15. 〔清〕李富孫：《鶴徵後錄》，《昭代叢書》壬集，收入周駿富編：《清代傳記叢刊》冊十三《儒林集傳錄存》等六種（臺北：明文書局，1986 年元月 10 日出版）
16. 鄧之誠：《清詩紀事初編》，收入周駿富編：《清代傳記叢刊》冊二十（臺北：明文書局，1986 年元月 10 日出版）
17. 〔清〕張維屏輯：《國朝詩人徵略初編》（一），收入周駿富編：《清代傳記叢刊》冊二十一（臺北：明文書局，1986 年元月 10 日出版）

18. 吳仲輯：《續詩人徵略》等三種，收入周駿富編：《清代傳記叢刊》冊二十四（臺北：明文書局，1986年元月10日出版）
19. 趙爾巽等：《清史稿列傳》（六），收入周駿富編：《清代傳記叢刊》冊九十四（臺北：明文書局，1986年元月10日出版）
20. 〔清〕國史館原編：《清史列傳》（九），收入周駿富編：《清代傳記叢刊》冊一百零四（臺北：明文書局，1986年元月10日出版）
21. 〔清〕錢儀吉纂錄：《碑傳集》（八），收入周駿富編：《清代傳記叢刊》冊一百一十三（臺北：明文書局，1986年元月10日出版）
22. 〔清〕李桓輯：《國朝耆獻類徵初編》（五十三），收入周駿富編：《清代傳記叢刊》冊一百七十九（臺北：明文書局，1986年元月10日出版）
23. 〔清〕李桓輯：《國朝耆獻類徵初編》（六十四），收入周駿富編：《清代傳記叢刊》冊一百九十（臺北：明文書局，1986年元月10日出版）
24. 《清朝碑傳全集》（臺北：大化書局，1984年12月初版）
25. 徐世昌等編纂：《清儒學案》（八）（北京：中華書局，2008年10月第1版）
26. 《清史稿藝文志及補編》（北京：中華書局，1992年4月第1版）
27. 〔清〕姚際恒：《古今僞書考》，收入林慶彰編：《姚際恒著作集》冊五（臺北：中央研究院中國文哲研究所，1994年6月初版）
28. 〔清〕孫殿起：《販書偶記・附續編》（上海：上海古籍出版社，2000年4月第2次印刷）
29. 《中國近代學人象傳初輯》（臺北：大陸雜誌社，1971年9月初版）
30. 《中國叢書綜錄》（上海：上海古籍出版社，1986年2月第1版）
31. 陽海清編撰、蔣孝達校訂：《中國叢書綜錄補正》（揚州市：江蘇廣陵古籍刻印社出版，1984年第1版）
32. 姜亮夫：《歷代名人年里碑傳總表》（臺北：商務印書館，1993年11月臺1版）
33. 楊廷福、楊同甫：《清人室名別稱字號索引》冊下（上海：上海古籍出版社，1988年11月第1版）
34. 嚴靈峰主編：《周秦漢魏諸子知見書目》（臺北：正中書局，1975年12月臺初版）
35. 嚴靈峰主編：《無求備齋文庫諸子書目》全二冊（臺北：中央圖書館，1987年3月）
36. 嚴靈峰主編：《老列莊三子知見書目》（臺北：中華叢書編審委員會，1965年10月印行）
37. 嚴靈峰主編：《列子莊子知見書目》（香港：無求備齋，1961年10月10

日初版）

(三) 子　部

1. 〔魏〕王弼等：《老子四種》（臺北：大安出版社，1999 年 2 月第 1 版）
2. 後秦龜玆國三藏法師鳩摩羅什譯：《妙法蓮華經》（新北：圓明出版社，1997 年 10 月第 2 版）
3. 〔南朝〕劉義慶編、余嘉錫箋疏：《世説新語箋疏》（臺北：華正書局，1993 年 10 月）
4. 〔唐〕釋法海編、唐一玄指導：《六祖壇經》（高雄：淨心印經會，1993 年 8 月）
5. 〔唐〕釋道宣：《佛道論衡》（合肥：黃山書社，2008 年）〔電子資源：中國基本古籍庫，原據版本：大正新修大藏經本 圖像版一：大正新修大藏經本、圖像版二：高麗大藏本〕
6. 〔北宋〕王欽若等奉勅編：《冊府元龜》冊一（臺北：大化書局，1984 年 10 月初版）
7. 〔北宋〕周敦頤：《周子通書》（上海：上海古籍出版社，2000 年 12 月第 1 版）
8. 〔北宋〕程顥、程頤：《二程遺書》（上海　：上海古籍出版社， 2000 年 12 月第 1 版）
9. 〔北宋〕張載撰、〔清〕王夫之注：《張子正蒙》（上海：上海古籍出版社，2000 年 12 月第 1 版）
10. 〔北宋〕晁公武：《郡齋讀書志》（合肥：黃山書社，2008 年）〔電子資源：中國基本古籍庫，原據版本：四部叢刊三編景宋淳祐本 圖像版一：四部叢刊三編景宋淳祐本〕
11. 〔南宋〕黎靖德編：《朱子語類》（香港：迪志文化出版公司據《文淵閣四庫全書》電子版，子部·儒家類，2007 年）
12. 〔明〕宋濂著、顧頡剛標點：《諸子辨》（北京：樸社出版：1927 年 1 月再版）〔電子資源：超星數字圖書館〕
13. 〔明〕王陽明著、葉紹鈞點註：《傳習錄》（臺北：臺灣商務印書館，1994 年 1 月臺 1 版）
14. 〔明〕劉宗周：《劉子全書及遺編》冊下（京都：中文出版社，1981 年 6 月）
15. 〔清〕黃宗義：《明儒學案》（臺北：世界書局，1992 年 5 月 5 版）
16. 〔清〕顧炎武：《原抄本日知錄》（臺北：明倫書局，1970 年 10 月 3 版）
17. 〔清〕王夫之：《讀通鑑論》（合肥：黃山書社，2008 年）〔電子資源：中國基本古籍庫，原據版本：清同治四年船山遺書本 圖像版一：清同治四

年船山遺書本〕

18. 〔清〕顏元：《存學編》（合肥：黃山書社，2008 年）〔電子資源：中國基本古籍庫，原據版本：民國顏李叢書本，清光緒二十五年閻志廉鈔本　圖像版一：清光緒二十五年閻志廉鈔本、圖像版二：清幾輔叢書本〕
19. 〔清〕陸隴其撰、〔清〕楊開基編註：《松陽鈔存》（香港：迪志文化出版公司據《文淵閣四庫全書》電子版，子部一・儒家類，2007 年）
20. 〔清〕魏源：《老子本義》（上海：華東師範大學出版社，2010 年 1 月第 1 版）
21. 〔清〕王先謙：《荀子集解》（臺北：華正書局，1982 年 10 月）
22. 〔清〕譚嗣同著、湯志鈞、湯仁澤校注：《仁學》（臺北：臺灣學生書，1998 年 11 月初版）
23. 大藏經刊行會編：《大正新修大藏經》冊四十七（臺北：新文豐出版公司影印，1995 年 6 月修訂版 1 版 2 刷）
24. 《頻伽大藏經》冊一七四（北京：九洲圖書出版社，2000 年 9 月第 1 版）

（四）集　部

1. 〔唐〕韓愈撰、馬通伯（其昶）校注：《韓昌黎文集校注》（臺北：華正書局，1986 年 10 月初版）
2. 〔北宋〕蘇洵、蘇軾、蘇徹：《三蘇全集》（中）（京都：中文出版社，1986 年 4 月）
3. 〔北宋〕王安石：《王文公文集》（上海　：人民出版社，1974 年 7 月第 1 版）〔電子資源：以影印南宋龍舒本爲底本，並參校明應雲鸑等諸本〕
4. 〔明〕王守仁：《王陽明全集》上、下二冊（上海：上海古籍出版社，2006 年 4 月）
5. 〔明〕徐階：《世經堂集》（合肥：黃山書社，2008 年）〔電子資源：中國基本古籍庫，原據版本：明萬曆間徐氏刻本　圖像版一：明萬曆間徐氏刻本〕
6. 〔清〕朱舜水著／朱謙之整理：《朱舜水集》冊上（北京：中華書局，1984 年 8 月）
7. 〔清〕全祖望撰、朱鑄禹彙校集注：《全祖望集彙校集注》冊中（上海：上海古籍出版社，2000 年 12 月第 1 版）
8. 〔清〕戴震：《戴震全書》（六）（合肥：黃山書社，1995 年 10 月第 1 版）
9. 〔清〕董誥輯：《全唐文》（合肥：黃山書社，2008 年）〔電子資源：中國基本古籍庫，原據版本：清嘉慶內府刻本　圖像版一：清嘉慶內府刻本〕
10. 〔清〕洪亮吉：《曉讀書齋雜錄》（合肥：黃山書社，2008 年）〔電子資源：中國基本古籍庫，原據版本：清道光二十二年刻本　圖像版一：清道光二

十二年刻本〕

11. 〔清〕路德：《檉華館文集》（合肥：黃山書社，2008 年）〔電子資源：中國基本古籍庫，原據版本：清光緒七年解梁刻本 圖像版一：清光緒七年解梁刻本〕
12. 〔清〕郭階：《芹曝錄》，收入《春暉雜稿》（北京大學圖書館藏）
13. 〔清〕譚嗣同：《譚嗣同全集》（臺北：華世出版社，1977 年 10 月台 1 版）
14. 〔清〕孫寶瑄：《忘山廬日記》上、下二冊（上海：上海古籍出版社，1983 年 4 月第 1 版）
15. 〔清〕劉世珩輯：《貴池二妙集》冊三、四（臺北：文海出版社，1971 年 10 月影印）
16. 蘇輿編、楊菁點校、蔣秋華、蔡長林校訂：《翼教叢編》（臺北：中央研究院中國文哲研究所，2005 年 9 月初版）
17. 楊文會撰、周繼旨校點：《楊仁山全集》（合肥：黃山書社，2000 年 1 月第 1 版）
18. 嚴復撰、王栻主編：《嚴復集》全五冊（北京：中華書局，1986 年 1 月第 1 版）

貳、近人專著

1. 方東美：《華嚴宗哲學》冊下（臺北：黎明文化事業股份有限公司，1983 年 5 月再版）
2. 方勇：《莊子學史》全三冊（北京：人民出版社， 2008 年 10 月初版）
3. 王叔岷：《先秦道法思想講稿》（臺北：中央研究院中國文哲研究所，1992 年 5 月初版）
4. 王叔岷：《莊子校釋》上、下二冊（臺北：台聯國風出版社，1972 年 3 月）
5. 王叔岷：《莊子校詮》上、中、下三冊（臺北：中央研究院歷史語言研究所專刊之八十八，1994 年 4 月 2 版）
6. 王淮：《郭象之莊學——儒釋道之相與訾應》（新北市：INK 印刻文學，2012 年 1 月初版）
7. 王中江：《嚴復》（臺北：東大圖書股份有限公司，1997 年 4 月初版）
8. 王汎森：《章太炎的思想：兼論其對儒學傳統的衝擊》（臺北：時報文化出版企業有限公司，1992 年 3 月 5 日）
9. 〔德〕瓦格納著、楊立華譯：《王弼《老子注》研究》（江蘇：江蘇人民出版社，2009 年 5 月第 1 版）
10. 史革新：《清代以來的學術與思想論集》（北京：社會科學文獻出版社，2011 年 8 月第 1 版）

11. 牟宗三：《中國哲學十九講》（臺北：臺灣學生書局，1993年8月）
12. 牟宗三：《才性與玄理》（臺北：臺灣學生書局，1985年4月修訂7版）
13. 牟宗三：《心體與性體》（一），《牟宗三先生全集》冊五（臺北：聯合報系文化基金會．聯經出版公司，2003年4月初版）
14. 印順：《佛法概論》，《妙雲集》中編之一（臺北：正聞出版社，1985年2月6版）
15. 印順講、演培、妙欽、文慧記：《攝大乘論講記》，《妙雲集》上編之六（臺北：正聞出版社，1992年2月修訂1版）
16. 汪榮祖：《章太炎研究》（臺北：李敖出版社，1991年6月20日初版）
17. 〔日〕兒島獻吉郎著、陳清泉譯：《諸子百家考》（臺北：臺灣商務印書館，1974年6月臺3版）
18. 胡適：《中國古代哲學史》，收入《胡適作品集》31（臺北：遠流出版事業股份公司，1990 年1月1日初版5刷）
19. 胡頌平編著：《胡適之先生年譜長編初稿》冊一（臺北：聯經出版事業公司，1984年5月初版）
20. 約翰．斯圖亞特．穆勒（John Stuart Mill）著、嚴復譯：《群己權界論》"On Liberty"（臺灣：臺灣商務印書館，2009年6月臺2版1刷）
21. 姜聲調：《蘇軾的莊子學》（臺北：文津出版社，1999年12月）
22. 殷海光：《中國文化的展望》冊下 （臺北：桂冠圖書股份有限公司，1990年4月再版）
23. 徐復觀：《中國人性論史》（臺北：臺灣商務印書館，1969年印行）
24. 陳黻宸撰、陳德溥編：《陳黻宸集》冊上（北京：中華書局，1995年6月第1版）
25. 陳品卿：《莊學新探》（臺北：文史哲出版社，1997年8月增訂再版）
26. 康有爲撰、樓宇烈整理：《康南海自編年譜》外二種（北京：中華書局，1992年9月第1版）
27. 郭沫若：《十批判書》（北京：人民出版社，2012年3月第3版）
28. 梁啓超：《中國近三百年學術史》（附《清代學術概論》）（臺北：里仁書局，1995年2月初版）
29. 梁啓超：《梁啓超論諸子百家》（北京：商務印書館，2012年7月第1版）
30. 梁啓超：《梁啓超演講集》（天津：天津古籍出版社，2005年7月第1版）
31. 章太炎：《章氏叢書》正續編上、下全二冊（臺北：世界書局，1958年7月初版）
32. 章炳麟（太炎）：《訄書》初刻本與重訂本合刊（北京：生活．讀書．新知三聯書店，1998年6月第1版）

33. 章太炎講演、曹聚仁整理：《國學概論》（香港：三聯書局，2001 年 4 月第 1 版）
34. 章太炎／楊度撰、黃夏年編：《章太炎集》／《楊度集》合刊本（北京：中國社會科學出版社，1995 年 12 月第 1 版）
35. 章太炎：《章太炎生平與學術自述》（南京：江蘇人民出版社，1999 年 3 月第 1 版）
36. 章炳麟（太炎）：《太炎先生自定年譜》（香港：龍門書店，1965 年 11 月初版）
37. 章太炎著、虞雲國校點：《菿漢三言》（上海：上海書店出版社，2011 年 8 月第 1 版）
38. 章太炎撰、湯志鈞編：《章太炎政論選集》全二冊（北京：中華書局出版社，1977 年 11 月第 1 版）
39. 章太炎撰、劉凌、孔繁榮編校：《章太炎學術論著》（浙江：浙江人民出版社，1998 年 6 月第 1 版）
40. 張成秋：《莊子篇目考》（臺北：中華書局，1971 年 7 月）
41. 張舜徽：《周秦道論發微》（臺北：木鐸出版社，1983 年 9 月初版）
42. 張舜徽：《張舜徽集》第一輯（武漢：華中師範大學出版社，2004 年 3 月第 1 版）
43. 張麗珠：《中國哲學史三十講》（臺北：里仁書局，2007 年 8 月 30 日初版）
44. 張華：《楊文會與中國近代佛教思想轉型》（北京：宗教文化出版社，2004 年 10 月第 1 版）
45. 莊耀郎師：《郭象玄學》（臺北：里仁書局，1998 年 3 月 10 日初版）
46. 曹礎基：《莊子淺論》（廣東：廣東人民出版社，1987 年 8 月第 1 版）
47. 馮友蘭：《中國哲學史新編》冊五（臺北：藍燈文化事業有限公司，1991 年 12 月初版）
48. 馮友蘭：《中國哲學史》增訂本冊下（臺北：臺灣商務印書館，1993 年 4 月增訂臺 1 版）
49. 湯用彤：《魏晉玄學論稿》，收入《湯用彤全集》第四卷（石家莊市：河北人民出版社，2000 年 9 月第 1 版）
50. 黃錦鋐：《莊子及其文學》（臺北：東大圖書有限公司，1977 年 7 月初版）
51. 黃懺華：《佛教各宗大綱》（臺北：天華出版公司，1993 年 8 月）
52. 葛兆光：《中國思想史》第二卷（上海：復旦大學，2000 年 12 月第 1 版）
53. 董恩林：《唐代老學：重玄思辨中的理身理國之道》（北京：中國社會科學出版社，2002 年 5 月第 1 版）
54. 楊儒賓：《儒門內的莊子》（臺北：聯經出版事業公司，2016 年 2 月 5 日）

55. 熊鐵基主編：《中國莊學史》全二冊（福州：福建人民出版社，2009年12月第1次印刷）
56. 熊鐵基、馬良懷、劉韶軍：《中國老學史》（福州：福建人民出版社，2008年7月第2次印刷）
57. 劉師培撰、錢玄同編次、鄭裕孚總校：《劉申叔先生遺書》（一）、（二）（臺北：華世出版社，1975年4月初版）
58. 劉笑敢：《莊子哲學及其演變》（北京：中國社會科學出版社，1988年2月第1次印刷）
59. 劉仲華：《清代諸子學研究》（北京：中國人民大學出版社，2004年8月第1版）
60. 歐陽漸撰、王雷泉編選：《歐陽漸文選》（上海：上海遠東出版社，2011年6月第2版）
61. 鄭吉雄師：《戴東原經典詮釋的思想史探索》（臺北：臺大出版中心，2008年9月初版）
62. 錢穆：《中國思想史》（臺北：臺灣學生書局，1993年8月）
63. 錢穆：《國學概論》（臺北：臺灣商務印書館，1998年5月臺2版）
64. 錢穆：《莊老通辨》，收入《錢賓四先生全集》冊七（臺北：聯經出版事業公司，1998年5月初版）
65. 錢穆：《莊子纂箋》（臺北：東大圖書公司，1985年11月）
66. 錢奕華：《宣穎南華經解之研究》（臺北：萬卷樓圖書有限公司，2000年5月初版）
67. 戴璉璋：《易傳之形成及其思想》（臺北：文津出版社，1989年6月）
68. 韓廷傑：《唯識學概論》（臺北：文津出版社，1983年8月初版）
69. 羅檢秋：《近代諸子學與文化思潮》（北京：中國社會科學出版社，1998年6月第1版）
70. 釋淨慧主編：《虛雲和尚全集》冊一（鄭州：中州古籍出版社，2009年10月第1版）
71. 釋聖嚴（聖嚴法師）：《聖嚴說禪》（臺北：法鼓文化，1996年12月初版3刷）
72. 釋聖嚴（聖嚴法師）：《觀世音菩薩》（臺北：法鼓文化，2014年12月）
73. 釋聖嚴（聖嚴法師）：《心的經典：心經新釋》（臺北：法鼓文化，2015年6月初版）

參、期刊論文

1. 國粹學報社編：《國粹學報》（二）（臺北：文海書局，1970年2月初版）

2. 陳鼓應主編：《道家文化研究》第一輯（上海：上海古籍出版社，1992 年 6 月第 1 版）
3. 陳鼓應主編：《道家文化研究》第六輯（上海：上海古籍出版社，1995 年 6 月第 1 版）
4. 陳鼓應主編：《道家文化研究》第八輯（上海：上海古籍出版社，1995 年 11 月第 1 版）
5. 陳鼓應主編：《道家文化研究》第十輯（上海：上海古籍出版社，1996 年 8 月第 1 版）
6. 簡光明：〈王雱「南華眞經新傳」析論〉（《中國文化月刊》第 228 期，1999 年 3 月）
7. 李慶新〈從「轉俗成眞」到「回眞向俗」——章太炎與佛學〉，收入《章太炎與近代中國學術研討會論文集》〔紀念徐善同教授逝世四週年〕（臺北：里仁書局，1999 年 6 月）
8. 汪榮祖：〈錢穆論清學史述評〉（《臺大歷史學報》第 26 期，2000 年 12 月）
9. 鄭吉雄師：〈乾嘉治經方法中的思想史線索——從治經方法到治先秦諸子〉（中央研究院中國文哲研究所籌備處：「乾嘉學者之義理學」第四次研討會會議論文，2000 年 12 月 16 日）
10. 鄭吉雄師：〈乾嘉學者經典詮釋的歷史背景與觀念〉（《臺大中文學報》第 15 期，2001 年 12 月）
11. 簡光明：〈明人「以儒解莊」研究〉（輔英科技大學補助專題研究計畫成果報告，計畫編號：FIT-90-034，執行期間 2001 年 10 月 1 日至 2002 年 7 月 31 日）
12. 汪榮祖：〈章太炎對現代性的迎拒與文化多元思想的表述〉（《中央研究院近代史研究所集刊》第 41 期，2003 年 9 月）
13. 邱敏捷：〈以「空」解莊之考察〉（《南師學報》第 38 卷第 1 期，人文與社會類，2004 年）
14. 朱義祿：〈章太炎和他的《齊物論釋》〉，收入胡道靜主編：《十家論莊》（上海：上海人民出版社，2004 年 4 月第 1 版）
15. 吳和鳴：〈分析心理學第一講〉（2004.4.20，http://doc.mbalib.com/view/52e116213808beca03559f281f269fe1.html，2016.4.25 下載）
16. 吳和鳴：〈分析心理學第五講〉（2004.4.20，http://doc.mbalib.com/view/d783c607bab14559566e420a9ba99738.html，2016.4.25 下載）
17. 蘇美文：〈從「以莊解佛」到「以佛解莊」〉（《中華技術學院學報》第 30 期，2004 年 6 月）
18. 謝明陽：〈〈齊物論〉「成心」舊注詮評〉（《東華漢學》第 3 期，東華大學中國語文學系 2005 年 5 月）

19. 邱敏捷：〈林希逸《莊子口義》「以禪解莊」析論〉（《玄奘佛學研究》第 4 期，2006 年 1 月）
20. 邱敏捷：〈楊仁山、章太炎以「唯識」解莊析論——以眞心派的唯識之詮釋〉（《佛學研究中心學報》第 11 期，2006 年）
21. 張世英：〈中國古代的「天人合一」思想〉（《求是》，2007 年 07 期）
22. 商士杰、劉志遠：〈榮格的分析心理學與解釋學〉（湖北經濟學院學報・人文社會科學版，第 5 卷第 8 期 2008 年 8 月）
23. 劉海濤、謝謙：〈明代《莊子》接受論〉（《西南民族大學學報》人文社科版，2009 年 11 期）
24. 劉韶軍：〈中西貫通 揭示新義——論嚴復用西學對《莊子》的闡釋〉，收入方勇主編：《諸子學刊》第三輯（上海：上海古籍出版社，2009 年 12 月第 1 版）
25. 簡光明：〈莊註疏「回歸原典」的方法及其檢討〉（《屏東教育大學學報・人文社會類》32 期，2009 年 3 月）
26. 張洪興：〈論明代中後期莊子學的勃興及其表現特徵〉（《蘭州學刊》，2012 年 01 期）
27. 李懿純：〈發覆道眞、釐定老莊——釋性通《南華發覆》解莊立場析論〉（〈東亞漢學學會第四屆學術年會暨首屆新漢學國際學術研討會〉2013 年 9 月 13 日於廈門發表的會議論文，收入《東亞漢學研究》第 3 號，日本長崎市東亞漢學研究學會）

肆、學位論文

1. 簡光明：《宋代莊學研究》（臺北：臺灣師範大學國文研究所博士論文，1997 年 6 月）
2. 賀廣如：《魏默深思想探究：以傳統經典的詮說爲討論中心》（臺北：臺大出版委員會，1999 年 6 月初版）〔博士論文〕
3. 謝明陽：《明遺民的莊子定位論題》（臺北：臺大出版委員會，2001 年 10 月初版）〔博士論文〕
4. 鄭柏彰：《嚴復與章太炎之道家思想研究》（嘉義：國立中正大學中國文學研究所博士論文，2002 年 1 月）
5. 周雅清：《莊子哲學詮釋的轉折——從先秦到隋唐階段》（臺北：臺灣師範大學國文研究所博士論文，2011 年 6 月）
6. 李懿純：《晚明注《莊》思想研究——沈一貫、釋德清、釋性通爲核心》（臺北：天主教輔仁大學中國文學研究所博士論文，2013 年 1 月）
7. 賴仁宇：《王先謙莊子集解義例》（臺北：臺灣師範大學國文研究所碩士論文，1976 年 6 月）

8. 陳琪薇：《清代學者「以儒解《莊》」之研究》（南投：國立暨南國際大學中國語文學研究所碩士論文，2002 年 6 月）
9. 蘇美文：《章太炎《齊物論釋》之研究》（新北市：花木蘭文化出版社，2007 年 3 月初版）〔碩士論文〕
10. 林柏宏：《馬其昶《莊子故》研究》（新北市：花木蘭文化出版社，2015 年 9 月初版）〔碩士論文〕